novum pro

AF115194

SOFIE MARIA

18 & DAS LEBEN

CRYSTAL METH DIARY

novum pro

Bibliografische Information der Deutschen Nationalbibliothek:

Die Deutsche Nationalbibliothek verzeichnet diese Publikation in der Deutschen Nationalbibliografie. Detaillierte bibliografische Daten sind im Internet über http://www.d-nb.de abrufbar.

Alle Rechte der Verbreitung, auch durch Film, Funk und Fernsehen, fotomechanische Wiedergabe, Tonträger, elektronische Datenträger und auszugsweisen Nachdruck, sind vorbehalten.

Gedruckt in der Europäischen Union auf umweltfreundlichem, chlor- und säurefrei gebleichtem Papier.

© 2024 novum Verlag

ISBN 978-3-7116-0077-6
Lektorat: Kristina Steiner
Umschlagfoto:
Ylivdesign | Dreamstime.com
Umschlaggestaltung, Layout & Satz:
novum Verlag
Innenabbildungen: Sofie Maria

Die von der Autorin zur Verfügung gestellten Abbildungen wurden in der bestmöglichen Qualität gedruckt.

www.novumverlag.com

Inhaltsverzeichnis

Kind sein 9
Gejagt und verfolgt? 11
Schule 15
Kiffen 23
Silvester 27
Schon ein wenig bunter 30
Zwischen Wut und Frustration 32
Mikey und sein Projekt 37
Mikey der Einzigartige 41
Drogenerlebnisse und ein Bonsaibäumchen 43
Mikey eben 47
Die asoziale Schiene 57
Bewahre deinen Verstand 70
Weltuntergang laut Maya 78
Weitergehen 89
Für das neue Jahr 91
Koks und Filmriss 94
Paranoia 2.0 96
Schlafparalyse 98
Noch lange nicht vorbei 100
Crystal 102
„Jetzt bist du ganz unten." 109
METH 114
Angenehmes Umfeld 120
Der Mauerparkmichel 122
So weit, so gut 132
Eine schicksalhafte Bekanntschaft 140
Der Teufel an der Wand 143
Wiedersehen 158
Tot oder lebendig? 161
Wahrheiten 166
Außerkörperliche Erfahrung 168

Psychiatrieerfahrung	172
Verblendet	187
Psychotherapie	189
18	190
Fieber und Knaller	200
Hier unten	211
Die blaue Pille	214
Alltag eines Junkies	218
Leipzig und ein Déjà-vu	221
Auf dich, du Ratte!	230
Der Biorhythmus	237
Festtage	239
Party, Splitterjagd und Geisterbuden	242
Pumpenmuli und der Brand	247
Mad New Year!	254
Die Blech-Hymne	260
Holterdiepolter	264
Erste Ausbruchsversuche	267
Besuch in Berlin	274
The Nobodys	276
Der Schornsteinfeger	277
Die Taube	281
Brauner Zucker	284
Auf der Überholspur	286
Flakka	288
Kiba	292
Düstere Tage	296
Verhandelbar	298
Aus dem Fenster starren	304
Tinnitus und eine Schnecke	307
Caritas	312
Alles mein Plan!	315
Noia	322
Gestalten der Nacht	325
Auf einer Mission	336
Zuneigung	339

Die Wand	341
Die Endlosschleife	345
Schlafparalysen	347
Schlafstörung (von Panic)	349
Steine und Gänge	356
Wie im Traum	360
Liebe rettet den Tag	361
Die Sonnenseite	363
Dein Geburtstag	366
Nachwort	374

Kind sein

Berlin, 2004

Mein Leben fing mit einer regelrecht wundervollen Kindheit an. Ich würde sogar beteuern, ich sei eines der glücklichsten Kinder dieser Erde gewesen. Ich sag's euch, dieses Glück begleitet mich bis heute.

Nur zu gern erinnere ich mich an verblasste Bilder aus alten Zeiten, und wenn ich dann am Fenster in der Küche stehe, während von draußen die Sonnenstrahlen hineinschauen, lasse ich diese Zeit noch einmal Revue passieren. Genau diese Nachmittage kommen mir in den Sinn, an denen ich in meinem Kinderzimmer saß und mit meinen Barbies spielte. Ich besaß eine riesige Ansammlung von Spielsachen. Oft verkleidete ich mich oder malte Bilder. Ich spielte auf einem Kinderkeyboard, zupfte wild an meiner Gitarre und hörte auf dem Radio meine Lieblingsmusik. Ich war ein aufgewecktes Kind und hatte große Träume. Ich wollte ein Star werden. Am liebsten Schauspielerin. In der Schülerband spielte ich damals die E-Gitarre und ging nachmittags zum Gitarrenunterricht.

Allerdings brach ich die ganze Aktion ab, weil es mir an Geduld fehlte. Ich wollte am liebsten sofort meine Lieblingslieder spielen können, und obwohl man mir sagte, dass ich talentiert war, langweilte es mich. Ich belegte einen Tanzkurs nach der Schule in der Aula, und auch dort versicherte man mir, ich habe Talent. Die ganze Geschichte fand aber ein Ende, als unsere Tanzlehrerin mit den gesamten Einnahmen die Biege machte und niemand von ihr seither etwas gehört hatte. Im Winter fuhr ich mit Mama in den Skiurlaub, lernte dort Ski fahren und tobte mich aus. Im Sommer sammelte ich Schnecken und erforschte die Natur im Garten meiner Großeltern. Meinen Papa sah ich jeden Sonntag.

Er kam dann zu uns zu Besuch oder Mama brachte mich zu ihm in seinen eigenen Laden. Ich war glücklich mit dem, was ich besaß, und ich brauchte nicht viel, um glücklich zu sein.

Aus meiner Kindheit erinnere ich mich an viele Dinge, viele Urlaube, an Geburtstage, an Fernsehabende und Ausflüge. Alles schien nahezu perfekt gewesen zu sein. Ich sehe mich noch vor mir, wie ich mit meiner Oma im Garten Brombeeren pflückte und zu ihr sagte: *„Endlich ist der Sommer da. Ich kann mir gar nicht mehr vorstellen, dass jemals Winter gewesen ist, und trotzdem ist der letzte Sommer eine Ewigkeit her."*

Die Zeit verging so langsam. Ich dachte eben nicht an morgen. Aber ich dachte schon immer viel nach. Ich betrachte diese Eigenschaft als eine gute. Trotzdem sagt jeder Freund oder Feind seit geraumer Zeit diesen einen Satz zu mir: *„Kiki! Du denkst zu viel nach!"* Was sollte ich aber dagegen tun? Das machte mich einfach aus. Ich träumte nur so vor mich hin und ließ meiner eigenen Fantasie keine Grenzen.

Es gab allerdings eine Sache, die mir damals schon zu schaffen machte.

Gejagt und verfolgt?

Berlin, 2005

Es war ein normaler Donnerstagnachmittag. Ich war gerade auf dem Weg zum Gitarrenkurs, um mich dort einmal mehr zu langweilen, als es langsam schummerig wurde. Ich wusste schon vorher, das ist mein erster Weg nach Hause. Allein in der Dunkelheit. Es war natürlich gerade einmal sechzehn Uhr, als ich dann meine Heimreise antrat. *„Bis zum nächsten Mal ihr beiden! Bitte übt fleißig"*, rief meine Gitarrenlehrerin durch das Treppenhaus. Jaja! Wofür sollte ich üben? Drei Noten zu zupfen und das in Zeitlupe?

Hier würden sie mich nicht lange halten können. Ich ging noch bis vorn ans Ausgangstor mit meiner Freundin Lisa, als sich dann unsere Wege spalteten. Das war er nun, der erste Alleingang. Ich musste nicht allzu weit laufen und machte mir nicht sonderlich viele Gedanken, doch auf einmal wurde mir ganz heiß. Ich spürte, wie mein Kopf glühte und mir blieb ein wenig die Luft weg. Ich drehte mich rasch um, doch Lisa war bereits in eine Nebenstraße abgebogen und wahrscheinlich schon über alle Berge. Ich bekam Panik und lief weiter. Ich riss die Augen auf.

Was war das? War da jemand hinter mir? Ich drehte mich um und lief dabei zügig weiter. Ich hatte ein mulmiges Gefühl. Irgendwie war es total gruselig. Richtig seltsam. Niemand zu sehen. Ich schaute wieder geradeaus und versuchte meine Gedanken zu verdrängen. Ich versuchte zu verdrängen, dass dort jemand hinter mir her war und ich ihn nicht sehen konnte.

Ich hörte jedoch, wie er hinter mir herschlich. Als ich mich wieder ruckartig umdrehte, war nichts zu sehen. Er versteckte sich offenbar. Ich lief immer schneller, und dieser Jemand hinter mir tat es auch. Ich war mir sicher, dass es ein Mann gewesen sein musste. Sein Atem war tief und kehlig. Mir wurde immer heißer mit jedem Schritt, den ich rannte. Ich hatte das Gefühl, als sei er nur noch eine Haaresbreite von mir entfernt. Gleich würde er mich packen. Gleich würde er mir wehtun und mich dann erdrosseln. Ich drehte mich besser nicht mehr um, denn so hielt ich an. Ich hatte eine Heidenangst und fing an zu sprinten. Ich sprintete bis nach Hause. Als ich um die Ecke zu unserem Haus abgebogen war, hatte ich das Gefühl, ihn abgehängt zu haben. Trotzdem rannte ich weiter.

Erst als der Schlüssel steckte, konnte ich verschnaufen. Ich schaltete blitzschnell den Fernseher ein, um die Stille zu durchbrechen. Nun war ich in Sicherheit und atmete erst einmal tief durch. Ich schaute dann nur noch wie gebannt in den Fernseher und wendete meinen Blick keine Sekunde von ihm ab. Ich ging nicht zur Toilette und hatte auch keinen Appetit. Meinen Schulrucksack hatte ich direkt irgendwo in den Flur gepfeffert. Ich saß nur noch wie angewurzelt auf der Couch und lauschte unbewusst ein wenig zum Treppenhaus hin. Als ein paar Stunden später Mama eintraf, sprang ich ihr sofort wie ein kleiner Chihuahua in die Arme. Mit dem Geklirr ihrer Schlüssel war augenblicklich alles wieder gut. Wie im Flugzeug, wenn man sich wieder anschnallt, zum Landen. Bei mir war dann irgendwie immer schon alles überstanden, und ich hatte keine Angst mehr. Endlich war sie wieder da, Mama. Ich vergaß sofort meinen Heimweg und blubberte sie mit allem möglichen Zeug voll. Schule hier, Langeweile da, der Sportlehrer wird bald unser Klassenlehrer ... Dieses und das und jenes. Sie hörte gespannt zu und freute sich mit mir zusammen über meine Lebhaftigkeit. Im Anschluss kochte sie mir mein Lieblingsessen, eine Tomatensuppe mit Sternchennudeln.

Ich verschwand währenddessen in meinem Zimmer und klimperte erst laut auf meinem Keyboard herum, dann nahm ich mir ein paar Kuscheltiere mit ins Wohnzimmer und setzte sie alle nebeneinander auf die dunkelblaue Couch. Später, nach dem Essen, legten wir uns dann hin, und sie kraulte meinen Rücken, bis ich einschlief.

Ich schlief mit meiner Mama zusammen auf der Couch. Allein in meinem Bett konnte ich nicht schlafen. Ich hatte irgendwie Angst gehabt, sie würde gehen, ohne dass ich etwas davon mitbekommen würde. Ich wollte nicht, dass sie wieder gehen würde. Das blieb viele Jahre so. Auch heute schlafe ich nicht gern allein. Das ist so bei mir dringeblieben.

Ich konnte in dieser Nacht sehr gut schlafen, und am nächsten Morgen weckte sie mich dann wieder sanft. *„Guten Morgen mein Schatz. Es ist Zeit aufzustehen."* Ich wachte nach zwei bis drei Versuchen endlich richtig auf und zog mich anschließend an. Dann plauderte ich mit ihr in der Küche, während sie meine Brote schmierte. Sie arbeitete in einem Restaurant als Restaurantfachfrau und musste frühestens um elf Uhr auf der Arbeit sein. Sie arbeitete entweder in der Früh-, Mittel- oder Spätschicht und brachte mich an jedem Morgen sicher und behütet zur Schule. Der Weg war nicht weit oder gar gefährlich. Aber wie schon gesagt, ich war absolut nicht gern allein, egal ob unterwegs oder zu Hause.

Ein paar Wochen später musste ich wieder vom Gitarrenkurs allein nach Hause laufen. Es war diesmal Stock duster, denn es war nun schon Ende November.

Als meine Freundin Lisa und ich uns am Tor verabschiedeten, wurde mir mal wieder ganz komisch. Ich blieb eine Weile stehen, und als ich mich nach ihr umdrehte, sah ich Lisa bereits nicht mehr. Dann ging der Spaß wieder los. Ich holte tief Luft und lief dann schnell die Straße entlang bis zur Kreuzung, als ich bemerkte, wie jemand mich verfolgte. Mir war so verdammt heiß. Ich kam mir vor, als seien unter meinen Klamotten mindestens vierzig Grad gewesen. Meine Ohren glühten und in meinem Nacken wurde es dann mit einem Mal eiskalt. Dieser Atem. Da war er wieder. So tief und rauchig. Gruselig.

Der Typ lief im selben Tempo wie ich, dass spürte ich. Er wollte nicht auffallen. Er war verdammt gut darin gewesen, sich zu verstecken. Ich wurde jedoch wieder schneller und bemerkte, wie er meinen Rücken berührte. Das machte mir verdammt große Angst, und so rannte ich, ohne mich umzudrehen, den ganzen Weg bis nach Hause. Dass auf vielen Straßen noch andere Leute meinen Weg gekreuzt hatten, blendete ich total aus. Für mich war es Nacht. Es war dunkel und still auf den Straßen. Ich war allein und wurde verfolgt. Als ich zu Hause das Licht und den Fernseher anschaltete und „Timmy und die helfenden Elfen" gerade anfing, schnaufte ich vor Anstrengung und ließ mich auf die warme Couch fallen. Mit dem Blick auf den Fernseher gerichtet und geistig nicht mehr davon abschweifend, in einer steifen Position sitzend und heimlich nach draußen lauschend, ließ ich den Abend ausklingen. Als später Mama in die Tür hineinkam, rannte ich auf sie zu und umarmte sie. An diesem Abend schlief ich wieder wie ein Engel.

Als ich später den Gitarrenkurs abbrach, weil er mir zu langweilig geworden war, hatte mich auch keiner mehr verfolgt. Auch Mama hatte nie erfahren, wie sehr allein ich mich fühlte, wenn sie zur Spätschicht gegangen war.

Schule

Berlin, Januar 2009

Nach dem Abschluss der sechsten Klasse und den langen Sommerferien ging es für mich weiter auf das Johann-Gymnasium: ein Elitegymnasium mit hohen Forderungen. Es dauerte genau das Probehalbjahr, bis ich mir eine neue Schule suchen durfte. Ich hatte wesentlich andere Dinge im Kopf, als jeden Tag zu büffeln und mir gewaltsam Dinge einzuprägen, die mich null interessierten und für die ich keinerlei Verwendung in meinem späteren Leben sah. Ich war schließlich gerade erst zwölf geworden.

Es sollte noch nicht so ernst sein. Nicht jetzt schon! Es tat mir leid um Mama, die gehofft hatte, ich würde ein gutes Abitur hinlegen, und um alle, die so sehr an mich geglaubt hatten. Aber ich wollte und konnte das einfach nicht so durchziehen, wie es für mich vorbestimmt war. Mich langweilte diese Schule unheimlich. Diese strengen Lehrer mit ihrem nervigen Getue. Und meine Klassenkameraden waren auch nicht besser. Sie waren eingebildet und sprachen immer nur davon, was ihre Eltern verdienten. Einer wollte noch vorbildlicher sein als der andere. Ich verstand das einfach nicht, und deshalb konnte und wollte ich nicht mit ihnen mithalten. Wir waren schließlich Kinder. Es ging doch nur darum, dass man Spaß hat.

Ich hatte mich schon bald mit zwei Mädchen verschworen, die in meine Klasse gingen. Sie waren Kinder normaler Eltern und verhielten sich eben auch so. Sie verhielten sich wie Kinder. Das gefiel mir. Wir machten von da an nur noch Quatsch, flogen mindestens einmal pro Woche aus dem Unterricht und bekamen nur sehr selten etwas vom Unterrichtsgeschehen mit. Außerdem hatte jede von uns einen Jungen anvisiert. Wir waren verknallte Mädchen, und so kam nichts anderes an uns heran.

Eine schöne Zeit. Liebesbriefe schreiben, tuscheln, schüchtern sein. Als wir dann alle drei nicht versetzt und somit auf unterschiedliche Gesamtschulen verschoben wurden, trennten sich unsere Wege, und die Freundschaft fand ein Ende. Ich hatte mir dann auch eine neue Schule gesucht. Die Auswahl durfte ich selbst treffen. Ich entschied mich damals für eine Gesamtschule in Mitte. Darauf gingen viele Mädchen aus meiner Grundschule, und ich freute mich schon tierisch auf meinen ersten Tag.

Ich hatte mir in den Kopf gesetzt, die Schönheit der Schule zu werden. Wie in einem Teeniefilm. Es sollte perfekt werden. Ich wollte dort dazu gehören. Es sollte anders laufen als auf dem Gymnasium. Auf dieser Schule würde sicher nur zählen, ob du cool genug bist. Ich hatte sie so sattgehabt auf der anderen Schule. Sie waren mir zu intellektuell.

Hier sollte einfach alles anders sein. Das hatte bis auf Weiteres auch geklappt. Ich wollte zu den Beliebten gehören und verstand mich auch auf Anhieb mit den coolen Kids aus den höheren Klassenstufen. Es passte alles, und als ich dann als „die Neue" mit noch einem anderen Mädchen meine neue Klasse betreten durfte, freute ich mich riesig darüber, Gina Bauer aus der Ecke winken zu sehen. Ich kannte sie seit der ersten Klasse, und wir verstanden uns meistens super. Was ich mit ihr noch alles erleben würde, hätte ich mir niemals erdacht. *„Komm her Kiki. Setz dich neben mich. Wir chillen gerade. Wir haben Freistunde",* schrie Gina durch den unordentlichen Klassenraum. Alle wurden aufmerksam und schauten mich an.

Super, dachte ich mir, pflanzte mich direkt neben Gina und packte meine Siebensachen aus. Wir hatten uns seit dem Abgang aus der Grundschule nach der sechsten Klasse nicht mehr gesehen. Sie war nun schon ein halbes Jahr länger auf dieser Schule und konnte mir sicher ein paar nützliche Dinge darüber erklären. Ich musterte meine neue Klasse und mir gefiel, was ich sah. Sie sahen alle lebendig aus und versprachen jede Menge Aktion und Fun. Die Jungs prügelten sich freundschaftlich, und ein paar von ihnen kamen in der nächsten Stunde zu spät zum Unterricht, weil sie draußen alle noch eine Zigarette geraucht hatten. Hier wollte ich bleiben. Ich hatte noch nie eine Zigarette geraucht und fand es total aufregend.

Die Schule bestand aus zwei Gebäuden, dem ersten und dem zweiten Haus. Überdies besaß sie zwei Turnhallen und jede Fassade der Gebäude war komplett vollgesprayt. Hier fühlte ich mich wohl. Ich war zwar anfangs schüchtern, doch fand ich schnell Anschluss mit meiner lustigen, offenen und sympathischen Art. Auch den Jungs gefiel ich, und es dauerte kein halbes Jahr, da wollte meine halbe Klasse mit mir gehen. Ich wurde somit immer selbstbewusster. Ich liebte mich selbst, denn ich bekam allerhand Anerkennung. Alles lief perfekt bis auf die Schulnoten, die ein wenig schwankten, aber das machte ich in meiner Welt nicht zum Thema.

Hauptsache Spaß. So viel stand fest. Gina wurde schnell zu meiner allerbesten Freundin, und wir bildeten gerne mit noch einer weiteren Person ein Trio, dann war mehr los. Am Anfang gab es Tran und wir waren mit ihm zu dritt *best friends*. Er war ein kleiner, lustiger Klassenkamerad. Irgendwann interessierte sich Tran allerdings mehr für seine Kumpel, und Gina und ich fanden jedoch schnell einen neuen Anhang und dann wieder einen neuen. Wir beide waren allerdings ständig zusammen.

Damals verlief alles noch komplett ohne Drogen und Alkohol. Auch mit dem Rauchen hatten Gina und ich erst später angefangen. Anfang der achten Klasse war das, als unsere anderen Kumpel längst richtige Raucher waren. Meine erste Zigarette rauchte ich zu Hause allein in meinem Zimmer. Ich hatte sie in der Schule von einer Klassenkameradin geschenkt bekommen und wollte es erst einmal so lange ausprobieren, bis es mir stand und ich es richtig machte. Als ich dann so weit war, fingen Gina und ich auch gleich ordentlich zu paffen an. Wir rauchten schon jeder eine gute Schachtel am Tag weg und bekamen dann später an unserem Lieblingskiosk auch zu jeder Zeit unsere Zigaretten. Mit der Zeit kauften wir dann auch jedes Wochenende eine Pulle Fusel an diesem besagten Kiosk. Meistens war es Wodka. Wir rauchten auf dem Weg zur Schule und liefen noch mit Kippe im Mund auf den Schulhof. Wir fühlten uns dabei wie kleine Ghettoqueens. Außerdem fanden wir unsere eigene Clique.

Sie bestand aus Marc, dem kleinen Wuschelkopf, Toralf, einem großen Blonden mit Lockenkopf, den ich sehr gerne hatte, Fred, der irgendwie seltsam, aber lustig war, dem lieben Danny, Gina und mir.

Außerdem kamen manchmal noch ein paar andere Schüler dazu, aber wir blieben soweit die einzigen Mädchen. Wir vertrugen uns besser mit den Kerlen, weil wir selbst eher so die Kumpeltypen waren. Wir trafen uns bald schon jeden Nachmittag mit der Clique auf unserem Stammplatz hinter der Schule. Außer Gina und mir kiffte unsere geniale Clique sich jeden Tag die Birne zu. Gina und ich hatten schnell einen großen Gefallen am Alkohol gefunden.

Wir trafen uns jeden Tag nach dem Unterricht mit Toralf und Co, und an den Wochenenden kauften wir uns eine große Flasche Wodka und tranken sie komplett leer, bis wir Sternhagel voll irgendwo auf dem Platz einschliefen. Der Winter war dann irgendwann ausgebrochen, und es waren um die Minus zwanzig Grad in der Hauptstadt. Wir hatten mehrere Jogginghosen übereinander angezogen. Dazu trugen wir unsere Winterstiefel aus der Badstraße und obenrum einige Pullover und ein paar Strickjacken darüber. Trotz der antarktischen Temperaturen in jenem Winter verbrachten wir unsere Freizeit nur noch draußen, besoffen auf unserem Stammplatz hinter der Schule. Ich sang meist am Ende der Abende die alten Kirchenlieder, die ich in der Grundschule gelernt hatte. Leon gefiel das immer ganz besonders, wenn ich gesungen hatte. Es hatte so etwas Friedliches. Meist hatten mindestens vier von uns gekotzt. Jedes Mal war irgendeiner abgestürzt.

Der Rest der Bande hielt dem anderen dann die Haare, oder half mit, ihn wieder aufzupäppeln. Wir rannten sogar vor der Polizei weg, denn sie jagten uns des Öfteren. Wir hatten um gewisse Uhrzeiten nichts mehr auf den großen Straßen verloren. Das war uns total egal. Wir wurden zu einer echten, saufenden und kiffenden Jugendbande. Es war eine lustige Zeit. Wir fühlten uns jung und frei, und wir freuten uns darüber, wenn die Erwachsenen über uns schimpften. Das gab uns das Gefühl, dass wir alles richtigmachen würden.

Irgendwann entfernten Gina und ich uns von der Clique und gingen unseren eigenen Weg. Die anderen waren nur noch breit, und wir wollten eben lieber trinken und etwas Neues erleben, als nur das Herumhängen auf dem Platz hinter der Schule. Wir wollten herumkommen und eskalieren und nicht nur abchillen.

Wir eierten quer durch die Stadt und nahmen so ziemlich jedes Straßenfest mit. Wir fuhren nach Werder zur Biermeile, und sogar auf dem Bölchefest waren wir gelandet. Irgendwann trieb es uns dann so richtig aus unserem Kiez bis nach Hennigsdorf. Dort hatten wir eine Truppe Jungs kennengelernt, die alle schon um die siebzehn, achtzehn waren. Einer besaß einen Führerschein, und so donnerten wir mit seinem Auto durch die Nacht, tranken Alkohol und machten halt Sachen, die Teenager so machen.

Ich verliebte mich damals auf Anhieb in Ian. Wir wurden schnell ein Paar. Lang hat es aber nicht gehalten, denn er wollte nicht mit einer Jungfrau zusammen sein. Ich war mit meinen dreizehn Jahren ziemlich geknickt über diese Aussage und schmiedete einen unheimlich sinnlosen Plan, um ihn nicht zu verlieren. Ich hatte nicht lang gegrübelt. Mir kam sofort ein Gedanke in den jugendlichen Leicht-Sinn. *„Ich könnte mich ganz einfach von Roy entjungfern lassen. Gina, das ist doch die Idee."* Roy war der Freund von einem Mädchen aus unserer neuen Clique. Der hatte bestimmt schon um die fünfzig Mädchen von ihrer Unschuld befreit. Gina schaute entgeistert und rollte die Augen.

„Dann habe ich es hinter mir", sagte ich, während ich meine Zigarette auf der vertrockneten Wiese ausdrückte. *„Der hat bestimmt Ahnung, wenn der es bei so vielen gemacht hat"*, sagte Gina.

Nun ja. Es war kurz und schmerzlos! Ich war leicht angeheitert, hatte nichts erwartet und dann war's auch schon wieder vorbei. Das ist das Dümmste, was man als junges Mädchen machen kann. Damals war es mir egal. Ich wollte nur dazu gehören und erzählte dann am nächsten Tag in der Schule den Mädchen aus meiner Klasse, dass ich es getan hatte. Ich erzählte natürlich, wie gut es gewesen sei, aber eigentlich hatte ich es längst wieder verdrängt. Hätte ich heute noch einmal die Chance gehabt, hätte ich mich natürlich aufbewahrt.

Ian hatte mich irgendwann angerufen, als er es von jemandem erfahren hatte. Er wollte tatsächlich wieder mit mir gehen. Als ob man von einem beschissenen Mal Sex gleich Erfahrung darin hätte. Was dachte er sich dabei? Ich bin trotzdem noch einmal mit ihm zusammengekommen. Ich habe nie mit ihm geschlafen, denn er hatte mir, als mein erster richtiger Freund etwas total Falsches übermittelt, was den Sex anging. Davon ganz abgesehen wurde ich durch diese Aktion bei den Jungs in der Schule noch viel interessanter. Sie kreuzten ständig und mit voller Absicht meinen Weg und waren meist irgendwie an mir dran. Ich hatte mittlerweile Brüste bekommen und die hautenge Hüftjeans saß auch super. Für mich hatte Sex nichts mit Liebe zu tun. Es war eher ein Statussymbol oder einfach nur zum Spaß.

Ich wollte Ian ein paar sexy Fotos zukommen lassen, damit er sich nicht so dumm vorkommen würde, weil ich ihn ständig abwimmelte. Irgendwie musste ich ihn davon überzeugen, dass es sich trotzdem lohnte, mit mir zu gehen. Er würde sicherlich denken, dass ich ihn doch noch ranlassen würde. Ich wollte es mir jedenfalls nicht mit ihm versauen.

Ich war lange kein Kind mehr und freute mich über meine gelungenen Bilder. Zu dieser Zeit konnten wir uns noch keine Fotos über unsere Handys schicken, denn wir besaßen kein Facebook, Snapchat oder WhatsApp. Es musste also auf eine andere Weise zu ihm gelangen. Ich lud das Bild in einem Chatforum in einem passwortgeschützten Ordner hoch. Ich dachte mir nicht das Geringste dabei. Mein Freund würde es keinem zeigen. Ich vertraute ihm. Er würde sich sicherlich freuen. Als die anderen Jungs auf meiner Freundschaftsliste meinen Ordner entdeckt hatten, fragten sie mich nach dem Passwort. Da kam mir der Gedanke, das Bild erst einmal von einem guten Kumpel abchecken zu lassen. Natürlich musste er mir vorher versprechen, das Passwort nicht weiterzugeben.

Ich gab ihm also das Passwort, und er schaute sich das Bild an. Er fand es super und sagte mir, dass ich es ruhig herumzeigen könne. Es dauerte leider keinen einzigen Tag, bis jemand das Passwort geknackt und die Bilder rundherum gesendet hatte. Ich war natürlich die eine Person, die das als letztes bemerkte. Eine Freundin von mir, die die zehnte Klasse auf meiner Schule besuchte, machte mich noch während einer Zigarette vor dem Unterrichtsbeginn darauf aufmerksam. *„Süße? Von dir kursiert ein sehr freizügiges Bild im Internet herum. Schau mal hier! Ich habe es auf meinem Handy."* Ich war schockiert. Es war mir unheimlich peinlich. Ich schämte mich und mich machte es fertig, dass ich es nicht mehr rückgängig machen konnte.

Ich durfte mir dann tagelang meine eigenen Bilder ansehen, die jeder auf seinem schwarzen Sony-Ericsson-Walkman-Handy hatte. Auch ein Typ, von dem selbst zuvor ein richtiges Nacktbild herumgewandert war, zeigte auf mich und lästerte.

Das war so affig. „Was die anderen nun von mir dachten?", fragte ich mich während des Unterrichts. Die Kumpel aus meiner Klasse fanden es natürlich geil und feierten mich. Andere Schüler hingegen beleidigten mich als Schlampe. Ich versuchte irgendwie, schnell damit fertig zu werden. Ich habe mir dann einfach vorgestellt, es sei alles nur ein Teeniefilm. Dann war mir das eben passiert. Na und? Ich habe daraus gelernt, dachte ich. Ich wollte einfach nur, dass es schnell in Vergessenheit geraten würde.

Es gab jedoch noch dazu ein übles Lästerforum im Internet. Es nannte sich IshareGossip.com. Dort wurde mein Bild dann auch noch hochgeladen, und ich wurde als Schlampe betitelt. In den Kommentaren unter dem Foto spalteten sich die Meinungen. Ein paar anonyme User beleidigten mich aufs Übelste. Andere hingegen standen voll und ganz hinter mir. *„Lasst sie in Ruhe. Das hat sie nicht verdient"* oder *„Das war bestimmt nicht ihre Absicht, dass das Bild hier landet."* Diese Kommentare hatten mir gefallen, und ich sammelte wieder Mut, auch wenn ich auch nicht wusste, von wem sie kamen.

Irgendwann diskutierten sie dann in den Kommentaren darüber, wer das Bild hochgeladen hatte. Ich las alles mit. Es wurde beinahe spannend. Ich wollte natürlich auch herausfinden, wer es gewesen war, aber ich tappte eine Ewigkeit im Dunklen. Ich konnte nichts mehr dagegen machen. Der Mob hatte es auf mich abgesehen. Mittlerweile wurde ich auch von den Jungs aus den höheren Klassenstufen, wie eine Prostituierte behandelt. Irgendwann hatte ich die Schnauze derart voll, dass ich anfing, ihnen Backpfeifen zu verpassen, wenn sie so frech gewesen waren. Es brachte aber nichts. Sie hatten schließlich keine Angst vor mir und fanden mich nach wie vor „geil". Ich war nicht stark genug und meine Überlebensstrategien wurden fragwürdig. Ich fing natürlich an, mir meinen Frust einfach wegzukiffen.

Kiffen

Berlin, Oktober 2010

So ein Mädchen wie ich kam überallhin und überall gut an. Ich blieb also weiterhin offen, spontan und witzig. Ich reihte mich in den nächsten Kifferkreis mit ein, zog ein paarmal und wurde angeranzt, weil ich nur Backe rauchte.

Ich holte mir gleich danach selbst etwas zu löten. Irgendwie litt die Freundschaft mit Gina sehr unter diesem neuen Einfluss, und wir trafen uns nicht mehr so häufig. Sie blieb kurz darauf in der Schule sitzen und musste die achte Klasse wiederholen.

Während einer Projektwoche hatte ich dann Mathilda kennengelernt. Eigentlich kannten wir uns auch schon von früher, vom Sehen jedenfalls.

Ich freundete mich dann super eng mit ihr an, und Gina hing nach der Schule mit ihrer Cousine herum. Mathilda liebte es zu kiffen, und so wurden wir schnell dicke Buddys. Sie war mir gleich sehr sympathisch. Sie blieb damals sitzen, und wir hatten einige Kurse zusammen; unter anderem Mathe und Sport. Auch in Chemie saßen wir schon bald total high nebeneinander. Wir bekamen kaum etwas mit, denn wir lachten die meiste Zeit und waren völlig breit.

Wir trafen uns in jeder Pause mit den Jungen aus meiner Klasse und rauchten mit ihnen ein paar dicke Joints. Danach ging es wieder zurück in den Unterricht. Ich kam die meiste Zeit überhaupt nicht klar. Nach geraumer Zeit versuchten wir dann wieder ein wenig kürzerzutreten mit der Kifferei. Es lief meist so ab: *„Bitte bring das Gras morgen nicht mit." „Mache ich nicht."* Und am nächsten Tag in der ersten Hofpause kam Mathilda dann an

gesprintet und fragte ganz aufgeregt: „Und? Hast du es dabei?"
Natürlich hatte ich es dabei, und wir löteten zusammen alles weg. Am liebsten rauchten wir vor dem gemeinsamen Sportunterricht. Ich schmiss den Basketball weg und stolperte nur noch über meine eigenen Füße, anstatt zu dribbeln. Aber es machte Spaß, und so lebte es sich angenehmer.

Das Geld für unser Gras bekam ich von einem meiner Schulkameraden praktisch hinterhergeworfen. Er hatte immer genügend Bares auf Tasche, dass ihm sein Dad mitgegeben hatte. Jeder fragte ihn nach Geld, und er gab es ohne nörgeln raus. Mathilda und ich hatten erst noch überlegt, es sein zu lassen, doch dann haben wir ihn einfach gefragt. Natürlich hatten wir ihm erzählt, wir brauchten es ganz dringend für todwichtige Dinge. Er gab mir die Scheine dann immer in einer kleinen Smartiesrolle.

Ich packte sie grinsend aus und winkte damit zu Mathilda, wenn er wegsah. So hatten wir uns eine ganze Weile lang das Kiffen finanziert. Als er jedoch mit der Zeit merkte, wofür wir das Geld nutzten, drehte er mir den Geldhahn zu und fing selbst an zu kiffen. Deshalb machten Mathilda und ich uns über unsere Ersparnisse her oder tauschten Gutscheine gegen Geld um. Irgendwann achtete ich kaum noch auf mein Äußeres, färbte mein Haar schwarz und glättete es nicht mehr. Ich zog nur noch Pullover und Jogginghosen an. Auch meine sexy Figur verlor ich durch den Konsum des Grases. Mir war das herzlich egal, und ich hatte schnell einen anderen Platz in der Schülergesellschaft gefunden.

Vom hübschen, netten Mädchen für die Jungs und bekannt als hässliche Schlampe bei den eifersüchtigen Mädchen wurde ich zur Kifferbraut und hing dann in der Kifferecke ab. Ich rauchte dort mit den anderen Schülern während der Pausen dicke Joints. Unsere Lehrer sagten auch nicht viel, wenn wir dort eine fette Tüte pafften. Da kam nur hin und wieder einmal so etwas wie „Mach das aus" oder „Tu das weg".

Natürlich gaben wir darauf nichts und qualmten fröhlich weiter, sobald der Lehrer abgezischt war. Ich traf mich jeden Tag nach der Schule mit Mathilda und wir gingen zusammen zum Platz hinter der Schule. Irgendwann wurde es uns zu dunkel und zu kalt auf dem kahlen Platz. Da Mama einen neuen Freund hatte, der nicht in Berlin wohnte, hatte ich fast jedes Wochenende sturmfrei. Wir schauten bei mir DVDs und aßen Pizza. Wir gingen nicht spät zu Bett, standen um Mitternacht wieder auf und kifften, aßen dann und legten uns wieder hin, dann schliefen wir bis zum Nachmittag, standen wieder auf und kifften, aßen und schauten DVDs bis das Wochenende rum war. Das ging zack zack.

Ich habe noch viele Tagebucheinträge aus dieser Zeit und erinnere mich gerne daran. Das einzige Übel an dem Ganzen war nur, dass ich durch das Kiffen ein paar Entzugserscheinungen und auch ein paar Macken mitnahm.

Ich wurde leicht paranoid und die Dunkelheit der Jahreszeit machte mir sehr zu schaffen. Wir hatten mittlerweile Ende Oktober. Wenn ich einmal nicht mit Mathilda unterwegs war, pennte ich nur und fraß allerhand Fast Food in mich hinein. Ich konnte während der Nächte sehr schlecht schlafen, wenn sie nicht bei mir war, und gruselte mich auch immer vor der alten Dame, die über uns wohnte. Sie sprach gegen Mitternacht mit irgendwelchen Geistern und meckerte da oben herum bis zum Morgengrauen.

Sie machte mir Angst, wenn ich allein zu Hause und Mama zur Spätschicht gefahren war. Das löste des Öfteren ein Schweißbad aus. Ich brauchte das Gras langsam, damit alles gut war. Auch mein Körper hatte sich daran gewöhnt, so schien mir.

Ich hyperventilierte auch einmal ganz plötzlich. Ich träumte grauenhafte Dinge, dabei dachte ich, ich könne mein Zimmer sehen und so kam mir alles furchtbar real vor. Mama war glücklicherweise in dieser Situation zu Hause und leitete mich an, in eine Tüte hinein zu pusten. Durch diesen Vorgang konnte ich schnell wieder normal atmen und schlief danach erschöpft ein. Am nächsten Morgen rauchte ich meinen ersten Joint auf dem Schulweg mit Mathilda.

Ich wollte am liebsten gleich noch einen hinterher rauchen, und wir kauften uns an diesem Tag die doppelte Menge unseres Bedarfs. Die Tage wurden von da an immer kürzer, und wenn ich nicht mit meinen Freunden unterwegs war, wurde ich depressiv. In der Schule wurden meine Noten durch die Kifferei immer übler, und ich drohte, nicht versetzt werden zu können. Ich hatte einfach keinen Bock auf Schule und büffeln.

Dann stand auch schon Silvester vor der Tür.

Silvester

Berlin, Silvester, 2010

Gegen späten Nachmittag trafen Mathilda und ich bei Mikey ein. Mikey war ein verrückter Typ aus unserer Schule, den die meisten mieden. Wir mochten ihn. Ich weiß nicht mehr, wie es dazu kam, jedoch lud er uns auf seine Silvesterparty ein.

Mathilda und ich liefen blitzschnell die Treppen rauf. Das war bei uns so drin, da wir meist nur die Treppen bis zum Ticker so hinauf sprinteten. Nach wenigen Treppenstufen standen wir dann direkt vor Mikeys Wohnungstür, die sperrangelweit offenstand.

Wir betraten die Wohnung. *„Oha! Was geht denn hier ab? Mathilda, guck, wie viele Menschen hier herumlungern."* Mathilda guckte skeptisch. Was war hier bitte los? Ein paar Leute hingen auf dem Boden herum, andere lagen hinter oder auf der Couch. Keiner schien hier mehr bei Bewusstsein zu sein.

Plötzlich entdeckten wir Mikey. Er stand hinter einem Mischpult und dudelte irgendeine Musik für die Runde. *„Hey Chicks! Da seid ihr ja endlich!"* Mikey freute sich riesig und nahm uns in den Arm. Ich starrte Mikey in seine riesigen Augen und bekam Schmetterlinge im Bauch. Mathilda und ich fläzten uns dann erst einmal in eine Ecke, mitten an der Heizung und bauten uns einen Joint. Einen dicken Joint zum Einleben.

Nach knapp einer halben Stunde erwachten einige der Jungs und Mädels aus ihrem Koma und konsumierten dann allerhand buntes Zeug. Mir unbekanntes Zeug. Mikey stand genau neben uns und machte seine Musik, dann kam er zu uns herunter und hielt uns eine CD-Hülle mit klebriger, weißer Paste vor die Nase. *„Na wollt ihr auch eine ballern",* fragte er und starrte uns an. *„Ne lass mal! Wir kiffen nur"*, sagte Mathilda und pustete den Rauch aus ihrer Lunge, dabei überreichte sie mir den Joint. Ich zog ein paar Mal und reichte ihn dann wieder zu Mathilda. *„Heute ist Silvester, Mädels, Wuuuuhu."* Mikey hatte richtig gute Laune auf seinem Stoff, aber wir interessierten uns nicht dafür. Noch nicht. Es war unbekanntes Terrain für uns, ganz klar.

Wir kauerten also einfach gemütlich in der Ecke auf dem Boden herum und lachten über die anderen in der Runde, die noch immer nicht klarkamen. *„Auch ein bisschen Liquid?" „Jaaaa Dicker! Ich nehme noch ein Käppchen."* Ein Typ aus der letzten Reihe wachte aus seinem Dornröschenschlaf auf und streckte sofort gierig die Arme nach diesem „Liquid" aus. Es ging um Liquid Ecstasy, auch bekannt als GBL oder K.-o.-Tropfen. Damit hatte ich später noch zu tun. Um einiges später. Mathilda und ich kifften einen nach dem anderen, und nach acht dicken Joints war es dann schon gegen dreiundzwanzig Uhr zwanzig, als ein skurriler Typ in die Bude von Mikey gestolpert kam. Hier war noch immer Tag der offenen Tür.

Ein merkwürdiger Typ war das gewesen. Er trug einen langen schwarzen Mantel, einen Hut und spitze Lederschuhe. Nun stand er einfach in der Tür. *„Ich bin Zorro! Wenn ihr irgendwas braucht. Ich bin jetzt da."* Aha. Was für eine Ansage! Keiner schien ihn zu beachten, und so setzte er sich ausgerechnet neben Mathilda auf den Boden.

Ich konnte mir mein Grinsen nicht verkneifen. *„Was bist denn du für eine süße Maus?"*, fragte er sie. Der Typ war bestimmt schon vierzig oder so. Mathilda rückte weiter an mich heran. *„Du siehst so slawisch aus", fügte* er seiner aufdringlichen Aussage hinzu. Wir lachten über ihn und bauten uns darauf gleich noch einen Joint. Neben uns puderten sie sich ganz selbstverständlich die Nasen.

Der komische Zorro rückte immer näher und faselte extrem wirre Pampe. Als er dann auch noch zu Mathilda raushaute: *„Dir würde*

Latex stehen, du süße Puppe", da war es vorbei, und sie setzte sich endgültig von ihm weg. Jetzt saß ich neben diesem komischen Typen, aber zu meinem Glück wollte Zorro nur Mathilda. Kurze Zeit später setzte sich noch einer der Komaleute vom anderen Zimmerende mit in unsere Ecke und laberte uns mit seinen neuen Nikes voll. Man war der vielleicht stolz darauf! Er grub mich dabei zusätzlich an, und das ging mir auf die Nerven. *„Wie viel kosten die beiden?"* Zorro war irgendwie angepisst, weil wir so gar nicht auf ihn eingingen. *„Diese zwei sind unbezahlbar"*, tönte es aus der Ecke von einem Schulkumpel, der die Party ebenfalls aufgesucht hatte.

Danach war Ruhe, und wir machten uns sofort auf den Weg zu mir nach Hause. Jener Kumpel, der uns eben noch den Rücken stärkte, hatte uns nun noch ein winziges Stück von seinem Pepp aufgeschwatzt.

Mathilda verstaute das kleine, durchsichtige Tütchen in ihrem Portemonnaie, und wir hoben es auf. Wir kamen kurz vor Mitternacht bei mir zu Hause an und tranken einen Sekt mit meiner Mama und ihrem Freund. Dann ging es sehr schnell, und das neue Jahr war zum Greifen nah. 10, 9, 8 … 7 … 6 … 3, 2 … 1 Juhu! *„Endlich Neujahr!"*, rief Mama, als der Zeiger dann auf null stand. Wir umarmten uns, und dann verschwanden Mathilda und ich in meinem Zimmer.

Wir diskutierten eine Ewigkeit über den weiteren Ablauf des Abends. Bei mir bleiben, zu ihr laufen oder doch noch einmal zu Mikey? Anfangs wollte ich noch einmal zu ihm, einfach etwas erleben, doch Mathilda wollte nach Hause. Also sind wir zu ihr gegangen. Meiner Mama war das natürlich viel lieber gewesen, auch wenn sie nicht wusste, was bei Mikey ging. Sie hatte sich immer viel gedacht, denn sie war auch einmal in meinem Alter und mit den heimtückischen Kumpels unterwegs. Als wir bei Mathilda angekommen waren, hatte ihre Mama noch eine Pulle Pfeffi für uns auf ihren Schreibtisch gestellt. Wir tranken sie halb leer und gingen später schlafen. Es war ein schöner Silvesterabend, und der nächste Morgen war entspannt, denn wir mussten nicht zur Schule.

Schon ein wenig bunter

Berlin, Januar 2011

Es war ein ganz normaler Freitag. Ich hatte sturmfreie Bude, als Mathilda und ich auf meinem Bett herumhockten.

Wir tranken die Reste vom Silvester-Pfeffi und Likör an diesem Abend. Wir hatten total vergessen, dass am nächsten Tag in der Schule Tag der offenen Tür war und wir dort aufkreuzen mussten. Einen ganzen Tag schwänzen, kam dort noch nicht infrage. Davon abgesehen, sind wir auch viel lieber im Unterricht high gewesen, als zu schwänzen und uns damit unser Zeugnis zu versauen. Irgendwann in der Nacht rauchten wir noch ein Tütchen und hauten uns dann aufs Ohr. Wir konnten allerdings kaum schlafen und machten deshalb den Rest der Nacht bei mir zu Hause durch. Wir lagen einfach nur so da und quatschten über einen Kumpel, wie er Mathilda immer anhimmelte. So einen Jungen muss man erst einmal finden, aber Mathilda war sehr unsicher und wollte sich nie wirklich in etwas hineinstürzen. Trotzdem redeten wir immer stundenlang über sie und ihren Verehrer. Am Morgen dann waren wir hundemüde und sollten nun zur Schule juckeln. Wir waren wirklich lustlos.

Da fiel einem von uns das Pepp ein. Mathilda holte es raus und zog schnell mit einem Strohhalm aus dem Baggy. Sie wirkte auf mich normal und legte alles auf meinen Schreibtisch. *„Hier und jetzt du, dann müssen wir los. Ich gehe noch schnell meine Haare machen."* Ich war froh darüber, dass ich mit dem Zeug allein war, denn ich wollte nicht vor ihren Augen ziehen. Ich zog die Hälfte von dem, was noch übrig war, und den Rest von dem Pulver ließ ich in mein Zimmer rieseln. Ich wollte erst einmal nicht so viel davon nehmen, denn ich konnte es nicht einschätzen. Daraufhin zog ich mich an, schminkte mich und wartete auf Mathilda, die im Bad ihre Haare zu einem Zopf zusammenband. Als sie wieder aus dem Bad kam, gingen wir lautlos aus der Wohnungstür.

Der Weg zur Schule war so hell. Alles war plötzlich so farbenfroh, ja fast bunt. Ungewöhnlich, denn wir hatten Mitte Januar. Ungewöhnlich, aber dennoch schön. Das waren meine Gedanken. Mir wurde ganz warm, und ich zog den Reißverschluss meiner pinkfarbenen Weste auf. Wir rauchten ein paar Zigaretten nacheinander und gingen dann ins zweite Haus der Schule. Wir saßen in der Aula und quatschen mit den anderen Mädels, während irgendein Film über unsere Klasse am Projektor lief, von dem wir nichts mitbekamen. Am Ende tanzten ein paar Mädels aus den Parallelklassen noch etwas für die Besucher vor, und wir machten uns alle wieder vom Acker. Draußen traf ich dann einen Kumpel aus der Parallelklasse. Mathilda war längst mit den anderen nach Hause gelaufen. *„Na wollen wir einen kiffen?", fragte* er mich stoned-dreinschauend. Ich grinste nur und dann kifften wir zusammen einen und er brachte mich nach Hause. Wir verabschiedeten uns, und ich ging nach oben und in mein Zimmer.

Wieso war dieser Tag so schnell vergangen? Wieso schwitzte ich? Wieso war ich noch nicht müde? Verliebt hatte ich mich in dieses Gefühl nicht, dazu hatte ich zu wenig darauf geachtet, was es mit mir machte. Ich war irgendwann kaputt und haute mich in die Federn.

Zwischen Wut und Frustration

Berlin, September 2011

Nach der Silvesternacht veränderte sich nicht viel für mich. Mathilda und ich kifften ein bisschen weniger. Dafür gingen wir mit den anderen Mädchen aus unserer Schule öfter weg. Wir verabredeten uns draußen in irgendwelchen Parks und tranken dort, gingen auf Geburtstagspartys oder zum Eishockey. Es war immer was los. Das zog sich alles hin, bis der Frühling ausbrach. Durch die hellen Tage verschwanden meine depressiven Phasen und alles lockerte sich in meinem Gemüt wieder auf.

Meine Schulnoten konnte ich jedoch nicht mehr retten. Ich hatte so wenig abgeliefert, dass ich die neunte Klasse wiederholen musste. So kam es dann dazu, dass ich wieder einmal mit Gina in derselben Klasse saß. Wir wurden schnell wieder zu einem spitzen Duo und saßen in jedem Fach nebeneinander, bekamen ein paar Tadel für unser vorlautes Verhalten und unsere vergessenen Sportsachen. Ich hörte aber auch schlagartig komplett mit dem Kiffen auf. Schon in den Sommerferien hatte ich damit aufgehört, denn ich war mit meiner Mama und ihrem Freund in den Urlaub nach London geflogen. Dort feierten wir meinen fünfzehnten Geburtstag, und ich färbte mein Haar blond, schminkte mich wieder ziemlich stark und zog mich wieder schick an. Ich stand total auf Glitzer und „Bling, Bling".

Ich hatte wieder mehr Selbstbewusstsein und überhaupt kam mir der ganze Stress und das Gefühl, vom Kiffen süchtig geworden zu sein, schon fast verjährt vor.

Der Urlaub war sehr schön und dank meines exzellenten Englischs konnten wir uns dort gut mit den Landsleuten verständigen. Ich war gerne mit meinen Ellis zusammen unterwegs, und der Urlaub verlief reibungslos. Ich bekam zum Geburtstag ein paar glitzernde High Heels, mit denen ich aber nur zu Hause herumtänzelte und jede Menge anderer Sachen, die ich mir gewünscht hatte. Mein Stiefvater weckte mich sanft und brachte mir vier pinkfarbene Donuts auf mein Zimmer. Der Tag war perfekt.

Ich war nach den Ferien also wieder Feuer und Flamme mit Gina, und wir verbrachten auch wieder die Wochenenden damit, auf Hauspartys zu erscheinen oder eben bei mir zu Hause zu feiern. Meine Welt war sorgenlos und zufrieden.

Bis ich dann irgendwann ein paar Hassmails über ein Chatforum bekam, und sie mir beinahe jeden Tag versauten. Ich bekam die Nachrichten von einem Mädchen aus einer anderen Schule und deren Freundinnen. Eine von ihnen war bekannt als Schlägerbraut und hatte mich zu meinem Pech gleich „gefressen". Persönlich kannte ich keine von den dreien. *„Hey, du kleine Schlampe. Komm lass uns doch treffen, dann brenne ich dir deine Augen aus!"* oder *„Du hässliches Miststück, wenn ich dich sehe, bist du tot."* Solche Nachrichten fraß ich dann, tagtäglich, in mich hinein. Ich war total sauer über die Mails, hatte aber auch im Nachhinein ein wenig Angst bekommen, als sie mir dann auch noch mit irgendwelchen anderen Leuten drohten. Ich antwortete nicht, und erst als sie Mama beleidigten, tickte ich vor meinem Laptop aus. *„Lasst mich in Ruhe. Redet nicht über meine Familie. Ihr abgefuckten Idioten! Was wollt ihr von mir? Was wollt ihr?"*

Es kam keine Antwort auf meine Frage, nur weitere Beleidigungen und sinnlose Drohungen. Ich wusste noch immer nicht, was die von mir wollten. Irgendwann steckte das eine Mädchen mir dann, warum sie so sauer waren und wollten, dass ich litt. Ihr Freund hatte sich mein Foto aus dem Internet gezogen. Angeblich hat er sich das Bild sogar ausgedruckt und irgendwo in sein Zimmer gehängt.

Was konnte ich schon dafür? Die Welt war nicht fair. Ich hatte eine richtige Hasser-Bande am Hals. An meiner Schule hatte ich wirklich viele Feinde. Natürlich nur Mädchen, gerade die, mit denen ich nie zuvor geredet hatte. Sie drohten mir oft Prügel an, und da ich niemanden an meiner Seite hatte außer meiner Gina, schluckte ich jedes Mal einfach nur runter, wenn sie sich als Truppe vor mir aufbauten.

An einem vorerst lustigen Tag, an dem Gina und ich im Partnerlook angezogen und geschminkt die Schule verlassen wollten, bekam ich einen riesigen Schreck. Wir wollten gerade auf unsere uralten DDR-Fahrräder steigen und nach Hause fahren, als ich von Weitem schon ihre Gesichter erkannte. Die drei Mädchen rannten auf mich zu und umgrenzten mich, sodass ich ja nicht abhauen konnte. Dann schrien sie mich an und beleidigten mich, und als ich sie zurück anschrie und wissen wollte, was sie verdammt noch einmal von mir wollten, da bekam ich meine erste Backpfeife.

Ich spürte kaum etwas, und aus Reflex ließ ich mich trotzdem gegen mein Fahrrad fallen, damit sie eventuell gleich wieder gehen würden, wenn sie sehen würden, dass ich schon „Knockout" war. Dem war aber nicht so. Sie zerrten an mir herum, und ich erinnere mich nur noch daran, wie die halbe Schule zuschaute und niemand etwas dagegen unternahm. Gina stand irgendwo abseits, und die hysterischen Weiber schubsten mich herum und drängten mich in eine Ecke des Schulhofes.

Ich sah nur noch den weit aufgerissenen Mund mit Zahnspange darin von einem der Mädchen vor meinem Gesicht und fühlte nebenbei, wie ich noch eine mit der Faust bekam. Das hatte schon ein bisschen wehgetan, und es traf genau meinen Kiefer, mit dem ich deswegen heute noch knacken kann. Ich heulte wie ein Schlosshund, und sie freuten sich tierisch darüber, dass meine ganze Schminke nun herunterlief.

Es dauerte wirklich nicht mehr lange, bis sich meine Persönlichkeit drastisch veränderte.

Ich wurde aggressiver und patziger zu jedem, der mir wie ein Feind vorkam. Ich ließ mir nichts mehr gefallen. Ich wünschte mir, ihnen noch einmal über den Weg zu laufen und dann würde ich austicken. Bis heute bin ich wegen meiner Entscheidung, anders zu reagieren, noch sehr leicht reizbar, wenn mich jemand provoziert. Wie eine tickende Zeitbombe.

Damals war ich nur ängstlich und feige. Ich steckte einfach alles ein und machte rein gar nichts dagegen. Ich traute mich einfach nicht.

Während sie also alle drei auf mich einredeten, mich beleidigten und eine von ihnen mir ein paar Bomben gab, schaute die gesamte Schülerschaft dabei zu, und niemand reagierte. Marc und Fred standen auch etwas abseits, riefen ein paar Mal von außen in den Kreis, aber irgendwie traute sich niemand einzugreifen. Auch mein Wahlpflichtlehrer, Herr Locke, fuhr mit seinem Rad an uns vorbei, drehte sich noch einmal um und bog dann einfach auf die Straße ab.

Ich heulte Rotz und Wasser, doch es schien niemanden zu berühren. Gina wurde von mir weggedrängt, und ich fragte mich die ganze Zeit über, wann endlich jemand kommen und das alles beenden würde. Irgendwann tauchte dann meine Chemielehrerin, Frau Schulze auf. Ich war einfach nur dankbar, dass endlich jemand eingeschritten war. *"Mädchen, kommt. Geht hier weg. Ihr seid keine Schüler von dieser Schule"*, sagte sie, schob sich vor mich und versuchte die Bande weg zu lotsen. *"Die Schlampe hat mit meinem Freund gepennt"*, sagte eines der Mädchen und grinste mich hinter dem Rücken meiner Lehrerin dreckig an.

Natürlich log sie. *"Das ist mir aber egal. Geht nach Hause. Lasst sie in Ruhe"*, sagte Frau Schulze energisch. Irgendwann verzogen sich die Gören dann endlich, und ich bedankte mich bei meiner Lehrerin. Dann schleifte sie mich, völlig verheult, ins Sekretariat, und ich musste dort erst einmal aussagen, was gerade passiert war. Die Schule wollte dann eine Anzeige ausstellen, aber das lehnte ich ab. Davon hatte ich sicherlich nichts. Später fuhr ich, total geknickt, mit Gina auf unseren DDR-Rädern nach Hause. Zu Hause angekommen, dachte ich noch einmal darüber nach, was passiert war.

Ich wurde immer wütender, auf die Mädchen und dann auf mich selbst. Wieso hatte ich mich nicht gewehrt? Es ging mir doch an den Kragen. Ich hätte mich selbst verteidigen müssen. Am nächsten Tag holte mich mein Stiefvater von der Schule ab, und am Nachmittag ging ich dann mit meinem Klapperkiefer zum Arzt. Der Kiefer war leicht geprellt, und ich bekam eine Massage verschrieben. Ich hing dann eine ganze Weile nur noch zu Hause herum. Ich verarbeitete die Prügel, in dem ich hasserfüllte Texte schrieb und sie dann zu Hause vor mich hin sang, einen Beat aus dem Internet darunter packte und das Ganze aufnahm und mir dann immer wieder anhörte.

In meiner Klasse wurde ich dafür gefeiert, dass ich auf die Fresse bekommen hatte. Verrückte Welt!

Für die war ich cool, denn sie sahen nur, dass diese Leute mich kannten, dass ich anscheinend Streit angefangen hatte und dass ich im Mittelpunkt stand. Nach ein paar Wochen hatte ich das Ganze dann aber irgendwie vergessen, da ich längst neuen Dreck am Stecken hatte.

Mikey und sein Projekt

Berlin, März 2012

Ginas Mama ging es psychisch überhaupt nicht gut, sodass Gina nicht mehr zu Hause wohnen konnte. Sie und ihr Bruder sollten so lange woanders unterkommen, bis sich die Lage ihrer Mama wieder stabilisiert hatte.

Leider kam Gina mit ihren Problemen nie zu mir und wohnte dann bei ihrer Cousine. Dadurch sahen wir uns immer seltener, denn sie ging auch nicht mehr regelmäßig zur Schule. Irgendwann brach der Kontakt dann komplett ab, und so kam es dann dazu, dass ich meine Wochenenden nur noch mit Mikey verbrachte.

An Mikey erinnert ihr euch? Klar, wie könnte man diesen einzigartigen Typen vergessen! Er hatte mich nach der Schule gefragt, ob ich am Valentinstag mit ihm einen Joint rauchen würde. Ich willigte ein und dann haben wir geraucht. Es wurden bestimmt ein oder zwei Tüten, und danach gingen wir zu mir nach Hause und aßen KitKat und Pizza.

Wir verstanden uns super, und er lenkte mich mit seiner verrückten Art von meinen Problemen ab. Ab diesem Tag trafen wir uns regelmäßig, wenn ich aus der Schule kam, und verbrachten jedes Wochenende zusammen. Wir rauchten und tranken dann bei mir von Freitag bis Sonntag.

Irgendwann hatte Mikey genug von der Trinkerei und brachte ein wenig Speed mit. Er zeigte also wieder sein wahres Gesicht. Ich habe vorher nicht geahnt, wie verballert Mikey wirklich war und dass er kein Problem damit hatte, jeden Tag zu ziehen. Ich hatte ohnehin keine Ahnung von dem Ganzen. Ich war gut angeheitert und wollte einfach mal ausprobieren, wie es ist, ein paar Nasen zu inhalieren, anstatt mich mit meinen Problemen in der Schule ständig im Kreis zu drehen und den Gedanken an Gina, die mir einfach durch die Lappen gegangen war.

Ab diesem Moment, als ich diese Linie durch den Strohhalm in mein Nasenloch zog, öffnete sich eine Tür zu einer Welt, in der ich sagenhafte fünf Jahre komplett feststeckte.

Diese Welt, die alles für mich bedeutete, die mich veränderte und die mich zu der Person gemacht hat, die ich heute bin. Es veränderte sich einfach alles an meiner Person. Stück für Stück. Tag für Tag. Wochenende für Wochenende.

Erst einmal wurde es jedoch nur ein außergewöhnlich bunter Abend bei mir zu Hause. Am Ende des Wochenendes lagen meine gesamten Klamotten im Zimmer verteilt, denn wir hatten eine megamäßige Kostümparty veranstaltet.

Wir hatten nichts gegessen und getrunken, und irgendwann fiel mir dann auf, dass ich ziemlich pummelig geworden war. Ich hatte das nie wahrgenommen, und mir hatte es auch niemand gesagt. Ich stieg verwundert auf die Waage und war über mein Gewicht erstaunt. Meine Augen waren zum ersten Mal richtig offen gewesen. So offen, dass ich endlich die Wahrheit über mein Leben sah.

Von diesem Moment an war klar, ich musste ein paar Kilo abnehmen. Ich fühlte mich total klar im Kopf, und meine Sorgen zerplatzten wie kleine Seifenblasen. All das, was mich immer so sehr beschäftigt hatte, lies ich hinter mir, und ich dachte ab diesem Abend keine Sekunde mehr darüber nach. Auch nicht dann, als ich wieder heruntergekommen war. Während ich irgendwann mit Mikey auf unserem Balkon saß, dass muss so Mitte März gewesen sein, sagte er: *„Du bist soweit. Ich wusste von Anfang an, du hast das Potenzial, um dich zu verändern. Um jemand zu werden. Du bist wie ich."*

Er schaute mir in die Augen und lächelte vertrauensvoll. *„Also los! Worauf wartest du? Lass die Maske fallen"*, fügte er hinzu und zog an seiner Zigarette. Ich konnte fühlen, wie sich mein Gesicht entkrampfte. Mein aufgesetztes Grinsen wurde endlich zu einem echten Lächeln. Plötzlich war ich einfach nur da. Ich war ich selbst. Ich fühlte mich frei und wusste, ich konnte und musste ihm nicht mehr vormachen, wer ich war, damit er mich mochte oder es ihm in den Kram passte.

Er nahm mich einfach so, wie ich nun mal war. Auch wenn ich auf Droge war. Das spielte nicht den Hauch einer Rolle, denn das, was passierte, fühlte sich echt an. *„Wirst du mir denn dabei helfen, mich noch mehr zu verändern?"*, fragte ich. *„Kennst du noch mehr Leute, die anders sind? Ich will das alles nicht mehr."* Ich schaute ihn verträumt an, und er flüsterte nur.

„Ich zeige dir meine Welt. Und wenn du bereit bist, wirst du mich verstehen." Ich war total begeistert und freute mich innerlich. Ich war nicht aufgeregt, sondern einfach nur gelassen und in mich gekehrt. Der Typ, von dem viele Leute auf der Schule sagten, er sei total verrückt, saß jetzt vor mir und glaubte daran, dass ich ihn verstehen könnte. Niemand hatte ihn verstanden, weil jeder schon geurteilt hatte, genauso wie sie es bei mir getan hatten.

Es dauerte keine zwei Monate, da sprachen wir dieselbe Sprache. Ich nahm schnell mehrere Kilos ab, die ich zu viel auf den Rippen hatte, und war danach ein richtiger Klapperklaus. Es war mir völlig egal. Ich fühlte mich freier mit jedem Kilo, das ich abnahm, und so aß ich irgendwann fast gar nichts mehr. All die Pfunde, die ich mir angegessen hatte, während ich zu Hause Trübsal geblasen und böse Texte aufs Papier gebracht hatte, purzelten hinunter. Die Last. Sie verschwand endlich. In dieser Zeit wurde Mikey zu meinem besten Freund. Er war wie mein zweites Ich, und ich war nicht mehr ich.

War ich etwa gestört? Heute weiß ich, dass es einfach kompliziert ist. Die Pubertät ist eben eine schwierige Phase. Eine Phase, in der man sich nun mal stark verändert. Auch wenn wir immer denken, wir haben den Durchblick und alles andere ist Schwachsinn. Wir waren noch nicht fertig. Wir hatten den einen oder anderen hellen Moment, auch das ist mir heute klar. Wenn man aber in dieser schwierigen Entwicklungsphase auch noch Drogen nimmt, geriet mehr durcheinander, als ohnehin schon passiert.

Mikey der Einzigartige

Berlin, Mai 2012

Mikey und ich chillten also jeden Tag zusammen. Mal hingen wir draußen auf dem Hof hinter der Schule herum, mal auf einem anderen Schulhof, mal am Alex, mal bei mir zu Hause. Er holte mich jeden Tag nach dem Unterricht von der Schule ab. Ich war nur noch mit Mikey zusammen und lernte irgendwann seine Clique kennen, einen wirklich seltsamen Haufen.

Den fünfunddreißigjährigen Tolga, lieb und mit einem großräumigen Drogenproblem, der aussah, als sei er kurz vor dem Abnippeln und seinem achtundzwanzigjährigen, schüchternen Kumpel, der den Spitznamen Lausi trug. Lausi war ein supernetter junger Mann, der ordentlich hauste. Er hatte zwar keinen Job, aber er schien mir total in Ordnung zu sein. Außerdem stieß irgendwann noch Ken dazu, ein schlanker blonder Typ. Er war immer lustig und gut drauf. Ich mochte jeden einzelnen von ihnen und fühlte mich sehr wohl, wenn wir unter uns waren. Bevor ich aber Mikeys Clique kennenlernte, verbrachten wir die meisten Wochenenden bei mir zu Hause. Wir tranken Alkohol und auch die Paste gehörte zu unserem wöchentlichen Ritual. Leise rieselte der Schnee, und zwar zu jeder Jahreszeit.

Ich kam durch Mikey endlich mal wieder richtig raus, nachts zur Tankstelle und sonst wohin. So gut wie überallhin. Bei ihm fühlte ich mich einfach lebendig, denn er erzählte immer viel über das Leben. Er dachte immer viel nach, und ich konnte mich einfach an ihn dranhängen und ihm folgen.

Wie ein Wegweiser hatte er schon früher immer auf dem Schulhof gestanden und auf mich gewartet. Er hatte seine ganz eigene Meinung und passte sich nirgendwo an. In diese Richtung versuchte er stark, auch mich zu lenken. Er wollte einfach aus mir herauskitzeln, wer ich wirklich war und nicht, wer ich vorgab zu sein.

Durch die gemeinsame Arbeit an meiner damaligen unsicheren Person, die ich durch meine Schulzeit in den letzten Jahren geworden war, entdeckte ich neue Seiten an mir. Ich gefiel mir von Tag zu Tag besser, den ich unter den Fittichen von meinem besten Freund verbrachte. Er wurde echt der Beste. Der erste Typ in meinem Leben, mit dem ich so viel Zeit verbrachte. Jeden Tag stand er bei mir auf der Matte, wir telefonierten am Abend, und es gab immer wieder etwas zum Reden. Wir brauchten niemand anderen, wenn wir uns hatten. Es wurde mit ihm nie langweilig, und es dauerte nicht lange, bis wir verschmolzen waren und jeder uns nur noch im Doppelpack kannte.

Was die anderen von ihm hielten, war mir egal, denn er tat mir einfach gut. Viele mochten ihn nicht und wollten dann auch mit mir nichts mehr zu tun haben. Zusammen wurden wir immer stärker. Das konnten sie nicht ertragen. Aber sie konnten uns nicht wegdenken.

Drogenerlebnisse
und ein Bonsaibäumchen

Berlin, ein paar Monate zuvor

Einmal, das muss ganz am Anfang unserer Freundschaft gewesen sein, da hatten wir bei mir zu Hause gepeppt. Toralf vom Hof hinter der Schule war dabei und Pete, ein Kumpel von Mikey. Wir waren irgendwann total auf Sendung von der Paste, die Mikey besorgt hatte. An diesem Wochenende war ich zum ersten Mal drei Tage und Nächte wach. Irgendwann, in Mitte dieser drei Tage, saß Pete dann auf dem Fußboden, genau vor dem großen Bonsaibaum meiner Mama, der im Wohnzimmer stand.

Er fing dann auch baldig damit an, ihn vollzulabern. *„Hey mein Hübscher. Ick nehme dich mit ins Freibad. Wir machen uns schöne Stunden. Ick mag dich"*, haute er raus, ohne dabei eine Miene zu verziehen.

Ich musste tierisch darüber lachen. Zunächst dachte ich, dass er nur Spaß machte. Die anderen saßen mit mir zusammen auf unserer großen Eckcouch, bis auf Mikey. Der hatte sich auf den Stuhl am Fenster gefläzt und beobachtete das Geschehen von dort aus. *„Ick weiß schon, wie ick dich nenne"*, flüsterte Pete. *„Ick nenne dich Baumbart."*

Er klang sehr beruhigend und gefasst. Es schepperte ordentlich bei ihm. Ich fand es wahnsinnig interessant und konnte mir gut vorstellen, dass die Energie, die Pete ausstrahlte, direkt in das Bonsaibäumchen übergehen würde. Ich setzte mich dann zu ihm auf den Fußboden und starrte ihn einfach nur an. Es faszinierte mich total. *„Jetzt komm mal langsam wieder klar, Pete"*, tönte es aus der Ecke am Fenster.

Mikey fand das Ganze überhaupt nicht lustig, denn er kannte Pete gut genug, um zu wissen, dass das nur ausarten würde.

„Jetzt lass ihn doch. Das ist doch cool. Der ist da voll drin. Merkt ihr das? Wie konzentriert Pete ist?", flüsterte ich leise in die Runde, damit ich ihn auch ja nicht störte.

Die Paste war verdammt in Ordnung, und während wir anderen uns noch eine Bahn hineinzogen, war Pete total gebannt auf seinen Baumbart. Er hatte kein Bedürfnis auf Nachschub und starrte noch immer auf die Blätter vom Bonsai meiner Mama. Irgendwann fing er dann an, den Osterschmuck von den Fenstern zu holen, und hängte ihn sachte in das Bäumchen, bis es komplett verziert war.

Ein Bild für die Götter. Der stabile Pete saß dort im Schneidersitz auf dem Boden und war nahezu in einer Hypnose. In diesem Moment wusste ich, dass Drogen etwas Geniales sein würden. Ich spürte, dass ab nun eine Drogenzeit beginnt, in der ich hoffentlich viele psychedelische Dinge sehen würde. Wenn das Peppen uns schon so weghaute, wie geil würde dann erst Ecstasy oder LSD sein.

Toralf war langsam müde geworden. Er hatte nicht so zugeschlagen, wie wir anderen, und stand dann unvorhersehbar schnell auf und griff sich unseren Staubsauger. *„Hast du nicht gesagt, um zwölf räumen wir auf?"* Er war der einzige Vernünftige von uns, und ich freute mich darüber, dass er gewillt war, mir mit der Bude zu helfen. Er steckte das Kabel des Saugers in die Steckdose und fing dann einfach damit an, durch die ganze Wohnung zu gehen und zu saugen. Während des lauten Blasens des Staubsaugers stand Pete noch immer in einer tiefen Verbindung mit seinem Bäumchen.

Er war nicht davon abzubringen, sich nur darauf zu konzentrieren, und verstand sich offenbar auch ohne Worte mit ihm. Als er nach knapp vier Stunden noch immer dort saß, ohne sich zu bewegen, und auf den Baum stierte, sah Mikey schließlich den Drang zu handeln. *„Dicker! Es reicht langsam. Du übertreibst es. Du Psycho. Lass den Baum jetzt in Ruhe."*

Pete reagierte nicht. Er reagierte auf niemanden von uns. Erst, als er zur Toilette ging, konnten wir die Verbindung kappen. *"Ich bin gleich wieder bei dir mein Großer"*, sagte er zu seinem Baumbart, als er aufstand und vorsichtig über den Flur ins Bad tänzelte. Wir reagierten schnell, schnappten uns den Bonsai und schleiften ihn auf den Balkon, schlossen die Balkontür ab und versteckten den Schlüssel.

Als Pete keine Zwei Minuten später wieder im Raum stand, drehte er durch. *"Wo ist Baumbart? Gebt ihn mir wieder! Ich hasse Menschen! Ihr seid furchtbar!"*

Wir lachten erst noch, dann aber holte er ein Messer aus unserem Küchenschrank und drohte uns damit, es gegen uns zu verwenden, wenn er seinen Baum nicht wiederbekommen würde. Wir wussten, dass Pete in diesem Moment nicht klarkam, und die Jungs holten den Baum dann schnell vom Balkon zurück ins Zimmer. Einige Sekunden später hatte Pete ihn schon gegossen und saß wieder im Schneidersitz davor. Ich bin dann erst einmal in mein Zimmer gegangen. Ich musste mal ein bisschen durchatmen. Währenddessen hatten Toralf und Mikey auf Pete eingeredet. Irgendwann stand der verstrahlte Pete dann mit Nasenbluten in meinem Zimmer.

Nach diesem Tag war die Party endgültig vorbei für dieses Wochenende. Ich hatte auch miese Filme geschoben, hatte mit mir selbst geredet, und weil wir die Tage zuvor durchgängig an meiner Playstation gehockt und Little Big Planet gespielt hatten, sah ich überall die Viecher herumbaumeln, tanzen und sprinten.

Wenn ich auf dem Balkon saß, öffneten sich die Baumkronen, und aus den kleinen Türchen darin sprangen die Sackdinger hinaus und tänzelten bis zur nächsten Baumkrone. Auch die Kleidertonne auf der anderen Seite der Kreuzung bewegte und öffnete sich, für die Sackdinger. Das Motorrad auf der Straßenseite gegenüber wippte hin und her, und es funkelten überall Perlen, die darauf warteten, von mir eingesammelt zu werden.

Ich hatte mein Smartphone herausgeholt und knipste ein Foto von meiner Aussicht. Das Kurioseste daran war, dass es auch noch auf dem Foto genau so aussah wie eine Szene aus Little Big Planet. Das hatten mir später sogar Leute bestätigt, die an diesem Tag nicht dabei waren. Ich lud das Bild in einem Chatforum hoch und erhielt viele Kommentare: *„Das sieht ja aus wie in Little Big Planet",* schrieben die meisten. Drogen waren genial für mich. So viel stand fest. Von Tag zu Tag wurde mehr klar, es wird nie mehr so werden, wie es einmal war.

Als Mama am Abend mit meinem Stiefvater nach Hause kam und das Chaos sah, zwang sie mich dazu, aufzuräumen und auch unten vor dem Balkon die ganzen Kippenstummel aufzusammeln. Wir hatten zwar Party gemacht, aber die Kids aus dem vierten Stock hatten genauso gefeiert, und deshalb lag bei uns vor dem Balkon das Doppelte an Müll. Ich war total fertig und klappte fast zusammen, deshalb hatte Mama Erbarmen mit mir. Als sie dann aber hinter mir stand, während ich vor dem Spiegel mein Gesicht abcheckte, sagte sie zu mir:

„Kiki? Du siehst aus wie ein Drogenopfer! Was ist los? Was treibst du hier?" Von da an musste sie diese Szene immer und immer wieder miterleben und auch für mich war es nicht schön. Jedes Mal hatte ich Angst davor, dass sie mich so sehen würde.

Am nächsten Tag hatte ich wieder Schule und war trotzdem relativ fit. Erst am Abend war ich schließlich hundemüde und legte mich beizeiten ins Bett. Ich hörte durch die Tür, wie Mama zu meinem Stiefdad sagte: *„Der Bonsai hat aber viele neue Blätter bekommen!"* Ich traute meinen Ohren nicht und ging gleich rüber zu den beiden. *„Was habt ihr gerade gesagt?", fragte* ich total verwirrt. *„Nichts weiter. Nur, dass der Baum viele Blätter bekommen hat. Übers Wochenende",* sagte mein Stiefvater. Ich grinste bis über beide Ohren und haute mich einfach nur auf mein Bett.

Mikey eben

Berlin, Juni 2012

Am nächsten Morgen musste ich mich erst einmal wiegen gehen. Ich fühlte mich, als sei ich nur noch halb so viel wie noch vor ein paar Wochen. Achtundvierzig Kilogramm. „Oh Yes!", dachte ich mir. Ich hatte schon weitere fünf Kilogramm abgenommen. Wie durch ein Wunder musste das geschehen sein.

Ich freute mich und fühlte mich endlich nicht mehr so fett. Ich hatte auch irgendwie kaum Appetit, und so ging der Spaß los, dass ich meine Mahlzeiten am Tag auf zwei Brote reduzierte. Ich verlor somit jede Woche ein Kilo, und wenn wir am Wochenende ballerten, dann manchmal sogar zwei.

Ich wollte immer dünner werden und fühlte mich die meiste Zeit noch fett, obwohl ich längst herunter gehungert war. Ich wollte einfach dünn sein. So richtig dürr. Das stand mir einfach besser, fand ich. Das sah nicht nach Langeweile und Frustessen aus, das sah nach Action aus.

Mikey aß generell nicht viel, durch mich kiffte er weniger und war mehr unterwegs. Er war total dünn und drahtig. Einzig und allein wenn er mehrere Bong-Köpfe geraucht hatte, haute er sich manchmal danach fünf Chicken-Nuggets-Burger hintereinander rein.

Ich verzichtete komplett auf fettiges Essen. Der Frühling war auf seinem Höhepunkt angelangt, und die Lebensgeister beglückten meine Seele. Mir fehlte es an nichts, und ich dachte unter der Woche nicht an die Drogen.

Ich war sehr froh, Mikey an meiner Seite zu haben. Alles konnte meinetwegen ewig so weitergehen. Wieso sollte ich jetzt noch etwas ändern? Ich hatte keinen Bedarf. Im Gegenteil. Ich blühte richtig auf und hatte ein ganz neues Leben und ein neues Umfeld.

Irgendwann hatten Mikey und ich dann auch gelegentlich mal Streit. Er war ein ziemlich eifersüchtiger Kerl und wollte nie, dass ich etwas mit anderen Freunden unternehme. Wenn ich aber trotzdem meinen Kopf durchsetzte und mich verabredete, war er immer mit dabei. Er schaute sich die Leute immer genau an, denn er wollte auf keinen Fall, dass sie mich irgendwie beeinflussen konnten.

Er redete meistens dazwischen, wenn ich mal mit anderen gesprochen hatte. Er zog mich am Handgelenk von den anderen weg, um mit mir unter vier Augen zu sprechen. *„Das geht so nicht. Geh weg von denen, die wollen dir nichts Gutes. Das spüre ich"*, sagte er dann immer. Gerade dann, wenn wir etwas getrunken hatten, neigte ich dazu, darauf hereinzufallen, wenn irgendein Typ mich anbaggerte. Ich sah das nicht so eng, und Mikey sah das sofort. Es war ihm ein störender Dorn im Auge. Er wollte einfach meine Nummer 1 sein. Das war er auch. Ich liebte ihn mittlerweile wie einen Seelenverwandten. Wir hatten uns einfach gefunden. Ich hörte dann natürlich immer auf ihn, wenn er mir sagte, dass jemand nicht gut für mich war. Trotzdem nahm das Ganze irgendwann überhand.

Bei seinem Kumpel Lausi zu Hause hatte es mit uns beiden dann auch schon mal gekracht. Wir verbrachten den ganzen Sommer bei Lausi in seiner Bude in Hoppegarten.

Mikey holte mich am Freitag nach der Schule ab, wir gingen zu mir, und ich packte meine Sachen, dann trafen wir uns mit Lausi, holten ein paar Beutel Peppen und dann ging das Wochenende steil. Natürlich saßen Mikey und ich die ganze Zeit über zusammen auf Lausis Couch und malten, drehten lustige Videos oder laberten Müll. Lausi stand vor seinem Korge und bastelte ein paar Beats. Die ganze Zeit über lief minimal, und es hat mich damals ganz schön drauf gebracht. Dieses langsame, eigenartige Herumgeklimper. Ich hörte es nicht gerne, denn irgendwie war es mir so fremd, aber ich überhörte es dann, nach ein paar Stunden sowieso, denn ich war voll drauf.

Mikey saß meistens total verschwitzt auf der Kante des dunkelgrünen Sofas und hatte sich eines meiner Halstücher um den Kopf gebunden, sodass sein linkes Auge bedeckt war. Das diente dazu, dass er den Zeichenblock und seine Malerei besser fixieren konnte.

Er zog die ganze Zeit über eine krasse Schnute und biss sich die Lippen auf. Ich war dagegen noch mobil. Lausi überredete mich dazu, alle zehn Minuten mit ihm in die Küche zu gehen, um eine Zigarette zu rauchen. Auch zum Kiffen wollte er mich immer nötigen, aber darauf hatte ich keinen Bock mehr.

Ich hatte nur einmal einen Kopf geraucht aus seiner Bong, die er Mister Miau genannt hatte. Immer wenn Mikes zu breit war, um mit ihm weiter zu blubbern, sagte Lausi zu ihm: *„Ey Mikey! Jetzt rauch doch mal mit mir. Mister Miau ist auch schon total traurig, dass du ihn im Stich lässt."* Freaky war er ja irgendwie schon, dieser Lausbube, aber man musste ihn einfach mögen, denn er war immer überfreundlich. Er nannte das Peppen meistens: „Frühstück" oder „Sabine". Sabine von nebenan. Er war ein totaler Drogenfanatiker, genau wie Mikey und ich. An einem normalen Freitagabend, als wir total Steif bei Lausi ankamen, baggerte dieser mich allerdings einmal zu viel von der Seite an.

Ich begriff zunächst gar nicht, dass er das getan hatte. Ich hielt ihn einfach nur für extrem freundlich, so wie immer halt. Mikey rastete daraufhin total aus, und ich bekam seine Aktion in den falschen Hals.

„Du kommst jetzt mit. Los zieh dich an, und wir gehen. Du brauchst nicht zu diskutieren! Den Typ kennst du von mir. Also komm jetzt

mit", schrie er und starrte mich aggressiv mit seinen riesigen Pupillen an.

„Und du? Du bist ein Wichser. Ich habe dir gesagt, dass sie meine beste Freundin ist. Du sollst die Finger von ihr lassen. Du Wichser." Lausi hielt seine beiden Hände hoch und tat, als sei nichts gewesen. *„Ich habe sie doch gar nicht angegraben. Bleibt doch einfach noch ein bisschen hier. Ich habe gar nichts gemacht, Mikey! Du siehst wieder Gespenster."* Mikey ging auf ihn los, doch Lausi machte nichts. Er hielt noch immer seine Hände vor sich und stand dort, wie eine weiße Flagge.

„Du Wichser! Du weißt genau, was ich meine!" Mit einem Satz sprang Mikey mit mir im Schlepptau aus der Tür. Er schubste mich leicht, sodass ich ein wenig wegrutschte. *„Was soll denn die Scheiße? Jetzt krieg dich mal wieder ein. Lass uns doch dort weiter chillen"*, motzte ich ihn an.

„Das kannst du vergessen, dass ich dich noch einmal dahin mitnehme. Wir gehen jetzt zu dir." Dann gingen wir los, und als wir bei mir ankamen, kiffte sich Mikey total die Rübe zu. *„Was ist denn los?"*, fragte ich ihn ruhig. Ich hatte ihm keine Antworten mehr gegeben, als er mich während der gesamten Fahrt zugetextet hatte. Er zündete sich direkt noch einen großen Kopf an, drückte das Feuerzeug auf das Schillum und zog den Rauch in seine Lunge, dann pustete er aus.

„Ich habe dir doch gesagt, dass ich auf dich aufpasse. Da drängelt sich auch keiner dazwischen. Versteh das mal!", sagte er ruhig, und irgendwie wirkte er wieder total friedlich auf mich. Ich umarmte ihn dann und lächelte ihn an. *„Dafür bin ich dir ja auch dankbar"*, sagte ich, und wir gingen dann irgendwann schlafen. So ging das dann immer weiter.

Wir fuhren natürlich wieder zu Lausi, als Mikey gehört hatte, dass Tolga da sein würde und sogar Ken vorbeikommen wollte. Wir chillten also wieder dort, und irgendwann passierte es dann doch, dass ich mich von Mikey entfernte.

Ich musste von der Schule aus ein Praktikum absolvieren. Ich hatte mir die Gaststätte ausgesucht, in der Mama arbeitete. Ich bekam erst einmal eine Woche Küchendienst aufgebrummt, denn ich war gleich am ersten Tag, einem Montag nach einem verballerten Wochenende, halb in Ohnmacht gefallen. Ich hatte zu wenig gegessen und getrunken und musste mich dann erst einmal setzen, nachdem ich am Tresen herumgetorkelt war. Der Griller brutzelte mir ein fettes Steak und danach ging es mir wieder besser. Trotzdem waren alle der Meinung, dass ich lieber erst einmal in der Küche weiterarbeiten sollte, bis ich wieder fit genug war, um am Buffet stehen zu können.

Mikey gefiel es ganz und gar nicht, dass ich nun dort arbeitete, denn er wusste nicht, mit wem ich dort zu tun hatte. Er war sehr eifersüchtig, wie ich bereits erzählt habe. Er kam mich jeden Tag besuchen während der Arbeitszeit.

Er akzeptierte nicht, dass ich keine Zeit für ihn hatte und raste einmal bis hinter zur Küche des Restaurants. Der Chef konnte gar nicht so schnell gucken, wie Mikey durch den Laden stürmte.

Er schrie mich vor den Augen meiner Kollegen an und fragte mich, mit einem ziemlich aggressiven Ton, wieso ich mich nicht bei ihm melden würde. Der Chef holte ihn dann mit einem anderen Kollegen aus der Küche und bat ihn, draußen zu warten. Nach dieser Aktion hatte ich ihm erst recht nicht mehr Bescheid gesagt, wann ich Feierabend hatte und hatte mich auch nicht mehr bei ihm gemeldet.

Er lungerte dann einfach vor meiner Haustür herum, bis ich wieder zu Hause war und fing mich dann unten ab.

„Was ist denn mit dir los? Willst du mich verarschen? Wo warst du?", schrie er mich an. *„Jetzt raste mal nicht aus. Wir führen keine Be-*

ziehung, Mann. Ich kann tun und lassen, was ich will. Außerdem weißt du doch genau, dass ich arbeiten musste." Ich schaute ihn total wütend an. Ich mochte meinen wütenden Blick irgendwie, denn ich kannte ihn noch gar nicht, bevor Mikey und ich Freunde wurden. Ich hatte in der Schule immer nur gelächelt, obwohl ich hätte kotzen können.

Trotzdem nervte es mich tierisch ab, dass er so zu mir war. Er packte mich dann wieder am Handgelenk und zog mich hinter sich her bis zur anderen Straßenseite. „Jetzt beruhige dich doch erst mal", sagte er dann mit einer ganz leisen Stimme. *„Ich werde jetzt nach Hause fahren, und du rufst mich dann an, wenn ich dort bin und dann reden wir noch einmal."* Dann drückte er mich fest an sich und verschwand, zusammen mit der Sonne am Ende des Asphalts.

Ich checkte ihn irgendwie nicht. Ich hatte ihn dann natürlich nicht angerufen, sondern er rief mich an. Er rief mich sogar zehnmal an. Solange, bis ich ranging. Ich war immer noch sauer darüber, dass er auf meiner Arbeit aufgetaucht war. Musste er immer überall den Verrückten spielen? Er rastete total aus am Telefon, dann beruhigte er sich wieder, dann rastete ich aus und am Ende vertrugen wir uns und alles war wieder gut.

Es sollte aber nicht lange ruhig bleiben, denn ich bekam am nächsten Tag eine SMS von Lausi. Er wollte sich am Wochenende mit mir treffen. Ich hatte ihm einfach zugesagt und wollte Mikey noch einweihen. Natürlich wollte ich mit Mikey zusammen hingehen, und ich dachte, das wäre Lausi auch bewusst gewesen. Mikey rastete aus, als er die Information bekam, dass ich mich verabredet hatte. Er stand noch am selben Abend vor meiner Tür und machte mich rund. Ich hatte keine Lust mehr auf dieses Drama. Es fing doch alles so gut an? Mikeys Eifersucht gefährdete unsere Freundschaft. Aber im Endeffekt hätte ich doch lieber auf ihn hören sollen. Ich war damals leider jung und naiv.

Am Ende der Sommerferien wurde Mikey klar, dass er mich nicht halten können würde. Er ballerte sich daraufhin allein weiter die Birne zu. Ich fuhr öfter zu Lausi, denn Mikey war direkt bei ihm eingezogen.

Er schlief manchmal tagelang auf dem Sofa, ohne etwas zu trinken oder zu essen. Er bekam gar nicht mehr mit, dass ich dort war. Ich versuchte ihn zu wecken, aber Lausi sagte mir immer: *„Lass ihn doch mal in Ruhe. Er will schlafen, das siehst du doch. Komm mit mir! Lass uns neuen Stoff besorgen. Wenn wir wieder hier sind, ist er sicher ausgeschlafen."* Durch seine vermeintlich nette Art glaubte ich ihm wirklich, dass er es nur gut meinte. Aber er wollte mich von Mikey lösen, und Mikey behielt Recht.

Ich zog meine grauen Stoffschuhe an, und wir standen in der Tür. Lausi deutete noch aufs Fenster, vor dem es ordentlich schüttete. Draußen wüteten gerade heftige Sommergewitter, als mir eine verrückte Idee kam. Da ich meine Haare immer glättete, damit sie zu meinen glatten Extensions passten, brauchte ich einen Regenschutz für meinen Kopf, damit sie sich nicht kräuselten. Leider hatte ich keinen Regenschirm parat und aus diesem Grund griff ich mir, verrückt, wie ich war, einen großen, blauen Müllsack aus Lausis Küche.

Ich wickelte mir ein Handtuch über den Kopf und stülpte die Mülltüte darüber. Das sah zum Schießen aus. Jedoch war es mir lieber, als mit Locken herumzurennen. Während wir dann durch das Gewitter und den starken Wind liefen, blies sich der Beutel auf meinem Kopf auf, und es sah aus, als hätte ich einen riesigen, lang gezogenen Schädel.

Lausi lachte beinahe Tränen, und ich konnte mich auch nicht mehr beherrschen. Wir mussten für den Stoff bis nach Reinickendorf fahren, also an das andere Ende Berlins. Mama, die auf der Arbeit gewesen war, hatte mir dann eine SMS geschrieben:

"Ich hoffe, du bist bei diesem starken Unwetter nicht draußen." Ich schrieb dann zurück, während ich unten im Treppenflur bei Lausis Dealerin saß: *"Ne Mama. Ich bin bei Gina zu Hause, und wir gehen heute nicht raus."*

Dabei fühlte ich mich zuerst gut, denn ich glaubte mir selbst, während ich den Text tippte. Leider aber plagte mich nach jeder Lüge, die ich meiner Mama erzählte, ein schlechtes Gewissen. Trotzdem vertraute ich darauf, dass alles gut gehen würde und war mir dessen sicher. Für dieses weitere Mal.

Als Lausi wieder herunter gesprintet kam, hielt er mir drei randvolle Baggys vors Gesicht und freute sich. Ich roch an der Paste. Sie roch so richtig chemisch. Lausi schnappte sich meinen Arm, harkte ein und dann ging es wieder zurück zu ihm nach Hause. Als wir dann in seiner Wohnung standen, schlief Mikey immer noch. Er wachte dann aber auf, als ich mich neben ihn setzte. Er wurde schlagartig total aggro, denn er ahnte Böses. Er wusste, dass ich mit Lausi allein unterwegs gewesen war, und diesen Gedanken konnte er nicht ertragen. Ich hatte ihn dann gebeten, mit mir nach Mitte zu fahren und bei mir zu übernachten, ohne Lausi.

Er fuhr mit mir mit, und wir schliefen dann sofort ein, denn ich hatte schon zwei Tage nicht mehr geschlafen. Am nächsten Tag fuhr ich zu der Freundin meines Vaters, denn mein Vater lag im Krankenhaus wegen seiner Beine.

Er sollte am Wochenende operiert werden. Seine Freundin hatte einen leckeren Kuchen gebacken, und ich nahm mir gleich mehrere Stücke davon. Ich aß dann aber nichts weiter an diesem Tag, denn ich hatte Angst, wieder zuzunehmen. Mittlerweile wog ich nur noch sechsundvierzig Kilogramm und fühlte mich trotzdem zu dick.

Dass ich schon beinahe magersüchtig war, blendete ich aus. Mit jedem weiteren Kilo, das ich verlor, freute ich mich mehr und mehr.

Ich wollte einfach nicht mehr die Person sein, die ich in den letzten Jahren gewesen war. Ich wollte nicht mehr die Hübsche mit den großen Brüsten sein. Ich wollte nicht, dass mich alle für dumm hielten und mir niemand zuhörte. Ich wollte etwas in meinem Umkreis zu sagen haben, und ich wollte, ich selbst sein können. Wer auch immer ich war.

Mitten in den Sommerferien fuhr ich dann zusammen mit meiner Mama und meinem Stiefvater in den Urlaub. Zuerst fuhren wir nach Tschechien, dann nach Ungarn und zum Schluss noch ein paar Tage nach Österreich. Die beiden wunderten sich schon eine ganze Weile, wie ich es geschafft hatte, so dürre zu werden.

Sie freuten sich sicher auch darüber, mich mal ein paar Tage am Stück unter ihren Fittichen zu haben und zu kontrollieren, ob ich überhaupt noch regelmäßig essen würde. Ich aß wirklich regelmäßig. Während des Urlaubs verdrückte ich zum Frühstück meist eine Scheibe Toast und jede Menge Obst. Zum Mittag gab es dann Salat oder auch mal ein Eis und danach nur noch Wasser. So hatte ich es geschafft, auszusehen wie ein Stock.

Ich gefiel mir aber, und Mama freute sich einfach nur für mich, denn auch sie merkte, dass es mir gut ging damit. Außerdem behielt mich mein Stiefvater im Auge, denn er war wie ein echter Ernährungscoach und wusste, wie viel ich noch abnehmen dürfte. Nur diese Fragen, die ich manchmal am Abend stellte, wie zum Beispiel: *„Wenn ich diese Handvoll Weintrauben jetzt esse, nehme ich dann zu?"* Damit konnten sie nichts anfangen, und sie bereiteten ihnen ein wenig Sorgen. Es wurde trotzdem ein wundervoller Urlaub. Wie immer, wenn wir zusammen vereist waren.

Ich wurde noch während des Urlaubs sechzehn Jahre alt und freute mich riesig darüber, wieder ein Jahr auf die große Freiheit zuzugehen. Außerdem nahm ich mir vor, das Peppen-Ziehen aufzugeben. Ich brauchte es einfach nicht. So viel stand fest. Ich hatte auch keine Lust mehr auf das ganze Drama mit Mikey.

Mit Lausi wollte ich sowieso nichts mehr zu tun haben. Nüchtern betrachtet kam er mir doch irgendwie seltsam vor. Außerdem war er mit seinen achtundzwanzig Jahren auch schon ein wenig zu alt, um ständig mit mir abzuhängen, fand ich.

Sosehr ich Mikey auch vermisste: Ich meldete mich trotzdem nicht mehr bei ihm. Er tauchte dann, als ich wieder in Berlin war, oft bei uns vor der Haustür auf. Ich ließ ihn dort stehen, bis er wieder gegangen war. Er checkte mich nicht. Das wusste ich. Ich hatte einfach Angst davor gehabt, dass wir uns immer mehr streiten und irgendwann hassen würden.

Ich wollte auch einfach nicht mehr ballern, und ich hatte mitbekommen, dass er nun wirklich durchgängig seit ein paar Wochen darauf war. Irgendwann gab er mich dann auf. Er meldete sich nicht mehr bei mir, und wir verloren uns aus den Augen. Noch während der Sommerferien hatte ich mich dann wieder bei Gina gemeldet. Wir hatten uns einmal getroffen und waren sofort wieder Feuer und Flamme. Dann begann eine neue Zeit. Ein neuer Abschnitt meiner unvergesslichen Jugend.

Die asoziale Schiene

Berlin, Hochsommer 2012

In Berlin fing dann nach unserem Urlaub eine wirklich extreme Zeit für mich an. Ich kam noch braun gebrannt aus Ungarn zurück und fühlte mich durch die Sonne total leicht und unbeschwert. Ich hatte meine Gina wieder um mich, und das war mir ein Fest.

Zunächst feierten wir einfach nur mit einer Truppe, die sich ganz von selbst während der Ferien zusammengefügt hatte, meinen Geburtstag nach. So ging das dann aber auch jedes Wochenende weiter.

Wir feierten in einer riesigen Gruppe von Jugendlichen und Erwachsenen den Sommer. Es war ein großartiger Sommer. Arschheiß und es war verdammt lustig mit der Bande. Wir waren bestimmt so um die zehn bis zwanzig Teenager, die sich zusammen in den heißen Nächten herumgetrieben hatten.

Wir feierten meist draußen an irgendwelchen Seen oder irgendwo auf der Straße in Marzahn. Wir rannten auf Open Airs, und in den meisten Fällen schmissen wir sofort die DJs mit unseren leeren Flaschen ab und rissen die großen, weißen Zeltbühnen ein. Im Anschluss rannten wir vor den Sicherheitsleuten weg. *„Auf, auf und davon!"*, riefen wir. So lief das jedes Mal.

Wir waren ein abartiger Sauhaufen, wenn ich das so sagen darf. Ich traf mich mit Gina stets an unserer damaligen „Chill-Oase." Die Haltestelle Klosterstraße. Da, wo die Straßenbahn hält. Von dort aus fuhren wir dann gemeinsam bis zum Lindencenter und dort wartete der Rest der Chaoten schon auf uns. Dann wurde ordentlich Edelwasser geklaut und vorgeglüht. Wir sind sogar ein paar Mal zelten gegangen, direkt am Malchower See. Der Älteste aus unserer Truppe war damals im Anzug erschienen, darüber hatten wir uns immer scheckiggelacht. Wir waren ein bunter Haufen. Multikulturell. Maximal verstört. Irgendwie wurde die Truppe mit der Zeit immer asozialer.

Wir waren zwar nur Partykumpanen, aber ich wunderte mich doch sehr, wie wir uns untereinander angingen und behandelten.

Ich habe mich ziemlich umgeschaut, als ich irgendwann aufwachte. Menschen können echt fies und intrigant sein, auch wenn sie so tun, als seien sie deine Freunde! Es ist scheiße. Aber je früher du es lernst, umso besser.

Sie haben uns viel Stuss beigebracht, doch eines ist wahr: *„Du darfst niemandem trauen."*

Anfangs war das noch überhaupt kein Thema. Es war einfach nur lustig. Besonders Gina und ich arteten doppelt so stark wie der Rest der Bande aus. Wir zogen während der Fahrt in der Straßenbahn die Notbremse und pöbelten die Leute darin an. Das gab uns den speziellen Kick, und wir konnten bald nicht mehr ohne. Während des Aufenthalts in Supermärkten klauten wir Alkohol oder schnappten uns irgendwelche Lebensmittel und warfen sie auf andere Kunden. Meistens versuchten wir nur, ihren Einkaufswagen zu treffen. Das gab oftmals ziemlich Stress. Wenn es nicht die Kunden waren, die uns hinterher flitzten oder anschrien, dann war es die Polizei.

Unzählige Male hatten die Ladenbesitzer oder Detektive uns festgehalten und dann die Bullen angerufen. Wir schafften es trotzdem immer wieder, ihnen zu entkommen. Ich hatte diesen „Kick" einfach genossen. Bis dahin war noch keine ihrer Anzeigen durchgekommen, also konnten wir das Ding noch oft durchziehen. Es machte riesig Spaß. Total angedudelt oder volltrunken, machte sich unsere Truppe über die Regale her.

Meist waren wir doch irgendwie unauffällig, wenn wir etwas einsteckten. Wir waren nicht so dreist und klauten offensichtlich. Nein, ein wenig Schiss und Respekt vor eventuellen Strafen hatten wir trotzdem noch.

Nachdem ein paar Wochen vergangen waren, fing auch die Schule wieder an. Ich kam nun in die zehnte Klasse und wollte auf keinen Fall schmeißen. Ich wollte meinen Abschluss schaffen. So ganz nebenbei natürlich.

Gina hatte die Schule längst geschmissen und wohnte im „betreuten Wohnen." Ein klein wenig beneidete ich sie, um ihre Freiheit und Selbstständigkeit. Sie hatte immer Zeit für ihren Scheiß und für die Truppe. Ich machte mich so oft es ging klar für meine Bande und blieb auch unter der Woche bis in die Puppen mit ihnen auf der Straße. Immer genau dann, wenn Mama zur Spätschicht musste, ging ich auf die Piste. Sie bekam also nichts von meinem Doppelleben mit. Das klappte ganz gut, und ich ging auch am nächsten Morgen wieder brav in die Schule.

Ich blühte in dieser Zeit nochmals komplett auf. Ich war perfekt gebaut, wie ich damals fand. Ich trug Extensions bis zum Hintern und war braun gebrannt. Ich klebte mir falsche Wimpern darauf und zog mich freizügig und unkonventionell an. Ich fühlte mich wirklich gut und hatte das Gefühl, in meine Truppe genau hineinzupassen. Wie ein Puzzleteil. Es war nahezu perfekt. Die ersten Probleme kamen, als ein festes Mitglied unserer Bande in den Knast wanderte. Was er getan hatte, wusste niemand. Alle schrieben ihm ständig Briefe, und er antwortete, aber der Kontakt brach schnell ab. So wichtig ist er dann doch nicht gewesen.

Auch die Drogen spielten schnell wieder eine Rolle. Wir hatten zwar damit begonnen, uns ständig einen anzutrinken, aber es fügte sich schließlich, dass einer der Straußberger Jungs, die nun ab und an mit uns umherzogen, etwas zum Nasepudern aufgetrieben hatte. Er teilte natürlich seinen Batzen Peppen-Paste mit uns, und wir kamen alle drauf. Nur wenige von uns hatten abgelehnt. Gina und ich waren die Ersten, die zugeschlagen hatten. Warum auch immer. Ich hatte jedem sofort erzählt, dass ich weg war von dem „Scheiß", doch mir glaubte niemand. Ich verstand es damals nicht. Es machte mich wütend, wenn mir niemand glaubte, was ich sagte. Wie sollten sie mir glauben, dass ich es ernst meinte, wenn ich dort mit Tellerpupillen und einer weiß umrandeten Nase saß. Ich verlor meinen Respekt in der Bande.

Von Respekt war ohnehin nie eine Rede gewesen, das musste ich mit Entsetzen feststellen. Die Kerle fingen unter Alkoholeinfluss immer an, die Mädchen zu begrapschen, und wenn wir sie abwehrten, dann beleidigten sie uns. Wenn wir ihnen einen Korb gegeben hatten, erzählten sie überall herum, dass alles genau umgekehrt passiert war oder wir längst die Beine breit gemacht hatten. Es gingen viele Gerüchte herum. Sogar ziemlich üble. Von wem sie kamen, wusste ich nicht. Irgendeiner von denen musste eine Ratte gewesen sein. Doch woher sollte man diese erkennen, wenn doch alle vorn herum so nett waren? Ich hatte keinen guten Durchblick, was Menschen anging. Ich traute zu schnell und zu oft, und ich glaubte immer, was man mir sagte. Wieso auch nicht? Meine Feinde waren doch immer offen und ehrlich zu mir gewesen. Wieso sollte es nun anders laufen? Ich war oft verwirrt und legte mich auch gern mal mit ein paar neuen Mitgliedern an. Wie das eine Mal, als wir am See gezeltet hatten.

Die gesamte zwanzigköpfige Bande hatte sich auf ein paar Umwegen einige Zelte klargemacht, und so trudelten wir allesamt mitten in der Nacht am Wasser ein. Gina kannte den See aus ihrer Kindheit und lotste uns zur perfekten Campingstelle. Ich war schon über den Berg, als wir dann endlich zu zweit in unserem Zelt saßen. Wir schmissen uns auf die mitgebrachten Isomatten und blieben erst einmal liegen. Gina lallte dann zu mir rüber: *„Kiki? Hast du an das Schloss gedacht?"*

Ich sah ihren Kopf vor mir und griff nach ihrem Haar, um es zu richten, da es total verwuschelt gewesen war und ihr Auge bedeckte. Ich wusste überhaupt nicht, was sie von mir wollte und kippte dann bei dem Versuch, meine Schuhe auszuziehen, mit meinem Kopf an ihre Schulter. *„Was für ein Schloss? Reicht dir etwa unser Zelt nicht?"*, sagte ich, während ich die Innenwand des Zeltes musterte. Meinen Humor fand Gina immer gut, auch wenn sie zu diesem Zeitpunkt etwas genervt war. Grund dafür war mein Geisteszustand. Ich langte beim Alkohol immer derbe zu. Ich schaute immer viel zu tief ins Glas und kam am Ende kaum noch klar. Das war schon immer so, seit meiner ersten Berührung mit dem Wasser. *„Mensch. Ich meine das Schloss für unser Zelt. Darüber haben wir doch geredet."* Gina kramte aus meiner Reisetasche eine Tupperdose heraus.

Ich hatte extra ein paar Brote geschmiert, damit wir am nächsten Morgen etwas essen konnten. *„Hier iss mal was. Du bist ja schon völlig dicht"*, sagte Gina und reichte mir den Snack. Ich griff nach dem Brot und schlang es sofort hinter. Noch während ich es aß, erinnerte ich mich wieder daran, was wir besprochen hatten. Mit vollem Mund sagte ich zu Gina: *„Klar habe ich dran gedacht. Was denkst du denn?"*

Gina grinste. *„Na dann ist ja gut"*, lachte sie und nahm danach einen Schluck Sekt. Als ich wieder zu mir gekommen war, und das Brot den Alkohol in meinem Magen aufgesaugt hatte, holte ich sofort das kleine silberne Schloss aus meinem Beutel. Ich drückte es Gina in die Hand. *„Hier ist es. Und zwei Schlüssel. Die stecken wir uns am besten in die Socken und immer dann, wenn wir raus oder hereingehen, schließen wir ab."* So hatten wir es dann auch gemacht. Bis auf ein einziges Mal.

Eine von uns hatte vergessen abzuschließen, und als wir dann wieder im Zelt saßen und alles kontrolliert hatten, waren sie weg. Unsere Zigaretten. Wir hatten uns ein paar Big-Boxen am Kiosk gekauft, und alle waren weg. Ich konnte es kaum fassen.

Gina lachte heftig. Sie lachte! Ich habe dann natürlich auch gelacht. *"Da schließt man einmal nicht ab und dann so etwas"*, sagte ich. Gina krümmte sich vor Lachen. Wieso sie lachte? Weil es auf eine bittere, sarkastische Art und Weise irgendwie lustig war. Wie arm die Leute doch waren, die sich unsere Freunde nannten. Von da an war klar, hier konnte man niemandem trauen.

Wie immer eigentlich. Deshalb klammerte ich mich auch so sehr an Gina. Ich brauchte immer eine Person, der ich vertrauen konnte. Wenn einer versuchte, einen Keil zwischen uns zu treiben, machte es mich fertig. Ich verhielt mich leider immer sehr kontraproduktiv zu meinem eigenen Wohle. Ich hatte an diesem Abend Übermengen an Alkohol verschlungen und dann auch noch mit einem der Straußberger im Wald ein paar Gramm Speed konsumiert. Ich sah nur noch rot. Ich bildete mir ein, dass sich eines der Mädchen aus der Truppe mit mir anlegen wollte. Das zog sich über ganze Stunden hin. Wie ich darauf überhaupt kam, wusste ich nicht. Wahrscheinlich hatte sie mich einfach schief angeschaut. *"Die will mich schlagen. Ich sehe das doch, dass die mich nicht abkann."*, schrie ich immer wieder um mich herum. Ich bin auch ein paar Mal zu ihr gegangen und habe sie gefragt, was ihr Problem sei. Ich ließ einfach nicht locker, denn ich war mir verdammt sicher darüber, dass sie etwas gegen mich hatte. Irgendwann wurde sie dann wirklich sauer und wollte mir tatsächlich eine hereinhauen.

Ich fiel aber genau in diesem Moment in mich zusammen und lag eine Weile auf dem Boden. Ich hatte wirklich Sterne gesehen oder so etwas Ähnliches. Der Aufprall schallte noch einen ganzen Tag in meinem Kopf nach. Nach dieser Aktion hatten mich einige der Mädchen aus unserem Nachbarszelt zu sich hineingezerrt und mich beobachtet. Wo Gina in diesem Moment gewesen war, wusste ich nicht. Wahrscheinlich hatte sie mich einfach ignoriert und weiter Party gemacht. Als ich wieder aufwachte, schmerzte mein Kopf. Ich befand mich mitten in einer kleinen Runde von Mädchen in deren Zelt. Ich schaute mich verwundert um. *"Autsch. Was ist passiert, Leute?"*, fragte ich die

Gesichter. *„Du bist volle Möhre geflogen. Du hast Stress gesucht. Wir haben dich noch aufgefangen, weil du schon vor lauter Suff umgekippt bist, bevor jemand zuhauen konnte"*, sagte eines der Mädchen mit roten Haaren und künstlichen Wimpern.

Ich musste grinsen. Was war nur mit mir los? Ich war ein wildgewordener Teenager. Im Zelt ging ein Joint herum. Ich rauchte natürlich mit und dann ging die Gefühlsachterbahn los. Ich schwankte zwischen Speed, Alkohol und Gras herum und fing dann irgendwann an zu flennen. Ich heulte Rotz und Wasser und erzählte wirres Zeug. Irgendwann saß ich dann mit Marty in meinem Zelt. Gina war noch immer wie vom Erdboden verschluckt. Marty war einer unserer engsten Verbündeten in der Gruppe, und er war unser bester Freund.

Er war ein riesiger Arsch, aber wir durften nicht wählerisch sein.

Er hatte ständig Sex mit Mädchen, die neu zu uns gekommen waren, und zog sie uns immer für den Augenblick vor. Nachdem er sie rumgekriegt hatte, ließ er sie sitzen, und wir durften uns dann ihr Gejammer anhören. Ihn störte das überhaupt nicht. Er lebte nur für sich und war ein Egoist. Außerdem war er immer stoffgeil und nutzte viele seiner Freunde aus, nur um sich bei ihnen durchzuschlauchen. Ich saß also mit ihm in meinem Zelt und heulte mich bei ihm aus. Irgendwann fing er dann an, mich an zu graben, und ich schmiss ihn raus. Gina hatte keine Lust auf meine Launen und ließ mich einfach sitzen. Sie tat mir immer sehr weh damit, wenn sie Spaß hatte, während ich nicht mehr zurechtkam. Allerdings habe ich ihr das nie gesagt.

Am Ende der Nacht wachte ich dann neben dem Polen auf. Seinen Namen wusste ich nicht, denn er wurde überall nur „der Blaue" genannt. Er hatte sich anscheinend heimlich in mein Zelt geschlichen und war dort weggetreten. Ich stupste ihn an, um ihn zu identifizieren. Es dauerte nicht lang, bis ich sein eckiges Gesicht erkannte.

"Ey Blauer! Was machst du bitte hier drin? Wo ist Gina?" Der Blaue rieb sich die Augen und maulte: *"Lass mich in Ruhe. Ich will schlafen."* Ich riss ihn am Arm und erhob die Stimme. *"Ey! Das hier ist mein Zelt. Wo bitte ist Gina?"* Der Blaue sprang rasch auf, öffnete den Reißverschluss des Zeltes und zeigte nach draußen. *"Die hat drüben gepennt. Bei den Jungs. Die hatte keinen Bock mehr auf dich"*, lachte er fies. Er machte mich wahnsinnig sauer. *"Ach komm! Halt einfach dein Maul!"*, schnauzte ich zurück und schubste ihn wieder auf die Isomatte.

Er blieb einfach liegen und nickte sofort wieder ein. Ich versuchte erst, neben ihm einzuschlafen, dann stand ich auf. Ich lief durch das gesamte Waldstück, um Gina zu suchen, denn im Zelt bei den anderen war sie nicht mehr. Ich machte mir Sorgen um sie. Ich suchte stundenlang nach ihr und rief sie immer wieder auf ihrem Handy an. Es war ausgeschaltet. Ich bekam die ganze Zeit heftige Upperphasen vom Speed und war dann auf einmal high. Ich kam immer wieder runter, dann wieder rauf. Immer wieder. Es nahm kein Ende.

Deshalb suchte ich immer weiter nach Gina. Ich vergaß dabei völlig die Zeit. Als ich wieder zurück zur Stelle unseres Zeltes gelaufen war, war es schon wieder dunkel, und auch das Zelt war weg. Ein paar Einzelteile lagen noch herum. *"Ihr Scheiß-Assis"*, schrie ich. *"Das kann nicht wahr sein. Ihr Hunde!"* Ich fluchte derb vor mich hin. Die Einzigen, die noch am See waren, waren Lana und Jamie. Lana, die große schlanke Braut mit dem blonden Haar, und der süße Mazedonier hingen immer eng zusammen. Sie versuchten, in ihrem Zelt ein Kind zu machen, wie es schien. Es nervte mich ab. Das Zelt wackelte.

"Ey. Macht mal auf", brüllte ich und haute vor die Zeltwand. Sie machten einfach weiter. Ich trat einige Male gegen das Zelt. Jamie öffnete den Verschluss und schaute mich unter seinen zerzausten Haaren an. *"Was ist denn los? Warum machst du so einen Stress?"*, fragte er. *"Ach vergiss es"*, sagte ich und drehte wieder

um. Ich ließ es einfach bleiben. Die beiden hatten sowieso die ganze Nacht lang Sex gehabt und nicht mitbekommen, was passiert war. Nun aber, musste ich mich um mein verschollenes Zelt kümmern. Ich hatte es einfach bei uns aus dem Keller gekramt und meiner Mama nichts davon erzählt.

Ich fand jedoch keine Spuren zu den möglichen Dieben und gab dann auf. Ich fuhr nach Hause und kam dort übel runter. Was für ein beschissener Tag! Dachte ich mir. Was für ein Scheiß-Tag in einem Scheiß-Leben. Das Herunterkommen war zum ersten Mal echt schlimm für mich. Ich bekam unheimlich schlechte Laune, und als Mama mich dann am Abend noch einmal zum See schickte, um das Zelt zu suchen, fing ich wieder an zu schluchzen. Es war unfair. Alles war unfair. Ich war total fertig und brauchte dringend Schlaf. Ich fand das Zelt auch nicht mehr wieder. Es war sicher der Blaue gewesen, zusammen mit Lana und Jamie. Vielleicht war es auch Marty gewesen, der es direkt zum Pfandleiher gebracht hatte, um sich von dem Erlös Drogen und Alkohol zu kaufen. Oder ein paar Kondome. Ich konnte daran nichts mehr ändern, und das kränkte mich.

Am Wochenende darauf freute ich mich dann trotz allem, meine Jungs und Mädels wiederzusehen. Es wurde ein wenig kälter auf den Straßen, denn es war nun Mitte September, und so verbrachten wir die Wochenenden in Martys Einraumbude am Lindencenter. Ich hatte mich gerade Hals über Kopf in Jamie verknallt. Als er davon erfuhr, weil jemand mich verraten hatte, ließ er Lana sofort sitzen und kam mit mir zusammen. Lana hatte dann schnell einen neuen, und so ergab sich alles.

Ich war total schüchtern, denn es war komisch für mich, mit einem Mitglied unserer Truppe zusammen zu sein. Außerdem hatte ich seit Ewigkeiten keinen festen Freund mehr. Obwohl Mikey der erste richtige Freund war, den ich überhaupt jemals hatte.

Jamie zog auch Speed, aber in Maßen. Er versuchte, mich ein paar Mal zu überreden, mich mit ihm allein zu treffen, aber ich wollte immer in der Gruppe bleiben. Jamie machte wirklich viel für mich. Er klaute sogar taschenweise Süßigkeiten im Aldi, von Schokolade bis hin zu Gummibären.

Dafür liebte ich ihn. Ich aß wirklich gern Süßes, wenn ich nach zwei Tagen, ohne Schlaf und feste Nahrung, am Wochenende herunterkam. Ich aß nur noch, wenn ich herunterkam. Es hatte sich schon bei uns so eingebürgert, ständig darauf zu sein.

Wir zogen in der S-bahn. Wir zogen in Treppenhäusern, an Bahnhöfen, auf öffentlichen Toiletten. Die Jungs prügelten sich ständig. Wir hatten ungeschützten Sex. Wir fuhren schwarz.

Wir ließen uns tätowieren. Wir schwänzten die Schule oder Arbeit. Marty und Jamie waren die Anführer der Klau-Parade. Martys gesamte Wohnung wurde von Gangmitgliedern verschiedenster Banden zu gesprayt, und irgendwann musste Marty schließlich raus. Er flog, mir nichts dir nichts, mit seinem Kater Kellogs aus seiner Wohnung und stand dann da. Die Nachbarn hatten endgültig die Schnauze voll gehabt. Das Einzige, was ihm noch blieb, waren ein paar schlaflose Monate Kündigungsfrist. Ein paar endgültige Tage und Nächte in einer Bude, die sich durch fremden Einfluss noch einmal so richtig schön herunterhunzte.

Die Polizei holte jedes Wochenende einen Teil von uns aus der Wohnung, während sich der andere Teil noch darin versteckt hatte. Aus den lustigen Partynächten wurden Nächte in der GESA und auf der Wache.

Aus den angeheiterten Saufkumpanen wurden intrigante Ratten, die sich gegenseitig fertigmachten. Mich aber hat es wie immer ganz besonders erwischt. Während sich in der Schule schon vor einer ganzen Weile ein Mob zusammengefunden hatte, der mich einfach nicht in Ruhe ließ und alles versuchte, um mich einzuschüchtern, gestalteten die fiesen Ratten meine Freizeit auch ganz übel.

Ich weiß nicht, wo es schlimmer war. Ich hatte mehr Feinde als Freunde. Als Gina gerade mit einer Blutvergiftung im Krankenhaus lag, spitzte sich die Lage deutlich zu. Mir fehlte immer wieder Geld aus meinem Geldbeutel, wenn ich bei Marty gewesen war. Es wollte natürlich niemand gewesen sein. Ich machte dann den Fehler und mopste selbst einmal einen Zwanni vom Tisch, der als Ziehschein durch die Runde gewandert war. Ich steckte ihn in meinem BH und packte ihn dann im Badezimmer heimlich in meine Tasche. Ich rief dann später bei Gina an und erzählte ihr alles. Sie wusste genau, dass mir oft Geld fehlte, sowie auch an diesem Abend.

Auch Marcello, der echt lieber Kerl aus unserer Truppe, war an diesem Abend da. Er stellte später fest, dass auch ihm ein Schein fehlte. Ausgerechnet dieser Schein, den ich genommen hatte. Ich fühlte mich schlecht. Aber wer sagt denn, dass es nicht mein Schein war, der durch die Runde ging, und sein Schein, schon in einer anderen Tasche verschwunden war? Es machte mich trotzdem fertig. Ich wollte es ihm sagen, aber ich wollte ihn nicht als Kumpel verlieren. Außerdem brauchte ich den Taler dringend für meine nächste Ladung Peppen. Gina hatte es Marcello dann eiskalt erzählt. Er war total sauer auf mich, und so hatte ich einen echten Kumpel verloren. Ich fühlte mich so allein. Ich hatte auch Jamie nicht eingeweiht, denn er schottete sich gerade zu Hause von uns ab. Ich erreichte ihn kaum noch. Er hatte sicher ein paar Tage Abstand von allem gebraucht.

Ich bat Marcello, mir zu verzeihen, aber er war enttäuscht. *„Von dir hätte ich so etwas nicht gedacht"*, sagte er immer wieder.

Ich nahm dann meinen ganzen Mut zusammen und gab ihm, fair wie ich nun mal bin, den Schein zurück. Er war sehr verwundert, denn er glaubte nicht mehr an das Gute im Menschen. *„Es tut mir leid. Hätte ich gewusst, dass es dein Geld war, hätte ich es nicht getan,"* sagte ich und lächelte ihm versöhnlich zu. Da Marcello eben ein Guter war, nahm er das Geld an und verzieh mir. Er hatte natürlich auch bemerkt, dass ich mich oft über verschollenes Geld beschwert hatte und als dann auch noch mein Smartphone verschwand, hielt er mir den Rücken frei.

Er hielt zu mir. Er war der Einzige. Gina interessierte sich nicht für meine Probleme, denn sie hatte ihre eigenen. Ich beendete dann grundlos die Beziehung mit Jamie, und es machte ihn sehr traurig. Ich gab ihm nicht einmal eine Antwort auf die Frage: Wieso?

Er besorgte sich daraufhin ein Pfund Gras und rauchte es innerhalb von ein paar Stunden auf. Wenn wir eines gut konnten, dann war es das Vergessen.

In der Schule versuchten die Biester von Mädchen, die mich nicht leiden konnten, mich fertig zu machen. Sie drohten mir, beleidigten mich, und sie nutzten es, schäbig wie sie waren aus, dass sie in der Überzahl waren. Sie schafften es dann doch irgendwie, mich einzuschüchtern. Nach außen hin zeigte ich natürlich nichts. Ich stand ihnen immer wieder genauso gegenüber wie am Vortag. Ich zog mich sexy an und schminkte mich.

Ich schminkte all die Tränen einfach weg, und das brachte sie immer wieder von Neuem dazu, auf mir herumzuhacken. Wieso sie das taten, wusste ich nie.

Ich hatte mit ihnen nichts am Hut. Ich kannte sie nicht und hatte nie mit ihnen geredet oder Streit angefangen. Trotzdem hassten sie mich. Ich ließ mich aber nicht komplett unterbuttern. Nirgendwo. Ich versuchte, mich irgendwie von den Leuten aus Hohenschönhausen, meinen angeblichen Freunden, zu distanzieren, aber ich schaffte es nicht.

Ich lernte dann eines späten Abends bei Marty in der Wohnung John kennen. Er war eine Woche zuvor zu uns gestoßen. An dem Abend, als auch mein Smartphone verschwunden war. Ich verband das jedoch nicht miteinander. Er war mit noch zwei weiteren Typen angekommen. Er fiel mir allerdings gleich ins Auge. Alles fühlte sich einfacher an, wenn er dabei war. John hatte mich dann, wenn man so will, erst so richtig auf Speed gebracht.

Die meisten Bekannten hatten es nur auf mein Geld abgesehen. Sie verrieten mir nichts, dir nichts meine Geheimnisse und hatten stets das Messer parat, um mich damit hinterrücks zu verletzen.

Bewahre deinen Verstand

Berlin, Oktober 2012

Nach einem weiteren, durchgefeierten Wochenende mit der hinterhältigen Bande aus HSH hatte ich mal einen Moment mit John gehabt, in dem wir ganz allein waren.

Wir saßen mit der Gruppe in einer Shishabar und hatten uns auf dem Weg zur Toilette getroffen. Ich war schon leicht am Runterkommen, kurz bevor wir alle den finalen Weg in unser jeweiliges, trautes Heim beschritten. Am nächsten Morgen mussten die jüngsten von uns wieder zur Schule gehen. John hatte mir dann, ganz selbstlos sein restliches Speed für ein paar Taler und eine Zigarette verkauft. Ich freute mich riesig und fand ihn total cool. Ich dachte natürlich, dass er mich mochte. Ich hatte also zum ersten Mal etwas von dem Zeug übriggehabt, um in der Schulzeit darauf zu sein.

In der nächsten Zeit ließ ich so gut wie jeden Tag meine Webcam mitlaufen, wenn ich nach der Schule in meinem Zimmer saß. Ich filmte mich tagelang selbst, wie ich total drauf in meinem Zimmer herumhampelte, Freunde anrief, oder ich tat einfach so, als sei ich gerade live auf Sendung.

An einem zunächst völlig normalen Donnerstagnachmittag kam mir dann die Idee, die mein Leben noch einmal verändern sollte. Ich stand vor meinem Laptop und schaute in die Kamera, die auf Record geschaltet war. Ich unterhielt mich immer mit ihr. Ich unterhielt mich mit meinen Zuschauern. Doch das Publikum beschränkte sich auf eine Person: mich.

„Was wäre, wenn ich ganz einfach jeden Tag Amphe nehmen würde? Was wäre, wenn ich ab heute immerzu drauf wäre?", sagte ich, und

man sah mir deutlich an, dass ich wirklich stark gegrübelt hatte. „Sicher wäre dann alles leichter."

Ich lächelte. *„Ich könnte dann immer tun und lassen, was ich will. Ich bin in keiner Weise mit meinem Körper oder meinen Gedanken eingeschränkt. Ich bin raus und ich muss nix. Ich kann und muss nicht funktionieren, nicht lächeln …"*

„Ich muss nicht mal schlafen. Hahahaha", kicherte ich in meine Laptopkamera. Ich schnappte mir meinen Bademantel und eine Zigarette, dann flitzte ich zu unserem Balkon und rauchte draußen erst einmal eine. Dabei lief noch immer die Kamera. *„Mal sehen, wie ich mich verändere. Es kann doch eigentlich nur besser werden. Jeden Tag glücklich sein … Nie mehr Langeweile."*

Ich spürte es praktisch schon, denn ich war gerade total drauf. *„Immer, wenn ich herunterkomme, dann lege ich sofort nach. Dann kann nichts passieren."* Jeden meiner Gedanken sprach ich ab diesem Tag laut aus, wenn ich allein war. Damit ich mir nicht so bescheuert vorkommen würde, ließ ich immer die Kamera mitlaufen und zeichnete somit alles auf. Es war irgendwie seltsam, doch das machte mir überhaupt nichts aus.

Als normaler Mensch hatte ich es in den letzten Jahren zu nichts gebracht und wurde nur geschlagen, bestohlen oder verraten. Ich musste mir diese sinnlosen Mobbingversuche tagtäglich geben. Ich hatte Neider und ich hatte Hater. Das alles musste ich über mich ergehen lassen. Darauf hatte ich einfach keine Lust mehr. Dann würde ich eben total schizophren werden. Dann würde ich eben dran kaputtgehen.

Aber der Weg bis dorthin würde mir Spaß machen und niemand könnte etwas daran ändern. Die Leute, die mich als wandelnde Leinwand kannten, als Kamelien oder einfach als schwache Person, die immer so tat, als würde sie unantastbar sein, würden nun Augen machen. Diese Leute würden sich erschrecken.

Sie würden genau wissen, dass sie es gewesen waren, die das aus mir gemacht hatten.

Ich wollte allen zeigen, dass ich ab sofort nicht mehr das Mädchen mit dem Blut an der Klinge war, sondern das Mädchen mit der Klinge, an der weiße Krümel klebten.

Erst einmal war ich also eingedeckt mit Speed, dass mich eine Woche lang drauf sein lassen sollte. Ich war nicht sonderlich hochdosiert, doch das änderte sich bitterschnell.

Mein verrückter Plan, einfach von nun an dauerhaft auf Droge zu sein, veränderte mich so stark, dass ich es selbst schon gar nicht mehr bemerkte. Schon nach einer Woche, die ich jeden Tag damit verbracht hatte, zu ziehen und eine Mauer um mich herum zu bauen, kam ich mir komplett süchtig vor. Das lag wahrscheinlich daran, dass es für mich nicht zur Debatte stand, einen Tag auszusetzen, da ich mir ja genau das vorgenommen hatte.

Eben immer drauf zu sein. Ich wollte abhängig sein. Es war mir total egal, was andere dagegen sagten, denn für mich war die Droge mein Freund. Ich brauchte sie, denn sie machte mich stark. Nach ein paar Wochen hatte noch niemand eine drastische Veränderung an mir bemerkt.

Ich nehme an, das lag daran, dass ich mich sehr häufig arg verändert hatte. Vor allem äußerlich. Ich trug nun noch mehr Make-up als jemals zu vor. Ich klebte mir drei paar Kunstwimpern übereinander und ließ sie manchmal wochenlang oben, ohne sie auszuwechseln. Ich hatte meine Augenbrauen komplett abrasiert, malte sie nun immer nach. Je nachdem, wie ich mich fühlte, so verzierte ich mein Gesicht. Keiner wagte es mehr, mich darauf anzusprechen. Auch die Hater nicht.

Mein Plan ging auf. Ich brachte nun höchstens fünfundvierzig Kilo auf die Waage, und wenn ich merkte, dass man mich beobachtete, dann zog ich meinen Bauch ein und saugte meine Wangen nach innen. Ich wollte noch extremer aussehen, als ich es ohnehin schon tat. Ich wollte, dass alle sagen würden: *„Was ist denn mit der passiert?"*

Ich wollte, dass sie mich ansehen und kotzen könnten. Ich entwickelte einen richtig starken Hass auf alle. Nicht nur meine Feinde waren mir nun ein größerer Dorn im Auge geworden. Nein, auch viele andere. Ich hatte mir geschworen, allein zu kämpfen.

Niemand wusste etwas davon, was ich dachte. Ich ging am Wochenende, wie gewohnt, mit Gina und den anderen feiern. Wir klapperten die Bars ab oder schmissen Homepartys im betreuten Wohnen bei einem Typen, der gerade frisch aus dem Knast zu uns gestoßen war. Wir nannten ihn Killa. Nachdem mich mein Ticker im Stich gelassen hatte und auch bei Martys Quelle nichts mehr ging, musste ich mir einen Kopf machen, wo ich nun mein Zeug herbekommen würde.

Alle anderen gingen einfach nach Hause oder legten sich aufs Ohr, wenn der Stoff alle war. Ich hingegen drehte fast durch. Für mich war der Stoff überlebenswichtig. Ohne ihn würde alles einfallen wie ein verdammtes Kartenhaus. Nachdem ich stundenlang mit Killa in seinem Wohnzimmer gewartet hatte, bis einer von seinen Tickern endlich zurückrief, lagen die Nerven blank. Er hatte nämlich nur angerufen, um uns mitzuteilen, dass er ausgestiegen war.

„Das kann doch nicht sein. Kennst du denn echt keinen mehr, der heute noch etwas auftreiben kann. Das geht doch nicht. Ich brauche auf jeden Fall was", stöhnte ich zu Killa rüber, während ich meine Hand über meine Stirn strich und nervös herumtänzelte. *„Du bist ja voll der Junkie geworden"*, lachte er. Es war mir total egal, was er dachte. Dann war ich halt ein Junkie. Das war mir recht.

Ich hatte es satt, immer wieder aufzustehen und jeden in dem Glauben zu lassen, dass ich alles auf die leichte Schulter nahm. Ich war nicht mehr der Sonnenschein, der jeden anstrahlte. Ich war nun auch jemand, der Probleme hatte und auch welche machte.

„Ich brauche heute auf jeden Fall noch was. Wenn du nichts ranbekommst, dann gehe ich halt los." Plötzlich stand John in der Zimmertür. Er hatte die Stunden zuvor im Hinterzimmer gekomert und unsere Gespräche belauscht. *„Ihr verdammten Junkies! Hier habt ihr eine Pille. Zieht sie euch rein? Was weiß ich."* Er feuerte die Pille quer durch den Raum und Killa fing sie aus der Luft.

Es war eine mintgrüne. *„Das ist doch viel zu wenig, davon kommen wir nicht drauf"*, maulte Killa. John zündete sich eine Zigarette an, dann kramte er noch ein kleines Baggy aus seiner Hosentasche. Es befanden sich noch ein paar Krümel Amphe-Paste darin.

„Hier. Zieht's euch rein. Ist ja schlimm mit euch", sagte John. Ich bewunderte ihn. Obwohl er auch erst sechzehn war, genau wie ich, hatte er die Drogen voll im Griff. *„Danke"*, sagte ich und lächelte ihn an. *„Kein Ding"*, lächelte er zurück und setzte sich neben mich auf die Bettkante, dann drückte er mir seine Zigarette in die Hand. *„Lieber denen, die es brauchen"*, sagte er dann.

Ich fand ihn schon ein bisschen gut, aber ich hatte andere Probleme. Ich hatte kaum einen Drang danach, ihm zu gefallen. Killa knackte die Ecstasy-Pille mit einer alten Kaufhof-Karte und mischte sie mit dem klein gemachten Speed. Daraus formte er für uns beide jeweils eine kleine Bahn. Schwuppdiwupp, waren wir wieder voll drauf. John war durch den langen Flur zur Dusche gelaufen und hatte dort irgendwie verrissen.

Killa und ich merkten dann gar nicht, wie schnell die Zeit verflog. Wir saßen vier Stunden lang bei ihm auf der Couch und redeten über Gott und die Welt. Er erzählte mir so ziemlich alles aus seinem Leben, und wir freundeten uns irgendwie an. Aber nur in diesem Moment. John, der wieder einmal ein wenig gelauscht hatte, stand dann auf einmal wieder im Zimmer.

„Nachher gehe ich zu Penny. Das ist die Alte, von der ich immer meine Amphe hole. Ihr könnt mitkommen." Ich sprang in einem Satz von der Couch auf und stand sofort angezogen in der Tür. *„Worauf warten wir? Lass uns jetzt gleich gehen. Ich kaufe deiner Penny auch ordentlich was ab!"* John schien sofort zu merken, dass ich nicht lange fackelte. Er wusste, dass ich es wirklich brauchte, und ich denke, das war der Moment, in dem er schon plante, mich regelmäßig abzuziehen und sich ein bisschen was dazuzuverdienen.

Wir fuhren dann also alle zusammen zur Clayallee, um Penny zu besuchen. Als wir ankamen, war ich erst einmal verwundert. Ein großer schwarz gekleideter Mann öffnete die Tür und grinste uns mit seinen übriggebliebenen zwei Zähnen an.

„Kommet rein. Kommet rein", sagte er. Ich flüsterte zu John: *„Sagtest du nicht, Penny wäre eine Frau?"* Er lachte und haute mir sachte gegen meinen Hinterkopf, dabei strich er mit seinen Fingern durch meine lange, rot gefärbte Haarverlängerung.

„Natürlich ist Penny eine Frau. Habe ich dir doch gesagt." Wir gingen durch den Flur ins Wohnzimmer und da saß sie dann. Penny. Eine heruntergefeierte, über fünfzigjährige Frau, die sich nicht aus ihrem Sessel bewegte. Sie reichte mir die Hand.

„Oh. Ein neues Gesicht. Ein Mädel. Na so etwas." Sie sah irgendwie angegessen aus. *„Ja. Ich hänge mit diesen Chaoten an den Wochenenden herum"*, sagte ich und setzte mich auf einen Stuhl. John und Killa setzten sich auf die übrigen Stühle, und der Mann machte es sich in einem schmuddeligen Sitzsack bequem.

Es war noch am Vormittag, das stellte ich fest, als ich auf die große Uhr schaute, die gegenüber von uns an der Wand hing. *„So früh am Morgen kommt ihr her! Ich habe noch nicht mal gefrühstückt."* Ich lächelte Penny nur an. Ich wollte Sympathiepunkte sammeln, denn ich hatte vor, mir meinen Stoff nun öfter von ihr zu holen.

"So wie du sah ich auch mal aus. Nur trug ich mehr Ausschnitt", sagte Penny. Sie zog die Augenbrauen hoch und lächelte mich irgendwie fies an. Schön, dachte ich mir. Wenn sie mal so war wie ich, dann würden wir uns sicher super verstehen.

"Deine Jungs haben sich neulich köstlich amüsiert bei mir. Sie hatten richtig Maulfasching." Oha, dachte ich. Das würde kniffliger werden, als ich gehofft hatte.

Die verschrumpelte Penny war doch tatsächlich eifersüchtig und wollte nicht, dass ich ihr die Kerle ausspannen würde. Ich war total drauf und wusste genau, wie ich sie um den Finger wickeln würde. Nur keine Konkurrenz darstellen, dachte ich mir. Ich ignorierte die anderen dann meist und konzentrierte mich nur auf sie. Das gefiel ihr. Sie stand im Mittelpunkt und fühlte sich keines Weges mehr älter als ich. Ich fragte mich immer wieder, ob zwischen ihr und den anderen wohl mehr ging, wenn sie allein waren. Ich traute es ihnen zu. Für Geld oder Stoff hätten die bestimmt so einiges mit Penny gemacht.

"So. Jetzt frühstücke ich aber erst einmal. Dann könnt ihr mir sagen, was ihr hier wollt." Sie zog sich in einem Satz ein paar dicke Bahnen Speed hinein, danach lötete sie einen dicken Joint weg, der einen außergewöhnlichen Geruch absonderte und zum Schluss spülte sie alles mit einer Dose Jim Beam herunter. Was für eine Frau!

So wollte ich nicht enden. Auf gar keinen Fall. Als wir dann von ihr unseren Stoff bekommen hatten, waren wir auch schon allesamt wieder auf dem Weg nach draußen. *"Kiki! Das ist Kiki in dreißig Jahren"*, sagte John, und Killa stimmte dem sofort zu.

"Ach wirklich? Denkt ihr so von mir? Ihr habt ja gar keine Ahnung", motzte ich die beiden an. Ich hatte keinen Bock mehr auf die Jungs und war erst einmal durch für diese Woche. *"Ich haue ab. Ich fahre nach Hause"*, rief ich nach hinten zu den Kerlen, als ich

schon einige Meter von ihnen entfernt war. Am nächsten Morgen musste ich zur Schule, denn es war wieder Montag, und ich wollte mich vorher noch ein wenig zu Hause entspannen.

Weltuntergang laut Maya

Berlin, Dezember 2012

Es wurde allmählich bitterkalt auf den Straßen Berlins, auf denen ich mich jeden Tag herumtrieb. Ich hielt es immer kaum aus, Ewigkeiten vor Pennys Tür zu warten, bis sie endlich ihren Arsch hochbewegt hatte, um auf den Summer zu drücken.

Ich hatte es tatsächlich geschafft, dass sie mich auch ohne die Jungs zu sich hinaufließ. Ich traf mich kaum noch mit Marty. Dem hatte ich schon einiges von Penny erzählt, aber sie wollte keine neuen Kunden mehr kennenlernen, also brauchte er bei ihr nicht anzutanzen.

Marty verbrachte also wieder mehr Zeit in Straußberg mit seinen Jungs, und ich holte mir einfach mein Zeug bei Penny und flitzte danach sofort wieder nach Hause. Ein paar Wochen war das nun schon so gegangen. Die besten Tage waren die, an denen ich nicht hinaus in die Kälte musste, um mir etwas zu besorgen. Ich konnte dann einfach zu Hause bleiben und meine verrückten Videos drehen, in denen ich mit mir selbst redete. Ich schaute sie mir Tausende Male an, ließ sie immer nebenbei laufen, während ich mich vollzog oder mich irgendwie anderweitig mit Drogen beschäftigte.

Was ich allerdings nicht mehr ausblenden konnte, waren die bitteren Depressionen, die ich von dem unendlichen Konsumieren mitgenommen hatte. Ich war so langsam am Ende mit der Welt. Ich heulte jeden Tag Rotz und Wasser. Immer dann, wenn ich ungewollt herunterkam.

Ich musste ständig nachlegen. Es kam mir fast so vor, als hätte ich keine zwanzig Minuten ausgehalten, ohne direkt nachzulegen.

Es wirkte einfach nicht mehr so, wie ich es wollte. Ich war nicht mehr glücklich. Ich drehte fast täglich durch wegen der Sucht.

Ich begriff einfach nicht, dass es nichts mehr brachte. Ich wusste nicht mehr, was ich noch machen sollte, um mich wieder so stabil wie noch vor ein paar Wochen zu fühlen. Ich war total verwirrt in meinem Kopf und schon lange nicht mehr ich selbst gewesen. Zu lange. Kaum hatte ich eine große Bahn gezogen und war nach ein paar Minuten in einen aufgeputschten, euphorischen Zustand gekommen, zündete ich mir daraufhin haufenweise Zigaretten an, um dieses Gefühl noch ein wenig zu verfestigen und zu genießen.

Trotz der Anstrengung, die ich an den Tag legte, um in diesem Zustand noch ein wenig zu verweilen, versagte die Droge. Ich fühlte mich innerhalb weniger Minuten wieder total scheiße und war unendlich deprimiert. Ich war wütend, traurig und erschüttert. Alles überkam mich. Ich hatte kaum noch Kraft, um weiter durchzuziehen. Als ich bemerkte, dass ich mit meinen Rechnungen gehörig danebengelegen hatte, was die Tagesration an Stoff für mich betraf, rief ich sofort bei Penny an.

Ich war heftig am Nägelkauen, Zähneknirschen und fast am Durchdrehen, als sie den Hörer dann nicht abnahm. *„Na los Penny. Geh schon ran. Mach schon."* Ich riss die Augen auf und brabbelte vor mich hin. Es tutete am Telefon.

„Na komm schon, Penny. Nimm endlich ab." Ich versuchte es noch ein paar Mal, aber sie ging nicht dran. Ich gab so schnell nicht auf und probierte es weiter. *„Los Penny. Jetzt mach endlich."* Ich wurde immer nervöser und mir standen die Tränen in den Augen. Ein letztes Mal versuchte ich es. Mir waren die Tränen ganz und gar in die Augen geschossen, und ich spürte diesen riesigen, erdrückenden Kloß in meinem Hals.

„Bitte Penny!" Ich fing an zu heulen, denn sie nahm einfach nicht ab. Ich versuchte dann aber schnell, mich zu fassen, und schalte-

te mit einem letzten Versuch, nicht den Kopf zu verlieren, den PC an. Ich loggte mich in meinen Facebook-Account ein und schrieb John eine Nachricht. *„Hey John. Hast du eventuell etwas von Penny gehört? Sie geht nicht dran. Ich brauche etwas. Noch heute!"*

Als hätte er nur darauf gewartet, schrieb John sofort zurück.

„Ja, ich weiß. Penny hat von jemandem erfahren, dass du noch keine Achtzehn bist. Du kannst also nicht mehr zu ihr rein. Ab jetzt."

Was zum? Dachte ich. Ich war völlig außer Rand und Band und fragte mich sofort, welche kleine Ratte ihr das gepetzt hatte.

„Du bist doch auch erst sechzehn. Wieso lässt sie dich zu sich rein?", antwortete ich auf seine E-Mail. John lenkte ab. *„Sie kennt mich eben. Ist ja auch egal. Wenn du willst, dann treffen wir uns, und ich besorge dir was von Penny."* Ich war geknickt, aber ich brauchte auf jeden Fall etwas. Heute noch.

„Na gut. Wenn's nicht anders geht", schrieb ich zurück und zog mir meine letzte Bahn hinter. Das hatte ich eigentlich nie getan, bevor ich neuen Stoff am Mädchen hatte. Ich war mir aber sicher, dass Penny bei John immer sofort öffnete und ihm etwas verkaufte. Wir hatten uns dann für später vor Pennys Haustür verabredet. Ich wartete einfach unten, und John besorgte den Stoff. Er war schnell wieder unten und knallte mir das Zeug mitten auf der Straße mit einem gefälschten Handschlag in die Pfote. Es sah weniger aus als bei den letzten Malen. Das sah ich sofort.

„Haste etwas abgezweigt?", fragte ich genervt und kniff die Augen zusammen, dabei schob ich meinen Kiefer nach vorn und hielt ihm das Baggy mit der frischen Amphe-Paste vor sein Gesicht.

„Ne, habe ich nicht. Sei mir lieber dankbar, dass ich nur deinetwegen rausgehe. Nur um dir etwas zu besorgen, bin ich hier. Denk mal darüber nach, wie oft ich deswegen schon zu Marty gefahren bin. Nur, weil

du etwas brauchtest." Na gut, dachte ich mir. Was soll's. Hauptsache ich habe genug Stoff, um in den nächsten Tagen über die Runden zu kommen.

Ohne das Speed war ich schon lange kein Mensch mehr. Ich hatte mir selbst so stark eingeredet, es zu brauchen, dass ich das Gefühl hatte, ich bräuchte es zum Atmen. Da ich mittlerweile um einiges höher dosiert war als am Anfang, knapp zwei Gramm am Tag, um mich wachzuhalten, traf ich mich von da an jeden Tag mit John.

Ich ging an meine gesamten Ersparnisse und schmiss sie für das Zeug zum Fenster hinaus. Ich brauchte es wirklich. Wenn ich einmal eine gute Note in der Schule schrieb, bekam ich als Anreiz für mehr davon ein paar Taler von Mama, und auch diese investierte ich sofort in meine Sucht. Es wurde zu Hause immer kniffliger. Mama hatte natürlich schon längst etwas davon mitbekommen. Sie wunderte sich darüber, wo mein Geld blieb.

Sie konnte sich ihren Teil denken. Schon eine ganze Weile lang. Sie wollte es aber nicht einsehen. Sie wollte es nicht wahrhaben. Das konnte ich verstehen. Ich konnte all ihre Reaktionen verstehen, und es machte mich traurig. Trotz allem war ich der Meinung, dass die Drogen für mich bestimmt waren und sie das Ganze irgendwann auch so sehen würde. Wenn ich mich schlecht fühlte, dann zog ich eine und fühlte mich wieder gut und richtig. Irgendwann würde schon noch alles einen Sinn ergeben. Natürlich bunkerte ich meine Drogen in meinem Kleiderschrank und versteckte auch meine ganzen Utensilien. Mama fragte mich dann oft, wenn ich total aufgekratzt mit einem Kieferfasching durch die Wohnung tänzelte, ob ich etwas genommen hatte. Ich rastete daraufhin meistens aus. Ich konnte ihr nicht mehr in die Augen sehen. Ich hasste, dass ich sie angelogen hatte.

„Ne Mama. Ich nehme keine Drogen. Wie oft denn noch? Wie oft willst du noch fragen. Ich habe dir doch gesagt, dass nichts ist. Lass mich einfach in Ruhe."

Das haute ich ihr jeden Tag um die Ohren. Ich rannte dann meistens nach draußen oder in mein Zimmer und heulte dort. *„Lass mich in Ruhe. Ich drehe noch durch"*, schrie ich sie an. Trotzdem kam sie mir immer wieder hinterhergelaufen und hakte nochmals nach. *„Du bist doch nicht mehr du selbst. Schau dich doch mal an!"*, sagte sie.

„Lass mich in Ruhe. Ich nehme nichts. Das macht mich hier alles wahnsinnig", jammerte ich und schaute ihr dabei nicht ins Gesicht, sondern versteckte mich vor ihren Blicken. *„Ich sehe das doch. Sieh dich doch an. Du bist total mager, und deine Pupillen sind riesig."* Sie ging immer näher auf mich zu und schaute mich ängstlich und traurig an. Ich hielt es nicht mehr aus. Es tat so weh, sie so zu sehen. Ich wollte sie nicht verletzen.

Dass auch sie sehen würde, was aus mir geworden war und dass auch sie sich große Sorgen machen würde, hatte ich nicht bedacht. Ich musste irgendwie raus aus meinem Zimmer. Ein bisschen frische Luft schnappen. *„Mama? Ich schlafe heute bei Isy. Vielleicht kann ich mit ihr reden. Ich bin selbst verwirrt, über das, was mit mir abgeht."* Mama ließ mich schweren Herzens losziehen. Ich hatte vorgehabt, am nächsten Morgen mit Isy zur Schule zu gehen.

Als ich draußen stand, fing es an zu schneien. Ich zog mir meine dicke, weiße Wollmütze über den Kopf und quetschte meine mittlerweile lilafarbenen Extensions darunter, dann stampfte ich durch die Straßen. Natürlich rief ich sofort bei John an und verabredete mich mit ihm vor Pennys Haustür. Irgendwie kam mir ja schon immer der Gedanke in den Sinn, dass John sicher schon Partys von dem Geld schmeißen konnte, dass er mir täglich abzwackte. Was hatte ich aber für eine Wahl?

Ich brauchte den Stoff und hatte zu dieser Zeit keine anderen Connections mehr gehabt. John überredete mich dann noch, mit zu einer Freundin von ihm zu kommen. Ich hatte Bock drauf, und wir chillten dann alle drei bei ihr. Sie war total verballert und redete die ganze Zeit nur von Trips, Abturns und Technopartys. *„Da habe ich zwanzigmal gekotzt. Also, ich dachte, dass ich kotze. Ich lag aber nur auf dem Boden. Das waren die pinkfarbenen Audis. Nein. Das waren die blauen Sterne. Das war letzte Woche. Da lief kranke Musik. Mit den grünen Dreiecken. Ich war so raus!"* Blablabla. Man war die Frau vielleicht verloren.

Während sie zur Toilette getorkelt war, flüsterte John zu mir rüber: *„Kiki, das bist du in fünf Jahren."* Er grinste fies. *„Was ich? Niemals werde ich so!"*, antwortete ich blitzschnell und schaute arrogant zur Badezimmertür. Das konnte ich mir wirklich nicht vorstellen, dass mein IQ so tief sinken würde. Dass ich mich ausschließlich für die Droge an sich interessieren würde und Fremde mit meinen Partynächten zuquatschen würde.

So weit würde es bei mir nicht kommen, dachte ich. Außerdem kam sie mir vor, als sei sie total auf ihren pinkfarbenen Audis rascheln geblieben. Als wenn sie davon noch immer total darauf wäre. Als sei sie einfach nicht mehr heruntergekommen.

„Hängen bleiben", dachte ich mir. Das wäre doch einmal was. Für immer darauf sein, ohne etwas zu nehmen. Das stellte ich mir gut vor. *„Kiki? Wovon träumst du schon wieder so mitten in einer gemütlichen Runde?"* John holte mich aus meinen Gedanken. Er baute sich im warmen Licht der alten Stehlampe, die im Wohnzimmer stand, einen kleinen Blunt. Er reichte die fertige Tüte dann zu seiner Kumpeline, und sie reichte sie nach ein paar Zügen ihrerseits weiter an mich. Ich lehnte dankend ab. *„Wow! Du kannst ja auch Nein sagen"*, lachte John schelmisch. Da platzte es dann einfach aus mir heraus.

„Natürlich kann ich das. Was denkst du denn? Es geht mir nicht darum, sinnlos abzuschießen." Ich weihte ihn in meinen Plan ein. Während die verpeilte Brünette gerade halb am Wegsacken war, haute ich einfach alles raus, was mir schon seit Langem auf der Zunge brannte.

Mir war egal, was John von mir denken würde. Er sollte einfach die Wahrheit wissen. *„Ich nehme nur Amphe. Ist das klar? Ich nehme das Zeug auch nur, damit ich anders bin. Ich bin aber bald am Ziel angekommen. Weißt du? Ich bin bald fertig, und dann habe ich es geschafft. Dann kann ich damit aufhören und muss den Scheiß nicht mehr nehmen. Dann brauche ich es nicht mehr."*

Ich zog mir eine fette Linie rein. *„Du bist ja verrückt. Was redest du da?"* John hatte keinen blassen Schimmer, wovon ich redete. *„Ach egal. Du wirst mich schon noch verstehen"*, sagte ich und fühlte mich total stabil und sicher in diesem Moment. Ich fühlte mich einfach gut, denn ich glaubte wirklich, dass John mich noch verstehen würde, und ich glaubte vor allem daran, dass mein Plan wirklich aufgehen würde. Ich fühlte mich der Droge in meinem verspulten Zustand wirklich überlegen.

Ich dachte, ich könne sie nutzen, ohne dass etwas dabei schiefgehen würde, und dann könne ich sie ganz einfach wieder absetzen. Irgendwann wurden John und ich dann hochkant herausgeschmissen und standen dann planlos auf der Straße. Ehe ich mich versah, lief er dann auch schon in Richtung Heimat. Es war mitten in der Nacht, und Isy war längst enttäuscht ins Bett gegangen. Ihr Handy war aus.

„Ich brauche einen Schlafplatz", brüllte ich ihm hinterher. *„Tut mir leid, Kiki. Geh nach Hause"*, lachte er und verschwand hinter ein paar flackernden Straßenlaternen. *Es kotzte mich an. Nun* war ich immer noch nicht weitergekommen. Ich wurde noch immer von meinen Mitmenschen wie ein Stück Dreck behandelt, und es gab nun noch viel mehr Leute, die mich hassten oder denen ich egal war.

Jetzt aber hatte ich ein anderes Problem. Ich brauchte einen Schlafplatz. Ich rief bei vielen Freunden an und bat sie, mich bei ihnen übernachten zu lassen, aber vergebens. Niemand hatte Zeit für mich. Ich war ziemlich geplättet.

Als ich im Morgengrauen den Schlüssel in das Schlüsselloch unserer Wohnungstür steckte, versuchte ich leise zu sein, damit Mama nicht wach werden würde.

Ich ging an diesem Tag noch zur Schule und tat dort so, als sei nichts gewesen. Ich spürte die besorgten Blicke der anderen Schüler, die mitbekommen hatten, dass ich verdammt abgebaut hatte und es nicht gut um mich stand. Ich fragte mich, wann sie mich endlich darauf ansprechen würden.

Wann ich aus mir heraussprudeln würde und alles endlich vorbei sein würde. Ich wartete auf mein etwas anderes „Coming-out." Es kam nicht dazu. Es kam, um ehrlich zu sein, niemals dazu. Bis heute nicht. Das ganze Dilemma sollte nun endlich aufhören. Das stand fest. Nachdem ich den Unterricht überstanden hatte, ohne dabei wegzunicken, sprintete ich sofort nach Hause. Ich hatte es nicht weit und fiel dann sofort in mein Bett. Ich hatte noch genau eine Bahn übriggehabt und hob mir diese vorerst auf. Ich wollte nur noch schlafen. Am liebsten eine ganze Woche lang.

Als Mama von der Arbeit nach Hause kam und bemerkte, dass ich wieder zurück zum Hof hinter der Schule von meinem gescheiterten Alleingang gekommen war, war sie sichtlich erleichtert. Ich wachte sofort auf, denn ich spürte, dass sie mich ein paar Minuten lang beobachtet hatte, während ich dort so in Jeans und Jacke auf meinem Bett schnarchte. Es war nun schon eine Woche vor Heiligabend und während ich im Wohnzimmer die Weihnachtslieder aus dem Radio trällern hörte, überkam mich eine Welle der Traurigkeit.

Alles ging dann auch sehr schnell. Ich stand plötzlich vor meiner Mama in der Küche und fing an zu weinen. Ich weinte so sehr, dass mir der Rotz in Wasserfällen aus der Nase lief. *„Mama. Ich kann nicht mehr"*, jauchzte ich in ihr Gesicht. Sie nahm mich schweigend in den Arm und sagte dann: *„Ich weiß doch, dass mit* *dir etwas nicht stimmt. Sag mir nur, was du hast, und wir finden gemeinsam eine Lösung, das verspreche ich dir. Ich bin auch nicht böse."*

Ich wollte es wirklich direkt ansprechen, aber ich konnte es ihr einfach nicht sagen. Mir fehlten die Worte. Ich schluchzte weiter. *„Ich will einfach nur in ein Bett. Ich will dort liegen und warten, bis alles wieder gut ist."* Ich ließ mich auf einen der Küchenstühle fallen.

„Ich will einfach nur, dass es vorbei ist. Ich will, dass es wieder gut ist." Ich schaute sie mit meinen großen, übernächtigten Augen an, die total von der ganzen Schminke verschmiert waren, die ich vor ein paar Tagen aufgetragen hatte. Mama tastete sich vorsichtig an mich heran, dann sagte sie: *„Schau mal dort auf dem Laptop. Ich habe schon etwas herausgesucht. Vielleicht liege ich damit ja richtig?"* Ich stand auf und lief zum Schreibtisch, auf dem der PC stand. Er war noch eingeschaltet, und als ich die Maus ein wenig bewegte, erschien auf dem Bildschirm ein Text aus Wikipedia. Amphetamine. Auch Speed oder Peppen genannt ... Nächtelang wach ... Hohe Suchtgefahr ... Konsumenten leiden oft unter Schlaf- und Essstörungen.

Während ich mir die Seite durchlas, beobachtete Mama mich aus der Küche. Dann fragte sie nach einer Weile mit beruhigender Stimme: *„Und?"* Ich drehte mich zu ihr und schaute sie an. Ich lächelte traurig und nickte einfach nur. Sie wusste nun also Bescheid. Uns fiel in diesem Moment beiden ein großer Stein vom Herzen. Sie sparte sich zunächst die Fragen. Wie lange ich das alles schon so durchgezogen hatte.

„Und. Wie soll es nun weitergehen? Möchtest du einen Entzug machen?" Auf einmal ging mir ein Licht auf. Das Licht am Ende des Tunnels. Ich konnte es sehen. Einen Entzug. Das wäre es doch. So würde ich es jetzt ganz leicht schaffen. So würde ich ganz leicht davon wegkommen. Ich war soweit. Das war das Ende. Ich würde einfach in den Entzug gehen und dort wieder

klar im Kopf werden und dann würde ich einfach noch einmal ganz neu anfangen.

„Ja, Mama. Ich möchte gerne in einen Entzug gehen. Ich möchte clean werden. Ich halte das alles nicht mehr aus." Mama, die zum ersten Mal seit Monaten keine Tränen mehr in ihren Augen hatte, umarmte mich nun ganz fest. *„Dann suchen wir für dich ein Klinikum, und du machst das einfach. Du schaffst das."* Alles klar. Ich sprintete in mein Zimmer und packte all meine Lieblingsklamotten ein und ein paar Dinge, die mir am Herzen lagen. Mama durchforstete das Internet und suchte nach einem Krankenhaus in der Nähe, in dem ich noch auf die Schnelle einen kalten Entzug machen könnte. Nachdem ich alles eingepackt hatte, fuhren wir sofort los. Dort angekommen, sah alles ziemlich gut für mich aus. Man versprach mir ein Einzelzimmer im ersten Stock des Gebäudes, und wir wurden dann gebeten, noch kurz unten zu warten, bis man uns wieder aufrief. Wir freuten uns sehr darüber, dass es nun endlich wieder bergauf gehen sollte, und während wir dort warteten, sprudelten die ganzen Geschichten der letzten Monate nur so aus mir heraus.

Leider kam dann aber doch alles ganz anders, und es sollte von da an noch viel dicker kommen.

Es fing damit an, dass ich nicht aufgenommen wurde. Ich wurde so wie ich war, einfach wieder nach Hause geschickt, mit der Begründung, dass ich noch nicht volljährig war. Ich war mehr als deprimiert, und Mama machte sich sofort wieder große Sorgen. Zu recht.

Zum Glück hatte ich mir noch eine Bahn aufgehoben. Nur für den Fall, dass alles nicht klappen würde, wie ich es mir gewünscht hatte. *„Dann mache ich meinen kalten Entzug eben zu Hause",* sagte ich. *„Mir bleibt ja nichts anderes übrig. Dann muss das eben einfach so gehen. Ohne Krankenhaus."* Mama schaute mich misstrauisch an. *„Wenn du dir so etwas zutraust? Braucht man dabei nicht* *so etwas wie ärztliche Betreuung?"* „Ne Mama. *Das einzige Schlechte daran sind die Albträume, während ich schlafe. Ich werde sehr viel schlafen. Ich brauche sicherlich eine ganze Woche, um wieder fit zu sein*", erklärte ich ihr, während ich mir eine Coladose aus dem Getränkeautomaten der Mensa des Krankenhauses fingerte.

„*Ich muss nur ganz viel schlafen und dazu viel Essen. Ich werde Heißhunger bekommen. Das habe ich schon von anderen gehört.*" Mama glaubte, was ich sagte, und wir fuhren dann mit ihrem Auto wieder nach Hause. Dort ging die kleine Prozedur dann los. Ich bat sie noch darum, ein wenig Essen einzukaufen. Um genau zu sein, bat ich sie um eine ganze Menge Süßes, Deftiges und alles drumherum. Ich verschlang dann gleich mal ein ganzes Blech Pizzabrötchen, hinter und zum Nachtisch gab es zwei Packungen Kekse, dann schlief ich ein. Sie hatte mich für die nächste Woche in der Schule krankgemeldet.

Nach dieser Woche, in der ich wirklich nur geschlafen und gegessen hatte, hatte ich es geschafft. Ich war clean. Das Gift hatte meinen Körper verlassen, und ich fühlte mich wieder lebendig. Ich hatte locker fünf Kilos zugenommen und sah gleich viel frischer aus. Ich ging dann noch die letzten zwei Tage zur Schule, dann waren Ferien.

Weihnachten verlief ruhig und familiär. Ganz ohne Drogen. Ich hatte dann auch meinen letzten Krümel Speed in der Toilette versenkt, bevor die Familie zum Fest erschienen war. Ich wollte wirklich neu anfangen. Am besten gleich zum neuen Jahr.

Weitergehen

Berlin, ein paar Tage später

Mich rief dann wenige Tage vor Silvester ein Mädchen an und gab mir die Optionen: Entweder du kommst zu Marty und wir klären das hier oder du bleibst daheim und versteckst dich. *„Sollte ich dich aber auf der Straße sehen, werde ich dich zusammenschlagen. Wofür entscheidest du dich?"* Ich war total aufgebracht und fragte sie, was sie von mir wollte. Ich hatte keinen blassen Schimmer, wer sie war und warum sie mich schlagen wollte. Sie gab mir keine Antwort auf meine Frage und wiederholte stattdessen nur diese Optionen. Natürlich bin ich dann zu Marty gefahren. *„Ich komme zu Marty. Dann kannst du mir das ja noch einmal ins Gesicht sagen."* Ich saß blitzschnell im Bus nach HSH und kaute auf den Nägeln. Ich war total sauer, traurig, aufgeregt. Mein Magen drehte sich. Als ich im Treppenflur ein paar fremden großen Mädchen die Hand reichte, dämmerte mir schon, dass sie nur dort waren, um mich mit fertig zu machen.

Alle waren da, Jamie, Gina, Marty, Lana und der gesamte Rest unserer Truppe. Es war eine Krisensitzung. Auch Marcello war da. Er hatte sich von den anderen abgegrenzt und stand auf der anderen Seite des Treppenflurs.

Ein braunhaariges Mädchen baute sich vor mir auf. Das war sie also. *„So du kleine Bitch"*, sagte sie und ballte schon eine Faust. *„Halt, Halt, Halt"*, sagte ich. Ich wollte ihr zunächst sagen, dass sie mich nicht beleidigen soll. In diesem Moment hätte ich ihr eine hereinhauen müssen. Das weiß ich heute. Heute kann ich hassen. Es brauchte doch eine Weile. Vielen Dank dafür. Sie drängte mich in die Ecke und kam mir ganz nah. Das Mädchen stank nach Alkohol. Was ist dein Scheißproblem?", schrie ich und kniff die Augen zusammen, wie ich es immer tat, wenn ich sauer war.

„Frag nicht so dumm." Ich fing an zu lachen und gleichzeitig zu weinen. Das Speed knallte. Marty hatte mir nämlich noch ein paar Nasen angeboten, bevor ich mich dem Mädchen gestellt hatte. Ich schaute die anderen Mädchen an. Es waren vier oder fünf, die sich vor mir aufbauten. *„Wollt ihr mich total verarschen?"*

Ich schaute plötzlich ganz verdutzt. Noch während ich da stand und nichts mehr begriff, fing ich mir fast einen Schlag ein. Anstatt des Schlags aber bekam ich nur einen leichten Stoß von der Seite. Es war Marcello. „Ihr hinterlistigen Schlangen! Lasst sie in Ruhe", brüllte er in die Truppe. Ich war baff. Die Mädchentruppe bauschte sich zu einem riesigen Ball zusammen, und sie liefen allesamt rot an, so sehr regten sie sich auf. Marcello schnappte mich am Arm und zog mich zum Fahrstuhl. Ich schaute noch immer total verdutzt aus der Wäsche. Alles war so schnell gegangen.

Marty rannte uns noch hinterher und versuchte, sich zu erklären. *„Ich habe damit nichts zu tun, ehrlich. Die sind einfach auf Krawall aus. Tut mir leid."* Wir drehten uns nicht um, sondern stiegen einfach schweigend in den Fahrstuhl.

Ich drückte schnell den Knopf und Marty kam zu spät, um uns noch zu erwischen. Wir hörten ihn im Treppenhaus nur noch rufen: *„Kiki? Marcello? Bitte geht nicht. Wir sind doch Freunde."*

Er wusste selbst, dass wir beide mit Gina die einzigen Loyalen gewesen waren. *„Du? Ich würde da an deiner Stelle nie mehr hingehen. Nie mehr"*, sagte Marcello zu mir. Er drückte mich ganz fest an sich, dann sagte er noch: *„Die brauchst du nicht. Glaub mir. Geh deinen Weg."* Er brachte mich mit seinen Worten zur Vernunft, und ich war ihm sehr dankbar. Dann stand auch schon Silvester vor der Tür. Mein persönliches Horrorsilvester.

Für das neue Jahr

Berlin, Silvester 2012

Noch ein einziges Mal. Noch einmal, einzig und nur zum Feiern. Nächstes Jahr wird alles anders! Ich wollte noch einmal „was ziehen", bevor ich dieses Jahr und dieses Kapitel endlich abschließen konnte, und so rief ich dann am Silvestermorgen bei John an. Er nahm komischerweise sofort ab. *„Kiki? Du lebst noch? Wo warst du denn die letzten Wochen? Haste etwa im Knast gesessen?"*

John lachte mich wie immer aus. *„Ne John. Ich habe einen kalten Entzug gemacht"*, erzählte ich stolz.

John räusperte sich, dann machte er eine kurze Pause und schließlich lachte er in den Hörer. *„Ach was. Du und Entzug? Da wird ja der Hund in der Pfanne verrückt. So geht doch der alte Spruch, oder?"* Ich antwortete ihm nicht, sondern zündete mir eine Zigarette an.

„Also Kiki? Wenn du clean bist, wieso rufst du mich dann an, Kiki?" *Wieso* er meinen Namen in jedem Satz erwähnte, weiß ich bis heute nicht. Ich denke, er machte sich einfach irgendwie über mich lustig. *„Ich brauche was. Nur für Silvester und dann höre ich komplett auf. Für immer."*

John lachte, wenn es auch kein fröhliches, sondern eher ein bitteres Lachen war. *„Du rufst also an, weil du etwas brauchst. Das war ja klar."* Ich überlegte kurz, was ich sagen würde. Er sollte auf keinen Fall denken, dass ich immer noch ein Junkie war, denn das war ich nicht mehr. *„Du wirst sehen. Dann werde ich dich nie mehr nach Stoff fragen. Nur noch ein letztes Mal."*

John zündete sich am anderen Ende ebenfalls eine Zigarette an. *„Weißt du Kiki, du wirst immer ein kleiner Junkie bleiben. Wir tref-*

fen uns um vier vor Pennys Haustür. Sei pünktlich. Ich warte nicht", dann legte er auf.

Ich freute mich. Ein letztes Mal. Dann wird alles anders. Das Jahr ist eh schon versaut. Ich stand pünktlich wie ein Maurer vor Pennys Tür. Nach ein paar Minuten trudelte dann auch John ein. Ich haute ihm wieder mit einem Handschlag meine Kohle in die Pfote. Mit einem ekelerregenden Schrecken musste ich feststellen, dass er ein Mädchen dabeihatte. Es war genau das Mädchen, dass mich noch vor ein paar Tagen angerufen hatte und mir Prügel angedroht hatte. Na toll. Ich hasste sie. Sie grinste fies, krallte sich John und die beiden verschwanden in Pennys Treppenflur.

Ich wunderte mich, wieso dieses Mädchen zu Penny hochkommen durfte. Die war doch selbst gerade sechzehn geworden. Es war das letzte Mal, und ich gab mir die Scheiße also auch noch ein letztes Mal. Wenn es sein musste. Ich wartete eine knappe Stunde, bis ich einsehen musste, dass sie mich beschissen hatten. Sie kamen nicht mehr wieder.

Wahrscheinlich waren sie über den Hof mit meiner Kohle geflohen. Ich war verdammt sauer. Ich rief John unzählige Male an. Ich rief Penny an. Ich klingelte und trat vor die dicke Holztür am unteren Eingang. Die hatten mich abgezogen und mich mitten im Schneesturm warten lassen. Viel schlimmer aber noch: Ich musste Silvester ohne Stoff feiern. Ich wusste nicht mehr weiter. Ich fuhr dann schnell nach Hause. Nicht einen Cent hatte ich mehr, mit dem ich mir noch irgendwo etwas zum Ziehen ergattern hätte können. Ich meldete mich dann mal wieder bei Gina. Sie hatte Zeit und wollte den Abend mit mir verbringen. Wir luden uns dann einfach selbst zu der Party von einem Kumpel ein und wollten dort feiern. Ich verabschiedete mich von meiner Mama und meinem Stiefvater. Ich sah super aus im Glitzerkleidchen und drei Zentner Schminke im Gesicht.

Durch den Alkohol, mit dem ich vorgeglüht hatte, versprühte ich eine positive Stimmung. Ich blieb dann auch bis kurz nach Mitternacht bei den anderen auf der Party. Dann ging alles sehr schnell. Ich hatte mir in den Kopf gesetzt, meinen Papa und seine Freundin zu besuchen. Vielleicht würden sie mir mit meinem Leben weiterhelfen können.

Es musste schnell gehen. Ich wollte mit ihnen reden, ihnen alles erzählen. Ich rief dann bei ihnen zu Hause an. Niemand nahm ab. Ich probierte es ein paar Male. Sie schliefen sicherlich schon. Ich wollte unbedingt dorthin. Ich hatte keine Ahnung, wie ich fahren musste, also fuhr ich einfach los.

Ich verabschiedete mich von Gina, die nur lächelte. *„Du und deine Blitzideen. Davon kann dich jetzt sowieso niemand mehr abhalten, oder?"* Gina kannte mich. In einem Satz war ich aus der Haustür. Ich hatte mir von den Leuten, die oben hockten, noch eine Flasche Fusel mitgeben lassen, damit ich auch noch mutig sein würde, wenn ich die Stunde Fahrt bis zu meinem Vater hinter mir hatte. Ich hatte mich auf dem Weg einfach nach der Verbindung durchgefragt. Kurz vor ihrer Haustür knallte dann wie durch einen Fluch der Fusel nicht mehr. Ich hatte ihn längst ausgetrunken und fühlte mich nun auf einmal ganz schüchtern. Ich zögerte noch kurz, drückte dann aber nicht auf den Klingelknopf. Ich lief wieder zurück und schaute noch ein paar Mal hinauf zu ihrem Fenster. Auf dem Weg zur U-Bahn traf ich dann auf eine Gruppe von jungen Männern.

Koks und Filmriss

Berlin, Neujahr 2013

Es machte ganz plötzlich Klick, als ich mitten auf der Straße in zerrissenen Strumpfhosen wieder zu mir kam. Bilder zogen an mir vorbei, die ich nur verabscheute. Was war passiert? War das real? Ich spiegelte mich in einer Autoscheibe. Ich sah meine aufgebissene Lippe und die verheulten Augen. Ich fühlte mich misshandelt. Ich suchte mein Handy, aber ich fand nichts.

Ich erinnerte mich daran, dass sie es mir geklaut hatten und ich deshalb immer wieder versucht hatte, mir eines von ihren Handys zu schnappen. Sie hatten es kurze Zeit später gemerkt und mich gefilzt. Ich ärgerte mich unheimlich darüber, denn ich hatte es mir gerade erst gekauft. Viel schlimmer aber war, dass ich nicht genau wusste, wo ich mich befand.

Es dauerte einen Moment, bis ich die Straßen erkannte. Ich war nicht weit gekommen. Von Weitem sah ich immer noch die Wohnung von Papa. Ich schaute zur großen viereckigen Uhr am Bahnhof herüber. Es war schon fast fünfzehn Uhr. Ich dachte sofort an Mama. Sie hatte sich sicherlich große Sorgen gemacht. Ich fuhr dann so schnell ich konnte nach Hause. Dort angekommen, wartete sie schon auf mich. Ich sagte nichts. Ich ließ mich in mein Bett fallen. Ich schlief sofort ein.

Gegen Abend wachte ich wieder auf. Mama setzte sich neben mich aufs Bett. „Wir haben versucht, dich anzurufen. Wo ist dein Handy?" Ich fing an zu weinen. „*Es ist weg Mama. Ich wurde beklaut.*" Ich erwähnte nicht, was sonst noch passiert war. Ich wollte es selbst nicht wahrhaben. Diese Schweine. Diese verfluchten, dreckigen Schweine. Sie hatten mir einige Kugeln Koks gegeben, bis ich nichts mehr merkte.

Ich verdrängte es. Im Kokainrausch wirkt alles wie ein Film. Keine Gefühle. Keine Angst. Gott sei Dank war ich betäubt gewesen. Es war mein erster Koksrausch. Mama schickte mich dann noch am selben Abend mit meinem Stiefpapa zur Polizei. Ich zeigte „Unbekannt" wegen Diebstahls an. Mama hatte für mein Handy eine Versicherung abgeschlossen, und so bekam ich den gesamten Wert meines Telefons zurückgezahlt. Es hatte sich wirklich gelohnt. Nachdem ich also bei den Bullen ausgepackt hatte, mehr oder weniger, fuhren wir wieder nach Hause. Ich schlief dann einfach nur. Ich blieb drei Tage lang in meinem Bett liegen. Alles war beschissen. Schlimmer hätte das Jahr nicht beginnen können. Aber es musste trotzdem irgendwie weitergehen.

Paranoia 2.0

Berlin, Januar 2013

„Ich bin wieder jeden Tag drauf, aber niemand weiß es. Bis auf Mathilda und Manuel. Ich bin wieder draufgekommen, weil ich mein Silvester im Unterbewusstsein doch nicht so recht verkraftet habe. Denke ich jedenfalls. Trotzdem habe ich vor, wieder damit anzufangen, aufzuhören", sprach ich in die Webcamkamera, dann warf ich mir meinen Mantel über und sprintete aus der Wohnungstür.

Die Kälte zog in meine wunde Nase, während ich meinen alltäglichen Weg durch die Straßen bis zu Manus Haus lief. Ich hatte ihn am Ende des letzten Jahres bei einer Hausfeier von Marty kennengelernt. Er besorgte mir meinen Stoff und das ganz ohne abrippen.

Nach der Schule bin ich dann also regelmäßig diesen Weg gegangen. Ich zog mich schnell zu Hause um, in Jogger und Pulli, dann eilte ich los. Dieser Weg war jedes Mal total grausam. Überall um mich herum hörte ich undefinierbare Geräusche.

Ich fühlte mich ständig beobachtet. Ich drehte mich nach links, schaute nach rechts, drehte mich im Kreis. Niemand zu sehen. Dieser Atem. Ich hörte ihn und meine Nackenhaare stellten sich auf. Mir wurde heiß. Ein leichter Schüttelfrost überkam meinen Körper. War das alles geplant? Ich kannte diesen Atem. Hatte er mich wiedergefunden? Irgendetwas huschte an mir vorbei durch die Dunkelheit.

Es war ziemlich düster auf den Straßen, und ich spürte, wie der eiskalte Wind durch mein kaputt gefärbtes Haar wehte. Die Stille um mich herum. Sie machte mich fertig. Ich konnte daraus schließen, dass sie es war, die diese Geräusche erfand. Eine ballern. Das wollte ich jetzt. Nur schnell eine ballern.

Mama war zur Spätschicht gefahren, und Manu wartete schon mit zwei randvollen Baggys auf mich. Ich bin dann einfach den restlichen Weg zu ihm nach Hause gerannt. Völlig aus der Puste stolperte ich durch seinen Treppenflur. „Hey Kleine! Du bist ja ganz außer Atem. Ich habe eine Suppe gekocht. Habe extra etwas für dich übriggelassen." Manu stand schon in Hausschuhen in der Tür und freute sich wie immer riesig über meinen Besuch. Er hatte sich irgendwie eingebildet, dass wir tatsächlich Homies geworden waren oder sogar mehr aus uns werden könnte. *„Ne danke, Manu. Ich habe keinen Appetit. Warst du bei Penny?"*

Meine erste Frage an ihn war immer ein und dieselbe. Ob er denn auch schon bei Penny war und mir meinen Stoff besorgt hatte. *„Nein Kleine. Ich konnte Penny heute nicht erreichen. Vielleicht morgen."* Mir wurde urplötzlich ganz schlecht, und ich wollte bei dem Gedanken, heute nichts mehr durch einen Strohhalm zu inhalieren, einfach nur ins Bett fallen und dort liegen bleiben. „Verarscht! Dein Gesicht hättest du sehen sollen." Manu äffte mich nach und ließ sich dabei auf sein altes braunes Ledersofa fallen, danach zog er seinen Bongkopf durch, den er sich vorher schon fertig gemacht hatte. *„Mensch Manuel. So etwas kannst du doch nicht bringen"*, sagte ich und lachte. Nachdem er mir den Stoff gegeben hatte, kramte ich zwei Zehneuroscheine aus meinem Portemonnaie und überreichte sie ihm. In seiner Wohnung war es meist dunkel, und wir erkannten uns nur im flackernden Licht seines Fernsehers, auf dem er meistens den Sportsender schaute. In den nächsten Stunden verballerte ich die Hälfte meines Stoffs und sah ihm dabei zu, wie er sich die Rübe zukiffte.

Schlafparalyse

Berlin, Februar 2013

Ich bin zwölf Jahre alt. Das ist mein Kinderzimmer. Ich fühle mich benommen. Was ist das für ein schwarzes Wesen? Es sagt zu mir: „Fotografisches Gedächtnis." Es berührt mich mit seiner schwarzen Seele. Das macht mir Angst. Das Wesen zieht mich hoch. Es lässt nicht los. Es wird immer schlimmer. Ich bekomme kaum Luft. Dieser Schmerz ist so stark. Ich halte es nicht mehr aus. Es raubt mir meine Seele. Gleich ist es aus.

Ich wachte schweißgebadet auf, während sich meine Krämpfe langsam wieder lösten. Was war das denn? Ich schaute erst einmal in den Spiegel.

Noch alles dran! Zum Glück! Ich musste einen Albtraum gehabt haben oder so etwas in der Art. Es war zum Fürchten. Als ich noch einmal darüber nachdachte, was ich gerade gefühlt hatte, überkam mich eine gewaltige Gänsehaut. Ich sprang aus dem Bett.

„Mama? Bist du da?", rief ich nach draußen in die Wohnstube, denn ich sah nur das Flackern des Fernsehers und konnte mich erinnern, draußen alle Lichter angemacht zu haben, bevor ich mich hingelegt hatte. Nun waren die Lichter ausgeschaltet. *„Mama?"*

Ich setzte mich auf mein Bett und wartete einen Moment. Auf einmal stand sie dann in meinem Zimmer. *„Hast du gerade nach mir gerufen?", fragte sie verwundert. „Ja. Ich habe schlecht geträumt. Ziemlich schlecht sogar."* Ich erzählte ihr dann alles haargenau, und wir waren uns beide sicher, dass ich einen verstörenden Albtraum gehabt hatte. Als sie mich beruhigte, nickte ich sofort weg. Noch halb im Sitzen schlief ich ein. Ich schlief die ganze Nacht durch. Wie ein Stein. In den nächsten Tagen hatte ich mir mit meinem Geld einen Fünferbeutel von Manu auftreiben lassen, und es ging mir damit richtig gut. Ich hatte genug Energie, um wieder ein wenig herauszugehen, und traf mich ab und an mit ein paar Kumpels.

Wenn ich mich einmal sicher mit meinem Vorrat gefühlt hatte, dann ging mir auch schon wieder der Stoff aus. Nachdem ich knapp einen Monat lang jeden Tag bei Manuel auf der Matte stand, hatte sich aus seiner Sicht zwischen uns schon etwas angebahnt. Der Gedanke daran engte mich ein, und ich machte mich aus dem Staub. Ich löschte sofort seine Nummer.

Ich entschloss mich wieder kurzerhand dafür, clean zu werden. Ich hatte keine zuverlässige Quelle mehr, und ich hatte auch langsam keine Kraft mehr für den Psychoterror, die „Albträume" und die Paranoia. Ich wollte sie endlich loswerden.

Ich wurde clean. Ich kämpfte. Die Paranoia verschwand. Die Träume suchten mich nicht mehr heim.

Noch lange nicht vorbei

Berlin, März 2013

Es hielt nicht lang an. Knapp vier Wochen, um genau zu sein. Ich hielt mich fern, bis ich eine Nachricht von Lausi bekam. Er hatte erfolgreich den Kontakt zu mir aufgenommen, und wir hatten ein Wochenende zusammen durchgemacht.

Es gab für mich kein Mittelding. Entweder immerzu oder niemals. Ich akzeptierte die psychische Abhängigkeit. Mir war klar, dass ich meine komplette Einstellung zu der Droge ändern müsste, um in meiner gesamten „Cleaness" glücklich zu sein. Wir machten wieder bei ihm die Nächte durch.

Es ging nun auf die Abschlussprüfung zu. Ich bekam nicht mal wirklich mit, dass ich es tatsächlich fast geschafft hatte. Das war das Ende meiner Schulzeit.

Mit Lausi erlebte ich die ein oder andere kranke Situation. Die Amphetamine, die er heranschaffte, knallten brutal in meinem Hirn und schlugen dort ein wie eine Bombe. Ich war total krank unterwegs. Ich malte kranke Bilder, schrieb aber auch schöne Texte.

Ich kam jedes Wochenende auf einen anderen Trip. Mein Horizont war erweitert, und ich fühlte mich, als sei in meinem Hirn wieder eine Sicherung durchgebrannt, die mich ein wenig weiser gemacht hatte. Ich war durch.

Ich war ein Teenager. Ich musste rebellieren. Auf einmal fing ich an, ständig an meinen Vater zu denken. Wieder einmal. Ich schrieb Dutzende Briefe an ihn und hatte trotzdem nie den Arsch in der Hose, um ihm einen davon zu schicken. Ich suchte nach der anderen Seite. Die andere Seite in mir war er. Es wurde mir bewusst.

Ich war an jedem Wochenende eine Art Drogenversion meiner selbst. „Drogen-Kiki". So hatte meine spätere Psychotherapeutin diese Persönlichkeit genannt, denn sie existierte schon die ganze Zeit in mir. So hatte ich das allerdings nie gesehen. Es klingt kompliziert, und das ist es auch. Ich habe meine Person wie einen Sim erstellt, nur eben in meinem Kopf. Nicht wirklich freiwillig, und doch unterstützte ich die Gedanken, die mir die Drogen in den Kopf streuten. Leider hat trotz allem Geistesblitz nichts von alledem jemals einen Sinn ergeben. Also, einen Sinn hatte es schon. Ich konnte dafür nur leider keine Verwendung in meinem Leben finden. Es war sozusagen genauso unwichtig wie der ganze Schulstoff. Wäre die Welt eine andere, wäre mein Platz nicht hier in diesem Chaos. Ich stand vor dem Spiegel und atmete tief ein, dann rief ich zu Lausi durch den Flur: *„Ich werde wieder clean."* Doch er hatte längst etwas anderes für mich geplant.

Crystal

Magdeburg, März 2013

Anfangs ging es relativ entspannt los. Ich pennte nach vier Tagen im Wachzustand meine zehn Stunden aus und war sogar irgendwie fit, als Lausi dann wie abgemacht am Morgen bei mir vor der Tür herumtanzte und klingelte.

Ich hatte mich am Abend zuvor auf unserem Hinterhof mit Mikey getroffen und ihm von meinem Vorhaben erzählt. Mittlerweile hatte ich ihn mit meinen verwirrten Gedanken, meinen Partys und den durchzechten Nächten übertroffen. Er hatte sich gerade ziemlich heruntergefahren, und das lag daran, dass er nun mit Judy zusammen war. Wir lernten uns wenige Monate später kennen.

Ich hatte meine große schwarze Handtasche gepackt. Zahnbürste, Haarbürste, iPhone-Ladegerät, Geld und Zigaretten und ein paar Wechselsachen befanden sich nun darin. Diese Dinge waren bereit dafür, dass ich sie wahrscheinlich stundenlang mit meinen schwitzigen Händen durchschütteln würde.

Als ich mich dann an diesem besagten Morgen von Mama verabschiedete, drückten wir uns. Ich erklärte ihr, dass ich mit Lausi und Gina zu einem Kumpel herausfahren und dort ein paar Tage bleiben würde. Wir hatten gerade Osterferien, und somit musste ich nicht zur Schule gehen und war frei.

Wie frei ich mich tatsächlich noch fühlen würde, war mir in diesem Moment noch keinesfalls bewusst. Als ich die Treppen hinunterging, sah ich durch die Scheibe der Eingangstür, wie Lausi zappelig und nervös davor wartete. Wir trafen uns irgendwo in Neukölln auf einem Parkplatz mit unserer Mitfahrgelegenheit. Unser Fahrer war ein alter Magdeburger, der eine Freundin in Berlin besucht hatte. Er lud unser Gepäck ein und kaute uns während der gesamten Fahrt die Ohren ab.

Ich hatte allerdings schon von Anfang an meine Kopfhörer in den Ohren und hörte das Album von Lana Del Rey auf Dauerschleife. Ich versetzte mich in ihre Songs und konnte fühlen, wie sich meine Situation mit ihren Zeilen verband. Sie sang von Freiheit, Drogen und von Liebe.

Lausi tippte mich an und machte mir mit einem Handzeichen klar, dass ich meine Musik kurz leiser drehen sollte. *„Gleich ist es soweit. Gleich gibt es ein paar frische Kristalle für uns"*, flüsterte er voller Vorfreude. *„Wie heißt das Gedöns noch gleich?"*, flüsterte ich ebenso aufgeregt. *„Ach na ja ... Crystal halt. Es wird dir ganz sicher gefallen."*

Lausi hatte mich schließlich überzeugt. *„Du bist soweit. Du brauchst langsam mal etwas Härteres"*, sagte er ganz selbstverständlich. Wie konnte er mir das nur antun? Das frage ich mich heute noch. Wie konnte er einfach so aus der Laune heraus mein Leben derartig verändern? Wie konnte er sich's herausnehmen, mich mit diesem Fluch zu belegen? Wie konnte er mit solch einer Sucht belasten?

Er hatte sicher keine Minute über mögliche Folgen nachgedacht. Er wollte einfach nur erreichen, dass ich ihm nicht weglaufen würde, und erhoffte sich, dass ich ihn dafür anhimmeln würde.

Irgendwann kamen wir dann endlich in Magdeburg an. Wir zahlten unsere Fahrt und stiegen aus. Lausi steckte mir eine Zigarette in den Mund und pulte auch für sich selbst eine aus seiner Schachtel. Ich hatte mein Feuer parat und zündete uns damit die Fluppen an. Bis dahin harmonierten wir super.

In einer knappen halben Stunde würde ich bestimmt ziemlich darauf sein, dachte ich mir. Ich freute mich schon darauf, die Kumpel von Lausi kennenzulernen. Sie würden sicher frischen Wind in diese Zeit bringen, und ich würde mich mit ihnen anfreunden. Vielleicht würde ich dann öfter dort sein. Das alles hatte ich mir schon ausgemalt, bevor wir in Magdeburg angekommen waren.

Wir fuhren noch ein paar Minuten mit der Stadtbahn und kamen dann bei Lausis bestem Freund, Andy, vor der Haustür an. Wir fuhren mit dem Aufzug in die zweite Etage, und ich lernte den freundlichen Typen kennen. In seiner Wohnung würden wir also unseren Turn genießen, und für die nächsten Tage war das unser Quartier. So war der Plan – so wird's getan.

Andy hatte uns sehr herzlich empfangen, und ich verstand mich auf Anhieb sehr gut mit ihm. Ich musterte seine vier Wände und machte es mir sofort auf seiner großen, tünchen Couch bequem. Er war ein Mittedreißigjähriger schlanker Typ und trug eine runde große Brille. Er war freundlich und auch ziemlich witzig.

Außerdem hatte er einen großen Berner Sennenhund, mit dem ich mich auf Anhieb verstand, denn er war total menschenfreundlich und lieb. Nach ein paar Minuten in Andys Wohnung lernte ich auch schon Karmi kennen, einem weiteren Kumpel von Lausi. Ein weiteres Mitglied unserer Runde. Er war mir ebenfalls sofort sympathisch, und ich freute mich schon auf die nächsten Tage mit den Jungs. Keine Weiber! Keine Zickenkriege! Ich war in einer fremden Stadt und niemand außer Lausi kannte mich.

Somit hatte auch niemand Vorurteile. Mit den jungen Sachsen-Anhaltinern konnte man sich sicher prächtig unterhalten und bestimmt ebenso gut mit ihnen ballern. Deswegen war ich ja auch hier: wegen des Crystals. Das hatte ich trotz aller Nettigkeit der Jungs nicht vergessen. Ich wusste ehrlich gesagt nicht einmal, was genau „Crystal" ist. Für mich konnte das vorerst alles sein.

Ich wusste schon, dass es krass sein sollte. Das hatte ich den Erzählungen von Lausi entnommen. Ich wusste auch, dass keiner meiner Freunde jemals Crystal genommen hatte. Ich wollte es einfach ausprobieren. Außergewöhnliche Menschen brauchen eben außergewöhnliche Dinge, um außergewöhnlich zu bleiben, gefangen in diesem großen System. Lausi hatte nicht sonderlich viel davon gesprochen. Er sagte fast nur, dass ich es brauchen würde, um wieder richtig in Fahrt zu kommen. So kam es dann auch. Wir haben geballert.

Wir holten zuerst schnell noch den Stoff. Andy schnitt einen Strohhalm in die richtige Länge. Das Crystal wurde geknackt. Es wanderte zu mir auf einer schönen Steinplatte, und ich war an der Reihe. Ich riss die Augen auf und lächelte. Die Spannung in mir stieg. Ich schaute die Jungs an, nahm den Halm und zog die winzige Linie weg.

Der Moment, in dem die Droge zum ersten Mal in meiner Blutbahn zirkuliert hatte, war magisch für mich. Dieser Moment, in dem mein Geist in eine andere Dimension überging. Dieser Moment: Schneller verflogen als jeder andere zuvor. Ab diesem Moment kannte der Teufel mein Gesicht.

Die Geschichten über den Teufel wurden wahr. Die Hölle kam ganz nah. Sie war verführerisch und verschleiert, vom Glanz eines verlorenen Traums. Ich fühlte mich seit je her noch ein klein wenig lyrischer. Die Bahn, die ich durch mein linkes Nasenloch gezogen hatte, brannte höllisch. Es zog in den Schneidezähnen, als würden sie gleich herausfallen. Jedoch wurden meine Schleimhäute wenige Sekunden später komplett taub, und ich spürte eben nur noch den Knall der Droge: Das Herzrasen und das wachrüttelnde Unabhängigkeitsgefühl vom eigenen Leben.

Ich war so drauf, dass sich wirklich einiges änderte. Zunächst hatte ich ganz und gar kein Zeitgefühl mehr. Um es genauer zu beschreiben: Was Zeit überhaupt ist, wusste ich nicht mehr. Es gab keine Zeit, die ich nicht hatte. Ich hatte endlos Zeit für diesen Rausch.

So lang wie das Gefühl eben anhielt, auch wenn es Wochen wären. Ich hätte sie einplanen müssen. Auch meinen Ort nahm ich nicht mehr wahr. Ich war scheinbar in einer Zwischenwelt gelandet. Glücklich und rein. Schwerelos. Hemmungslos. Ich war innerhalb von Blitzmomenten verdammt draufgekommen. Falls man das überhaupt noch „drauf" nennen konnte. Ich spürte meinen Körper nicht mehr.

„Sie macht deine Gedanken schwerelos." Mir kamen Worte in den Sinn, die sich zu Sätzen formten und sich als sinnvoll erwiesen. Es machte plötzlich Kick. Wie von Zauberhand hatte ich ein paar Dinge begriffen. Ein paar Fragen in meinem Kopf, die ich mir nie zuvor gestellt hatte, beantworteten sich von selbst.

Ich dachte an Sendungen aus N-TV. Ich wusste komplizierte Fakten über die Welt und deren Atmosphäre wie auswendig. Fakten über die Entstehung des Daseins und des Universums, die ich mal irgendwo aufgeschnappt haben musste.

Ich versank in der Couch. Ich ließ meine Arme hinter mich auf die Lehne fallen. Mein Atem war schwer, und ich konnte meine Glieder nicht mehr bewegen.
  „Sie öffnet dein Gedächtnis für die wirklich relevanten Dinge im Leben", flüsterte eine Stimme in meinem Kopf, die wie durch ein Mikrofon nachschallte. *„Es ist Magie"*, zischte sie. Es waren meine Gedanken, die ich nun hören konnte. Meine Gefühle in Worte gefasst. Ich stellte sie nicht infrage, denn sie beruhigten mich. Ich habe mich noch nie zuvor so frei gefühlt. Ich war bereit für alles, und mein gesamtes Mindset ordnete sich neu.

Es war eine komplette Systemwiederherstellung. Jeder Schmerz, den ich erlebt hatte, war wie weggeblasen. Die Droge hatte mir alles Schlechte genommen. Ich war frei im Geiste, keine Frage. Nur fühlte ich mich unglaublich wackelig auf den Beinen. Ich konnte nicht mehr aufstehen. Die Jungs waren behutsam mit mir, denn ich hatte ihnen sofort verraten, dass ich erst sechzehn Jahre alt war und zum ersten Mal Crystal konsumierte. Lausi war total sauer darüber, denn er wollte nicht, dass sie es wussten. Er wollte nicht schlecht dastehen vor den anderen, weil ich noch so jung war und er mich soeben angefixt hatte.

Mir war das total egal. Ich machte mein eigenes Ding. Alles war mir egal. Ich verriet, mir nichts, dir nichts, meine tiefsten Geheimnisse und auch über mein letztes Silvester sprach ich ganz offen und ehrlich. *„Ja! Und dann wurde ich eben vergewaltigt. Aber ich kann damit super umgehen. Es berührt mich null."*

Die Jungs zogen regelmäßig die Augenbrauen hoch, und ihr Gesichtsausdruck verriet mir, dass sie ziemlich erstaunt über meine Offenheit waren. Es machte mir Spaß, mit ihnen zu reden. Ich fühlte mich wie in einer Gruppentherapie. Ganz neue Sichtweisen und Welten öffneten sich für mich. Als wir da nun alle zusammen in Andys Wohnzimmer saßen, wurde es eine richtig korrekte Runde. Ich hatte mir meinen Sitzplatz ausgesucht, und dort bekam mich keiner mehr weg. Ich bleibe dort einfach sitzen, als wäre ich an der Sitzfläche des Sofas festgewachsen. Besser gesagt, hing ich dort eher wie ein Schluck Wasser herum, aber es fühlte sich extrem chillig an.

Apropos Wasser! Hätte Lausi mir nicht alle drei Stunden einen Schluck Wasser angedreht, wäre ich wahrscheinlich dehydriert. *„Sie saugt dich aus. So ist Christina"*, sagte er immer wieder, wenn er mir den Becher unters Kinn hielt und ihn an meinem Mund ansetzte. Ich hatte eigentlich total Bock auf etwas Alkoholisches gehabt, aber als der Becher, randvoll mit Whiskey-Cola, vor mir auf dem Marmortisch stand, hatte ich viel zu wenig Lungenvolumen, um ihn zu trinken. Ich war ja auch schon knülle genug. Ich brauchte sowieso keinen Alkohol mehr. In den nächsten Stunden ließ ich sie nicht mehr abblitzen, wenn sie vor mir lag, die Christina. Immer wenn die Jungs sich eine Linie Crystal gebaut hatten, zog ich ohne zu zögern mit ihnen mit.

Wenn ich ordentlich Schwung geholt hatte, eierte ich sogar selbstständig in die Küche und nahm mir allein die Ziehscheibe mit. Alles war super. Ich bekam keineswegs mit, dass es draußen hell geworden war, nachdem es dunkel gewesen war, und dass schon einige Male hintereinander.

Es interessierte mich auch nicht. Was war schon Zeit? Kann mir das einer erklären? Wer braucht schon Regeln? Dachte ich mir. Ich war topfit in meinem Kopf. Ich hätte am liebsten noch stundenlang weiter philosophiert. Über das Leben, über den Tod und vor allem darüber, wie es wirklich ist.

Also darüber, wie es wäre, wenn es so wäre, wie es wäre, wenn niemand darüber bestimmen würde, wie es wäre.

Es leuchtete mir dermaßen ein, dass ich mich richtig sicher fühlte, mit meiner neugewonnenen Lebenseinstellung. Mein Bewusstsein war erweitert und ich genoss es.

„Jetzt bist du ganz unten."

Ineinander übergehend

Eine Frage konnte ich mir nicht wie von Zauberhand selbst beantworten. Ich stellte sie mir schon die ganze Zeit über. Immer mal wieder tauchte sie zwischendurch in diesem ganzen Frage-Antwort-Spiel in meinem Kopf auf.

Was war Crystal? Ich wollte gerade meine neue Runde befragen, da raste jemand durch den Treppenflur in Andys Wohnung hinein. Er raste so unglaublich hastig und schnell an mir vorbei, dass sich durch ihn eine ganz neue Situation für mich formte. Ich nahm alles viel intensiver wahr. In meinem Kopf ging ständig eine Bewertung los, wenn sich etwas an der Situation im Wohnzimmer verändert hatte. Dinge, die ich sonst nebenbei wahrnahm, wurden sogar von meiner inneren Stimme kommentiert.

„Jetzt ist ein neuer Typ mit in der Runde. Deshalb wirkt die Runde nun anders. Jetzt ist es anders als gerade eben", erklärte mir die Stimme, und ich dachte nur: *„Ahhh. Ich verstehe."* Es war wahnsinnig interessant, das zu erfahren. Es war seltsam, aber genial. Mit einem winzigen Teil meines Gehirns war ich fähig, auf den äußeren Einfluss einzugehen und eventuelle Fragen zu beantworten. Mein Blick traf nun direkt auf den „Neuen", denn er hatte mich mit seinem plötzlichen Eintreffen ein klein wenig aus dem Konzept gebracht.

Der Typ setzte sich auf einen Hocker und fing dann an, unglaublich rasant irgendwelche Utensilien aus seinem Rucksack heraus zu kramen. Als er mich irgendwann, während der hastigen Ausbreitung seiner Instrumente entdeckte, fragte er mich erst einmal aus. *„Wer bist denn du? Woher kommst du denn? Was machst du denn hier?"*

So schnell, wie er fragte, kam ich nicht mit. Ich konnte ihm sagen, was nach dem Tod passierte. Ich konnte ihn auch therapieren und sein Seelenklempner sein, aber wer ich war?

Wer war ich? Wollte er nur meinen Namen wissen oder die ganze Palette? Was ich erlebt hatte? Wie ich gestrickt war? Das macht einen Menschen doch aus. Es dauerte sicherlich eine knappe Minute, die es in meiner Welt nicht gab, bis ich die passende Antwort für ihn parat hatte. Bis dahin hatte ich einfach nur mit einem nachdenklichen Gesichtsausdruck dort gesessen. Ich hatte ihm dann schließlich doch meinen Namen verraten und ihm erklärt, dass ich aus Berlin kam. Das bekam ich mit Mühe zusammen. Ich war mir sicher, dass es nur das war, was er wissen wollte. Insgeheim wusste ich auch irgendwie, dass niemand hier auf meinem geistigen Level gewesen war.

Als ich mich an den Neuen gewöhnt hatte, sprach ich einfach wieder meine gesamten Gedanken laut aus. *„Ich habe mich gerade gefragt?"*, *sagte* ich mit leiser Stimme, denn ich musste meine Stimme ziemlich herauspressen, damit sie überhaupt noch zu hören war. Ich ruhte extrem in mir. Ich wollte gerade meine Frage aussprechen, die ich mich schon die ganze Zeit gefragt hatte, da lenkte mich der Neue ab. Er hieß übrigens Leon. Er wurde schlagartig total hektisch, denn er suchte etwas, dass ihm anscheinend sehr wichtig war.

„Wo ist es?", *schrie* er und stand mit einem Satz neben seinem Hocker. Plötzlich schaute die gesamte Runde zu ihm hinauf.

„Wo ist mein Meth? Wo ist mein Meth?" Leon schrie hysterisch herum. Ich starrte ihn ein wenig vernebelt und auch verwirrt an, dann fixierte ich ihn mit meinem Blick und holte tief Luft. Ich musste wirklich lachen. Meine gesamten Nackenhärchen stellten sich auf, und ich bekam eine Gänsehaut am Hinterkopf.

„Du nimmst Meth?" Ich stierte ihn wieder an und schaute sehr ernst. Das ist doch voll die Junkie-Droge, dachte ich mir. Ich

bemerkte dabei nicht, dass die Jungs mich komisch musterten, seitdem ich ihn gefragt hatte, ob er wirklich Meth gesagt hatte. Ich sah ehrlich gesagt überhaupt nichts mehr. Ich ging mehr in die Tiefe.

Es war nicht die Oberfläche, die mich auf etwas aufmerksam machte. Ich spürte viel eher, dass um mich herum gegrübelt wurde. „Was überlegt ihr denn jetzt alle?", fragte ich total schockiert und auch ein wenig patzig. Sie schauten mich alle an.

Leon, der währenddessen endlich seinen Beutel gefunden hatte, mit seinem heiß geliebten Meth darin, zog sich zwei große Linien in sein linkes und rechtes Nasenloch hinein. Danach sprang er mir dann beinahe ins Gesicht.

„Du bist doch selbst auf Meth Mädel", brüllte er. Er zog noch einmal hoch und zappelte dann zum PC, der in der Küche stand. Er haute die Minimal-Playlist in den Papierkorb und dann ging es los: Hardtekk! Auf die Plätze, fertig, los. Es schepperte in der gesamten Wohnung. Die anderen Jungs, bis auf Karmi, lachten nur und forderten Leon auf, wieder die Minimal-Mukke einzuschalten. Doch er gab einen Scheiß darauf.

Auf einmal fühlte ich mich ganz seltsam. Auf einmal konnte ich die bloße Hölle erkennen, in der ich mich befand. Ich traute seinen Worten auch sofort, denn ich fühlte ja nun mal, was ich fühlte. Es machte rasch Klick.

Mir wurde bewusst, dass es krasser nicht ginge. Wie sollte irgendwas noch stärker sein, als das, was ich gerade fühlte. Ich war voll auf Crystal Meth. Meine Frage hatte eine ganz einfache Antwort gefunden.

Was ist Crystal? Es ist Crystal Meth. Mehr wollte ich nicht wissen. Das genügte mir. Ich hatte keine Angst. Im Gegenteil. Ich fühlte eine Empathie für die Droge, wie ich sie noch zu keinem

Menschen oder Tier empfunden hatte. Ich war tiefenentspannt. Die Bilder im Fernsehen, von all den Meth-Leichen und Zombies kreisten in meinem Hirn umher.

Alles nur Lüge? Dieses Gefühl glich den Göttern. Ich hatte mir ja schon immer gedacht, dass dieses Zeug verdammt geil sein müsse, wenn die Menschen in Kauf nahmen, davon so heruntergekommen auszusehen oder gar zu sterben. Ja, verdammt, in diesem Moment fühlte ich etwas, dass mir versicherte: Das war es wert.

Ich legte dann auch sofort nach, um ja nicht herunterzukommen und eventuell frühzeitig so etwas wie Reue zu empfinden. Ich wollte am liebsten immer so bleiben. Lausi, der mich ein wenig beobachtet hatte, reichte mir wieder die Platte mit den darauf ausgebreiteten und bereits klein zerdrückten Meth-Kristallen. *„Na komm. Zieh noch eine"*, grinste er.

Ich hätte, glaube ich, immer *„Ja"* gesagt, nur um nicht als Weichei dort zu stehen, auch wenn ich schon extrem dicht war. *„Klar nehme ich noch eine"*, sagte ich und griff nach dem Strohhalm. Lausi entriss mir den Halm und die Platte wieder.

„Na aber! Nicht so gierig." Er schaute irgendwie merkwürdig. Ich wusste nicht, wie ich das aufnehmen sollte. Es machte mich irgendwie aggressiv, dass er mir die Platte einfach weggenommen hatte. Er hatte doch nicht zu bestimmen, wann ich ziehe. Ich hatte mich darauf eingestellt, noch eine Linie zu ziehen, und zwar jetzt sofort. Was sollte das? Innerlich war ich ihn schon angesprungen. Ich wollte nun unbedingt ziehen. Lausi lachte und reichte mir wieder die Platte mit dem Meth. *„Kleiner Scherz am Rande"*, sagte er dann. Ich griff mir schnell den Halm, bevor er es sich noch einmal anders überlegen würde, und zog mir eine Bahn rein. Diesmal war sie schon um einiges größer als die erste vor ein paar Tagen. Nachdem ich hochgezogen hatte, merkte ich, wie Lausi mich anstupste. *„Und jetzt ... Bist du GANZ UNTEN."*

Dieser Satz hatte mich wieder einmal heftig geflasht. Er hatte recht. Ich war nun wirklich ganz unten. Es gab nun kein Zurück mehr. Es war zu spät zum Wegrennen.

„Ich war total auf Drogen. Ich war total auf Drogen", dröhnte eine Mädchenstimme aus den großen Boxen, die links und rechts im Wohnzimmer standen. Ich vermutete sofort, dass es meine Stimme gewesen war. Sie hatten mich heimlich aufgenommen. Es lief immer noch die Tekke. Ich hatte das erste Mal etwas davon gehört. Ich wusste vorher nicht, dass es solche Musik gibt. Ich wusste nicht, dass es Magdeburg gibt, und auch nicht, dass Crystal dasselbe ist wie Crystal Meth. Die Dinge, die ich vorher nicht kannte, gefielen mir. Ich konnte daraus schließen, dass das Unbekannte viel Fun versprach.

Kein Wunder, dass man damals den Soldaten die sogenannte Panzerschokolade gegeben hatte. Man muss wissen, dass die Droge „Crystal Meth" an und für sich keine neue Droge ist. Schon im Zweiten Weltkrieg wurde sie verwendet. Damals bekannt unter dem Namen Pervitin, wurde sie unseren Soldaten eingeflößt, damit diese tagelang angreifen konnten, ohne zu schlafen. Sie waren aufgeputscht und spürten keine Angst mehr. Sie hatten vor nichts und niemandem Angst. Mir ging es ähnlich, nur war ich anscheinend längst überdosiert.

Mein Atem war schwer, meine Stimme war leise, mein Herz raste und meine Gedanken explodierten. Ich konnte nicht mehr aufstehen. Es hatte mich umgehauen. Mehr geht nicht. Es war der Hammer. Ich bin nur ehrlich.

Mein Bewusstsein erweiterte sich mit jeder Bahn, die ich zog. Ich wurde immer mehr gepusht. Ich verliebte mich wirklich von der ersten Linie an.

METH

In den nächsten Tagen

Irgendwann wurde es jedoch für einen kurzen Moment lang ziemlich ungemütlich. Ein neuer Typ hatte die Runde ebenfalls aufgesucht und lungerte nun, voll geballert vor mir auf Andys grünem Sessel herum. Er hatte sich wohl in den Kopf gesetzt, mich zu schicken. Das war überhaupt nicht gut.

Die anderen Jungs waren ziemlich nett gewesen, und zwar die gesamten vier Tage lang. Dieser Kauz allerdings wollte mich leiden sehen. Er faselte extrem wirres Zeug, und dafür war ich in meinem übernächtigten Zustand einfach nicht mehr bereit.

Er quatschte mich so an, dass ich meine Beine hochlegen musste. Einen Liter Wasser brauchte ich auch, um wieder klarzukommen. Ich hatte bei seinem Gelaber das Gefühl, dass ich bald den Verstand verlieren würde. Ich konnte aber auch nicht damit aufhören, ihm zuzuhören. Die anderen hatten kaum etwas davon mitbekommen, denn er nuschelte so ziemlich alles nur in seinen Bart hinein. Er schaute immer wieder zu mir und setzte einen richtigen Psychoblick auf. Als das Ding dann rum war und ich auf der Couch lag, schämte er sich dafür.

Er entschuldigte sich mehrmals hintereinander, aber ich realisierte nichts mehr. Er hatte irgendeinen Zusammenhang zwischen einem Hundeknochen und dem Schwanz eines Hundes entdeckt. Er faselte von einer Wurftechnik und den richtigen Augen.

Irgendwie hatte ich eine gewisse Panik dabei empfunden, denn ich glaubte daran, dass ich so etwas auch noch von mir geben würde, wenn ich nicht bald die Biege machen und herunterkommen würde. Im Endeffekt kam ich nach einer halben Stunde Kopfpause wieder klar und hatte ihn heimlich ein wenig belauscht, als er ins Bad gegangen war. Er saß eine Ewigkeit darin herum und hatte sich mit sich selbst unterhalten. Seine Unterhaltung klang ganz und gar nicht glücklich. Er hatte offenbar ein großes Problem mit seiner Psyche.

Trotzdem er mich anfangs ziemlich geflasht hatte, vergaß ich ihn sofort wieder, als er ohne etwas zu sagen, aus der Tür gegangen war. Nach dieser Aktion hatte ich mir nämlich noch eine fette Linie gegönnt.

Nach einer gewissen Zeit verfing sich mein Blick dann nur noch bei Leon. Er wirkte irgendwie niedergeschlagen. Ich fragte ihn ein wenig aus, und er erzählte mir alles von sich. Außerdem riet er mir immer wieder: *„Lass die Finger von Christina."* Darauf gab ich zwar nicht viel, jedoch hörte es sich ehrlich an, wenn er es sagte, und das gefiel mir. Er machte wirklich einen netten Eindruck. Ich mochte ihn irgendwie. Ich hatte das Gefühl, dass er ein guter Mensch war.

Sicherlich war er nur genau wie ich mehrmals falsch abgebogen. Wir verstanden uns gut und konnten nicht mehr damit aufhören, uns zu unterhalten. Irgendwann packte Lausi die Eifersucht, und er kündigte ganz plötzlich an, dass wir nach Hause fahren würden.

„Aber ich will noch nicht nach Hause", sagte ich. *„Mir gefällt es hier."* Ich lächelte Leon an. Lausi deutete auf seine Uhr und suchte dreist meine Sachen zusammen. *„Hast du noch etwas vergessen?", fragte* er.

Es nervte mich tierisch, und ich wollte mich nicht von meinem Trip herunterholen lassen. *„Ich bin noch voll drauf. Merkst du das nicht?"*, fragte ich angewidert und starrte Lausi mit meinen riesigen Augen an. Meine Augenringe waren schwarz. *„Du wirst so schnell auch nicht mehr herunterkommen"*, sagte er. Er machte dann der gesamten Runde deutlich, dass er es gewesen war, der mich mitgenommen hatte, und dass wir nun auch zusammen wieder gehen würden. Die anderen zogen eine kleine Miene.

Vor allem Leon. Lausi und Leon kannten sich schon jahrelang, hatten sich jedoch immer gehasst. Dann bedeutete das also, dass wir nun die Heimreise antreten würden. Wir verabschiedeten uns von der Runde und schon ging's los. Lausi hatte schon eine Fahrt gebucht, und wir würden diese nehmen. Ich brauchte nicht zu diskutieren anfangen. Als ich nach fünf Tagen Dauerrausch in einer Bude zum ersten Mal wieder auf der Straße stand, erschlug es mich fast. Der Wind und die frische Luft nahmen meine gesamte Lunge ein. Auch der weiße Schnee blendete mich. Alles war total unnatürlich. Es stach richtig in meinen Augen. Es war eisig kalt auf den Straßen Magdeburgs.

Bevor wir zum Bahnhof fuhren, trafen wir uns noch schnell mit einem anderen Kumpel von Lausi. Er hatte ein wenig Gras dabei. Lausi brauchte unbedingt etwas, um sich wieder runterzukiffen. Ich hielt davon nichts. Das würde mich doch nur wie damals beim Zelten noch mehr aufputschen. Es war nur ein kurzer Handwechsel. Der Typ knallte ihm ein Stück zerknüllte Alufolie in die Pfote, und Lausi bezahlte ihn mit der anderen Hand.

So weit, so gut. Er hatte nun alles, was er brauchte, und weiter ging es für uns. Am Bahnhof angekommen, holten wir uns ein paar Cheeseburger im McDonalds und verschwanden dann in einem großen, schwarzen Kombi. Während der Fahrt unterhielt sich unser Fahrer mit einem anderen Mitfahrer auf dem Beifahrersitz und wir lauschten. Er faselte irgendetwas von Kriminalität und Crystal Meth. Lausi grinste ununterbrochen, und ich freute mich auch. Wenn die wüssten ...

In Berlin kotzte ich dann so richtig ab. Ich bekam richtig miese Laune. Ich hatte keine Lust mehr auf Lausi, der mir schon seit

Tagen auf die Nerven ging. Außerdem regnete es wie aus Kannen, und ich fühlte mich irgendwie dreckig. Ich wollte einfach nur nach Hause und in meine Badewanne. Erst wenn die Party fast zu Ende ist, merkst du, wie tief du drinsteckst. Wenn der Alltag in den Drogenrausch übergeht, dann wird's knifflig.

Am liebsten hätte ich sofort wieder nachgelegt. Wir hatten nur leider keinen Stoff mehr. Vielleicht war es genau das, was mich so anpisste. Lausi schliff mich dann hinter sich her in die S-Bahn. Ich sah während der Fahrt draußen dem Regen zu und musste mir auch noch von ein paar Stinos anhören, wie wichtig es ihnen war zu schlafen. Erst als sie uns gesehen hatten, waren sie auf dieses Thema umgeswitcht. Es war eine übermittelte Botschaft. Ich wollte schnell wieder irgendwo sein, wo keine normalen Menschen waren. Weg von der Gesellschaft.

Dorthin, wo es dunkel ist und mich nicht alles blendet. Hier auf den Straßen wollte uns ja sowieso niemand. Plötzlich erschraken Lausi und ich. Er flog sogar fast von seinem Sitz. Irgendein verrückter Typ hatte einen tierischen Anfall bekommen. Er schrie wie ein Irrer und klatschte volle Kanne gegen die Fensterscheibe der S-Bahn, dann fiel er zu Boden und blieb sabbernd liegen. Ich starrte mit meinen riesigen Tellern zu ihm rüber und sagte nichts. Das war typisch Berlin, dachte ich nur. Das hatte ich nicht vermisst. Den Wahnsinn von Fremden in meinem jetzigen Zustand mit ansehen zu müssen, war mir irgendwie nicht geheuer. Lausi beugte sich vor mich. *„Der ist auf LSD", flüsterte* er. Ich schüttelte den Kopf. *„Der ist geisteskrank", sagte* ich leise und zuckte mit den Achseln. *„Der ist auf LSD und hat einen finsteren Trip. Mehr nicht",* sagte Lausi sicher.

Kurz bevor wir aufstanden, um auszusteigen, wurden wir dann auch noch kontrolliert. Wir hatten natürlich kein Fahrticket und wurden aufgeschrieben. Ich war mehr als geladen und entnervt. Lausi behielt die Ruhe. Er freute sich darauf, zu Hause anzukommen und einen dicken Bong-Head zu rauchen. Als wir dann endlich bei ihm in der Wohnung saßen, rannte er sofort in die Küche. Ich ließ mich auf die Couch fallen und atmete durch. Was waren das für schräge Tage? Will ich ohne Crystal noch leben?

Es klingt übertrieben, wenn man es liest. Doch so war es gar nicht gemeint. Ich meine damit, dass ich dachte: Das will ich schon noch einmal erleben! Ein kleiner Gedanke eben. Im Anhang von mehreren Gedanken. Ich will das noch einmal machen! Der Gedanke an das nächste Mal und danach weitersehen. Wo das enden mag? Vielleicht mit einem Leben, indem es nur darum geht? War es wirklich so geil?

„Ich bin so froh darüber, wieder hier zu sein. Keine Christina mehr in der Nähe und das ist auch gut so", sagte Lausi und lächelte zufrieden. Ich lächelte bescheiden zurück und zündete mir eine Zigarette an.

Ich lauschte so ins Nichts, da fing er plötzlich an auszuticken. *„Scheiße. Scheiße! So eine verfluchte Scheiße."* Er rastete komplett aus. *„Verdammte Scheiße! Das kann doch jetzt nicht wahr sein."* Ich beachtete ihn erst einmal nicht, denn ich wollte nur eins: Meine Ruhe vor allem. Ich ging dann aber doch nachschauen, als er weiter fluchte. Er hatte angefangen, über Christina zu schimpfen. Das interessierte mich eben doch.

„Was ist denn los?", fragte ich aufgescheucht. Er zeigte mir die entknitterte Alufolie, und ich traute meinen Augen kaum. Sie war voller Kristalle. *„Auweia"*, sagte ich. *„So eine Scheiße! Mann! Der Typ hat den Stoff vertauscht. Ich wollte meine Ruhe vor ihr und nun ist sie hier. So eine Scheiße!"* Es schien ihn wirklich aufzuregen. *„Kiki? Was machen wir denn jetzt?"*

Nach ein paar Minuten der Stille und des inneren, hoffnungslosen Kopfzermaterns legte er uns dann stillschweigend eine kleine Linie. Wir zogen sie und kamen nochmals darauf. Ich schnitt erst wieder etwas mit, als ich allein im Bad stand. Es kratzte höllisch in meinem Rachen, und ich würgte eine Ewigkeit, doch es veränderte nichts.

„Liebe Grüße. Der Teufel."

Angenehmes Umfeld

Berlin, Mai 2013

Nach der Crystal-Session verlief alles relativ gut und schwindelfrei. In der Schule verbrachte ich jeden Tag mit meiner besten Freundin Chiara zusammen. Wir saßen nebeneinander, redeten über Gott und die Welt und gingen in den Freistunden zu mir nach Hause. Auch wenn wir keine Lust auf irgendein Unterrichtsfach hatten, liefen wir zu mir und frühstückten dort ausgiebig, hörten Musik oder sonnten uns auf dem Balkon. Nach der Schule legte ich all meine Schulsachen ordentlich in den Schrank und packte die Bücher für den nächsten Tag in meine Tasche. Abends ging ich nach einem großen Kakao in mein Bett und plauderte davor noch mit meiner Mama über den Tag.

Ich legte ständig alles, das ich benutzt hatte, ordentlich in eine Reihe. Ich schlief kerzengrade und überhaupt war ich die Ordnung höchstpersönlich. Ich aß am Tag nur zwei Brote und trank morgens einen Kaffee oder einen Energy-Drink. Alles war komplett durchgeplant. Die Zeit, die ich mit Chiara verbrachte, tat mir gut, und ich vergaß währenddessen, wie zwanghaft ich mich außerhalb der Schule verhielt. Am Wochenende dippte ich dann, zog Peppen und lies den Dingen einfach ihren Lauf. Ich achtete nicht darauf, wo ich meine Tasche hin feuerte oder mein Schminkzeug ablegte.

Es war egal, denn ich war auf Drogen und somit frei von so vielem. Als mich irgendwann ganz unerwartet Lausi angerufen hatte, um mir zu beichten, dass er einen Hafti draußen hatte, war ich erst einmal baff. Er war geradewegs auf dem Weg in den Knast. Und ich war diese eine Person, die er ausgewählt hatte. Diese Person, die unbedingt Bescheid wissen sollte, dass er nun abgehen würde.

Er heulte Rotz und Wasser am Telefon und entschuldigte sich unzählige Male. Bei mir brauchte er sich doch nicht zu entschuldigen! Ich würde ihn nicht sonderlich vermissen. Das gute Pepp, das er am Start hatte, würde mir fehlen. Ich dachte zunächst, er würde mich komplett verarschen. Aber es war die Wahrheit. Lausi war bis auf Weiteres weg vom Fenster. Er hatte mich darum gebeten, ihn zu besuchen, und mir seine Adresse gesimst, aber ich bin dort niemals aufgetaucht. Nach einem halben Jahr sollte er auch schon wieder die Freiheit schnuppern dürfen.

Wer mich kannte, wusste, dass ich niemals allein war. Ich hatte mich vor ein paar Wochen mit Mikey getroffen, und er stellte mir seine neue Freundin vor. Wir verstanden uns unheimlich gut, und so kam es dann dazu, dass sie mich mit in ihre Clique aufnahmen.

Nach der letzten Unterrichtsstunde am Freitagnachmittag besorgte ich mir dann über einen Kumpel mein Zieh-Zeug und dann ging es mit Judy, Mikey und den anderen auf die Piste.

Der Mauerparkmichel

*Beginn einer neuen Ära,
Berlin, Mai 2013*

Es war eine ganz normale Freitagnacht, in der ich mit meiner Clique drauf war, und dann rief Mathilda an. Sie fragte, ob wir uns treffen würden, um ein wenig zu konsumieren und mal wieder zu quatschen. Wir hatten uns lange Zeit über nicht gesehen. Ich fuhr mit der Bahn bis zur Eberswalder Straße und lief von dort aus zum Mauerpark.

Dort wartete Mathilda in der Dunkelheit auf mich. Wir begrüßten uns erst einmal und laberten dann beide die halbe Nacht durch, während wir, umgeben von der nächtlichen Frühlingsluft, auf den großen Stufen saßen und konsumierten. Sie hatte ihr eigenes Baggy dabei, und wir tauschten ab und zu mal. Irgendwann, inmitten der Nacht, während wir einfach nur so dort saßen und in die Sterne guckten, raschelte es auf einmal.

Uns kam es aber nicht so vor, als würde uns jemand beobachten, und so schalteten wir schnell unsere feinfühligen Antennen aus. Als es langsam hell wurde, wechselten wir unseren Platz und liefen rüber zum kleinen Spielplatz mit dem Holzschiff. Wir setzten uns auf das Schiff und machten dort weiter die Nacht durch. Irgendwann gingen uns dann die Zigaretten aus und unser Stoff war alle. Es war niemand außer uns in dem großen Park.

Bis ich dann plötzlich einen Typen herumspazieren sah. Er hatte einen großen Bambusstock in der Hand und trug eine dicke Mütze. Er hatte orangefarbenes, gepflegtes Haar und ziemlich große Augen. Das konnte ich aber vorerst nicht erkennen. Das Einzige, was ich sah, war, dass er leuchtete. Er leuchtete mich an. In etwa zwanzig Metern Entfernung stand ein Mann, und er hatte die Ausstrahlung der Sonne. Es schien mir nicht merkwürdig. Nichts schien mir merkwürdig, denn ich war auf Drogen, und alles, was passierte, war in diesem Moment echt.

Ich ging auch nicht weiter auf meine Wahrnehmung ein. Zumindest sprach ich nicht aus, was ich sah. Aus seinem Bauch heraus kam ein großer heller Schein. Ich spürte, dass er für mich etwas Gutes bedeutete.

„Komm mit. Lass uns den Typen mal nach einer Kippe fragen", sagte ich dann zu Mathilda, die mich darauf hin nur komisch ansah. *„Meinst du echt?", fragte* sie misstrauisch. *„Ja, wieso denn nicht?"* Ich sprang von meinem gemütlichen Platz auf dem Holzschiff herunter in den Sand und lief dann langsam auf den Typen zu. Das Leuchten, das von ihm kam, wurde immer heller. Als würde ich direkt ins Licht wandern.

„Hey! Hast du vielleicht eine Zigarette für meine Freundin und mich da hinten?", fragte ich ihn. Ich fühlte mich in diesem Moment unglaublich frei. Meine Synapsen schlugen ganz wild auf das gemischte Peppen ein. *„Nein. Ich rauche nicht"*, sagte der Mann mit einer hohen Stimme. Von Nahem sah ich dann erst einmal, dass er anscheinend obdachlos war, denn er trug Flipflops und einen dünnen Trainingsanzug und es war nicht gerade warm draußen. Wir hatten gerade mal Anfang Mai gehabt. Dann betrachtete ich seinen Stock und sah ihm in die Augen, während er damit den Boden nach Flaschen abscannte. Seine Augen waren riesig und man konnte weit hineinschauen. Mich faszinierte der Kerl irgendwie, als ob er so etwas wie ein Schutzengel war.

„Ich habe euch die ganze Nacht beschützt", sagte er dann. *„Ach, dann warst du das, der da so geraschelt hat"*, stellte ich ihm gegenüber fest. Mathilda saß noch immer auf dem Holzschiff und beobachtete das Geschehen. Der Mann sah sehr gepflegt aus. Er war nicht dreckig und hatte auch keinen beißenden Geruch,

wie manch andere, die man so auf der Straße sieht. Auch so an sich wirkte er sehr zufrieden und strahlte eine Gelassenheit und Ruhe aus. Irgendwie kamen wir dann ins Gespräch.

Ich weiß leider überhaupt nicht mehr, was der ausschlaggebende Punkt gewesen ist. Irgendetwas musste ich gesagt haben, dass ihn dazu brachte, Mathilda und mich zu seinem Stammplatz zu führen. Wir saßen dann dort mit ihm, und er erzählte uns von der Antipsychiatriebewegung. Für mich fühlte es sich an, als sei er die Antwort auf all meine Fragen. Ich hatte nämlich insgeheim vorgehabt, wenn ich irgendwann abdrehen würde oder einfach nicht mehr wissen würde, wie ich meine Sucht finanzieren könnte, mich selbst in die Psychiatrie einweisen zu lassen.

Sicherlich war ich dort genau richtig und unter meines Gleichen. Ich hatte die Drogen dafür benutzt, um jemand anderes zu sein. Und nun brauchte ich die Drogen, um einfach nur zu sein, wer ich bin. Ich rede hier von dem Peppen, dem Speed, Amphetamin. Das brauchte ich mittlerweile, um mich wohlzufühlen. Ich hatte mir in den Kopf gesetzt, dass ich es brauchte, um normal zu sein. Ich dachte also, dass es sicherlich auch Pillen geben würde, die mir ein Psychologe verschreiben könnte, damit ich einfach ich war. Ich fühlte mich lebendig auf der Droge, und wenn ich sie nicht genommen hatte, fühlte ich mich nur noch wie ein halber Mensch. Irgendwas fehlte.

Sie hatte sich einfach in meinem Kopf festgebissen. Ich hatte zudem irgendwo aufgeschnappt, dass ich mich deshalb so leer fühlen würde, weil bei mir das chemische Gleichgewicht im Gehirn nicht stimmen könnte. Das wiederum kann man mit Chemie wieder ins Gleichgewicht bringen, und so hatte ich mir ausgemalt, dass es auch mit den Drogen funktionieren würde. Das stimmt auch, wenn man mal bedenkt, dass es keinen Unterschied gibt.

Chemie. Nervengift. Drogen. Tabletten. Das ist doch dasselbe. Ich hatte also den Plan, mir vielleicht bald einfach Tabletten verschreiben zu lassen, die mich genauso fühlen lassen wie das Peppen. Das hätte sicherlich geklappt, denn manche Psychopharmaka-Tabletten, bestehen aus demselben Wirkstoff wie die Straßendrogen. Amphetamin eben. Nach dieser ganzen Tüftelei, die ich nebenbei betrieben hatte, kam einfach dieser Typ und krempelte alles um.

Er belagerte mich, und ich hörte gespannt zu, während Mathilda danebenstand und gar nicht mehr wusste, worüber wir eigentlich die ganze Zeit redeten. Sie war total verwundert darüber, was so in meinem Kopf abging. Ich blühte in dem Moment auf. *„Wie heißt du eigentlich?"*, fragte ich den Typen nach mehreren Stunden. *„Ich bin der Mauerparkmichel."*

Der Mauerparkmichel erzählte mir allerhand über die ganzen Tabletten und erklärte seine Sichtweise über die Psychiatrie. Ich verstand dann erstmals, dass es die Drogen waren, die mich dazu gebracht hatten, dass ich denken würde, ich sei normal, wenn ich sie konsumieren würde. Ich war jedoch nur normal, wenn ich eben normal war. Ohne jeglichen intus.

Er nahm mich wie ein Psychologe ins Visier. Ich verlor mich in seinen Augen, und er therapierte mich praktisch mitten auf dem Parkdeck von Kaisers in Prenzel Berg. Ich war total drin. Für mich ergab alles Sinn.

„Wenn du dort hingehst, werden die dich dortbehalten. Die werden dir etwas geben, damit du funktionierst. Du nimmst Drogen, weil du denkst, du bist anders. Die Droge verändert dich und du denkst, dass es richtig ist. Aber sie macht dich krank, und sie verunklärt, wie du dich selbst sehen und fühlen kannst. Die Droge vergiftet deinen Körper, und sie verblendet dich. Wenn du dann in die Psychiatrie gehst, bekommst du Tabletten, weil sie dir sagen, du brauchst sie, um normal zu sein. Du warst mal glücklich und das ohne Drogen.

Es liegt in deiner Geschichte, dass du jetzt denkst, du brauchst es, um dich gut zu fühlen. Das hat einen Grund. Du brauchst Geprä-

che und keine Drogen. Wenn du anders sein willst, dann tu es einfach. Lerne es. Aber hör auf deine Gefühle, die du fühlst. Wenn du auf Droge bist, fühlst du anders. Du denkst, dass du krank bist, weil du süchtig bist, und dass du nicht weißt, wer du bist. Das führt alles auf die Drogen zurück oder die Tabletten. Es gibt keine psychischen Krankheiten." Er redete ohne Punkt und Komma, und ich saugte seine Worte auf wie ein Schwamm.

Doch Moment mal! Sagte er zum Schluss wirklich, es gibt keine psychischen Krankheiten? *"Wie? Es gibt keine?"*, unterbrach ich ihn. Ich zweifelte nicht wirklich daran, was er sagte.

Dann sagte er etwas zu mir, über das ich heute noch nachdenke, wenn ich die Nachrichten schaue und dort gesagt wird, derjenige habe die Tat wegen einer psychischen Störung begangen.

"Glaubst du echt, dass die Psyche krank sein kann? Wie soll das möglich sein? Niemand hat das Gehirn eines ‚psychisch Gestörten' untersucht. Niemand hat es aufgeschnitten. Sie haben niemals in irgendeinem Hirn forschen können. Man hat anhand von ein paar Gesprächen vermutet, diese Menschen seien krank. Jeder Mensch ist anders. Jeder Einzelne ist ein Individuum und hat seine persönlichen Stärken und Schwächen. Jeder hat anderes erlebt. Glückliches oder Traumatisches. Jemand, der durchdreht, wird einen Grund haben. Wer entscheidet denn darüber, was normal ist? Wer entscheidet, dass es krank ist, wenn jemand Stimmen hört, und derjenige mithilfe von Medikation verändert werden muss?

Das sagt nur die Gesellschaft, in der wir leben. Aber es ist ein Fehler, das alles als Krankheit zu vermarkten. Mörder gehören hinter Gitter und viele Psychiatrieinsassen gehören frei."

Er erzählte mir so viel davon, dass ich irgendwann richtig drin war. Nach knapp vier Stunden musste ich dann aber erst einmal durchatmen. Mathilda sah irgendwie kopfgefickt aus, und so beschloss ich, mit ihr erst einmal ein Bier holen zu gehen und kurz im Kaisers zu verschwinden. Sie sagte dann: *"Ich wusste nicht, dass du so bist."* Ich beruhigte sie erst einmal. Für sie war das sicher alles ziemlich viel gewesen. Dann gingen wir wieder nach draußen, und ich fragte den Michel, ob er sich mit mir am Abend verabreden würde. Er stimmte zu und da er kein Handy besaß, machten wir einfach ab, dass wir uns um acht Uhr wieder am Schiffchen im Mauerpark sehen würden.

Ich ging dann kurz mit Mathilda in die Wohnung meiner Mama, die übers Wochenende in Potsdam war. Wir duschten beide und aßen eine Kleinigkeit, dann machte ich mich wieder auf den Weg in den Mauerpark, und sie traf sich mit Leon aus der Schule, um zu kiffen. Ich war immer noch voll drin in dem ganzen Thema. Ich hielt mich daran so fest, dass ich noch immer hellwach war. Als ich wieder in den Mauerpark an der Max-Schmeling-Halle vorbeilief, sah ich schon von Weitem den Michel auf dem Schiff sitzen. Er hatte sich eine dicke Jogginghose drübergezogen und einen großen Pulli über seine Trainingsjacke. Ich war schon total gespannt.

„Hey. Du bist ja tatsächlich gekommen?!" Er war verwundert. *„Na klar! Ich habe doch gesagt, dass ich wiederkomme"*, lächelte ich. Er bat mir dann erst einmal ein Sandwich an. *„Du bist so dünn, iss doch mal was"*, sagte er zu mir, obwohl er selbst total schmächtig war. *„Ne, danke! Erzähl mir lieber noch mehr von dem, was ich nicht weiß."* Er erzählte mir unheimliche Dinge über die Gesellschaft und irgendwie passte ein Teil zum anderen. Auf einmal wurde es ziemlich frisch auf dem Schiffchen. Es war wieder einmal Nacht.

„Wo wohnst du eigentlich?", unterbrach ich ihn und zitterte schon ein bisschen. Er sprang vom Holzschiffchen und reichte mir seine Hand, damit ich hinterher springen konnte. *„Komm mit! Ich zeige es dir."* Ich ging mit ihm durch die dichten Bäume am Rande des Mauerparks, bis wir irgendwann vor einem großen Autoanhänger anhielten.

Ich weiß, ihr denkt jetzt sicherlich: Es hätte sonst etwas passieren können mit dem wildfremden Kerl. Warum ich ihm traute? Leute! Es gibt Menschen, die durchschaubar sind. Es fühlte sich jedenfalls genauso an. Ich sah seine Seele. Der Michel bückte sich und zeigte unter den Anhänger. *„Dort unten hängen meine Töpfe und Pfannen. Hier koche ich."* Ich war begeistert. Es sah echt süß aus. Die alten DDR-Töpfe mit den Blumen darauf. Sie hingen einfach an Haken unter dem Anhänger – wie in einer Küche eben. Er lebte wie ein Steinzeitmensch, doch schien er ziemlich glücklich damit zu sein. Er stand wieder auf und ich folgte ihm.

„Da hinten in der Ecke ist mein Zelt." Er zeigte in eine verwucherte Ecke, und ich erblickte sein kleines Einmannzelt. Ich war beeindruckt. Seine Kochstelle sah ziemlich kreativ aus, und er hatte sich alles Lebensnotwendige irgendwie selbst zusammengebastelt. Er hatte über seinem Hab und Gut ein paar Armeenetze verteilt, und er blies keinesfalls Trübsal, weil er keine „richtige" Wohnung besaß. Im Gegenteil. Er erzählte dann, dass er durchaus eine Wohnung haben könne. Er wolle sich jedoch einfach nicht anpassen. Er war ein netter Kerl. Er kam aus Heiligensee und war wohl schon als Teenager von zu Hause abgehauen, da er sich einfach nirgendwo dazugehörig fühlte. Ich fand das total okay. Man musste sich nicht anpassen. Ihn konnte niemand dazu zwingen. Dann wohnte er eben auf der Straße. Er musste Anfang dreißig gewesen sein, das entnahm ich seinen Angaben.

Irgendwann wurde es mir wirklich zu kalt auf der Street. Ich hatte wieder durchgemacht, und zwar komplett, ohne nachzulegen. Das allein grenzte schon an ein Wunder. Ich bat den Mauerparkmichel, mit zu mir zu kommen. Er lehnte jedoch dankend ab.

„Nein", sagte er. *„Ich bin geboren, um auf der Straße zu leben. Ich war seit Jahren nicht mehr in einer Wohnung. Ich würde mich nur unwohl fühlen."* Ich fragte ihn des Öfteren, wieso er nicht stank. Ich fragte ihn, wo er duschte, aber er verriet es mir nicht. Ich überzeugte ihn dann trotz allem irgendwie mitzukommen, denn ich wollte noch mehr von seinem Wissen, bevor mein Alltag wieder losgehen würde und ich am Montag wieder die Schulbank drücken musste.

Als wir bei mir angekommen waren, haute ich uns erst einmal eine Pizza in den Ofen. Er wollte kein Stück davon annehmen, und ich musste ihn eine Ewigkeit belagern, bis er dann wenigstens das letzte Stück nahm, das übrig geblieben war. Der Mauerparkmichel war wirklich außergewöhnlich sozial. Wir gingen dann immer wieder auf den Balkon, und ich rauchte, während er erzählte: *„Die Antipsychiatrie-Bewegung, ist eine Bewegung von Menschen, die die Behandlung sowie den Klinikablauf der Psychiatrie kritisieren oder komplett ablehnen. Es gibt sie in etwa so lange, wie es die Psychiatrie selbst schon gibt. Vor allem ist sie gegen die etlichen Diagnosen. Es sollte doch auch infrage gestellt sein, ob die Ärzte, wie sie sich nennen, einfach den Menschen das Leben nehmen oder verkürzen dürfen, nur weil diese Leute anders sind. Die Menschen sollten ein Recht haben, selbst zu entscheiden, ob sie behandelt werden wollen oder nicht. Die Menschen sollten entscheiden dürfen, ob sie ohne oder mit Geld leben möchten. Wir sind nicht frei in unserem ganzen Sein. Die wenigsten von uns. Nicht nur die Menschen in der Psychiatrie. Doch die Psychiatrie foltert Menschen wie dich und mich und das ist nur ein Anfang ..."*

Ich war baff. Ich hatte vorher nie so viel über irgendetwas nachgedacht. Noch nicht einmal dann, wenn es mich explizit betroffen hatte. Vielleicht fand ich in alldem eine Lösung für meine persönlichen Probleme. Vielleicht war die Psychiatrie unter anderem auch eine Metapher für das allgemeine Weltbild. Viele weise Gedanken spurten durch mein Hirn. Irgendwann wurde ich dann aber unendlich müde. Das war einen Tag später, denn ich hatte mit ihm wieder die Nacht durchgemacht und das wieder, ohne Drogen zu nehmen. Ich fragte mich, wie er das schaffte. Das grenzte für mich schon an ein kleines Wunder. Er zeigte mir dann später noch „Ben aus Bremen" auf YouTube. Seit diesem Tag poste ich jedes Jahr an dem Geburtstag des verstorbenen Bens auf seine Gedenkstättenpinnwand auf Facebook. Ich plante, gegen die Psychiatrie zu demonstrieren. Ich wollte aufstehen und meine Meinung sagen. Ich wollte nicht mehr so sein wie all die anderen Lemminge. Ich wollte mein eigenes Ding machen. Das stand mir schließlich zu. Und so hatte sich das Thema in meinem Hirn manifestiert.

Nun sackte ich auf meiner Couch weg, während der Michel noch immer auf meinem Sessel saß und sich durch YouTube klickte. Es hatte zuvor Stunden gedauert, ehe er das Angebot angenommen hatte, sich zu setzen. Er war es einfach nicht mehr gewohnt, in einer Wohnung zu sein. Ich schlief tief und fest ein.

Als ich am nächsten Morgen aufwachte, war er weg. Statt des rothaarigen Straßenkämpfers weckte mich Mama, denn ich musste wieder in die Schule. Es war jedoch kein gewöhnlicher Morgen. Es hatte sich etwas geändert. Ich hatte Hunger und aß ein Brötchen. Ich hatte mir keine Klamotten für den Tag rausgelegt, und es störte mich auch nicht. Ich fühlte mich ein bisschen crazy – aber frei. Ich hatte kein Dranggefühl nach Drogen und brauchte auch meine Zigarette am Morgen nicht. Ich brauchte nichts mehr. Ich war einfach nur ich selbst und fühlte mich total wohl in meiner Haut und so sprach ich dann davon, dass er mich irgendwie geheilt hatte. Der Mauerparkmichel. Wer auch immer das war.

Ich brauchte das Gesagte viel mehr als jede Diagnose eines „Arztes". Ich brauchte den Rat von jemandem, der mit seinen Augen sieht und nicht mit den Augen der Gesellschaft.

Der Michel hatte mir seinen Bambusstock dagelassen, und ich habe ihn heute noch. Er steckt in einem Blumentopf. Er dient nun als Stütze für eine Pflanze bei uns zu Hause. Ich schaute mir noch ein paar Videos auf YouTube von Ben an und hoffte, dass ich den Mauerparkmichel noch einmal wiedersehen würde.

Ein paar Tage später lagen ein paar Sträucher und Blümchen, zusammengeflochten, auf unserem Balkon, und ich wusste sofort, dass sie von ihm waren. Auch ein Feuerzeug, auf dem mein Name stand, lag in unserem Briefkasten. Er versuchte irgendwie, an mich ranzukommen. Sicher hatte er Großes in mich gesetzt. Ich war damals erst sechzehn und hatte ja auch noch meine Clique. Ich traf mich dann am darauffolgenden Wochenende mit ihnen. Ich nahm keine Drogen. Zum ersten Mal, seit ich sie kannte. Ich wollte auch nicht sehen, wie die anderen zogen, deshalb hatte ich dann einfach die Fliege gemacht. Sie waren eben noch nicht so weit.

Sicher wird es für sie auch irgendwann zu Ende sein und sie werden aufwachen. Immerhin nahm jeder von uns die Droge nur deshalb, weil in unserer Gesellschaft kein Platz mehr für Träumer ist. Der Michel hatte mir ein neues Auge geschenkt. Ich schaute mir immer und immer wieder diesen Ben an und dachte über alles nach. Ich erzählte auch meiner Mama, was passiert war, und sie war einfach nur froh darüber, dass ich wieder strahlte, es mir sichtlich gut ging und ich klar im Kopf war. Ich war tatsächlich geheilt und das Erstaunlichste an allem war, dass alles damit angefangen hatte, dass der Typ geleuchtet hatte. Nachdem ich ihn angesprochen hatte, hatte ich es nicht mehr wahrgenommen. Als ob er nur geleuchtet hatte, damit ich ihn auch ja anspreche.

Ich habe mich auch später über so ein „Leuchten" informiert, und ich hatte das Leuchten auch einmal zuvor schon wahrgenommen, als ich auf Droge war und vor meinem Kleiderschrankspiegel stand. Da hatte ich es bei mir selbst gesehen. Es muss das gewesen sein, was man Aura nennt. Man kann Aura sehen. Auf Drogen ist eh vieles möglich, deshalb war ich so ein Fanatiker.

Ich war in den nächsten Wochen wie ein neuer Mensch und alles war wieder gut. Ich schaffte meinen Abschluss, denn das passierte kurz vor den Prüfungen des MSAs. Ich traf mich wieder viel öfter mit Emily, um zu quatschen. Auch an den Wochenenden verbrachte ich die Zeit mit ihr, und es war immer wieder perfekt. Ich hatte auch wieder öfter mit meiner Mama auf dem Balkon gesessen, und wir sonnten uns. Wir waren das erste Mal seit Jahren wieder glücklich gewesen.

So weit, so gut

Magdeburg, Juni 2013

Doch dann sollte sich alles wieder ändern. Sicher hätte mich nichts von meinem Weg abbringen können, doch die Zeit war zu kurz. Und jetzt war ich zum ersten Mal bis über beide Ohren verliebt. Das war nun ausgerechnet mein Urteil, um wieder tief zu fallen. Von der ersten Berührung mit dem Gift dauerte es ein Viertel meiner Lebenszeit bis heute, bis ich endlich wieder von den Drogen loskam.

Es wurde noch härter, die Droge stärker, die Lage verzwickter und mein Kopf gefickter. Nicht einmal mehr das nächste Treffen mit meinem Michel konnte da noch helfen. Und ob ihr es glaubt oder nicht, ich bin doch noch einmal in der Geschlossenen gelandet, und zwar deshalb, weil ich dort hinwollte. Manipulation kann sehr stark sein. Am schlimmsten ist sie, wenn du denjenigen liebst, der sie ausübt. Dann ist sie verdammt machtvoll, und du kannst ihr nur schwer entkommen.

Es hatte damit begonnen, dass ich mit Judy und den anderen bei Pete zu Hause gechillt hatte. Ich war clean, aber tierisch hacke. Ich konnte es nicht ertragen, als sie neben mir alle gezogen hatten, und bin dann einfach hinausgesprintet. Hinaus in die Nacht. Ich hatte mir soeben in den Kopf gesetzt, nach Magdeburg zu trampen und Leon zu besuchen. Ich war schon mehrere Wochen mit ihm in Kontakt gewesen und irgendwie kam es dazu, dass er mich ein wenig mit seiner Art verzaubert hatte.

Nach einem seltsamen Gespräch mit meinem Onkel am Telefon brauchte ich an jenem Abend mal wieder frische Luft. Ich hatte ihn nämlich von der Blockliste in Facebook geholt und ihn angeschrieben. Ich fragte ihn ganz offen, ob er pädophil war. Er hatte dann sofort bei mir angerufen. Natürlich stritt er alles ab. Ich trank also noch einen obendrauf. Irgendwie brauchte ich ein Ventil. Das Trinken hatte ich mir nicht versagt.

Ich sagte Leon dann Bescheid, dass ich vorbeikommen werde und er zu Hause sein solle, damit er mich vom Bahnhof abholen konnte. Er konnte es nicht glauben, doch er freute sich. Ich wusste nicht, wie ich dort hinkommen sollte, so ganz ohne Geld. Egal!

Zuerst fuhr ich zum Hauptbahnhof. Ganz ohne Fahrschein und klare Gedanken. Es war so ungefähr um ein Uhr in der Nacht, als ich am Hauptbahnhof ankam. Ich war nie zuvor dort hingefahren und hatte mich in meiner großen Mutterstadt einfach herumgefragt, bis ich ihn gefunden hatte.

Als dann aber mein Akku auf einem Prozent stand, bekam ich Panik, dass meine ganze Aktion scheitern würde. Ich reagierte schnell und rannte rüber zum McDonalds. Dort fragte ich nach einem Kuli und schrieb mir Leons Handynumer auf einen kleinen Zettel. Ich lief dann hinunter zum Bahnhof. Dorthin, wo die Züge in Richtung Magdeburg fuhren. Ich fragte einen einsamen Mann, der ganz allein auf dem großen Bahnhofsgeländer umhertorkelte. Er konnte mir sogar sagen, wann der Zug fahren würde, und ich plante, mich einfach hineinzusetzen und dann mit dem Personal abzukaspern, dass ich später zahlen würde. Ich nahm auch in Kauf, ein Schwarzfahrticket zu bekommen. Böse Ideen machen die besten Erinnerungen. Nicht wahr? Wie auch immer. Ich wollte nach Magdeburg. Koste es, was es wolle, dachte ich mir. Das Problem daran war nur, dass mir ziemlich kalt war.

Es war mitten in der Nacht und ich langsam hundemüde. Ich musste noch knappe sechs Stunden totschlagen, denn der Zug fuhr erst um acht Uhr morgens. Wie sollte ich die Zeit totschlagen?

Ich entschied mich dafür, mit der Rolltreppe nach oben zu fahren und draußen Passanten anzuquatschen, um mich wachzuhalten. Im Suff war mir das eh nicht peinlich. Ich fragte überall und jeden, den ich traf, nach einem Ladekabel. Niemand konnte mir helfen, bis ich irgendwann auf einen jungen Mann traf. *„You can load your phone with me. Come with me. Then drink one or two beer with me. Later I bring you back to Plattform."* Ich überlegte nicht lange, sondern sagte nur: *„Here we go."* So blieb ich wenigstens wach. Ich wollte so schnell wie möglich an meine Nachrichten drankommen und nachschauen, ob Leon mir geschrieben hatte. Der Südafrikaner, wie sich herausstellte, wohnte in einer WG. Es war jedoch niemand zu Hause. Wie leichtsinnig ich gehandelt hatte, blendete ich völlig aus. Heute würde ich so etwas niemals abziehen. Niemals mit irgendwem mitgehen.

Damals hatte ich das Gefühl, ich würde Menschen so gut kennen, dass ich jeden durchschauen konnte. Außerdem erschien mir der Typ total harmlos und freundlich. Bei ihm angekommen, lud ich also gleich mein Handy in einer Steckdose. Es dauerte knapp eine Stunde, ehe es komplett geladen war. Der Mann hatte ein paar Bier aus seinem Kühlschrank geholt, und ich wunderte mich sehr, denn er saß plötzlich nur noch in Boxershorts vor mir. Ich hatte mir aber trotzdem nichts dabei gedacht, denn ich trug eine weite Jogginghose und war an diesem Tag ungeschminkt. Nicht unbedingt eine gute Beute für einen Kerl, dachte ich mir mit meinem jugendlichen Leichtsinn. Vielleicht würde der Typ gleich ins Bett gehen, und ich würde dann einfach reinhauen, wenn mein Telefon vollgeladen war. So stellte ich mir das vor. Als er dann aber auch noch einen Lesbenporno auf seinem Laptop abspielte, dämmerte es mir. *„No, nooo. You just misunderstand. I only wanted to load my iPhone. I will go back to the Station. I have a boyfriend and I want to go to him."* Ich machte ihm also mit meinem bestmöglichen Englisch klar, dass ich ihn nicht ranlassen würde und schon vergeben war. Er schmunzelte nur und sagte dann: *„Oh sorry, for doing this. I thought you want it too."* *„Nein Mann"*, sagte ich, während ich meine Augenbrauen zusammenkniff. Irgendwie machte mich die Situation ein wenig aggressiv. *„Sorry for attacking you like ... you know .",* *sagte* der Typ, etwas peinlich berührt und zog sich schnell seine Jeans an. Ich zog das Kabel ab und machte mich dann ratzfatz vom Acker. Den Weg zurück zum Bahnhof fand ich allein.

Ich wartete dann am Bahnhof auf meinen Intercityexpress und stieg einfach ein, als er wenige Minuten nach meiner Einkunft am Bahnhof eintraf. Während der Fahrt nickte ich so halb weg. Ich war trotzdem noch wach, denn ich wollte auf keinen Fall meinen Ausstieg versäumen. Was ich allerdings nicht bedacht hatte, war die Fahrkartenkontrolle.

Natürlich kontrollieren sie in dieser Bahn. Immer. Das hätte ich eigentlich wissen sollen. Als ich die Kontrollperson, einen jungen, schmalen Mann, erkannte, tat ich direkt so, als würde ich tief und fest schlafen. Er stand keine Sekunde vor mir, da schnipste er mit seinen Fingern vor meinem Gesicht herum. „Aufwachen. Junge Dame. Fahrkartenkontrolle."

Ich regte mich nicht. Ich tat einfach weiterhin so, als hätte ich ihn nicht wahrgenommen. *„Hallo. Wachen Sie auf! Ich muss Ihre Fahrkarte sehen."* Ich öffnete schließlich die Augen. Ich grinste verlegen und zeigte ihm meine weißen Zähne. Er wiederholte sich. Ich kramte meine Monatskarte aus meiner Handtasche und hielt sie ihm vor die Nase. *„Ja, natürlich habe ich eine Fahrkarte"*, sagte ich und setzte mein bestes Schauspieltalent ein. Der Mann schüttelte den Kopf.

„Sie brauchen eine richtige Fahrkarte. Sie befinden sich außerhalb von Berlin." Er fing ein wenig zu grinsen an. Oder sah ich durch meine Übernächtigung nur seine Mundwinkel zucken? Ich schaute aus dem Waggon durch das Fenster zu den Schienen. Dann sagte ich: *„Oje. Wie bin ich denn hier gelandet."* Der Mann kniff die Augen zusammen und biss sich auf die Lippe. *„Was machen wir nun mit dir kleine Lady?"*, fragte er. Dann packte ich einfach aus. *„Ich habe kein Ticket. Ich muss ganz dringend nach Magdeburg. Bitte schmeißen Sie mich nicht raus."* Der Typ strich sich die Haare

nach hinten. *"Na gut. Ich werde gleich noch einmal wiederkommen und dann sehen wir weiter."* Ich wartete eine knappe Viertelstunde darauf, dass er wieder auftauchte. Nichts regte sich.

In Magdeburg angekommen, holte mich Leon dann wie abgesprochen vom Bahnhof ab. Er war im T-Shirt unterwegs und ich sah ihm schon von Weitem die Droge an. Er war total auf Meth und schien ordentlich ins Schwitzen gekommen zu sein, während er auf seinem geklauten Fahrrad zum Bahnhof geradelt war.

Er wuselte dann aufgeregt um mich herum. Keine Umarmung oder so. Er huschte nur umher und sagte dann total gehetzt: *"Du brauchst sicher eine Fahrkarte. Ich habe gerade einen Hunni gewonnen. Ich zahle sie dir."* Dann wirbelte er zum Fahrkartenschalter, besorgte das Ticket, und wir stiegen in die Straßenbahn ein, die uns zu seiner Wohnung fuhr.

Als wir bei ihm zu Hause ankamen, setzte ich mich erst einmal auf seine Couch und erzählte ihm von meiner Anreise. Er war total gut gelaunt und auch ganz aus dem Häuschen. Er sah aus, als ob er seit mindestens vier Tagen nicht geschlafen hätte, und ich hatte irgendwie Mitleid, denn er kam mir, egal, wie sehr er auch lachte, vor, als würde er eigentlich am liebsten weinen. Wir hatten zuvor per SMS abgemacht, dass er seinen letzten Rest des Crystals wegschmeißen würde, wenn ich wirklich erscheine.

Jetzt aber war es ihm doch zu schade um seinen Sternenstaub, und so bot er mir eine Nase an. *"Ne! Ich ziehe nicht. Kannste vergessen. Ich habe aufgehört. Ich kann das nicht mit mir vereinbaren."*

So weit, so gut. Ich hatte die Nacht ohne Knallzeug durchgemacht und fühlte mich frei. Der Alkohol hatte längst mein Blut verlassen. *"Ach komm. Eine einzige. Dann ist der Scheiß eh alle"*, sagte Leon, während er durch seine Wohnung wuselte und an seinem Handy ein Set auswählte. *"Ne danke, ist nett gemeint, aber wirklich nicht. Dazu bekommen mich echt keine zehn Pferde. Ich hab's geschafft, davon loszukommen, und wenn ich dir helfe, dann schaffst du es auch. Da bin ich mir sicher. Schmeiß das einfach weg."*

Er war total benebelt und versuchte Stunden lang, mich dazu zu bewegen, diese Bahn zu ziehen. Ich wollte aber nicht, und, wie ich gesagt hatte, ich konnte es wirklich nicht mit mir vereinbaren. Denn wenn ich jetzt ziehen würde, dann würde ich sicherlich nicht mehr aufhören können. Dann würde wieder alles weitergehen und dieses magische Erlebnis mit dem Mauerparkmichel hätte ebenso seine Magie verloren. Das wollte ich nicht. Ich wollte den Glauben daran nicht verlieren, dass er mich geheilt hatte. Irgendwann gab Leon sich endlich geschlagen. Dafür pfiff er sich selbst die letzten zwei Linien hinein.

Er war allerdings so müde, dass er kurze Zeit später einfach einschlief. Ich beobachtete ihn, und ich erhoffte mir, dass ich ihn heilen könnte. Dass ich ihn einfach da herausholen, mit zu mir nehmen und befreien könnte. Irgendwann gegen Abend rief mich Mama auf dem Handy an. Ich hatte ihr zuvor noch eine Nachricht hinterlassen. *„Ich bin in Magdeburg. Mach dir keine Sorgen um mich. Ich werde am Montagabend zurück sein und am Dienstag wieder zur Schule gehen. Ich habe dich lieb."* Als ich das Gespräch annahm, war sie bereits total aufgebracht am anderen Ende der Leitung. *„Wo bist du? Ich mache mir Sorgen, verdammt. Das kannst du doch nicht machen. Ich hole dich ab. Sag mir einfach, wo ich dich abholen soll."* Ich sagte ihr dann die Adresse von Leon. Ich war einverstanden damit, dass sie mich heute wieder abholen würde. Immerhin hatte ich nichts genommen und könne ihr später in die Augen sehen.

In Magdeburg war ich nun auch schon einen ganzen Tag gewesen. Ich hatte erreicht, was ich wollte. *„Ich fahre jetzt von meinem Dienst aus los. Ich bin gegen ein Uhr bei dir. Bis dann. Bleib, wo du bist"*, sagte Mama durch das Handy. Sie hatte sich schon ein wenig beruhigt. *„Alles klar, Mama. Bis nachher."* Ich atmete erst einmal durch und weckte dann Leon sanft, der total weg gekomert war und fest schlief.

"Hey, wach mal auf. Mama kommt mich abholen. Sie macht sich Sorgen. Ich muss noch einmal zur Schule." Er glotzte mich total verwirrt an, so als wüsste er kaum, wer ich war, dann erschrak er. Er sprang in einem Satz auf und stand dann mitten im Raum. *"Verdammt! Du sahst gerade genauso aus wie meine verrückte Ex. Ich dachte gerade, du wärst ..." "Alles gut. Ich bin's nur. Ich fahre nachher nach Hause"*, sagte ich beruhigend. Leon zündete sich eine Zigarette an und bot mir auch eine an. Ich lehnte dankend ab, denn ich hatte nun seit zwei Wochen nicht mehr geraucht. Als er wieder zu sich gekommen war, legte er sich wieder neben mich.

"Wieso das denn? Wieso musst du denn gehen? Du bist doch gerade erst hier aufgekreuzt. Lass mich bitte nicht wieder allein hier in diesem Loch." Ich zog mir schon mal meine Schuhe an, dann versprach ich ihm, dass ich wiederkomme und ihn hier rausboxen würde. Er vertraute auf mein Wort. Etwas anderes blieb ihm nicht. Wir blieben noch ein paar Stunden nebeneinander liegen, bis mein Telefon klingelte. *"Bis bald"*, sagte ich. Unten stand Mama mit ihrem Auto und ich stieg ein. Sie umarmte mich und war einfach erleichtert, mich zu sehen, und auch darüber, dass meine Pupillen nicht geweitet waren. Sie konnte es kaum glauben, doch ich war tatsächlich clean.

Ich erzählte ihr während der Autofahrt von Leon. Natürlich erwähnte ich nur das Gute in ihm, auf dass er sich sicher bald reduzieren würde, wenn er erst einmal weg aus Magdeburg war. Irgendwann kamen wir dann bei uns zu Hause an und gingen beide erschöpft zu Bett. Nach gerade Mal drei Stunden Schlaf ging ich direkt wieder in die Schule.

Ratz Batz war die Schulwoche zu Ende und es war Freitagnachmittag. Ich war gerade auf der Suche nach einem BlaBlaCar im Internet, da klopfte Mama gegen meine offene Zimmertür. *"Hey. Sag mal, was machst du denn da so?"* Sie stellte sich genau hinter mich und starrte auf den Bildschirm meines Laptops. *"Ich suche eine Fahrt. Ich will zu Leon fahren."* Sie war total beunruhigt und wollte mich überreden, hierzubleiben. „*Was soll ich hier? Alle meine Freunde ziehen und Emily ist bei ihrem Freund. Ich will einfach wegkommen davon. Bei Leon geht es mir gut. Da will ich auf alle Fälle hin.*"

Weil sie nicht wollte, dass ich mit irgendwem mitfahre und womöglich gar nicht dort ankomme, wo ich hinwollte, bot sie mir an, mich hinzufahren und wieder abzuholen. „*Das würdest du machen? Das wäre verdammt geil. Ich freue mich riesig. Danke Mama.*" Sie war überhaupt nicht angetan von der ganzen Sache. Ich packte meine Tasche und freute mich einfach riesig, während ich Leon schrieb, dass ich tatsächlich kommen und das ganze Wochenende bleiben würde. Wir fuhren los und machten zwischendurch noch einmal in Dessau Rast. Wir kauften uns zwei belegte Brötchen und einen Kaffee.

In Magdeburg angekommen, verabschiedeten wir uns und dann ging ich zu Leon hoch. Dort wartete er schon auf mich, und wir plauderten erst einmal. Irgendwann gingen wir dann runter und kauften ein paar Bier und einen Sambuca für mich. Ich war ziemlich schnell gut dabei. Als wir dann eine Weile bei ihm zu Hause saßen und tranken, klingelte es plötzlich. Ich hatte keinen Schimmer, wer das sein könnte.

Eine schicksalhafte Bekanntschaft

Am selben Tage

„Jo, kann ich hereinkommen? Du wolltest noch 'n Gramm haben?", sagte der Unbekannte. „Ouuuhh! Hey! Hey! Wer bist du denn? Ein ganz neues Gesicht. Wie cool." Irgendein komischer Kauz kam auf seinem Fahrrad in die Bude gescheppert. Er trug ein Vogelnest auf dem Kopf und eine kleine schwarze Kindersonnenbrille. Das alles bei Nacht und Nebel. „Ich bin aus Berlin. Bin nur zu Besuch hier bei Leon", antwortete ich, nachdem ich ihn gemustert hatte.

„Ach die aus Berlin. Leon hat mir schon viel von dir erzählt. Letztens warst du auch hier, stimmt's? Genau, und davor saß Leon noch bei mir herum und hat nicht dran geglaubt, dass du wirklich kommst. Ich bin Noia." Ich freute mich über den frischen Wind und war zu dem Zeitpunkt schon so blau, dass ich beim Quatschen ein wenig lallte. Ich merkte das aber nie so, da ich trotzdem irgendwie klar war, so fühlte es sich immer an. Dieser Noia breitete sein mitgebrachtes Meth dann auf dem Tisch aus und pflanzte sich vor mir auf einen Stuhl. „Willste auch eine Bahn abhaben?", fragte er, während er sich seine Sonnenbrille auf die Nase presste.

„Ne, danke. Ich ziehe doch nicht mehr. Leute!" Ich war ziemlich blau vom Sambuca und zog dann sogar einmal an einer Zigarette, die Noia in der Hand hielt. Bevor er mich ein weiteres Mal wegen seines Stoffes fragen konnte, kam dann doch irgendwie eins zum anderen und alles ging ganz schnell.

Ohne noch einmal zu zögern und darüber nachzudenken, röhrte ich die scheiß Bahn Meth einfach weg. Das war nun das zweite Mal in meinem Leben, dass ich Meth genommen hatte, und es scheppterte ordentlich. Ich war irgendwie noch leicht betrunken, doch nach zehn Minuten merkte ich nur noch die Chemie. Die

Druffnis überkam mich voll und ganz. Die nächsten Tage waren wie ein Film. Leon ging stundenlang ins Casino und hatte mich währenddessen in seiner Wohnung eingeschlossen. Dann kam er irgendwann mit einem Gewinn von fünfhundert Euro zurück, den er innerhalb von zehn Stunden komplett verkloppte. Er bestellte eine Familienpizza, zahlte Taxifahrten zu seinem Kumpel und kaufte diverse andere sinnlose Sachen. Die Pizza rührte natürlich niemand an, denn wir waren alle drauf und hatten überhaupt keinen Appetit. Auch ein Kuscheltier hatte er gewonnen, nachdem er immer und immer wieder ein paar Zweiermünzen in diesen Automaten geworfen hatte, in dem man mit einem Kran den Preis herausangeln musste. Ich sah zu, wie er darauf hängen blieb.

Da es mit uns jedoch noch so frisch war, wagte ich auch nicht, etwas dagegen zu sagen. Außerdem war ich froh, dass ich etwas erlebte. Den letzten Rest des Gewinns verschenkte er dann in der Spielothek an ein paar fremde Suchties, schmiss noch einmal ein paar Zweier hinein und kaufte sich ein Federballspiel und einen Pfannenwender. What the?

Nun ja, mir war es gleich. Er hatte jedenfalls seine Kicks. Es blieb für mich bei dieser einen Bahn, und sie hielt das ganze Wochenende wach. Es ging ratzfatz, dann war wieder Sonntagabend, Mama stand unten mit ihrem Auto und wir fuhren nach Hause. Sie bemerkte an diesem Abend nichts davon, dass ich konsumiert hatte. Ich strahlte so viel Lebensfreude aus, denn ich glaubte daran, dass ich mit Leon einen guten Fang gemacht hatte und wir glücklich werden würden. Montagmorgen ging ich wieder zur Schule und nach dem Unterricht haute ich mich dann erst einmal in meine Koje. Am Abend rief Leon an. Er wollte schon am nächsten Nachmittag nach Berlin fahren. Er hielt es nicht mehr aus dort. Er kam dann auch tatsächlich am nächsten Abend.

Mama war gerade arbeiten, und so hatten wir erst einmal sturmfreie Bude. Wir sind an diesem Abend einfach nur weggesackt, und ich ging morgens in die Schule, später kam ich nach Hause und dort wartete er auf mich. Inzwischen hatte er auch Mama kennengelernt, die beiden verstanden sich verhältnismäßig. Es war das erste Mal, das ich einen Typen mitbrachte, und nun wohnte er auch schon so gut wie bei uns. Die weiteren Tage verliefen wie gehabt. Die Abschlussprüfung hatte ich dann auch abgeliefert und dann stand der Tag bevor, an dem nun herauskommen würde, ob ich es geschafft hatte. Und tatsächlich. Ich hatte es geschafft. Mama und ich waren froh. Hiermit war das Kapitel Schule abgeschlossen.

Später ging ich mit Leon noch ein wenig seine neue Umgebung erkunden. Wir setzten uns auf einen Spielplatz ganz in der Nähe. Er holte ein Baggy heraus, und ich ahnte nur, was jetzt kommen würde. Es war Meth darin. Genau eine Bahn für jeden. Es war einfach zu spät. Ich konnte nicht mehr „Nein" sagen und habe das Zeug auch nicht mehr abgelehnt.

Nun waren also wieder Sommerferien. Besser gesagt, hatte ich von da an fast nur noch so etwas wie Ferien. Ich verbrachte die meiste Zeit der Sommerferien mit Leon bei mir. Wir chillten um unser Leben. Er harzte schon seit Jahren und war nie arbeiten gewesen. Auch einen Abschluss hatte er nicht. Ich war verliebt und einfach nur happy darüber, dass er mir nicht mehr von der Seite wich.

Der Teufel an der Wand

Magdeburg, Juli 2013

Irgendwann, das muss so Anfang Juli gewesen sein, es war schon mächtig heiß, da machten wir uns wieder auf den Weg nach Magdeburg. Leon musste zur ARGE, und deshalb war er gezwungen, seine Heimatstadt aufzusuchen. Ich wollte nicht allein sein, und so fuhren wir zusammen mit einer Mitfahrgelegenheit bis zu seiner Wohnung. Er wohnte in einem Ghettobezirk.

Die meisten von denen, die dort wohnten, waren total verjunkt. Rundherum wurden immer wieder die Wohnungen abgerissen. Die flachen Platten standen dicht aneinandergereiht und überall wimmelte es nur so von jungen „Methern". Einmal hatten wir sogar einen Dreizehnjährigen gesehen, der uns nach einer Zigarette fragte. Er war total drauf und hatte maximal drei Zähne im Mund. Mich erschütterte es nicht.

Es war immer eine andere Welt, wenn ich in Magdeburg unterwegs war. Dort waren sie eben alle so. In meinen Kreisen war ich mit meinem Meth-Konsum ein Außenseiter und den meisten Peppen-Heinis ein Dorn im Auge. Jedenfalls hatten wir uns dann in Leons Bude niedergelassen, nachdem wir bei der Arge fertig waren. *„Ich rufe jetzt Noia an. Der hat sicher noch was da für uns"*, sagte Leon und tippte Noias Nummer in mein Smartphone. *„Mach das."* Ich war voll drin und konnte es auch kaum noch erwarten, wieder drauf zu sein. Nach einem kurzen Wortwechsel, den Leon am Telefon tätigte, stand er dann auch schon mit gepacktem Rucksack an der Tür. *„Na los, komm, wir gehen zu ihm. Wir können die nächsten Tage bei ihm bleiben."*

„Okidoki." Und schon waren wir in einem Satz herausgeflitzt und standen dann ein paar Straßenecken weiter vor Noias Tür. Er wohnte ebenfalls in einer dieser Platten.

Als wir hineinkamen, freute sich jemand, mein Gesicht zu sehen. *„Hey, du bist ja auch wieder da. Das ist ja 'n Ding. Kommt rein und pflanzt euch aufs Sofa"*, hauchte Noia mit seiner kratzigen Stimme. Ich war erst einmal sprachlos. Bei dem Typen herrschte eine derartige Unordnung, so etwas hatte ich bisher noch nie gesehen – in keinem Drogenfilm. Nirgendwo. Es lagen die verschiedensten Utensilien auf seinem Tisch. Ich weiß noch, dass ich ein paar Stunden später völlig darauf in einem seiner Sessel saß und mir in meine Handynotizen geschrieben hatte, was ich dort alles vor mir zu liegen hatte.

Ich zitiere: *„Auf dem Boden liegt ein Hammer und daneben ein Löffel. Auf dem Tisch liegt: eine Fusselrolle, ein Bilderrahmen, ein Glas mit Blumen drin, die Leon für Noia gepflückt hat, drei Bier, eine Cola ohne Deckel, eine Brotbüchse, 'n Spiegel, irgendwelche Zettel, paar Feuerzeuge, eine Kerze, 'n Schuhanzieher, eine Taschenlampe, OCBs, Bleistiftanspitzer, Labello, Filter, Deckel, Stifte, eine Pulle Schnaps, Alufolie, ein Rasierer, Streichhölzer, ein Teeuntersetzer, eine Wäscheklammer, zwei Sonnenbrillen ... Ey und eine Eieruhr. Ach so, und Schrauben, eine Fernbedienung, eine Bürste. So, ich denke mal, ich habe nun alles. Oh, eine Luftpumpe, konnte das gar nicht erkennen."*

Ich saß da so zusammengekauert auf diesem weichen Stuhl und beobachtete, wie Noia durch eine Glühbirne sein Meth rauchte, während Leon daneben an einem Stück Alufolie zog.

„Menschen, die sich selbst überlassen sind, fallen in Sünde und Chaos zurück." Das brabbelte ich so vor mich hin. *„Was meinste?"*, fragte Noia, der mich heimlich unter seiner Sonnenbrille beobachtete. *„Ach nix. Ist schon gut."* Neben mir lagen Fahrradteile, in der Ecke eine Bettdecke und um mich herum lagen zwei Gasmasken, der Herd stand mitten im Wohnzimmer und überhaupt konnte man kaum treten. Die Fenster waren durch Laken und dicke dunkle Tücher bedeckt, und es kamen kaum Luft und Licht hinein. Auf dem Sessel, der mir gegenüberstand, hockte ein alter Ventilator, der auf volle Pulle gestellt war.

Es war verdammt heiß und von draußen knallte die heiße Mittagssonne gegen die Fenster. Mein Bewusstsein war gutgehend erweitert, und ich bekam die Nase nicht voll. Ich philosophierte innerlich, während die beiden um mich herum einfach nur Dünnes laberten und sich zuqualmten. Auf einmal klingelte es an der Tür.

Noia sprang in einem Satz aus seiner Ecke des Sofas auf und öffnete die Tür. *„Da seid ihr ja. Kommt rein. Ich habe heute noch mehr Besuch."* Durch die Tür kamen zwei Frauen, eine etwas kleinere, dürre, mit einer Glatze und weiten Klamotten. *„Hey, ich bin die Kristi. Freut mich."* Und eine etwas größere, hübsche Punkerin. Sie trug einen Sidecut und langes schwarzes Haar, viele Piercings und Tattoos. *„Hallo, Jana."*

Dann setzten sich die beiden auf das Sofa neben Noia. Es dauerte keine zehn Minuten, bis ich mit Jana in ein Gespräch verwickelt war. Es ging um den Teufel, die Psychiatrie und das Böse in den Menschen sowie das Gute. Ich war total drin in diesem Thema mit der Psychiatrie, seitdem mich der Michel belehrt hatte. Ich wollte meine Meinung kundgeben. Auch Jana neigte zu solchen Gesprächen. Sie war mir von Anfang an sehr sympathisch. Irgendwann erklärte sie mir dann, dass der Teufel eigentlich der Gute war. Dass er ein Engel war, der aber dem Gott nicht gehorchen wollte und deshalb in die Hölle musste. Ich verglich das mit uns vieren. Wir saßen nun hier in einer Höhle, auf die die höllenfarbene Mittagssonne prallte, und rotzten und qualmten den Stoff, der uns schweben ließ. Wir wollten nicht arbeiten. Wir wollten uns nicht anpassen. Dafür büßten wir nun. Alles ging auf.

Meine Gedanken explodierten förmlich. Und plötzlich, Noia hatte uns allen eine Bahn Meth gelegt, die wir gerade hintereinander der Reihe nach wegziehen wollten, passierte es. Genau als ich an der Reihe war und den Strohhalm ansetzte, pustete der Ventilator in meine Richtung und feuerte dabei das kristalline Gift durch den Raum. Jana sprang auf und schrie: *"Verdammt. Das war er doch gerade. Deeeer Teeeeufellll."* Sie hielt sich die Taschenlampe unter die Nase und sah in diesem Moment zum Fürchten aus. Ich entdeckte dabei, dass ihr linkes Nasenloch völlig kaputt war. Ihr Septum hing auf halb sieben, und ich erschreckte mich leicht. Irgendwie ratterte es ganz brutal in meinem Kopf. Ich fühlte mich von Sekunde zu Sekunde wahnsinniger. Ich schaute sie grübelnd an.

"Der Teufel also, pustet uns den Stoff vom Tisch, sodass wir ihn nicht nehmen können?", fragte ich sie, während ich an meiner Oberlippe herum pulte. Sie schaute mich mit ihren riesigen blauen Augen an, die sie weit aufgerissen hatte. *"Ganz genauso ist es. Verstehst du das?"* Ich war total begeistert von der Frau. Wie verrückt das war. Sie behauptete also wirklich, dass der Teufel der Gute war. Im übertragenen Sinne natürlich. Wenn man das alles also so herum sehen würde, dann bräuchte man ja vor nichts mehr Angst zu haben. Außer vor den Lügen der Gesellschaft.

Mit welchen Themen ich mich urplötzlich auf der Droge auseinandersetzte, während ich mir die Schminke von meinem Gesicht herunter schwitzte. Ich hatte mittlerweile einen echt kranken Blick drauf und weil ich meine verrückten Gedankensprünge mit den Augen erzählte, griff ich mir eine Sonnenbrille vom Tisch und drückte sie mir ins Gesicht. So fühlte ich mich in dieser kaputten Runde schon wesentlich besser. Irgendwie Undercover. Ich behielt die Brille dann auch die ganze Nacht über auf. Wir saßen gute drei Tage in dieser Position, ohne auch nur einmal aufs WC zu gehen. Keiner von uns stand auf. Irgendwann brachte so ein Typ namens Fischer frischen Wind in die Runde. Er fläzte sich kurzzeitig auf einen Sessel, zappelte dabei brutal mit seinen Händen und ließ alle zwei Minuten sein Handy auf den Boden fallen. Er war total raus und kam nicht auf meine Anwesenheit klar. Wegen meines Alters schon allein und außerdem erzählte ich mit Jana zu wirres Zeug für diesen über dreißigjährigen Junkie. Das machte mich irgendwie stolz.

Irgendwann haute er dann wieder ab und brachte uns durch seinen Aufbruch irgendwie dazu, selbst mal aufzustehen. Ich entdeckte dann mitten im Raum eine Personenwaage. Ich stellte mich kurz darauf und stellte dann mit leichter Verwunderung fest, dass ich nur noch fünfzig Kilo wog. Bis auf Leon, der sich nicht darauf stellte, hatten sich dann alle gewogen. Ich war die Schwerste aus der Runde. Die anderen brachten alle so um die siebenundvierzig Kilogramm auf die Waage. Ich bot ihnen dann an, dass wir einkaufen gehen würden und Obst kaufen können oder so etwas. Jana nahm mein Angebot als Einzige an, und so machte ich mich mit der wildfremden Punkerin einfach auf den Weg zum roten Netto.

Wir kauften allerhand ein. Bier, Süßigkeiten, Konservendosen und Zigaretten, nur das Obst hatten wir vergessen. Jana packte ihren zerlöcherten Rucksack extrem voll. *„Wie willst du das alles tragen? Du bist doch kein Ochse"*, fragte ich sie, und sie schmunzelte nur, während sie an der Kasse bezahlte. Als wir dann herausgegangen waren, schleuderte sie sich den Zwanzig-Kilo-Rucksack auf den Rücken.

„Wer die Last des Lebens auf seinen Schultern tragen kann, der kann auch so ein bisschen Scheiß bis nach Hause schleppen. Außerdem bin ich immer auf mich gestellt. Was bleibt da anderes übrig?" Ich nickte nur ab. Dann fragte sie mich, ob ich noch mit in ihre Wohnung kommen wollen würde. Ich freute mich über ihre Gastfreundlichkeit und wir eierten bis zu ihrer Hütte. Jana war einfach komplett anders als die anderen. Sie sah mich nicht als Konkurrenz an. Sie war einfach freundlich und unvoreingenommen. Als wir bei ihr ankamen, schaute ich mich ein wenig um. Sie hatte eine relativ ordentliche Wohnung, und es war sauber. An den Wänden hingen Gotik-Bilder und sie schmiss direkt ihre Tasche aufs Sofa „Setz dich ruhig. Ich gehe nur schnell aufs Klo. Mach's dir bequem."

Ich setzte mich also auf die Couch und zündete mir eine Zigarette an. Sie machte per Fernbedienung ihre Anlage an und auf einmal hörte man im ganzen Block ihre laute Punkmusik. Ich bekam irgendwie gute Laune und fing an, in ihrem Zimmer herumzustöbern. Ich fühlte mich wie zu Hause bei ihr. Als sie von der Toilette wiederkam, hatte ich gerade eine Mütze von ihr aufgehabt. *„Warte mal. Ich glaube, ich habe hier etwas für dich."* Sie zerrte aus ihrem leicht verwüsteten Kleiderschrank einen schwarzen Pulli hervor und drückte ihn mir in die Hand. Ich zog ihn direkt darüber, und er gefiel mir sehr an mir. *„Siehste. Sage ich ja. Der passt perfekt zu dir."* Ich freute mich total und umarmte sie einfach. Noch nie hatte mir ein Mädchen, das ich kaum kannte, einen Pullover geschenkt. „Danke, den lasse ich gleich an." Ich mochte den Pulli immer, trug ihn oft und hatte ihn meistens an, wenn ich einmal traurig war. Er bedeutete mir einfach etwas. Nachdem wir kurz gequatscht hatten, machten wir uns dann wieder auf den Weg zu Noia, Leon und Kristi.

Bis jetzt hatte sich niemand um mich gesorgt. Wir kamen in dieser verdammten Crackhöhle an und setzten uns wieder auf die Plätze, auf denen wir die letzten Tage schon herumgesessen hatten. In meinem Kopf stellten sich weiterhin, wie von selbst, Einsteinmäßige, gewagte Theorien auf und man sah es mir deutlich an.

Leon musterte mich dann anschließend und nahm mich kurz zur Seite. *„Hey! Sag mal, wir sind jetzt seit fünf Tagen wach und ... vielleicht sollten wir mal ein wenig schlafen." „Echt? Ich war bisher noch nie fünf Tage am Stück wach. Bis jetzt habe ich immer nur vier geschafft."* Ich war irgendwie stolz auf mich und dann total baff, als die anderen erzählten, sie wären schon mal über zwei Wochen am Stück wach gewesen. Ich war trotzdem stolz.

Es war mein persönlicher Rekord. *„Ist mir egal. Wenn du willst, dann gehen wir zu dir."* Ich hielt es plötzlich doch für eine gute Idee, mein Brain mal ein wenig zu entlasten.

Auf dem Weg holte er dann noch eine Pille aus seiner Hosentasche. Sie war rot und dreieckig. „Ach ja! Bevor ich's vergesse.

Ich habe hier noch was. Das schmeißen wir auf jeden Fall noch auf dem Weg, oder?" „Na klar Mann! Hab zwar noch nie so etwas gefressen, aber machen wir das", antwortete ich mit einem breiten Grinsen, riesigen Augenringen und Tellerpupillen.

Er lachte über meine Ansage und pfiff sich dann schnell das Ding mit einem der letzten Schlucke Cola runter, die noch in der Flasche waren. Das musste immer noch dieselbe Flasche gewesen sein, die wir uns seit fünf Tagen geteilt hatten. Ich legte mir das Ding in den Mund und schluckte es einfach runter. Es dauerte auch keine halbe Stunde, da ballerte es mich weg.

Alles riss plötzlich auf, als sei ich durch eine Leinwand gegangen und wäre in einem anderen Film aufgewacht. Ich ertappte mich dabei, wie ich mir ein Blatt von einem der Sommersträucher abzupfte, die am Rande des Bürgersteigs wuchsen. Ich steckte mir das Blatt dann in den Mund und kaute darauf herum. Erst kurz nachdem das passiert war, realisierte ich das Ganze und freute mich dann darüber wie ein kleines Kind. Ich fühlte mich dabei nicht bescheuert oder so. Es ballerte mich einfach, und es passte zu dem ganzen Ausflug. Leon schaute mich nur komisch an, dann aber nahm er sich auch ein Blatt und stopfte es sich in den Mund, spuckte es danach aus und lachte einfach. Irgendwie kamen wir trotzdem unversehrt bei ihm in der Wohnung an.

Dort drehte ich dann erst einmal so richtig frei. Ich schnappte mir seine Matratze aus der Mitte des Zimmers und donnerte sie in die enge Wohnungsecke. Dort verbarrikadierte ich alles mit einem Wäscheständer und schnappte mir aus meiner Schminktasche einen Kajalstift. Leon beobachtete mich nur stillschweigend. Ich fing dann an, die Wand anzumalen.

Ich schrieb Dinge über den Teufel, malte ihn und ließ meiner kranken Fantasie, die ich in diesem Moment hatte, freien Lauf. Ich hatte also wortwörtlich, den Teufel an die Wand gemalt. Was das wohl bedeuten würde? Es konnte nichts Gutes heißen. Leon ging auf Abstand. Wie ein wildgewordenes Tier wütete ich einfach nur herum, und es artete total aus. Ich schmierte die Wände extrem voll und irgendwann machte er einfach mit. Meine Zeichnungen wirkten im Nachhinein echt verstörend auf mich.

So als ob ich mich verschworen hatte oder einfach nur meine Zelle in einer Klapsmühle zu krakeln wollte. Ich kam dann aber auch irgendwie von meinem eigenartigen Trip nicht wirklich runter. Ich war zwar fertig mit der Malerei, aber irgendwie war dieser Gedanke, total verrückt zu sein, in meinem Gehirn verankert. Ich bildete mir ein, ich sei eine Wahnsinnige. Das war ich ja auch. Aber so einfach ist das nicht, denn das war ja auch nicht wirklich ich. Ich war so verwirrt und hätte ich versucht, mich zu kontrollieren, dann hätte ich dabei bestimmt wirklich den Verstand verloren. Also ließ ich einfach raus, was die Droge mir befahl.

Mit dem Ausruhen wurde es also nichts, und wir begriffen schnell, dass ich in diesem Zustand niemals zur Ruhe kommen würde. Wir liefen kurze Zeit später wieder draußen herum, damit wir ein wenig Luft schnappen konnten. Irgendwas musste ja helfen.

Es brachte kaum etwas. Irgendwie war's zu spät. Die Drogen hatten mich unter Kontrolle. Wir holten dann den Hund von der Mama eines Kumpels von Leon ab, um mit ihm Gassi zugehen. Dafür bekam er immer etwas Geld und schleppte den Hund immer in irgendwelche Assibuden mit. So auch an diesem Tag. Ich verstand mich sehr gut mit der kleinen Frenchie-Dogge. Sie war lieb und irgendwie immer total verpeilt. Alles ging total rasant, und erst als wir wieder bei Noia in der Wohnung saßen, wiederholte mein Gehirn im Stillen die letzten Stunden.

Dann erst kam das Erlebte wirklich bei mir an. Es war nun nichts weiter als eine Erinnerung in Fetzen mit gestochen scharfen Bildern, die aber leicht abschweiften von der Realität. Also nichts Halbes und nichts Ganzes mehr. Nun ja, was soll ich sagen? In

Noias Hütte sprang mich dann total die Unordnung an, und ich kam auf das ganze Chaos nicht mehr klar. Ich bemerkte nach einer Weile erst, dass Kristi nicht mehr auf ihrem Sessel saß und auch Jana war nicht mehr da. Gerade als ich nach den beiden fragen wollte, stürmten sie zusammen durch die Tür, die mittlerweile offenstand. Jana setzte sich auf die Tischkante und zitterte ganz fürchterlich, dabei schaute sie verstört auf den Tisch. Sie sah aus wie im Bann. Niemand interessierte sich für sie, und irgendwie traute sich auch niemand zu fragen, was mit ihr los war. Bis auf mich. Ich fragte sie ganz ruhig:

„Was ist los? Erzähl mal. Ich sehe doch, dass da was nicht hinhaut." Sie antwortete sofort mit leiser Stimme in die Runde, als habe sie nur darauf gewartet, dass endlich jemand fragt: *„Der kranke Typ ... Er hat meinen Köter entführt. Der hat ihn mitgenommen."* Ich verstand nur Bahnhof. Von welchem Hund redete sie? Dann aber klärte sie auf, dass ihr Exfreund in ihre Wohnung eingebrochen war und ihren Hund entführt hatte. Es dauerte eine knappe Stunde und viele Bahnen Meth, bis sie wieder die alte war und wieder wie zuvor mit mir über verwirrende Themen redete.

Vergessen hatte sie den Hund aber nicht, glaube ich. Irgendjemand hatte den Film „Fear and Loathing in Las Vegas" eingeschaltet, der eigentlich einer meiner Lieblingsfilme war. In diesem Moment aber, als gerade die Szene kam, in der Duke die vielen Reptilien sieht und alles um ihn herum verschwimmt, brannte bei mir eine Sicherung durch.

Genau zu diesem Augenblick bekam ich dann auch noch eine Nachricht auf dem Messenger von meinem Großonkel, in der stand *„Du bist der Grund, wieso alle schweigen."* Dann war es vorbei. Meine Lichter knipsten sich aus. Das Handy flog im hohen Bogen gegen den verwahrlosten Schrank, und ich rannte in Richtung Treppenflur. Ich war psychisch total runtergefeiert und merkte, wie ich der Situation nicht mehr gewachsen war. Ich sprintete aus der Tür, und als ich gerade im Hausflur durchatmen wollte, musste ich feststellen, dass auch hier das totale Chaos abging.

Vor meinen Füßen hing irgendein Typ auf dem Boden herum, hatte ein Sektglas in der Hand und starrte mich mit seinen riesigen Pupillen an. Ich drehte sofort wieder um und landete dann wieder in der Bude, in der mich alle fragend ansahen. Jana und Leon sahen besorgt aus, und Noia irgendwie sehr verwundert. Ich hätte mich sicher auch schnell wieder beruhigt, denn ich wusste, sie wollten mir nichts Böses, doch da war noch Kristi. Sie schaute mich irgendwie so an, als würde sie es feiern, dass ich nicht mehr zurechtkam auf der Droge.

Sie versuchte, mich noch mehr zu verwirren, und so war mir überhaupt nicht mehr eindeutig, ob sie wollte, dass ich durchdrehe oder nicht. An ihrem falschen Blick aber, sah ich dann, dass sie wohl genau wusste, was sie tat. So schien mir. Sie brachte auch den einen oder anderen miesen Spruch. Oder bildete ich mir das jetzt auch noch ein? Ich schnappte mir den Hund, der in der Ecke gerade irgendeine Zeitung zerfetzte, und machte mich vom Acker. Leon lief mir hinterher und fragte mich draußen über meinen derzeitigen Geisteszustand aus. Ich konnte ihm nicht erklären, wie ich mich fühlte. Ich hatte einfach Dinge gedacht und getan, die ich nicht kontrollieren konnte. Wie sollte ich mich da fühlen? Ich war kurzzeitig halb da und bekam einfach nur Angst vor dieser verrückten Stadt und vor mir selbst. Vor allem aber bekam ich Respekt vor dieser abgefuckten Droge. Ich fühlte mich irgendwie einsam und verfremdet. Mein großer Trost aber jetzt war die Hündin.

Sie wich mir seitdem nicht mehr von der Seite. Sie spürte haargenau, dass ich ein guter Mensch war und dass sie sich an meine Seite stellen musste. Ich liebte sie dafür. Vor allem darum, weil ich es nie so mit Hunden hatte. Ich hatte sogar früher immer Angst gehabt, wenn ich einem Hund auf der Straße begegnet bin. Ich streichelte die Dicke, und sie machte mir mit ihrer

Zuneigung so viel Mut, dass ich danach wieder zu Noia gehen wollte. Leon wollte ohnehin einfach weiter konsumieren.

Ihm war es irgendwie egal, was bei mir abging. Dass das ziemlich mies war und ich seinetwegen in dieser Situation steckte, bemerkte ich gar nicht. Als ich wieder auf meinem Stammplatz bei Noia saß und gerade ein Uhrenupdate machte, checkte ich dabei, dass sich nun schon Tag sieben dem Ende neigte. Sieben Tage wach, ohne zu schlafen und zu essen.

Die kleine Hündin platzierte sich direkt vor meinen Füßen und achtete auf jede meiner Bewegungen. *„Ist das jetzt dein Hund, ja?"* Noia rauchte seine vierzehnte Glühbirne und lachte uns an. *„Ja! Der gehört jetzt mir"*, sagte ich stolz und zwinkerte ihm zu. Im selben Atemzug fragte ich ihn: *„Sag mal, darf ich mir mal deinen Balkon ansehen."* Die Scheiße ging also gleich weiter, und die Droge gab wieder Befehle an mein Gehirn. Sie hatte beschlossen, dass ich mal herausschauen wollen würde. So kam es mir vor. Noch vor ein paar Millisekunden hatte ich mich null für den Balkon interessiert, geschweige denn, ihn entdeckt.

Ich fühlte mich so, als sei ich schon immer ein Teil von den Leuten hier und machte mir überhaupt keinen Kopf um Privatsphäre. Auch nicht dann, als ich zum Spaß Noias Wohnung durchfilzte. Die Runde schaute mich total skeptisch an. Niemand glaubte mir, dass ich nur mal kurz vom Balkon herunterschauen wollte. Wie sie mich angeschaut hatten! Ich wusste überhaupt nicht, was sie für ein Problem hatten. *„Die springt doch runter"*, sagte Kristi zu den anderen.

Ich war baff. Dachten die echt alle von mir, ich sei gerade verrückt genug, um zu springen? *„Ne! Leute! Ich will mich nur mal umschauen. Was geht denn mit euch ab?"* Alle, bis auf Leon, glotzten mich mit total großen Augen an. Der wusste genau, dass ich nicht springen wollte. Zu meinem Glück wusste er es. Dadurch wusste ich es selbst. Ich wusste nämlich nicht mehr zu hundert Prozent, wer ich war. Ich schlängelte mich durch den ganzen Dreck, vorbei an den riesigen Boxen und dem ganzen Gerümpel bis zum Balkon und öffnete die Tür. Ich schaute mich kurz um, während mir die glühend heiße Mittagssonne auf den Kopf prallte. Ich warf einen Blick auf das Haus vor mir, dann auf den Boden und dann stolperte ich wieder zu den anderen ins Wohnzimmer. Ich erntete total schockierte und misstrauische Blicke. Mann waren die krank in ihren Köpfen. Gab es in dieser Stadt denn niemanden, der einfach nur mal den Balkon abcheckte, wenn er irgendwo zu Besuch war. Ich beruhigte die anderen und setzte mich anschließend wieder auf meinen Stammsessel zurück, vor dem die kleine Hündin schon auf mich wartete. Sie versuchte sofort, an meiner Hand zu lecken, und ich lächelte sie an, dann wurde ich schon wieder aus meinem Happy-Film gerissen.

„Willst du mal etwas richtig Krankes sehen? Mal schauen, ob du nicht doch springen würdest?" Kristi beugte sich zu mir und schaute mir mit einem Psychoblick in die Augen, dann holte sie Luft. Ich verzog automatisch mein Gesicht, als hätte ich in eine Zitrone gebissen. Meine Augen kniffen sich wie von selbst zusammen.

Was sie dann tun wollte, weiß ich nicht, denn dazu kam es nicht. Die kleine Hündin baute sich sofort vor ihr auf und knurrte einmal gefährlich. Kristi schreckte ruckartig zurück in den Sessel und winkelte ihre Beine an. Vermutlich hatte sie Angst, dass sie ihr vielleicht ins Bein schnappen würde.

„Was ist denn jetzt los? Hast du etwa Angst vor Hunden?", fragte ich Kristi. Ich wusste, dass die Frau mich nicht sonderlich leiden konnte und dass sie wahrscheinlich wollte, dass ich abkackte, weil es mir hier zu krank werden würde. Ich wusste, dass sie mir etwas Böses wollte. Dass sie mich herausekeln wollte und mich auf einen richtig beschissenen Abturn-Film bringen wollte. Das hatte auch der Hund gemerkt. Auf meine Frage antwortete sie nicht, sondern bibberte einfach nur auf ihrem Sessel herum und

versuchte, kein Körperteil darüber baumeln zu lassen. Die Situation hatte die Aufmerksamkeit der ganzen Runde gewonnen.

Da wurde mir etwas bewusst, und genau das sprach ich in meinem Wahn auch direkt laut aus, so wie ich alles ausplapperte, was in meinem Kopf herumschwirrte, wenn ich auf Meth war. Ich konnte nichts mehr für mich behalten. Also brabbelte ich vor mich hin. *„Ich hatte damals auch Angst vor Hunden, aber nur, wenn ich irgendwo versucht habe, jemand zu sein, der ich nicht bin. Ich habe mich damals oft irgendwo verstellt. Hunde merken so etwas. Und die meisten Hunde merken auch, wenn jemand falsch ist. Dann kommen sie erst recht zu dir und greifen an. Die merken das einfach, wenn einer nicht gut ist."*

Das hatte ich nicht irgendwie bösartig gesagt oder sie dabei angeschaut. Ich hatte einfach nur laut gegrübelt. Sie schreckte daraufhin total zusammen und starrte auf die Hündin, die um ihren Sessel herumtänzelte. Sie versuchte irgendwie, aus der Nummer heraus zu kommen, indem sie sich nicht mehr bewegte, doch der Hund hatte sie im Fokus und ließ sie nicht mehr aus den Augen. Die anderen schauten nun alle zu ihr.

„Ich mein ja nur", sagte ich, aschte die Glut meiner Zigarette ab und grinste dann ein wenig in meinen Bart. Ich war total stolz darauf, dass ich meine Angst vor großen Hunden besiegt hatte, denn ich hatte früher wirklich große Angst vor dem Tier. Ich wusste nicht, was sie denken, und ich hatte einfach Panik, wenn einer in der Nähe war. Dieser wildfremde Hund aber mochte mich auf Anhieb und ich ihn auch. Da die Kleine aber immer unruhiger wurde, bellte und knurrte, während Kristi ordentlich ins Schwitzen kam, holte ich sie wieder zu mir. *„Komm her Süße. Alles gut."*

Ich hatte den Hund definitiv geownt, und seit dem Tag war er jedes Mal mein Wegbegleiter, wenn ich in Magdeburg mit Leon unterwegs war. Nach ein paar Minuten machte sich Kristi dann auch aus dem Staub und kam erst wieder zu Noia, als sie wusste, dass wir im Auto nach Berlin saßen. Leon und ich waren durch mit der Welt und interessierten uns fürs Bett. Wir hatten uns für Mittag eine Heimfahrt gebucht und standen längst am Bahnhof in den Startlöchern.

Sieben Tage wach sein, das war für mich mehr als genügend. Das Problem an dem Ganzen war nur, dass wir unseren Fahrer verpasst hatten. Leon hatte dann sogar die Kohle für die Fahrt im Bahnhofs-Casino noch in ein oder zwei Automaten gekloppt. Er spielte immer wie ein Irrer, wenn er drauf war, und am liebsten gleich auf mehreren Automaten gleichzeitig. Also mussten wir wieder zurück und einige Stunden totschlagen, denn die nächste Mitfahrgelegenheit kam erst gegen kurz vor Mitternacht. Während Leon noch ein paar Sachen aus seiner Wohnung holte und seinen Bruder nach neuem Fahrgeld anheuerte, stand ich wie von selbst wieder bei Noia vor der Tür und klingelte bei ihm. Ich habe keine Ahnung, wieso ich allein dort hingegangen war. Irgendwie fühlte ich mich dort hingezogen.

„Ich bin's", sagte ich unten an der Eingangstür. Noia drückte auf den Summer, und als ich oben ankam, saßen sie zu dritt auf dem Sofa. Noia, Jana und Kristi. Sie waren in Decken eingemurmelt und aßen Cornflakes aus ihren DDR-Töpfen, die mit Mustern verziert waren, als sei nichts gewesen. Kristi versuche sofort, ihre Beine vom Boden zu heben, bis sie bemerkte, dass ich ohne Hund gekommen war. Trotzdem machte sie keinen Mucks und ließ mich in Ruhe.

Ich pflanzte mich ein letztes Mal in meinen Stammsessel, nachdem ich durch die offene Haustür hineingeschnauft kam, und erzählte die Geschichte darüber, wieso wir nicht losgekommen waren. Nach einer knappen Stunde kam auch Leon wieder bei Noia an und rauchte ein paar Folien. Ich schaute dann irgendwann nach ein paar Bahnen, die ich mir hineingepfeffert hatte, auf den Tacho und war wieder einmal verblüfft. Ich fühlte mich eigentlich total fit. Ich konnte nicht glauben, dass wirklich eine ganze Woche vergangen war. Das war die erste Woche, die ich mit Noia verbracht hatte. Wer hätte gedacht, dass ich noch meine persönliche Hölle erleben würde, die all meine Nahestehenden mitreißen würde, und das nur seinetwegen.

Irgendwann standen Leon und ich wieder am Bahnhof, und ich notierte mir in mein Handy einige Stichpunkte: *„Ich muss einen Baum einpflanzen und eine Sonnenbrille kaufen."*

Das war mein letzter Wille und für mich äußerst wichtig und das nach acht Tagen wach sein.

Ich wollte mich kurz gesagt einfach verewigen. Der Gedanke kam und ging ebenso schnell wie alles andere. Für eine Notiz aber hatte es noch gereicht. Ich wollte eine Sonnenbrille haben, um von nun an auf der Straße mein Undercover-Leben zu schützen. Dann stiegen wir in unser BlaBlaCar und fuhren auf direktem Wege zu mir nach Hause. Dort hatte ich sturmfreie Bude, und wir machten direkt noch mit den letzten zwei Bahnen pro Nase, die wir noch auf Tasche hatten, eine Nacht durch. Ich hatte vorgeschlagen, dass wir uns aus Jux und Fun verkleiden könnten, und Leon war einverstanden. Wir hatten uns beide einen Hut aufgesetzt, und ich hatte mir ein buntes Kleid drübergezogen.

Wiedersehen

An diesem Tag

Danach eierten wir anschließend in den Mauerpark. Wir stotterten schon brutal und waren mehr als drauf. Ich hatte die glorreiche Idee erfasst, Leon den Mauerparkmichel vorzustellen und dann direkt mit dem Michel dort weiterzumachen, wo wir aufgehört hatten. Bei der Antipsychiatriebewegung und den Demonstrationen. Ich hatte längst vergessen, dass der Michel mich geheilt hatte.

Ich hatte auch vergessen, dass der Michel gegen Drogen war. Ich war so verdammt drauf, dass ich nur noch schwebte. Wir ratterten sofort durch den Mauerpark bis zu der Stelle, an dem das Zelt vom Michel am Anfang des Frühlings stand. *„Das gibt's doch nicht"*, hauchte ich mit meiner leisen Stimme, die sich schon beinahe komplett verabschiedete. Sein Zelt stand wirklich noch da. Genau dort, wo es noch beim letzten Mal gestanden hatte. Da Leon meinen Erzählungen nicht traute, hatte ich meine Geschichte schon selbst infrage gestellt.

Ich klopfte an das Zelt. *„Du verarschst mich, Kiki. Den gibt's nicht."* Leon zog mich an der Schulter nach hinten. Er glaubte mir immer noch nicht, und so wollte ich ihn erst recht in meine Welt einweihen und ihn vom Gegenteil überzeugen. Ich klopfte nochmals. Nichts bewegte sich. Ich wurde beinahe ein wenig griesgrämig. *„Das kann doch nicht sein"*, brabbelte ich. Nichts passierte im Zelt. Er war sicherlich nicht zu Hause, und Leon glaubte mir kein Wort.

Doch dann räusperte er sich plötzlich mit seiner hohen kratzigen Stimme. Der Michel war „zu Hause". „Hey, ich bin es. Komm raus", sagte ich, doch es tat sich nichts weiter. *„Hey! Mauerparkmichel? Bist du da?"* Ich strich mit meinen Fingernägeln am Zelt entlang.

Er hatte mir damals erzählt, dass er sich immer unter einem anderen Namen vorstellte, wenn er Menschen kennenlernte. Also wusste er genau, wer gerade nach ihm fragte. Dann passierte es. Er machte den Reißverschluss auf und kroch auf allen Vieren aus seinem Zelt. Er trug einen Hut. *„Hey, was machst denn du hier? Hast du einen Freund mitgebracht?"* Er freute sich sehr, mich zu sehen. Seine kleine Kämpferin. Das wir total drauf waren, hatte er nicht mitgeschnitten, denn er kannte mich nur in diesem Zustand. Leon war total von den Socken. Er glaubte seinen Augen nicht. Meine Geschichte hatte plötzlich ein Gesicht und eine Stimme bekommen.

Irgendwie ist der Abend dann ganz anders gelaufen, als ich es mir vorgestellt hatte. Ich dachte, dass ich Leon mit auf den Trip nehmen könnte, aber das funktionierte natürlich nicht. Nicht jeder kommt auf solche harten Filme, nur weil er darauf ist. Das habe ich erst viel später gecheckt. In dem Moment aber und auch durch die Gespräche mit Jana, dachte ich, dass es normal sei und dass jeder, der auf Meth ist, irgendwie dazugehören würde. Zu dieser geheimen, schlauen und verstoßenen Gesellschaft.

Ich nahm den Michel wieder mit nach Hause. Diesmal ging er gleich mit nach oben, ohne dass ich ihn lange belagern musste. Leon war natürlich auch dabei. Ich saß dann die nächste halbe Nacht lang auf meiner Couch, der Michel stand wie immer im Raum. Er wollte sich wieder nicht setzen, und wir plauderten über die ganze Sache. Wie beim letzten Mal. Für Leon war das viel zu hoch. Er wollte von alledem nichts wissen und überhaupt, nutzte er das Meth nicht für Gedankensprünge, sondern um seinen Kopf freizubekommen. Zwei Welten prallten aufeinander. Während Leon auf dem Balkon eine Zigarette rauchte, flüsterte der Mauerparkmichel leise zu mir rüber: *„Das ist ein Psychopath. Dieser Typ wird dir nicht guttun."* Ich war verwundert.

Kurz nachdem er diesen Satz gesagt hatte, lies dann auch die Wirkung des Meths nach. Es machte kurz „Klick", und ich war unten. Als wäre ich wieder normal, nur irgendwie deprimiert. Ich bot ihm dann noch ein paar dicke Socken an, denn er war nur in Badelatschen unterwegs. Er lehnte dankend ab. Dann sagte ich ihm, dass Leon und ich uns schlafen legen wollen würden und komplimentierte ihn hinaus. Weg war er.

Als er weg war, war er fort, und ich sah ihn nie mehr wieder. Ich war einmal im Nozu (Normalzustand) mit Toralf zum Mauerpark gepilgert und hatte gehofft, sein Zelt zu sehen, aber es war nicht mehr da. Nichts von seinem Gebäude stand mehr dort. Alles wurde abgerissen, und somit wurde ihm sein Zuhause genommen. Ich hoffte, dass er trotzdem noch leben würde.

Nachdem Leon und ich dann nach neun Tagen des Dauerrauschs endlich geschlafen hatten, brauchten wir knapp zehn neue Tage, um wieder denken und fühlen zu können. Ich war total abgestumpft und hatte auch keinen Suchtdruck. Wir lebten dann irgendwie so vor uns hin. Mama hatte sich das Ganze mit anschauen müssen. Trotzdem ließen wir nicht unbedingt durchblitzen, dass wir die ganze Zeit über schliefen. Ich sagte ihr nur, dass wir unsere Ruhe brauchten. Sie mochte Leon von Anfang an nicht, denn er verhielt sich wie ein Assi. Er ging noch immer nicht zur Arbeit, war auf Bewährung und schlauchte sich monatelang bei uns zu Hause durch. Außerdem war er oft fies zu mir.

Tot oder lebendig?

Magdeburg, August 2013

Ich fühlte mich frei wie Jim Morrison. Ich tanzte mit der Droge, und ich fühlte mich mit meinen sechzehn Jahren unantastbar. Niemand kannte mich. Ich lernte ausschließlich Typen kennen. Alle vom selben Kaliber. Alle vom selben Stern. Man konnte gut mit ihnen reden, auf Crystal. Sie waren wirklich unendlich verloren. Jung, kaputt und völlig süchtig. Diese Stadt war so verdammt leer gegen Berlin. Vor allem der Stadtteil, in dem wir uns immer herumgetrieben hatten. Dort war es das Normalste der Welt, völlig auf Meth zu sein. So sahen sie dann aber auch alle aus. Bis auf mich. Ich erholte mich immer gut in Berlin und kam dann topfit nach Magdeburg. Dort nahm ich in einer Woche knapp fünf Kilos ab und fuhr dann mit Leon wieder nach Berlin. So lief das die ganze Zeit über, in der ich mit ihm zusammen war.

In den Wintermonaten hatte ich noch mehr den Drang, nach drüben zu düsen und zu scheppern, als im Sommer. *Ich war ständig auf der Suche nach dem inneren Frieden. So sehr auf der Suche nach etwas, dass es schmerzte.*

Nach der ersten Bahn, die ich gezogen hatte, fühlte ich mich frei, locker, universal, safe. So hatte ich es immer wieder beschrieben. So hatte ich es empfunden. Keine Probleme, keine Angst, kein Gewissen. Die Verantwortung an die Droge abgeben und die Facebook-Welt an meinem Geschehen (teilweise verschlüsselt) teilhabenlassen. Kein Hunger und nie müde. Kein Raum und keine Zeit. Alles war einfach so leicht, wenn ich auf Crystal war.

Ich hätte die Welt retten können, und das plante ich dann auch. *„Die Tante in der Mitte und um sie herum: Strohhalme"*, wie ich mir notierte. Ich fühlte mich stark, wie Hunderte von Männern. Ich habe mich einfach nur um mich selbst gekümmert, und es mir gut gehen lassen. In diesem Zustand saß ich dann in der unordentlichen Wohnung von Leon und malte schöne Porträts, brachte der kleinen Hündin irgendwelche Tricks bei und genoss mein erweitertes Bewusstsein und den klaren Verstand auf einem klaren Film.

Leon war meistens nicht einmal da. Er hockte in der Spielothek und verballerte den einen oder anderen Groschen, gewann ein paar Hunderter und verballerte dann wieder alles. An irgendeinem belanglosen Tag klopfte es dann an der Tür.

Ich schaute durch den Spion und sah einen hellblonden Typen vor der Tür stehen. Der war sicherlich keine zwanzig Jahre alt und hatte eine kleine Glasplatte in der Hand. Ich machte ihm auf und glotzte ihn an. *„Hey. Kann ich hereinkommen? Ich habe auch etwas mitgebracht."* Er zeigte auf die zwei funkelnden Linien, die auf der Platte erbaut waren, und lief einfach zügig an mir bis zum Wohnzimmer vorbei.

„Klar, komm rein", sagte ich nebenbei, während ich ihn nur noch von hinten sah. Schon saßen wir da. Er im Schneidersitz auf dem Boden, und ich auf den zwei übereinandergestapelten Matratzen. Ich hatte den Typen nie zuvor gesehen, und er mich auch nicht. Er wusste, dass Leon hier wohnte, aber es war ihm egal, dass nur ich da war. Er plauderte einfach drauflos, und wir rotzten gemeinsam eine. Er schaute dann plötzlich wie gebannt zum Balkon und sagte mit einer Stimme, die ganz weit unten in seinem Bauch festhing:

„Ich sehe, wie die Leute aus dem Fenster springen. Ich sehe, wie alles kaputtgeht. Ich sehe, dass irgendwer plötzlich tot ist. Und weißt du, was daran so finster ist?" Ich schüttelte den Kopf. *„Es hält mich nicht im Geringsten davon ab, dieses Zeug zu nehmen. Ich nehme es immer und immer wieder ... bis ich tot bin."*

Ich starrte ihn an und runzelte die Stirn, dann schaute ich auf den Boden. Er hatte verdammt noch einmal recht! Ich bekam kein Wort mehr heraus. Das war irgendwann so, wenn man zu viel drin hatte. Die Stimme und das Atmen überschnitten sich, sodass man nur noch eins von beidem tun konnte. Ich nickte nur. Es machte mich nicht traurig oder so etwas. Ich war einfach nur im Bann der Droge und in diesem Moment war ich nur eine Marionette. Ich war so drauf.

Es klang beinahe wunderschön, was er gesagt hatte. Es klang befreiend. Es war mein Leben. Man kann Meth nur lieben. Es geht nicht anders. Jeder Einzelne, der das Gift probiert, ist markiert. Wir sitzen alle im selben Boot. Meine neuen Freunde. Meine Leute. Das gefiel mir an dem Ganzen, und dass, obwohl ich hier doch eigentlich nichts verloren hatte und das nicht mein Leben war. Oder doch? Wenn nicht das mein Leben war, was dann? Von wem war es dann das Leben?

In Berlin lernte ich dann auch noch einen weiteren Mether kennen. Den ersten Mether, den ich überhaupt jemals in Berlin kennengelernt habe. Er hieß Calvin und wohnte in Mitte, nicht weit entfernt von unserer Wohnung. Leon kannte ihn noch aus früheren Zeiten, denn auch Calvin war ein gebürtiger Magdeburger. Wir saßen mittlerweile oft bei ihm zu Hause und konsumierten allerhand Steine. Funkelnde Steine. Glitzer! Ich liebte diesen Anblick. Ich hatte nicht lange hingeschaut, so schnell verschwanden die kristallinen Linien in einem meiner Nasenlöcher. Ich malte in Calvins Wohnung ein paar sehr kranke Bilder in meinen Schreibblock, und es dauerte immer keine zwanzig Minuten, bis ich mich voll in meinen Trip festgehangen hatte. Ich wollte die Welt retten und verändern.

Ich war total knülle und grübelte stundenlang darüber, was man auf der Erde verändern müsste, damit man diesen glückseligen Zustand auch erreicht, ohne Drogen zu nehmen. Ob das überhaupt möglich sein könne, hatte ich nie hinterfragt. Für mich war es möglich. Es sind immerhin körpereigene Botenstoffe, die dabei ausgeschüttet werden. Also muss es möglich sein. Ich hatte eine Mission und fühlte mich schon beinahe wie eine Auserwählte. Wie damals in meiner Peppenzeit. Diesmal hatte ich es nicht direkt darauf abgesehen, mich selbst zu zerstören. Noch nicht. Mein Bewusstsein war derartig erweitert, dass ich manchmal fühlen konnte, wie die Erde sich dreht. Sogar die Dichte der Wände hatte ich einst im Meth-Rausch „hören" können.

Ich erkannte Zusammenhänge, und ständig erinnerte mich eine Situation an eine andere, und ich verglich sie beide miteinander. Ich stieß irgendwann darauf, dass es in der Steinzeit eventuell so wie hier auf Droge gewesen sein konnte. Die Menschen waren in keiner Weise medienverstrahlt und hatten keine psychischen Probleme. Sie waren nicht dumm, sie handelten nur instinktiv. Es gab keine Gesellschaft und keine Regeln. Keine Regeln, die dir vorschrieben, wer du bist und wie du dich fühlst.

Dass aber wiederum warf mich wieder zurück, denn wir lebten nun mal in der heutigen Zeit. Also verwarf ich diesen Gedanken wieder. Trotzdem grübelte ich stunden – ja, manchmal tagelang nach dem natürlichen Heilmittel oder eben einer Tat, die uns allen eine lebendige Seele verschaffen sollte. Ich fühlte mich während dieser Gedanken von etwas Gutem gelenkt, aber es konnte nicht Gott sein. Oder etwa doch?

Dieses Gute musste ich nur noch finden. Ich war verwirrt. Ich wollte immer mehr von dem Gift ziehen, um noch höher zu fliegen. Calvin hatte sogar ein Motto. Er tat immer so viel in sich hinein, wie hineinpasste. Das gefiel mir. Während die anderen feierten, grübelte ich weiter. Ich hätte auch ganz allein chillen können. Mir wäre das egal gewesen. Ich wollte nur philosophieren. Ich bin niemals zu einem Ergebnis gekommen, und wenn ich heruntergekommen bin, fühlte es sich unglaublich beschissen an. Es ließ mich immer mehr los. Die Kraft, die Power und dann irgendwann kam die Einsicht, dass das alles nur ein Rausch war und nichts mit meinem Leben hier auf Erden zu tun hat. Das, was ich für möglich empfunden hatte, war unmöglich. Die Regeln der Gesellschaft waren zu stark für meinen, nun wieder von Drogen verlassenen Kopf und prasselten nun auf mein Gemüt ein. Das Gefängnis, in dem wir alle leben, versperrte mir nach und nach den Horizont. Ein Traum zerplatzte. Auf die Straße gehen war nun unmöglich, denn man fühlte sich beinahe wie ein Alien, der viel zu durch ist für die Menschheit. Es war nahezu erschütternd.

Wahrheiten

Berlin, September 2013

Der Sommer war so gut wie vorbei, und der erste September stand vor der Tür. Ich hatte mich nebenbei über meine Berufsberatung im Arbeitsamt in Mitte über eine Maßnahme informiert. Ich hatte einfach keine Idee, was ich arbeiten möchte. Ich wusste es wirklich nicht, und ich wollte nicht irgendetwas anfangen, das mir nicht gefiel oder wo ich nicht hineinpasste. So war ich einfach nicht. Ich war so ein Kandidat, der auf die Frage *„Was willst du werden?"* schlicht *„alt"* geantwortet hätte. Ich bin zur Schule gegangen, habe einen Abschluss gemacht. Das hatte ich geschafft. Jetzt wollte ich mich erst einmal selbst finden. Ich versuchte ja schon seit Jahren herauszufinden, wer ich war. Aber für mich war das Ganze weitläufiger. Bin ich ein Friseur? Bin ich eine Krankenschwester? Bin ich eine Restaurantfachfrau? Das waren niemals meine inneren Fragen. Diese Dinge kann man erlernen. Ich wollte wissen, wer ich wirklich bin. Ich wollte wissen, was ich über die Welt denke und wie ich etwas sehe. Ich konnte den geraden Weg einfach nicht gehen. Das hätte mich nicht ausgefüllt und schon gar nicht jetzt in diesem Moment. Ich hatte gerade angefangen, Crystal Meth zu konsumieren. Wie stellt ihr euch das vor?

Ich kann doch jetzt nicht so tun, als sei nie etwas gewesen. Als hätte ich nie die andere Welt kennengelernt. Ich bin jung. Das hat einfach noch Zeit. So habe ich damals gedacht, und man konnte mich auch nicht davon überzeugen, ganz normal wie jeder andere aus meinem normalen Berliner Umkreis weiterzumachen. Ich willigte aber meiner Mama zuliebe ein, eine berufsvorbereitende Bildungsmaßnahme zu absolvieren. Ich bekam den Platz direkt und ging dann auch dorthin. Die Leute dort waren alle chillig, und ich wurde schnell zum Liebling unseres Kochlehrers. Wir kochten fast ausschließlich in der Kantine, und unser Lehrer fuhr oft mit mir zum Netto und wir kauften ein. Ich erzählte ihm von meinen Beziehungsdifferenzen mit Leon. Ich hielt zwei Wochen durch und ging jeden Tag zur Maßnahme. Ich stand um fünf am Morgen auf und war um fünf am Nachmittag wieder zu Hause. Leon hatte den ganzen Tag auf mich gewartet. An den Wochenenden hockten wir verballert bei Calvin und einmal ging ich dann so steil, dass ich meinen Körper verließ.

Außerkörperliche Erfahrung

Berlin, eine Woche darauf

Ich hatte mit den anderen so viel gezogen, dass ich einfach nur noch auf der Ecke der Couch zusammengerollt herumlag und immer wieder vor mich hin nuschelte: „I'm so happy. I'm so happy." Ich wurde währenddessen wirklich abnormal von Glücksgefühlen überflutet. Ich spürte meine Hülle kaum noch. Mein Herzschlag war dumpf und lahm. Mein Atem war ganz tief in meiner Brust eingeschlossen. Ich war komplett überdosiert und fühlte mich wie auf Wolke sieben. Ich wusste zuvor nicht einmal, dass man auch solch einen Zustand mit dem Meth-Konsum erreichen kann. Ich habe jedoch später herausgefunden, dass man auf Meth so ziemlich alles fühlen und sein kann, was man will. Ich lag also dort und rührte mich nicht mehr. Ich fühlte mich so unglaublich gut. Ich war mehr als frei. Meine Synapsen verknüpften sich zu einem wunderschönen Schmetterling und flatterten durchs Universum. Ich fühlte mich wieder total universal. Diese Beschreibung hatte ich selbst erfunden und verstehe sie auch nur selbst, denke ich. Man kann es eben kaum beschreiben. Ich sah für kurze Zeit nichts mehr. Die Lichter waren praktisch ausgegangen. Es war komplett dunkel. Ich spürte eine neue Art von Freiheit. Eine wahrhaftige Art der Freiheit. Ich wunderte mich auch nicht, dass ich niemanden mehr sah oder wahrnahm. Ich sah sozusagen nur die Sterne im All, die winzig waren und flackerten, und rundherum flogen hauchdünne, lilapinke Blitze umher. Es war aber auch mehr eine Wahrnehmung, als dass ich es sah. Doch dann sah ich wieder. Das Licht ging wieder an. Meine Augen jedoch waren erstarrt. Ich blinzelte nicht. Ich konnte dennoch etwas sehen. Ich sah mich. Die anderen sah ich auch. Ich befand mich in der oberen Ecke des Raumes und schwebte dort umher. Dieser Moment war so wunderschön, dass ich es echt nicht weiter beschreiben kann. Ich sah mit meinem geistigen Auge auf die Runde herab.

Als ich wieder zu mir kam und wenige Atemzüge später wieder sprechen konnte, haute ich das Erlebte sofort raus. Ich machte einen riesigen Wirbel. *„Ich war gerade dort hinter der Couch. Ich habe uns drei gesehen. Es war unbeschreiblich. Ich ... Ich ... Ich habe uns echt gesehen"*, stotterte ich. Ich zündete mir eine Zigarette an und schwelgte in Erinnerungen an dieses Ereignis. Calvin schaute mich mit seinen riesigen Pupillen an, dann sagte er energisch:

„Das war bestimmt eine außerkörperliche Erfahrung. Was geht denn bei dir ab?" Ich war verwundert. Was sagte er da gerade? Was meinte er damit? Außerkörperliche Erfahrung. Ich grinste. Man wäre das irre, wenn er recht haben würde. *„Was ist denn das?"*, fragte ich Calvin total fasziniert von dem gerade Erlebten, dass noch immer einen kleinen Zauber über mich geworfen hatte. *„Das ist so etwas wie der Nahtod. Weißt du nicht, dass du auf der Droge auch so etwas fühlen oder sehen kannst? Dass du sozusagen deinen Körper verlässt?"*

Ich war total baff und wahnsinnig stolz auf mich. Ich hatte es doch echt gepackt, solch eine krasse Erfahrung sammeln zu können, und dass, obwohl ich nur hier herumgesessen hatte und genau wie die anderen gezogen hatte. Meine Therapeutin sagte mir dann später, dass nicht jeder in der Lage dazu ist, so etwas zu fühlen. Ich besitze sozusagen eine „emotionale Intelligenz". Ich googelte also gleich nach und fand das Ganze dann auch bei Wikipedia. Ich grübelte ziemlich lange darüber nach. Dann leuchtete mir alles ein. Meine Seele hatte sich in diesem Moment aus meinem Körper befreit.

Das muss so gewesen sein. Das war die offizielle Erklärung für das Ganze. Es traumatisierte mich augenblicklich, und ich wollte wieder zurück in diesen Zustand. Sicher hat die Seele ihren Platz im Universum außerhalb von Raum und Zeit. Dort war ich gerade. Es war eine einzige Faszination. Ich hatte das Tor mal eben kurz durchquert. Ich war hinter der Tür auf der anderen

Seite, das erschien mir glasklar. Was für eine andere Erklärung gab es sonst für dieses magische Erlebnis?

Das Wochenende darauf sollte es für Leon und mich wieder zu Calvin gehen. Diesmal aber war seine Bude voll mit Leuten. Ich fuhr wie immer meine Schiene und grübelte nach einer knappen halben Stunde schon wieder darüber nach, wie man diese Welt verändern müsste, damit man seine innere Freiheit erlangt. Wieso ich immer und immer wieder diesen Trip mitnahm? Ich habe keine Ahnung. Ich konnte es aber auch nicht beeinflussen, und so ließ ich es einfach zu, während die anderen feierten. Außerdem hatte ich mir nach ein paar Bahnen in den Kopf gesetzt, möglicherweise wieder außerkörperlich zu werden. Dass das auch gefährlich werden könnte und sogar ziemlich grenzwertig war, war mir egal. Darüber dachte ich nicht nach. Ich hatte es darauf angelegt, die Erfahrung zu wiederholen. Ich fragte immer wieder Nachschub an, und Calvin zog einfach mit mir mit.

Die hinterlistige Tante, unsere Christina, Tina, Steene. Das Crystal Meth schob mich ganz übel an. Ich wollte unbedingt wieder so richtig „wischi waschi" sein. Sie zwang mich dazu, mich immer weiter an ihr zu bedienen, weil ich das Gefühl nicht loswurde, dass ich noch nicht dicht genug sei.

Bei diesem Mal kam ich jedoch auf einen miesen Trip. Es funktionierte einfach nicht, wie gewünscht, und durch die vielen Leute in der Bude kam ich dann irgendwie nicht mehr zurecht. Ich denke, dass es daran lag, aber es kann auch am Stoff gelegen haben oder daran, dass ich es anders dosiert hatte. Diesmal hatte ich noch mehr in kürzerer Zeit genommen. Ich hatte noch niemals, in all meinen Gängen mitgezählt, wie viele Bahnen ich weggeknallt hatte. Ich hatte es bestimmt schon mal versucht, aber ich hatte nach geraumer Zeit jeglichen Überblick darüber verloren. Ich hing dann nur noch wie ein Schluck Wasser auf der Couch, bekam keinen Ton mehr heraus und schwieg vor mich hin. Wenn mich einer der anderen etwas fragte, antwortete ich nicht darauf, und so kam es dann dazu, dass sie mich ein wenig komisch fanden. Ich wusste nichts mehr. Ich konnte nicht mehr reden und nicht mehr denken. Meine Birne war komplett hohl, und ich fühlte mich total unwohl in meinem Zustand. Ich spürte, dass Calvin mich mit einem psychotischen Blick von der Seite musterte, und deshalb schaute ich ihn dann einfach genauso an. Im Nachhinein wurde mir dann aber auch selbst bewusst, dass nicht er diesen Blick abgeworfen hatte, sondern von Anfang an nur ich. Ich sah also nur mich selbst in seinem Gesicht. Ich fing dann irgendwann an, mir ein paar eklige Filmchen zu drücken, deshalb wollte ich nur noch nach Hause. An den Rest des Abends erinnere ich mich nicht mehr. Ich weiß nur, dass ich jemandem eine verpasst hatte, weil die anderen mich darum gebeten hatten, ihn aufzuwecken. Er hatte anscheinend neben mir gelegen und geschlafen. Irgendwann bin ich dann einfach abgehauen, als meine Beine mir wieder gehörten und gehorchten. In der Fußgängerzone fühlte ich mich wie eine Außerirdische, und ich haute mich zu Hause in mein Bett. Leider hatte ich die Rechnung ohne Leon gemacht, der verdammt sauer auf mich war. Ich hatte mich laut ihm voll danebenbenommen, aber ich erinnerte mich an nichts mehr. Ich kotzte einfach nur ab, weil ich meinen gewünschten Zustand nicht erreichen konnte und stattdessen nicht mehr zurechtkam.

Psychiatrieerfahrung

Berlin, September 2013

Erst einmal hatte Mama Geburtstag. Wir feierten ihren Tag an einem Montag im Kreise der Familie. Was dann am Abend passierte, war sicher furchtbar für sie gewesen. Doch alles fing vorerst ganz harmlos an. Ich kam nach einem zehnstündigen Arbeitstag auf meiner Maßnahme nach Hause, und wir hatten dann direkt Kuchen gegessen. Ich hatte ihr mein selbstgemachtes Geschenk überreicht und ein paar Gläser Sekt getrunken. Wir hatten gute Laune, und es war bis dahin ein schöner Geburtstag für sie gewesen. Wir saßen alle gemütlich im Wohnzimmer, nur Leon saß etwas abseits, und das störte ihn anscheinend.

Plötzlich fing er dann an, mich herunter zu buttern, machte dumme Kommentare und unterstellte mir irgendwelche Dinge. Als die anderen Gäste gegangen waren, wurde er auch noch aggressiv. Dass alles passierte in meinem Zimmer, sodass Mama nichts davon mitbekam. Ich ließ mich von diesem Typen unglaublich schnell und stark provozieren. Er brachte mich zur Weißglut. Ich hasste ihn in diesen Momenten. Ich rannte durch mein Zimmer, und er schnauzte mich derbe voll.

Ich hatte irgendwann genug davon und raste ins Wohnzimmer, doch dann explodierte die Bombe. Er nahm seine Tasche und warf mir vor, ich hätte ihn herausgeschmissen und ich hätte ihn sicherlich betrogen. Er sagte, ich sei ein verdammter Junkie und stellte sich selbst als einen Engel dar. Er manipulierte mich damit. Er redete ununterbrochen auf mich ein.

Ich sei doch die verwöhnte Bitch, und er der arme Junge, den niemand wollte und der keine Familie mehr hatte. Ich wollte schließlich auf ihn losgehen. Wie er sich so etwas schon wieder erlauben konnte, fragte ich ihn. Ich hatte alles für ihn getan. Er wohnte bei mir, und er schnorrte sich in meiner Familie durch, und das war nun der Dank? Ich war völlig außer Rand und Band, und als er aus der Tür ging, musste ich irgendetwas kaputtmachen. Ich knallte nicht etwa die Türen oder schlug gegen die Möbel. Nein. Ich kniff mir in die Arme und schmiss mich einfach auf den Boden. Ich heulte und schrie. Ich jammerte und schimpfte und beleidigte ihn, obwohl er längst draußen auf der Straße stand.

Es tat so weh. Die Schläge, die ich mir verpasste, brannten höllisch auf meiner Haut. Wieso tat ich das? Wieso war ich so? Ich wusste nicht, wohin mit meiner Wut, und sie übermannte mich. Ich konnte nicht mehr klar denken und drehte total frei. Ich hörte Leon, wie er draußen herumbrüllte, und es machte mich noch aggressiver. Ich musste einfach Druck ablassen und griff dann einfach nach einem Messer. Ich wollte es in mein Fleisch ritzen, damit es aufhört, innerlich wehzutun. Damit es vorbei ist. Damit der Druck weg ist.

Aber dazu kam es nicht, denn mein Stiefvater hatte mich am Arm gepackt und hielt mich dann ganz fest. Ich bewegte mich aber so schnell und hastig, dass ich wieder auf den Boden knallte und dann haute ich einfach meinen Kopf gegen die Schrankwand der Küche. Mama wusste sich nicht mehr zu helfen. Ich wusste auch nicht mehr weiter und bat die beiden, mich wegzubringen. Mich einzusperren. Mich einzuliefern. Ich wollte einfach, dass man mich bändigt. Ich wollte aus dieser Situation raus. Medikamente zur Beruhigung. Egal, was! Ich wollte einfach, dass es aufhört. Es dauerte keine zehn Minuten, bis ein Krankenwagen vor unserer Tür stand. Ich wurde dann direkt eingeliefert. Direkt in die Klapse. An die Hinfahrt erinnere ich mich nicht mehr. Ich weiß nur noch, dass Mama geweint hatte. Zum Glück aber hatte mein Stiefvater eine sehr ruhige Art und konnte sie immer herunterholen. Ich bin immer dankbar gewesen, dass er in diesen Zeiten da war.

Als ich durch die schweren Türen der Kinder- und Jugendpsychiatrie in Buch marschierte, dämmerte mir noch nicht das Geringste. Ich folgte dem Pförtner und dann den Anweisungen der Ärzte. Kurze Zeit später saß ich dann in einer Art Wartezimmer. Niemand war auf dem Flur. Es war mittlerweile gegen Mitternacht, und alle Insassen schliefen bereits. Dass wirklich niemand auf dem Gang umherlief, schob ich einfach darauf, dass es eben Nacht war. Ich bemerkte auch nicht, dass die Türen von innen keine Klinken besaßen. Ich dachte zunächst, ich könne dort hinkommen und wieder gehen, wann immer ich es brauchte.

Dem war aber nicht so, und nach einem kurzen Gespräch mit einem Psychologen wurde mir dann klar, dass ich nun in der Geschlossenen saß. Genauer gesagt in der Suizidabteilung. Mir wurde ganz schlecht, und ich bekam ein wenig Platzangst. Mama sagte mir dann, dass es besser sei, wenn ich so lange dortbleiben würde, bis alles wieder gut sei. Das leuchtete mir ein, auch wenn ich wusste, dass man mich nicht therapieren kann.

Ich würde mich niemals dort therapieren lassen. Weil ich es nicht wollte. Weil ich auch nie glauben könnte, was die mir dort sagen. Die kennen mich ja schließlich nicht. Woher sollten die wissen, was für mich gut war? Jetzt war ich trotzdem dort gelandet, wo ich niemals hinwollte. Nach kurzem Durchatmen und einem winzigen Grübelanfall hatte ich keine Angst mehr vor der Situation, denn ich hatte schon einen Plan, wie ich schnell wieder hinauskommen würde.

Ich erzählte dem Psychologen natürlich nichts von meinem starken Drogenproblem oder anderen Dingen, die mich in Schwierigkeiten bringen könnten. Nichts von alledem, was mich ausmachte, ging hier jemanden etwas an. Ich war nur ausgetickt. Mehr nicht. *„Halten Sie sich für etwas Besonderes?"*, fragte der grünäugige Psychologe mit seinem psychotischen Blick. Diese Frage hatte ich dann trotz allem falsch beantwortet.

„Ja, aber sicher doch. Ich bin anders als andere. Ich bin sogar stolz darauf." Er schaute mich mit seinem Spiraldreher haarscharf an, und seine Augen blitzten auf, als hätte er sie kurzweilig aufgerissen. In seinem Gehirn waren die Lampen angegangen. Er brabbelte: *„Interessant."* Er machte das erste Häkchen in seinen Bogen, und ich wusste, dass das eventuell genau die Antwort gewesen war, weshalb für mich hier erst einmal das Schloss einrasten würde.

„Okay", dachte ich mir. *„Du schaffst das! Die werden dir deshalb keine Tabletten geben. Die werden dich auch nicht fixieren."* Sofort wurde ein Alkoholtest bei mir gemacht und zu meinem Glück war der positiv. Somit durfte ich ohnehin noch keine Medikamente bekommen, und außerdem konnte ich das Ganze dann schön auf den Alkohol schieben. Ich bekam ein Einzelzimmer für meine erste Nacht. Dort stand ein kleines Bett herum, und ich legte mich direkt hinein. Ich schaute dann durch die Gitterstäbe am Fenster zum grellweißen Mond, der wie ein Zuschauer hineinglotzte. Ich fühlte mich verdammt einsam und hasste Leon in diesem Moment so sehr. Wie konnte er es nur so weit bringen? Er wusste doch ganz genau, wie ich war.

Nun lag ich also in diesem Bett, und es dauerte nicht lange, bis mir trotz allem Graul die Augen zufielen. Am nächsten Morgen wachte ich schon sehr früh auf, als ein Mädchen mein Zimmer betrat. Sie hatte zwei geflochtene Zöpfe und schlich sich an meinem Bett vorbei zu einem Schrank. Sie kramte dort irgendwie ziemlich hektisch herum, und als sie mich dann anschaute, wusste ich: *„Ja. Du bist wirklich in der Klapse gelandet."*

Sie sah im Gesicht aus wie zehn, war aber relativ groß und hatte auch schon Brüste. Sie lächelte mich total psychotisch an und flüsterte mir dann zu: *„Wenn du denkst, dass du verrückt bist, dann warte ab. Wenn du eine Woche hier bist, dann bist du wirklich irre. Die Angestellten sind das Grauen. Die machen einen wahnsinnig."* Ich lächelte sie nur an und sagte nichts dazu. Ich wusste, dass ich mit meiner Art und Weise sofort hier herauskommen würde. Ich war ja auch nicht wirklich verrückt. Vielleicht irgendwie gestört und vielleicht auch ein Borderliner. Aber mal im Ernst? Wie viele Mädchen haben sich schon mal geritzt? Etliche Bekannte und Freunde von mir hatten das schon getan. Das war nichts Besonderes. Ich wollte ja auch nicht sterben oder so. Ich konnte nur einfach nicht damit umgehen, wenn man mich so sehr verletzte und mich derart fertigmachte.

Das hatte ich später im Büro des Psychiaters auch immer wieder betont, dass es eben eine Ausnahme war. Nachdem das Mädchen wieder verschwunden war, kam eine Angestellte in mein Zimmer und zog mir die Decke vom Körper. *„Aufstehen, umziehen, Drogentest und dann ab ins Dreierzimmer. Um die Ecke wartet Adi schon auf dich. Die zeigt dir die Bude! Gleich gibt's Frühstück, dann ist Gruppentherapie, Hofgang und dann liegst du wieder. Haste noch irgendwelchen Kram dabei?"*

Ich war verdutzt über die schroffe und empathielose Art der Angestellten. Ich folgte dann einfach ihren Anweisungen, meine Klamotten hatte ich nicht dabei, und anderen Kram, von dem sie sprach auch nicht. Als ich dann in meinem Zimmer ankam, saßen vor mir zwei Mädchen auf ihren Betten. Eine mit einer Glatze und eine mit rotem langem Haar. Sie saßen einfach dort herum und schwiegen vor sich hin. Nach einer Weile brach eines der Mädchen ihr Schweigen.

„Hey! Bist du die Neue?" Die Rothaarige sprach mich dann an, und die andere lächelte mir freundlich zu. *„Ne. Ich bin nur zufällig hier. Gehe nachher sicherlich nach Hause"*, sagte ich entschlossen und sicher. Beide schauten mich ziemlich misstrauisch an und schüttelten den Kopf. *„Wenn du erst einmal hier drin bist, versuchen die schon alles, damit du auch so schnell nicht mehr gehst"*, sagte das Mädel mit der Glatze. Ich lächelte sie nur flüchtig an und schaute dann durch die Gitterstäbe an den Fenstern nach draußen.

Es war ziemlich trübe und ein wenig feucht geworden. Der Atem des Herbstes beschlug die dicken Scheiben der Einrichtung. Der

Sommer war nun zu Ende gegangen, vom einen auf den anderen Tag. Einige Bäume färbten sich bereits gelblich, und draußen wütete ein kleiner Sturm, der die Blätter gegen die Fenster wehte. Plötzlich riss es mich dann aus meinen Notiz nehmenden Gedanken und ich erschrak leicht. Ich drehte mich geknickt nach hinten. *„Es gibt Frühstück. Kommt her, ihr Verrückten",* tönte es aus dem Vesperraum. Die beiden Mädchen sprangen sofort auf und liefen zur Tür. *„Komm mit. Es gibt Frühstück",* sagte das Mädchen mit der Glatze und zeigte in den Flur. *„Du musst auch etwas essen", fügte* sie dem hinzu. Ich drehte mich noch einmal zur anderen Seite und stand auf, ging noch mal ans Fenster und schaute wieder nach draußen. Wie weit hatte ich es nun gebracht. Ich dachte an Leon und fragte mich, wo er wohl gerade sein würde. Ich machte mir irgendwie Sorgen. Er kannte doch niemanden in Berlin, und Geld hatte er auch nicht gehabt.

„Komm jetzt. Ich meinte das ernst, dass du essen musst. Außerdem ist gleich Gruppentherapie. Ich bin übrigens Sibyl", sagte das kahlköpfige Mädchen und holte mich wieder aus meinen Gedanken. Ich drehte mich um und folgte ihr, warf davor aber noch einen Blick ins Zimmer. An der Wand hinter den beiden Betten der Mädchen hingen große Tafeln. Auf Sybils Tafel standen viele Sprüche. *„Sterne können nicht ohne Dunkelheit leuchten."* Dieser Satz gefiel mir auf Anhieb. Auch der Spruch: *„Wenn du nicht mehr fliegen kannst, dann lerne zu laufen",* brachte mich irgendwie zum Lächeln.

Das hatten sie hier gebraucht. Sprüche, die ihnen Mut machten. Auf der anderen Tafel stand ganz groß in Druckbuchstaben geschrieben: *„ADI IST VERRÜCKT."* Daher wusste ich dann auch, dass meine andere Zimmergenossin diese berüchtigte Adi war. Adi war wirklich verrückt. Das ließ sie schon beim Vespern rausblitzen. Während die Angestellte gerade zum Kühlschrank lief, um das Essen herauszunehmen, schnappte sich Adi das Funktelefon, welches gerade in der Station lud und rief in der Hauptetage an.

Die anderen fingen an zu grinsen. Ich wusste als Einzige nicht, was sie vorhatte. Als jemand den Hörer abnahm, brüllte sie plötzlich laut los: *"Hallo! Halloooo! Hallo! Hier ist die Gestörtenabteilung. Wir haben hier gerade ein riesiges Feuer gelegt. Bitte rufen Sie sofort die Feuerwehr. Es wird nämlich brenzlich."* Dann legte sie auf. Alle kicherten und lachten. Ich musste selbst auch schmunzeln. Ich versuchte, es schnell zu unterdrücken, denn ich wollte nicht, dass die Wächter, die schon auf dem Weg waren, dachten, ich sei eine von ihnen. Anscheinend war ich es aber doch. Irgendwie. Die Angestellte schlug im Nebenraum die Kühlschranktür zu und eilte zu uns in den Raum. Sie stellte sofort am Telefon klar, dass man sich einen Scherz erlaubt hatte.

Sicherlich hatten die Kids das schon öfter gebracht, und es war direkt der Alarm losgegangen. *"Adi! Du bekommst heute Nacht ein Einzelzimmer! Hast du deine Pillen nicht geschluckt? Gott! Dieses Weib macht mich fertig."* Adi interessierte sich für nichts, was die Psychologen ihr anboten oder wozu die Angestellten sie verdonnern wollten. Sie erklärte mir später, dass die Klapse ihr Zuhause geworden war und dass sie vorhatte, die Angestellten in Angst und Schrecken zu versetzen. *"Ein typischer Fall von ADHS"*, sagten die Wärter immer wieder. *"ADHS, nichts weiter."* Sie grinsten dreckig, wenn Adi wieder allein in einem Einzelzimmer saß, und sie das Mädchen durch das Glasfenster in der Tür beobachten konnten. Ich konnte mir nicht vorstellen, dass sie wirklich krank war.

Sie wollte scheinbar nur Aufmerksamkeit. Adi war auf vielen verschiedenen Pillen. Ein paar gegen Schizophrenie, ein paar gegen Depressionen. Nach dem Vespern durften wir dann alle in Begleitung einer Aufsichtsperson kurz zur Toilette oder duschen gehen. Ich sparte mir das Ganze und hob mir das Duschen für den Abend auf. Während sich Adi dann später die Haare vor dem großen Spiegel im Badezimmer glättete, fragte sie mich nebenbei nach einem Tampon.

"Klar habe ich einen dabei!", sagte ich. Ich hatte vorsichtshalber immer ein paar Utensilien in meiner Handtasche. Ich überreich-

te ihn ihr, und sie strahlte mich an, als hätte ich ihr ein Ticket in die große weite Welt geschenkt. Sie versuchte sich nämlich blitzschnell den Tampon in den Hals zu stecken und ihn einfach runterzuschlucken. In der Hoffnung, dabei zu ersticken.

Als ich das sah, rief ich aus Panik sofort einen Wächter zu uns hin. Er schüttelte und rüttelte dann an ihr, bis sie den Tampon schließlich ausspuckte. Er griff sie hart an den Armen und schleifte sie in den Raum des Psychodocs. Sie lächelte währenddessen erleichtert und verkniff sich das Lachen. Dann fiel die schwere Tür des Büros in einem Satz zu und war verschlossen. Ich konnte nicht mehr hören, was nun da drin abging, denn die Wände waren ziemlich dick und schalldämpfend. Ich war schockiert über dieses Mädchen. Wer oder was hatte sie wohl zu dieser Person gemacht? Sie war sechzehn. Wie konnte man denn jetzt schon so tief drinstecken? Viele verschiedene Gedanken gingen mir durch den Kopf.

Mein Gedankenlauf wurde unterbrochen, als mich eine kalte Hand an der Schulter berührte. *"Adi ist eben verrückt. Aber sie ist lieb."* Sybil schaute mich mit ihren großen traurigen Augen an. *"Und warum bist du hier?"*, fragte sie mit ihrer hohen unschuldigen Stimme. *"Ich bin zu Hause ausgetickt. Es war einfach eine Art von Wutanfall, nichts besonders Schwerwiegendes"*, sagte ich und fragte sie im gleichen Atemzug noch, wieso sie dort war. *"Ich habe mich in meine Lehrerin verliebt. Sie hat meine Liebe nicht erwidert, und dann habe ich einen Brief an sie geschrieben, in dem stand, dass ich mich umbringen werde. Danach wurde ich dann gleich eingeliefert."* Sybil war total offen, wenn man sie direkt fragte. Sie schien mir zu trauen.

"Wie lange bist du hier schon?", fragte ich, und sie erklärte mir, dass sie nun seit einem halben Jahr hier war. *"Und wie lange ist Adi hier?"*, wollte ich wissen. *"Die ist schon seit ein paar Jahren hier. Ich glaube, die will einfach nicht nach Hause."* Sybil zeigte nach hinten in den Flur. Ich hatte gar nicht bemerkt, dass Adi schon wie-

der aus dem Büro des Docs gekommen war. Nun stand sie da. Am Ende des Flurs, mit ihrem psychotischen Grinsen, an jeder Hand einen Wächter. Sie flog sofort wieder in ihr Einzelzimmer und durfte an diesem Tag nicht mit zum Hofgang kommen.

Oh Mann, dachte ich, die hatten echt Probleme, und ich war voll auf Meth und sollte eine Ausbildung anfangen. Ich war nicht nur einfach so auf Meth. Nein. Ich baute mir gerade meine eigene Welt auf. Das behielt ich aber besser für mich. Mein Ziel war es nur noch, schnell und heile wieder herauszukommen, ohne dass man mich mit Pillen fütterte. Als ich dann zum Drogentest und für das offizielle psychologische Gutachten aufgerufen wurde, sah ich im Flur ein Mädchen sitzen. Sie saß auf dem Boden, war ganz blass und hatte derbe aufgeritzte Arme. Die Narben sahen total frisch aus. *„Bitte hier entlang und dann die Treppe hinauf. Dort werden sie untersucht",* wies man mich an.

Ich lief der kleinen dicken Wächterin hinterher, bis ich vor dem Raum stand, in dem sie mich gleich untersuchen würden. Ich wollte nach ein paar Stiften fragen und vor allem Mama anrufen. Es lief wie geplant, und der Psychologe notierte sich schon mal, dass ich bald wieder gehen könnte, wenn ich mich weiterhin so unauffällig und normal verhalten würde. Ich freute mich innerlich und ließ mir auch von der schroffen und widerlichen Art der Angestellten, die mir gerade noch ein wenig Blut abzapfte, nicht die gute Laune und die Hoffnung nehmen. Anschließend wurde ich wieder in mein Zimmer geschickt. So weit, so gut. Danach ging es dann für alle Insassen in einen kleinen engen Raum. Dort ging dann ein kleines Frage-Antwort-Spiel los. *„Hallo, ich bin Elly. Ich möchte heute hinausgehen. Ich fühle mich heute ein wenig traurig. Wie geht es dir? Was sind deine Ziele für heute und wie möchtest du dich heute noch fühlen?"*

Ich stellte mich also vor und antwortete auf die beschissenen Fragen. *„Mir geht es heute super. Ich möchte einfach nur raus hier."* Ich grinste falsch und angepisst in die Runde. Dann gab ich die

Fragen weiter an Sybil. Kurze Zeit später ging es dann raus auf den Hof. Draußen spielten die Jungen Fußball und die Mädchen saßen herum und tuschelten. Ich setze mich auf eine leere Schaukel und wippte ein wenig hin und her. Nach ein paar Minuten gesellte sich das Mädchen mit den Zöpfen zu mir und schaukelte ebenfalls ein wenig herum. Dann fing sie an, mich auszufragen. *„Sag mal, hast du was mit Drogen zu tun? Ich bin nämlich hier, weil ich auf Schlumpf-Pillen hängen geblieben bin. Ich sehe ständig kleine rote und blaue Schlümpfe, die meisten von ihnen sind ziemlich böse. Ich nehme starke Medikamente, die die Schlümpfe aus meinem Sinn radieren."* Ich schaute sie ehrfürchtig an und fragte sie nach ihrem Alter. *„Ich bin vierzehn geworden, gestern",* antwortete sie bescheiden. *„Na dann mal alles Gute nachträglich",* flüsterte ich. Sie schaute mich ein wenig traurig an und schüttelte ihren Kopf, dann starrte sie zum großen Stahltor auf der anderen Seite des Hofs. *„Siehst du das Tor?"*

Ich ahnte, dass nun etwas ziemlich Bescheuertes kommen musste. *„Du musst mir ein paar Schlumpf-Pillen besorgen. Ich brauche aber die, die gut sind. Ich würde dir die Handynummer des Dealers geben. Das Geld habe ich auch. Du müsstest sie mir dann durch das Tor reichen."* Im Stillen kotzte ich total ab. *„Es gibt auch noch andere Drogen, die ich nehmen möchte. Zum Beispiel Crystal Meth. Ich habe gehört, dass man davon total selbstbewusst wird."* Ich schaute sie daraufhin nur mit meinem Todesblick an. Ich hatte endgültig die Nase voll von ihrem Gelaber und hängte sie bei den Angestellten ab. Danach ging ich vor zur Tür und wartete dort darauf, dass wir endlich auf unsere Zimmer zurückgehen durften. Ich wollte nur meine Ruhe. Adi war die ganze Zeit über drinnen geblieben. Mann hatte die es gut. Sibyl saß bei den Angestellten und unterhielt sich mit ihnen.

Sie war hier der Liebling, das merkte man sofort. Sie war echt eine sehr umgängliche, nette Person. Ich schaute ihr ein wenig zu, wie sie die Angestellten bezirzte. Ich merkte während dieses ganzen Dilemmas, dass ich eigentlich ein total normaler

Mensch war. Irgendwie. Bis auf mein Drogenproblem eben. Es gab dann zeitnah Abendbrot. Ich bekam nicht einen Bissen hinunter. Ich fing langsam an, Leon ziemlich stark zu vermissen. Was er wohl gerade machte? Ob wir uns nun verloren hatten? Es schwirrten mir viele Dinge im Kopf herum. Ich schnappte mir frustriert mein Haarshampoo und ein Handtuch, dann machte ich mich auf den Weg ins Bad. Dort wurde ich die ganze Zeit über von einer Angestellten gemustert, während ich duschte. Sie brachte die ganze Zeit über dumme Kommentare. Wie lange ich mir noch Zeit lassen wolle und ob ich immer so intensiv duschen würde. Warum die alle so genervt waren, fragte ich mich. Sie hatten sich diesen Job doch selbst ausgesucht.

Als würden sie einfach nur dort arbeiten, um ihren Frust an jemandem auszulassen. *„So jetzt möchte ich mich nur noch eincremen. Das darf ich doch wohl allein machen, oder? Sie haben meine Sachen doch kontrolliert. Es ist nichts dabei, mit dem ich mich verletzen könnte."* Mit einem Satz verließ sie die Tür und knallte sie laut zu. Am liebsten wäre ich direkt hinterhergerannt und hätte sie nassgemacht. Ich erlaubte mir dann einen kleinen Scherz am Rande des Wahnsinns. Irgendetwas musste ich tun. Ich zog mir also einfach meine Clip-in-Extensions raus, kämmte mein Haar und behielt die einzelnen Haarsträhnen in meiner Hand. Genauso lief ich dann anschließend in dem Flur und bekam mich innerlich nicht mehr ein, denn die Angestellte machte riesige Augen. *„Na, Angst deine Zulassung zu verlieren? Hast wohl nicht richtig aufgepasst"*, sprach ich in meinem Kopf aus. Adis Verhalten hatte auf mich abgefärbt. Alle dachten im ersten Moment, ich hätte mir die Haare herausgerissen. Genau diese Gesichter wollte ich sehen. Eine kleinere Rache eben, weil sie immer so fies gewesen waren. Nachdem alle anderen Insassen gegessen hatten, wurde es dann auch leise auf dem Flur und alle Lichter in den Zimmern gingen beinahe synchron aus. Adis Bett stand ein weiteres Mal in der Nacht leer. Sie musste wieder in ein Einzelzimmer und wurde die gesamte Nacht überwacht. Die hatte vielleicht ein Leben. So viel Hektik wegen ihrer Person. Das war doch sicher genau das, was sie wollte.

Ich brauchte eine Ewigkeit, bis ich einschlief. Auch Sybil wälzte sich immer wieder hin und her. Irgendwann stand sie dann auf und setzte sich aufs innere Fensterbrett. Irgendwie erinnerte sie mich an die Katze aus dem Musical „Cats". Von draußen schien der grelle Mond in unser Zimmer und wir lauschten zu, wie es ein wenig vor sich hin nieselte. Auch Adi hörten wir immer wieder mal zwischendurch, wie sie draußen mit den Angestellten diskutierte. „Weißt du, ich habe sie wirklich geliebt", sagte Sybil und weinte leise ein paar Tränen vor sich hin. *„Ich weiß, wie das ist. Ich habe auch einen Freund, der jetzt da draußen ist. Er behandelt mich auch immer wieder total scheiße"*, tröstete ich sie.

Ich hörte ihr dann einfach zu und irgendwann schlief ich dabei ein. Als ich mitten in der Nacht wieder wach wurde, lag sie in ihrem Bett und schnarchte leise vor sich hin. Ich schaute dann eine ganze Weile aus dem Fenster und trauerte ein wenig vor mich hin. Alles war wieder einmal so schwer und kompliziert geworden. Immer, wenn das Jahr sich dem Ende näherte, wurde alles bleischwer. Die Probleme bekamen Gewicht. Ich fühlte mich kalt und allein. Es dauerte eine gefühlte Ewigkeit, bis ich wieder einschlief. Am nächsten Morgen wachte ich auf, als überall die grellweißen Lichter angingen. *„Frühstücken, Therapie, Hofgang."* Es war wieder die Stimme der kleinen, dicken Angestellten. In diesem Moment krachte es ganz fürchterlich auf der ganzen Etage.

Sybil und ich rannten sofort zur Zimmertür. Adi flitzte quer durch den Flur. Sie hatte mal wieder versucht, sich irgendwas in den Hals zu schieben, und damit einen riesigen Aufstand erregt. Sie sprang in unserem Zimmer direkt in den Kleiderschrank und bat uns, sie nicht zu verraten. Wir sagten dann auch nichts, als die Wärter uns fragten, wo sie sich versteckte. Mit einigen von den Insassen kannte man schon so etwas wie Zusammenhalt. Adi blieb eine ganze Weile im Schrank sitzen, und die Wächter tappten auf der Station im Dunklen. Irgendwann verriet sie sich dann durch ihr eigenes Kichern. Dann wurde sie aus dem kahlen

Schrank gezerrt und musste dafür wieder den ganzen Tag lang ganz allein in einem Zimmer sitzen und dort bewacht werden. Sibyl und ich belächelten die ganze Situation, und wir hauten uns noch mal ein wenig aufs Ohr. Dann weckte mich die Stimme einer Angestellten. *„Es ist deine Mama. Sie ist am Telefon."*

Ich sprang sofort auf, weckte dabei aus Versehen Sybil auf und ging flink in den Vesperraum. Ich freute mich riesig, die Stimme meiner Mama am Telefon zu hören. Sie versprach mir dann, gegen Abend zur Psychiatrie zu kommen und mir ein paar Zeichensachen und ein paar andere Dinge vorbeizubringen, die ich mir auswählen durfte. Ich bat sie um ein paar Bücher. Dann verabschiedeten wir uns wieder. Ich ging dann wieder zum Psychologen hinauf in die zweite Etage, und dort hatte er dann beschlossen, dass ich am nächsten Morgen entlassen werden würde. Es gab keinen weiteren Grund, mich hierzubehalten. Ich freute mich riesig, zeigte das aber nicht. Ich tat so, als hatte ich von Anfang an gewusst, dass ich schnellstmöglich gehen durfte.

Ich berichtete in meinem Zimmer sofort Sybil von meiner Neuigkeit, doch sie war irgendwie traurig. Sie mochte mich und wollte nicht wieder allein hier drin sein. Ich umarmte sie kurz, dann setzte ich mich auf mein Bett und fing an, sie in Gespräche zu verwickeln. Im Endeffekt hatte ich ihr die ganze Zeit Mut gemacht. Ich habe ihr auch gesagt, dass ich mir sicher bin, dass sie die ganzen Pillen, die sie ihr dort geben, nicht nehmen müsse. Sie war hochdosiert, und ich fand das total übertrieben. Außerdem hatte ich einmal mitbekommen, dass sie ihr das falsche Medikament hingestellt hatten, und so hatte die Arme fast ein paar Schizo-Pillen, anstatt ihrer Antidepressiva genommen.

Ich machte ihr viel Mut und ihre Mundwinkel bogen sich von Minute zu Minute immer weiter nach oben. Aus dem Trauerkloß wurde eine hübsche junge Frau. Ich war eindeutig der bessere Therapeut. Ich hatte mir Zeit genommen für sie. Aber das konnte ich schon immer gut. Leuten Mut machen. Auch mir selbst. Während wir geredet hatten, hatte ich in meinem leichten Zappelwahn eine ganze Taschentuchpackung zerfetzt. Ich hatte jedes Taschentuch einzeln auseinander gefummelt und die unterschiedlichen Schichten dann in winzige Teile gerissen. Das ganze Kunstwerk lag dann auf meinem Bett und auf dem Boden verteilt. Irgendwann fing ich damit an, alles durch die Luft zu pusten, und so flogen viele kleine Teile davon durch das Zimmer. Sybil freute sich tierisch darüber. Nie zuvor hatte in ihrer Zeit hier jemand so viel positiven Wind hereingebracht wie ich. So etwas brauchten die Leute dort. Mal etwas Positives und nicht nur Leute um sich herum, die genauso down sind wie sie. Wir hatten dann zusammen das Zeug durch die Luft gepustet.

Die Angestellten stürmten schnell das Zimmer: *„Macht die Scheiße weg."* Und das sollte den Insassen helfen? Sie hatten nicht mal gefragt, wieso wir das getan hatten. Was würde ein normaler Mensch in der Psychiatrie machen, eingesperrt und vor Langeweile? Das hätten sie sich selbst fragen müssen.

Kurze Zeit später stand auch schon Mama in der Eingangstür. Sie hatte eine große Reisetasche mitgebracht. Ich lief auf sie zu und umarmte sie. *„Ich brauche die hier nicht. Ich kann wieder gehen. Morgen früh!"* Mama sah irgendwie nicht sonderlich glücklich aus. *„Meinst du, es ist gut, wenn du gleich wiederkommst?"* Natürlich wollte ich wieder in die Freiheit. *„Aber ja doch. Mir geht's gut. Es ist alles wieder gut."* Dann gab sie mir einen Kuss auf die Stirn und verabschiedete sich wieder.

Die Nacht verlief ruhig. Sybil und ich schliefen tief und fest und hörten nur ein paar Mal, wie Adi draußen mit den Wächtern am Streiten war. Am nächsten Mittag war ich dann startklar. Mama holte mich pünktlich ab, und ich haute Sybil dann nur kurz auf die Schulter. *„Du schaffst das. Du bist nicht verrückt. Vielleicht sehen wir uns bald mal wieder. Aber in Freiheit."* Sybil drückte mich an sich. *„Danke, dass du hier warst"*, sagte sie und vergoss eine kleine Träne.

Es war also nicht ganz umsonst gewesen. Es war wie eine Mission für mich geworden. Schnapp dir einen Insassen und heitere ihn auf. Challenge bestanden! Für mich ging es dann also ab nach Hause. Ich fühlte mich so unglaublich frei. Wie musste man sich dann erst fühlen, wenn man im Knast gesessen oder länger hier drin gehockt hatte? Ich atmete die frische Herbstluft tief ein und dann kam mir sofort der Gedanke in den Kopf, was nun mit Leon war. Es brauchte ein wenig, bis Mama mit der Sprache herausrückte. *„Ja! Leon war bei uns. Er hatte geklingelt. Er wollte wissen, wo du bist."* Ich freute mich total. Er hatte also geklingelt. Das bedeutete, er war noch in Berlin. *„Und hast du im gesagt, wo ich bin?", fragte* ich nervös. Ich war schon aufgeregt und freute mich darauf, Leon wiederzusehen. Mama machte sich jedoch Sorgen. *„Na ich habe dem gesagt, dass du im Krankenhaus bist."* Ich hatte einen totalen Tunnelblick. Mama war nicht begeistert, als ich sie darum bat, ihn wieder bei uns wohnen zu lassen. Nach allem, was er angerichtet hatte. Da sie mich aber liebte und nicht sehen konnte, wenn ich so traurig war, erlaubte sie es dann doch. Ich rief ihn sofort an. Er war tatsächlich noch in Berlin. Ich verabredete mich mit ihm, und wir trafen uns ein paar Hundert Meter neben unserer Wohnung. Er sah total krank aus. Ich machte mir irgendwie Sorgen um ihn, dumm wie ich war. *„Wo bist du denn gewesen?"*, fragte ich besorgt. Er erzählte mir dann, dass er auf der Straße übernachtet hatte und es bitterkalt gewesen war. Ich glaubte ihm und umarmte ihn, dann erzählte ich ein paar Geschichten aus der Klapse, und wir liefen bis zu mir nach Hause.

Verblendet

Berlin, Magdeburg, Oktober 2013

Ich musste gleich am Montag darauf wieder in die Maßnahme. Die nächsten Tage verliefen dann wie immer. Ich kam nachmittags nach Hause und Leon hatte Essen gekocht. Ich hatte in dieser Woche jeden Abend einen Sekt geköpft. Leon war eher so der Biertrinker und die ganze Zeit ein wenig breit davon. Wir hatten dann wieder geplant, das Wochenende bei Calvin zu verbringen. Ich hatte mir natürlich fest vorgenommen, wieder eine außerkörperliche Erfahrung mitzunehmen. Das war mein größter Wunsch und auch mein einziger Wille nach dem ganzen Dilemma. Es kam aber nicht dazu. Wir hatten uns am Abend bei ihm in der Wohnung getroffen und waren diesmal nur zu dritt. Nachdem wir also alles von dem exzellenten Stoff aufgebraucht hatten, verabschiedeten Leon und ich uns und fuhren zu mir nach Hause. Mama wollte am nächsten Abend nach Hause kommen und bis dahin wollte ich wieder nüchtern sein. Leider hatte es mich böse erwischt. Ich konnte die ganze Nacht über nicht schlafen und musste mich stattdessen stundenlang räuspern. Dieses Räuspern wie damals in Lausis Bad. Dieses Kratzen im Hals, mit dem der Teufel grüßen ließ. Dieses Elend. Es verfolgte mich.

Mein Kopf war so gefickt, dass ich nicht aufhören konnte damit. Ich hatte mir sogar eingeredet, dass sich eine Geheimkammer in meiner unteren Wangentasche befand und dort noch Stoff gelagert war. Es wurde alles total bunt um mich herum. Ich stand dann also die halbe Nacht im Bad und versuchte, von außen mit meinen Händen den Ball hochzuschieben, der mich die ganze Zeit so kratzte. Leon rastete aus. Er versuchte, mich irgendwie dazuzubekommen, mich hinzulegen, aber ich konnte einfach nicht. Ich war der festen Überzeugung, dass ich es schaffen würde, dieses Kratzen in meinem Hals loszuwerden, indem ich immer und immer wieder irgendwelchen Schleim hervorwürgte und ausspuckte. Im Endeffekt war es die ganze Zeit nur meine eigene weiße Spucke. Ich biss mir durch die Aufregung die ganze Zeit auf meiner Lippe herum. Ich hatte sie derart entstellt, dass sie total dick und angeschwollen war.

Ich sah mal wieder aus, wie das totale Drogenopfer. Der Rest ging dann ganz schnell. Mama kam nach Hause. Sie hatte uns beide kurz betrachtet, und es reichte ihr. *„Geht. Kiki! Ihr habt dieses Zeug wieder genommen."* Leon rastete wieder aus. Mama fing an zu weinen und ich auch. Später saßen Leon und ich dann geknickt im Zug nach Magdeburg.

Psychotherapie

Berlin, November 2013

Ich hatte Mama versprochen, dass sich etwas ändern würde. Viel konnte ich ihr nicht versprechen, aber ich wollte mich wirklich ändern. Mama suchte mir eine geeignete Therapeutin aus dem Internet. Ich ging dann also schon bald jeden Mittwoch dorthin. Die Therapie tat mir ziemlich gut. Ich freute mich immer darauf, meine Therapeutin mit meinen Gedanken zu belasten. Sie riet mir viele nützliche Dinge wie „*Du kannst dich immer jemandem anvertrauen und darfst nahestehende Personen auch mal mit deinen Sorgen belasten. Nur rede und schweige nicht.*"

18

Berlin/Magdeburg, Juli 2014

Ich wachte am frühen Morgen in meinem Bett auf. Es war der perfekte Morgen. Die Sonne schien durch die hellen Gardinen in mein Zimmer und weckte mich mit ihrer Wärme und Schönheit. Schon immer hatte an meinem Geburtstag die Sonne geschienen. Nie war schlechtes Wetter. Leon war auch schon wach. *„Alles Gute!"*, sagte er und fasste sich meine Hand. Er war wie immer nicht sonderlich begeistert davon, wenn ich etwas Tolles vor mir hatte, Geschenke bekam, Mama für mich wieder einmal alles gegeben hatte und mein Herz deswegen strahlte. Schon allein das war ein Grund, um ihn zu verlassen.

Denn was brachte eine Beziehung, in der man sich nichts gönnte? Aber daran war heute nicht zu denken. Ich wollte keinen Stress oder Streit und sowieso war ich zu diesem Zeitpunkt noch nicht so weit gewesen. Endlich achtzehn. Ich freute mich total über meine Volljährigkeit. Ich stand auf, kämmte mein Haar und schaute ein wenig verschlafen in den Spiegel. Ich war braun gebrannt vom Sommer und vom Baden im Weißensee. Leon und ich tranken immer zusammen ein paar Biere und gingen dann im Strandbad schwimmen. Wir schwammen bis zur Fontäne, stellten uns auf den Steinrand und sprangen von dort aus ins Wasser. Ein herrliches Gefühl war das. Fast wie im Wasserpark. Das Schild, auf dem „Achtung Starkstrom" stand, machte mir nach den vier, fünf Bieren überhaupt nichts mehr aus.

Jedenfalls war ich in Topform und ging dann gleich vom Flur ins Wohnzimmer, wo ich Mama entdeckte, die gerade die letzte Kerze anzündete. Als sie mich sah, fing sie direkt an, für mich zu singen: *„Happy Birthday to you. Happy Birthday to you. Happy Birthday, liebe Kiki, Happy Birthday to you."* Ich strahlte bis über beide Ohren. Sie nahm mich ganz fest in den Arm, dann sagte sie: *„Du hast es geschafft."*

Ich schaute mich um und sah dann, dass sie für mich einen Geburtstagstisch gedeckt und viele Girlanden und Luftballons aufgehängt hatte. Zudem hatte sie selbst mit einem Filzstift in der Farbe der Luftballons auf jeden Ballon noch eine Achtzehn draufgeschrieben. Ich freute mich und ging zu meinem Geburtstagstisch. Dort lag ein Brett mit bunten Steinen darauf, aus denen sie eine Lagune gelegt hatte, mit Marzipanmuscheln, Flipflop-Radiergummis, gebastelten Palmen und Schokoladenstückchen, auf denen *„Gute Reise"* stand.

Sie hatte mir wirklich eine Reise geschenkt. Natürlich durfte Leon auch mitkommen, und es ging für uns in ein paar Wochen nach Italien. Ich war völlig von den Socken und freute mich riesig über dieses Geschenk. Außerdem hatte sie mir noch allerhand liebevolle Kleinigkeiten geschenkt. Ich bekam sogar ein neues Smartphone, das HTC one M8, dass ich mir gewünscht hatte. Mama war ein Engel. Es war so kreativ, mein Geschenk. Es gefiel mir auf Anhieb, und ich fotografierte den Tisch mit dem Kunstwerk darauf von allen Seiten und aus allen Perspektiven. Sie hatte es wieder einmal super hinbekommen und mich sehr glücklich gemacht. Ich hatte Tränen in den Augen und war selig. Nachdem Leon dann auch das Wohnzimmer betrat, sich aber nur wie gezwungen für mich freute, aßen wir mein Geburtstagsfrühstück. All meine Lieblingssüßigkeiten hatten einen Platz auf unserem Wohnzimmertisch gefunden. Wir aßen dann in Ruhe auf. Leon haute sich danach sofort auf die Couch und schaute fern. *„Ich habe keinen Bock auf diesen Tag. Alle kommen deinetwegen zu uns. Ein riesiger Aufwand. So ein Stress, den ihr euch macht. Das ist doch total übertrieben."* Das waren seine Worte. Ich sage euch: Das war purer Neid. Er wollte gerne an meiner Stelle sein und gönnte mir absolut nichts. Und dieser Typ wollte mein Freund sein? Nicht zu fassen.

Ich ignorierte ihn einfach und schminkte mich für meine Feier. Es war schließlich mein Geburtstag. Heute kamen meine Oma und mein Opa, meine Patentante und sonst niemand. Ich war an meinen Geburtstagen vollkommen clean und das hat sich bis heute nicht geändert. Ich feierte immer nur im Kreise meiner Familie, und ich war glücklich darüber, wenn ich mit ihnen diesen Tag zelebrieren konnte. Meinen Stiefvater, meinen Vater und seine Freundin hatte ich auch eingeladen. Sie hatten allerdings abgesagt, da sie sich nicht mit Leon auseinandersetzen wollten. Keiner mochte ihn, denn er schnorrte sich nur bei mir durch, war egoistisch und faul. Aber ich machte schon bald Schluss, keine Sorge.

Irgendwie hatte ich Angst davor, was dann kommen würde, wenn er nicht mehr da wäre. Dann würde sich alles verändern. Doch heute wollte ich ihn trotz allem mit dabeihaben. Am Abend gingen wir alle, bis auf meine Großeltern, in eine Strandbar. Dort hatten wir dann ein paar Cocktails getrunken und Leon hatte sich geöffnet. Er erklärte, dass er ADHS habe und sich deshalb so verhalten würde. Dass er nie einen Moment genießen konnte und dass er sich einfach unwohl fühlte. Mama verzieh ihm dann ein wenig und der Abend wurde danach auch ganz lustig. Meine Patentante erzählte wieder viele spannende Sachen, über das, was nach dem Tod passieren würde, über mögliche Paralleluniversen und andere Theorien. Der Abend verlief friedlich und niemand eskalierte. Ich schlief glücklich und zufrieden, vollgegessen und angedudelt in meinem Bett ein und war noch am nächsten Tag wie verzaubert von diesem schönen Geburtstag.

Nachdem ich mit Leon wieder aus Italien zurückkommen war, spitzte sich die Lage zu Hause total zu. Während des Urlaubs hatte er jeden Tag Bier trinken müssen, das in Italien ziemlich teuer war. Das kotzte mich total an. Ich konnte den Urlaub nur genießen, wenn ich allein am Strand ohne ihn lag. Leon ging meiner Mama in Berlin immer mehr auf die Nerven. Sie konnte einfach nicht mehr und erklärte mir dann, dass sie ihn herausschmeißen müsse. Sie wolle mich nicht verlieren, und sie wolle nicht, dass ich nach Magdeburg fahre, aber sie könne ihn einfach nicht mehr ertragen.

Er wuselte ständig um sie herum, machte nichts im Haushalt und mischte sich überall ein. Außerdem fand sie, dass er mir gegenüber nicht fair war und meine Liebe auch nicht verdient hatte. Ich brachte es aber nicht übers Herz, ihn zu verlassen und herauszuwerfen. Nachdem wir lange Diskussionen über dieses Thema geführt hatten, kamen Mama und ich zu dem Entschluss, dass ich ausziehen würde. Ich wollte ohnehin schon immer mit achtzehn ausziehen und mein eigenes Reich haben. Ich könnte dort immer das machen, was ich wollte.

Die Voraussetzungen, die Mama gestellt hatte, waren, dass ich wieder in der Maßnahme aufgenommen werden würde, wenn ich schon keine Ausbildung anfangen würde. Ich meldete mich schnell bei meiner Berufsberaterin in Mitte und hatte direkt eine Zusage bekommen. Ich konnte also bald wieder dort anfangen. Das hatte schon einmal geklappt. Mama und ich suchten dann lange im Internet nach einer passenden Wohnung, die ich bekommen würde, obwohl ich keine Verdienstnachweise oder Sonstiges hatte. Es dauerte aber nicht lange, bis ich tatsächlich zu einem Besichtigungstermin eingeladen wurde.

Die Bude war klein, hatte einen schönen Südbalkon und war direkt im Grünen gelegen. Ein kleines Waldgrundstück kam vorneweg und ringsherum standen nur Einfamilienhäuser. Ich verliebte mich sofort in dieses kleine Apartment, und wir schafften es tatsächlich, die Verwalterin irgendwie davon zu überzeugen, dass sie mich als neue Mieterin nehmen würde. Ich hatte keinen Schufa-Eintrag und keine Mietschulden. Sie wusste aber auch, dass ich mein Gehalt von der Maßnahme erst bekommen würde, wenn ich schon einen Monat dort mietete. Meine Großeltern waren so gütig mit mir und zahlten anfangs meine Miete und das Kostgeld für mich. Das hatten wir dann auch genauso in den Vertrag geschrieben.

Die Sache ging bei meinem neuen Vermieter durch, und ich bekam die Wohnung. Meine erste eigene Bude. Was ich hier wohl noch so erleben würde? Ich freute mich riesig mit meiner Mama und teilte die frohe Botschaft sofort weiter an Leon, während er vor der Glotze hing und Trübsal blies. Er wollte nicht weg aus unserem „Hotel Mama", das sah ich ihm deutlich an.

„Nun freu dich doch mal. Kein Stress mehr und so etwas. Was ist denn los mit dir? Sei doch endlich mal ein bisschen dankbar. Du bekommst nie deinen Arsch hoch." Ich packte einige Kartons voll mit Klamotten, denn ich hatte nur noch eine Woche Zeit, dann war direkt „abhauen" angesagt. Leon regte sich nicht. *„Ja und dann? Dann haben wir kaum noch Geld"*, stöhnte er vor sich hin. *„Bist du nur deswegen mit mir zusammen oder was? Geh doch mal arbeiten und verzock dein Harz IV nicht immer. Du regst mich nur noch auf, Mann"*, maulte ich und suchte gerade meine ganzen kleinen Erinnerungen zusammen. Fotoalben, Krimskrams, kleine Figuren, meine Milchzähne. Ich verstaute die Dinge ganz vorsichtig in einem der großen Umzugskartons und las mir ein paar alte Geburtstagskarten durch. *„Was willst du denn mit dem ganzen Scheiß? Mann! Schlaf doch mal und nimm dich nicht so wichtig mit deinem ganzen Mist."*

Plötzlich sprang er von der Couch hoch und trat gegen einen der Kartons, sodass alles wieder hinausfiel. *„Willst du mich verarschen? Heb das wieder auf Mann. Ich habe das extra ordentlich gemacht. Was meckerst du eigentlich die ganze Zeit herum? Du machst gar nichts, wie immer. Ich mache Schluss mit dir. So sieht es aus. Ich habe keinen Bock mehr auf die Scheiße mit dir"*, schrie ich ihm hinterher, während er einfach rausflitzte und die Tür zuknallte. Ich hätte ausrasten können, das weiß ich noch. Der Typ machte mich so wütend. Trotzdem manipulierte er mich immer wieder, ihm zu verzeihen, und brachte mich dazu, dass ich mich am Ende auch noch schuldig fühlte. Als wir dann aber zwei Tage später bei IKEA waren und uns die Möbel dort anschauten, da platzte ich. Ich machte noch auf dem Parkplatz Schluss mit ihm, dann fuhr Mama mit uns noch einmal nach Hause, dort packte er seinen Kram, presste ein paar Mitleidstränen hinaus und fuhr dann mit einem Zehneuroschein, den ich ihm sogar noch pumpte, nach Magdeburg.

Ich hatte wirklich Schluss gemacht. Meiner Mama stand die Erleichterung ins Gesicht geschrieben. Sie nahm mich gleich in den Arm und sagte dann: *„Und das ist jetzt wirklich dein Ernst? Wow, ich habe gar nicht mehr dran geglaubt, dass du es doch noch tust."* *„Irgendwann ist der Bogen halt überspannt. Es geht ja eh nicht mehr so weiter"*, sagte ich und packte weiter meine Sachen zusammen. Ausziehen wollte ich trotzdem. Noch vor meiner Wiederaufnahme in der berufsvorbereitenden Bildungsmaßnahme zog ich tatsächlich von zu Hause aus. Isy half mir beim Umzug und Mama fuhr den „Robben und Wentjes"-Transporter. Wir fuhren eine gute Dreiviertelstunde bis zu dem kleinen Appartement in Steglitz, und ich baute noch am Abend mit Isy einen kleinen weißen Tisch und mein neues Regal auf. Ich wollte die Nacht auch direkt dortbleiben und weiter ausräumen. Natürlich hatte ich mich schon mit Marty verabredet. Er kam schon total strahle an unserem vereinbarten Treffpunkt an, und es dauerte nicht lange, da hatte ich auch schon einen sitzen.

Sicherlich hatte ich im Unterbewusstsein auch vorgehabt, ihn zu belagern, damit wir uns ein wenig Peppen holen würden. Ich musste ihn jedoch nicht lange überreden, denn er wollte von sich aus direkt weiter und zu seinem Ticker fahren. Er nahm mich erst einmal mit in seine neue Wohnung und wir plauderten viel, auch über Gina. Was sie wohl so machte und ob sie noch mit Killa zusammen war? Wir hatten lange keinen Kontakt mehr gehabt. Als wir dann anschließend zu Martys Ticker gefahren waren und uns ein wenig Peppen besorgt hatten, kramten wir unser Baggy inmitten des Gehwegs heraus und zogen uns jeder eine daraus. Ich kam gut drauf und hatte erst einmal keine Sehnsucht nach Leon. Wir lachten viel und tranken uns noch ein paar Mischen hinter, dann fuhren wir in meine neue Wohnung, und ich räumte dort so ziemlich meinen ganzen Kram aus. Alles lief super.

Marty war aber irgendwie noch misstrauisch, was das Beziehungsaus von Leon und mir anging. *„Als wenn du jetzt wirklich Schluss gemacht hast? Ihr kommt bestimmt wieder zusammen"*, sagte er und grinste mich fies von der Seite an. Dann griff er nach meiner Hand und drehte mich zu sich. *„Du hast doch mich. Wir können Party machen, solange du willst"*, sagte er dann. *„Komm, wir rauchen eine. Lass uns mal auf den Balkon gehen."* Er zog mich hinter sich bis auf den Balkon her. Wir bekamen dann irgendwie total gute Laune und irgendwann waren wir beide so drauf, dass wir nicht mehr wir selbst waren. Da fing es dann wieder an, dieses „Shizo-Gelaber". Mein schwarzer Humor und die kranken Witze. So ließ es sich wirklich aushalten. Wir machten die Nacht durch und am nächsten Morgen kamen wir dann runter. Marty haute sofort ab, als es ihn nicht mehr ballerte, und versuchte über das Geld seiner Kumpel an neuen Stoff und Alkohol zu gelangen. Mama und mein Stiefvater waren auf dem Weg zu mir, und wir bauten gemeinsam mein neues Bett auf. In diesem Moment hatte Leon mir dann doch ziemlich doll gefehlt. Also nahm ich ihn bei WhatsApp von der Blockliste herunter. Er schrieb mir sofort eine Nachricht. Er bettelte mich geschickt an, damit ich ihm eine neue Chance gab. Ich überlegte nicht erst, denn er fehlte mir, und ich wusste, dass ich sicherlich ohne ihn eingehen würde.

Leon war schneller als der Blitz wieder da. Noch am selben Abend stand er mit seiner Tasche vor der Tür und fiel mir dann fast heulend in die Arme. Dann war wieder alles gut. Am darauffolgenden Morgen stand ich wieder vor der Tür des Schulungszentrums und machte meine Maßnahme weiter.

Ich war sehr lange nicht mehr in Magdeburg gewesen. Ich fuhr also am Wochenende mit Leon dorthin. Wir verabredeten uns mit Noia in der Stadt, um ihm ein wenig Meth abzukaufen, und dann überließen wir alles dem Zufall. Leon ging nach der ersten Linie Meth sofort in die Spielhalle und verriss dort. Er war derartig fokussiert, dass es ihn auch nicht weiter störte, dass ich allein zu ihm gegangen war. Wir waren so spontan hergefahren, dass er total vergessen hatte, seine Wohnung auf Vordermann zu bringen. Er hatte immerhin gesagt, dass er sich darum gekümmert hatte.

Ich war gespannt. Als ich dann seine Bude betreten hatte, traf mich fast der Schlag. Bevor ich aber so richtig mitbekam, was dort abging, wurde ich überrascht. Einer der sympathischen Meth-Typen von damals, er hieß Boaty, stand plötzlich vor mir und öffnete Leons Wohnungstür. *„Hey! Das ist ja mal ein Ding. Du hier?"* Irgendwie freuten sich immer alle, wenn ich nach Magdeburg gefahren war, und ich freute mich auch. Boaty streute uns gleich eine Bahn, als ich mich im Wohnzimmer auf einen Hocker gesetzt hatte. Das machte mich stolz, dass er mir einfach so etwas davon abgab. Früher musste ich regelrecht um meinen eigenen Stoff betteln und wurde ständig abgerippt. Boaty war sehr großzügig. Ich zog die Linie schnell hinter und wechselte ein paar Worte mit ihm. Ihn überraschte es, dass ich noch immer so frisch aussah. Er freute sich vor allem darüber, dass auch ich noch im selben Boot saß. Damals hatte ich im Wahn oft von mir gegeben: *„Ihr werdet noch staunen. Ich werde es schaffen und nehme nie wieder Drogen."* Zu wissen, dass auch ich noch immer auf Meth war, erleichterte ihn. Das konnte ich gut nachvollziehen. Es wäre doch grausig zu erfahren, dass sie wieder einer weniger wären. Einer weniger, der noch lebt ...

Nach ein paar Minuten ging ich dann ins Badezimmer und wollte eigentlich nur pinkeln gehen, da machte ich eine üble Entdeckung. Noch bevor Leon mir zuvorkommen konnte, stand ich mitten im Bad und mir wurde ein wenig übel. Was für ein ekelerregender Anblick. Die Badewanne war voll mit Exkrementen. Es sah widerlich aus. Es machte schnell „Klick" in meinem Kopf. Der Duschkopf war mit Frischhaltefolie umwickelt und hing dort seltsam auf halb Sieben. Hier stieg anscheinend eine etwas andere Sex-Party. Ich zog die Augenbrauen nach oben und starrte auf die Wanne. *„Was hat der denn hier gemacht? Und* *mit wem?"* nuschelte ich. Hatte dieses Schwein mich echt betrogen und dann auch noch dermaßen widerlich? Unglaublich. Ich hatte zunächst ganz übersehen, dass die Wanne komplett zerschlagen war. Die Fliesen wurden dabei herausgebrochen. Ich fragte nicht weiter.

Ich ging sofort rückwärts aus dem Bad und entdeckte dann zu gut allerletzt im Schlafzimmer, das total ramponiert war, ein Paar Stiefel und einen Dildo auf dem Boden. Das reichte mir. Nach der nächsten Bahn aber, die ich dann mit Boaty gezogen hatte, wollte ich doch noch genauer wissen, was dort vor sich gegangen war. Ich fragte die ganze Zeit in die Runde, wer das gewesen sein konnte, aber niemand sagte etwas. Ich war mir fast sicher, dass es Leon gewesen war. Während wir so dasaßen, kamen dann auch irgendwann immer mehr Leute zusammen. Sie schienen hier zu wohnen, wenn Leon nicht da war. Sie pflanzten sich auf die Matratzen, die am Boden herumlagen und zündeten sich ein paar mitgebrachte Teelichter an. Als dann auch noch Noia auftauchte, freute ich mich plötzlich wieder. *„Hey du",* sagte ich und zappelte aufgescheucht mit den Händen. Über diesen Typen freute ich mich irgendwie immer. Keine Ahnung, was das war. Ich mochte ihn einfach.

Als ich ihn sah, schien es mir fast, als wäre mein Herz einmal gehüpft. Da er sehr aufmerksam war, sah er mir irgendetwas an und fragte mich auch direkt, was los sei.

Ich zeigte ihm sofort, was ich nebenbei noch Schönes gemalt hatte. Ich hatte mit einem schwarzen Edding ein Mädchen auf den Boden gezaubert, das eine Gedankenblase über ihrem Kopf trug, in der stand: „Don't trust anyone" Es enthielt also eine deutliche Botschaft. *„Vertraue niemals irgendjemandem."*

Noia bestaunte es kurz, dann packte er seinen Kram auf den Tisch und verhandelte mit den anderen. Nach kurzer Zeit wurde es mir dort doch ein wenig zu bunt. Ich verabschiedete mich von Boaty und dann von Noia. Ich lief aus der Wohnungstür und atmete im Treppenhaus durch. Anschließend machte ich mich auf den Weg zu Andy. Wo er wohnte, wusste ich ja. Ich war mehr als verärgert und fragte mich, wie viel Geld Leon in der Zwischenzeit wohl wieder verzockt hatte. Er hatte dann später einfach angefangen, mich in Andys Gegenwart herunterzuquatschen und zu beleidigen. Auf meine ganzen Fragen über das Ereignis in seiner Wohnung antwortete er nicht, sondern war nur peinlich berührt.

Er stritt nach einer Weile alles ab, aber er wollte mir auch nicht beim Nachforschen helfen. Das machte mich doch ziemlich stutzig. Es war ja immerhin seine eigene Wohnung gewesen. Warum wollte er nicht wissen, wer das alles getan hatte? Von diesem Moment an war klar: Es gibt kein Zurück mehr. Ich wartete nur noch auf den richtigen Zeitpunkt und wollte endgültig Schluss machen mit diesem undankbaren und scheinbar falschen Menschen. Ich wartete auf den richtigen Moment, denn hätte ich gleich Schluss gemacht, hätte der Typ mich geistig in tausend Teile gepflückt. Als wenn sie es gespürt hätte, schrieb Gina mir genau in derselben Sekunde eine Nachricht. *„Du bist ein wundervoller Mensch. Niemand wird dich je mehr lieben, als ich es tue."* Mir war von da an bewusst: Sie und ich würden nun wieder enger zusammenhängen. Ich würde mich an sie dranhängen und nicht mehr loslassen, während Leon fallen würde. Ein Plan entstand.

Fieber und Knaller

Berlin/Magdeburg, Oktober 2014

Durch seine miesepetrige und undankbare Art und Weise hatte sich Leon unwiderruflich ins Jenseits katapultiert. Ich hatte keine Lust mehr auf den ganzen Stress mit ihm, und so zog ich schließlich eines Morgens den fetten Schlussstrich unter dieses Kapitel. Wie es weitergehen sollte, wusste ich nicht. Ich wusste nur, dass es so nicht mehr ging. Er würde sich niemals ändern. Es brach mir ein bisschen das Herz, als er weinte und sich sogar in sein Bein über eines seiner Tattoos einen tiefen Messerstich verpasste.

Diese Rechnung hatte er jedoch ohne mich gemacht. Ich musste ihn nicht bedingungslos lieben, und außerdem hatte er einmal gesagt, dass er es überleben würde, wenn ich ihn verlassen würde. Ich hatte schon öfter so eine Andeutung gemacht. Jetzt aber stand er total verheult im Treppenflur mit seinem Rucksack auf dem Rücken und sah mich verloren an. Er hinterließ sogar eine Blutspur an der Wand neben dem Fahrstuhl, die ich bis zu meinem Auszug jeden Tag sah. Sie hatte mich aber kaum einmal interessiert. Ich hatte den Jungen aus meinem Leben und auch aus meinem Herz verbannt und die Zeit mit ihm einfach komplett verdrängt.

Ich dachte an Ginas Mama, die einmal gesagt hatte: *„Wenn ich jemanden nicht mehr liebe, dann kann er vor mir verrecken und mich interessiert es nicht."* Ich wiederholte diesen Satz in meinen Gedanken und schloss die Wohnungstür. *„Geh weg! Ich liebe dich nicht mehr"*, rief ich, ohne dabei aufgewühlt oder hysterisch zu klingen. Das war's dann.

Was interessiert mich fremdes Elend? Dachte ich angestrengt kaltblütig. Ich hatte endgültig Schluss gemacht. Er versuchte, mich noch einmal zu überreden, doch ich verzog mich in mein Zimmer und ignorierte sein Sturmklingeln. Ich rief dann sofort bei Gina an, und wir plauderten kurz darüber. Als Leon weg war, kam sie vorbei, und wir planten eine Party am Wochenende. Von da an tauchte ich nie wieder in der Psychotherapie auf. Für eine Therapie hatte ich einfach keinen klaren Kopf mehr.

Das erste Wochenende in Freiheit verbrachte ich mit Gina in Marzahn bei einem Kumpel. Da auch Marty jede Menge Zeit hatte, war unser Trio somit wieder vereint. Jedes Wochenende verbrachten wir bei irgendwelchen Druffis und tranken, zogen Peppen und kifften manchmal. Dazu lief bei uns ständig ein Mix aus Tekke, 80s und emotionale Songs von Eminem. Es war Ende Oktober und es wurde dunkelgrau und finster in der Hauptstadt.

An Halloween gingen wir einfach raus, gabelten irgendeinen Typen auf und nahmen ihn mit in die WG von Marty. Marty wohnte mittlerweile im betreuten Wohnen irgendwo am Tierpark. Ich hatte damals nie die super Orientierung gehabt. Gina brachte mir bei, wie ich mich von dort zurechtfinden konnte. *„Dort an der Ampel gehst du rechts und achte auf die Gegenstände. Die grüne Kleidertonne und auf der anderen Seite die Schwimmhalle. Dort musst du abbiegen ..."*, erklärte Gina mir. Sie wirkte dabei auf mich wie ein Supergenie, denn sie konnte etwas, das ich nicht konnte und gerne können wollte. Ich hatte mir den Weg dann genauestens gemerkt und lief im verballerten Zustand öfter ganz allein zu Marty nach Hause. Marty war seit Jahren total auf Droge und noch immer ein richtiger Schnorrer. Aber egal! Gina und er waren derzeit meine besten Freunde, und ich klammerte mich an sie. Ich konnte nicht allein sein. Ein Zurück gab es nicht mehr. Ich war total dicht und hatte dazu ein paar Lines Pepp gezogen, daraufhin schrieb ich Noia in Facebook an.

„Hey du. Ich finde dich voll geil. Lass uns doch mal wiedersehen."
Noia freute sich sehr über meine Nachricht, denn er war eben ein Junkie mit einem brutal heruntergekommenen Aussehen,

und ich wusste genau, dass ihn deshalb niemand wollte. Ich war hübsch und jung und nicht mal halb so dämlich wie die anderen Leute, die Noia kannte. Ich hatte nicht einmal wegen des Beziehungsaus mit Leon geheult und das, obwohl ich immer down war und einen fetten Kloß in meinem Hals mit mir herumtrug. Ich hatte ihn komplett verdrängt. Wahrscheinlich hätte ich wochenlang getrauert. Aber so war ich nicht. Mein Leben musste irgendwie weitergehen. Und es ging weiter – weiter bergab.

Irgendwann rief ich dann bei Lausi an. Ich mochte ihn nicht mehr, aber er hatte eine gute Quelle, und wir kamen somit an relativ anständiges Speed heran. Ich lungerte also wieder mit ihm in seiner Bude herum und wir nahmen dort Peppen. Irgendwann hatte ich mir dann eine fette Erkältung auf einer Homeparty eingefangen und lag damit tagelang krank in seiner Hütte herum. Er machte mir Tee, holte Medikamente und versuchte, sich anderweitig bei mir einzuschleimen. Ich hatte mich trotz meines Fiebers mit Noia in Magdeburg verabredet. Lausi brachte mich zum Bahnhof in Lichtenberg und ich stieg in mein BlaBlaCar ein. Auf der Fahrt wurde ich von Minute zu Minute verwirrter. Drogen in der Kombination mit Fieber sind äußerst bedenklich. Als ich nach der schwitzig-frostigen Fahrt am Bahnhof eintraf, bekam ich eine WhatsApp-Nachricht. Es war Noia.

„Komm zu mir nach Hause, Meine. Du steigst in die 5 und fährst damit bis zur Morgengraustraße. Dann steigst du aus und läufst zur Aral-Tankstelle. Danach gehst du über die Ampel und dann läufst du die Straße runter bis zum alten Backsteinhaus. Klingel dann bei Noia. Hausnummer zweiundvierzig." Noia war übrigens vor einer Weile umgezogen. Er wohnte nicht mehr in seiner alten Wohnung. Also dort, wo ich ihn kennengelernt hatte. Er hatte eine neue Wohnung gestellt bekommen, nachdem er die letzten Jahre im Knast gesessen hatte. Jetzt also musste ich meine neugewonnene Orientierung einsetzen, um zu seiner Wohnung zu gelangen. Ich lief total angespannt zur Haltestelle. Es war bereits kurz nach achtzehn Uhr, stockduster und es würde mit Sicher-

heit kaum noch eine Fahrt in der Anzeige stehen, die mich nach Hause bringen könnte. Ein bisschen mulmig war mir gewesen, aber ich stieg einfach in die Bahn ein, fuhr bis zur Aral an der Ecke und lief dann über die Ampel. Ich klingelte bei zweiundvierzig bei „Noia" und wartete.

Keiner öffnete. Ich schaute mich ein wenig um und zündete mir eine Zigarette an. In Noias Wohnung brannte Licht, das erkannte ich von unten. Irgendwie hatte ich ein seltsames Gefühl. Ob ich hier wohl glücklich werden würde? Oder ob hier schlimme Dinge passieren und ich mein Leben ruinieren würde, wenn ich mich auf das hier einlassen würde? Irgendwie ahnte ich Furchtbares. Plötzlich rief jemand aus dem Fenster hinaus und riss mich aus meinen Gedanken. Ein Kopf mit wuscheligem Haar schaute hinter einem großen dunklen Bettlaken hervor. Es war Noia. *„Hier haste die Schlüssel! Komm hoch!"* Ich hob den Schlüssel vom Boden auf und schaute noch einmal an der Hauswand entlang bis nach oben. Noia verschwand wieder von der Bildfläche. Dieses Bettlaken vor dem Fenster. Ich fand es nicht asozial. Ich habe mehr darin gesehen. Etwas Geheimnisvolles. Die Leute dort oben warten auf nicht sehr stilvolle Weise ihr Geheimnis. Als ich oben angekommen war, stand er an der Tür. *„Cool, dass du da bist. Komm rein. Jana ist auch da."* Ich lächelte ein bisschen überrumpelt. *„Oh! Das ist ja schön. Ihr seid ohnehin die beiden coolsten Menschen aus ganz Magdeburg"*, stammelte ich dann. Während wir durch Noias Wohnzimmer liefen, entdeckte ich einen Typ auf der Couch.

Er rollte sich gerade einen Schein und schaute verwirrt zu uns hoch. Noia schob mich schnell in das hintere Zimmer und ich sah zu Jana. Ihr Hund saß in der Ecke und leckte sich die Pfote. *„Hey Kleine. Was machst du hier?"* Sie sah nicht sonderlich begeistert aus, und ich hatte das Gefühl, dass sie mich nicht unbedingt sehen wollte. Sicher dachte sie, ich würde ihr die Quelle ausspannen und sie wäre dann allein. So war's dann ja letztendlich auch. Nur weiß ich nicht, wer von uns beiden dann mehr angearscht war. Sie oder ich? Aber dazu später.

Jana machte sich erst einmal einen Knaller. Sie spritzte sich das Meth direkt ins Bein. Das war das erste Mal, dass sich jemand in meiner Gegenwart einen Schuss setzte. Ich fand es irgendwie cool. Ich war schon total gespannt. Leon hatte mir vor ein paar Wochen noch erzählt, wie sehr es ihn schockiert hatte, dass Noia auf die Spritze umgestiegen war. Noia schaute mich ein wenig komisch an und fragte dann: *„Ist das für dich okay? Wenn wir uns hier vor dir wegballern?"*

Natürlich war das „okay" für mich. Ich wollte schon seit längerer Zeit mal sehen, wie das so abgeht. Bis jetzt hatte ich eben nur Christiane F. gelesen und sonst nichts weiter damit zu schaffen gehabt. Ich bekam eine Menge zu sehen. An diesem Abend ballerten sie sich beide jeweils um die fünfzehn Mal. Es war die reinste Fixer-Parade. Irgendwie schien es bei den beiden jedoch nicht wie gewünscht zu wirken. Als Noia mir dann eine Bahn anbot, griff ich sofort zu. Innerhalb von ein paar Minuten war ich im Regenbogenland.

Ja! Genau das waren meine Worte. *„Ich bin im Regenbogenland. Man ist das geil."* Meine Augen fingen an zu glänzen, das spürte ich. Ich fühlte mich plötzlich total vollkommen und auch willkommen in dieser kaputten Runde. Es wurde augenblicklich märchenhaft. Noia freute sich mit mir und war begeistert von dem neuen Wind, den ich hereinbrachte. Jana war genervt. Sie wollte auch auf Wolke Sieben schweben, doch egal, wie viel die beiden sich ballerten, es gelang ihnen nicht auf mein Level zu kommen. Sie lagen zusammengekuschelt in der Ecke auf seinem Bett und ich saß auf der Bettkante. Ich erzählte über meinen Besuch, kurz nach Halloween, auf Peppen im Berliner Zoo mit Gina und Marty und dass wir einen Typen getroffen hatten, der sich als Terrorist verkleidet hatte. Ich erzählte total viele Geschichten aus Berlin. Alles wirkte so unglaublich positiv auf mich. Ich schwärmte von meinem Leben und davon, wie verdammt egal mir alles zu dieser Zeit war. Die beiden hörten eine ganze Weile gespannt zu.

Irgendwann jedoch schreckte Jana in sich zusammen, als hätte sie der Blitz getroffen. Sie zeigte sofort auf das Fenster. *"Da! Schon wieder!"*, schrie sie. Ich raffte nichts. *"Immer sind die um mich herum. Hier ist es schon lange nicht mehr sicher."* Noia pustete den Rauch von seiner Zigarette aus und aschte auf ein Stück Alufolie. Seine Zigarettenasche wuchs seit mehreren Minuten in die Länge und war bereits so lang, dass sie sich vorn knickte. *"Bleib auf dem Teppich, Alter. Da ist nichts. Alter. Du kommst nicht klar. Immer kommst du nicht klar, Alter."* Daraufhin schauten sie mich beide an. Jana sah verzweifelt aus. Sie kam mir in dem Moment verloren vor, wie ein kleines ängstliches Mädchen, und das, obwohl sie mit fünfunddreißig Jahren die Älteste von uns dreien war. Ich checkte es einfach nicht. Was ging hier ab?

"Sie sieht Geister. Auf der Straße und in der Bude. Überall wird sie verfolgt." *"Okay! Und siehst du die denn auch?"*, fragte ich und nahm das Ganze total ernst, als ob es überhaupt nicht verrückt sei. *"Natürlich nicht. Ich bin ein Realist!"*, haute Noia blitzschnell raus und zog arrogant die Augenbraue hoch. Jana lachte nur fies und schüttelte den Kopf. Ein Realist also? Der Typ gefiel mir. Bestimmt blieb er immer ruhig und war Herr der Lage, wenn alle anderen Junkies rumsponnen. Für mich war er von da an bis auf Weiteres der Realist in der kaputten Welt. *"Soll ich ein Bier für uns von der Tanke holen? Ich lade euch ein. Oder ich besorge Sekt, wenn ihr mögt"*, sagte ich aufgeputscht.

Ich wollte den beiden irgendwie etwas Gutes tun. Obwohl ich eigentlich wegen Noia hergekommen war, wollte ich nicht, dass die beiden stritten, und versuchte, sie einander näherzubringen.

"Gut! Dann kommen wir mit", sagte Noia. Wir gingen in den Flur und der Typ im Wohnzimmer war immer noch sehr verwirrt darüber, dass ich bei den beiden mit im Zimmer hockte. Er dachte bestimmt, dass wir sonst etwas zusammen machten. Mir war es egal, und ich freute mich darüber, dass er sich wunderte. Als wir an der Tankstelle etwas Bier für die beiden und für mich ei-

nen „Hugo", meinen Lieblingssekt, holten, machte Jana einen Sprung zur Seite und riss die Augen auf.

„Geh weg von diesen Menschen. Komm zurück. Ey! Lass die in Ruhe." Ihr Hund schnüffelte am Zaun herum, und sie schien dort jemanden gesehen zu haben. Ich war zwar gut verballert, erinnere mich aber daran, dass niemand dort gewesen war. Trotzdem kam mir die Situation spanisch vor, und ich fragte mich irgendwie, ob ich bald Janas Platz einnehmen würde. Ich ahnte irgendetwas. „Du mit deinen Scheiß-Geister-Buden." Noia war sauer über Janas Wahn. Die Arme. Mir tat sie leid, und ich lotste den Hund wieder zu uns auf die andere Straßenseite. Dann gingen wir zurück in Noias Hütte, und er bat seinen Mitbewohner darum, uns etwas zu essen zu kochen. Ich wollte nichts. Nach der Bahn, die ich gezogen hatte, war ich erst einmal für die nächsten Stunden pappsatt.

„Ich mache Mischgemüse mit Kartoffeln und Schnitzel! Das wären drei Teller, ja?" krächzte der kaputte Typ, während er in der Küche verschwand. *„Ja! Beeile dich."* Noia nahm sich aus der Küche ein Glas, gefüllt mit Wasser, für seinen nächsten Druck mit. *„Halt Leute! Für mich keinen Teller. Ich habe keinen Hunger"*, rief ich den beiden noch hinterher.

Nach einer halben Stunde stand der Typ mit zwei Tellern voll mit frisch gekochtem Mittagessen im Schlafzimmer. Irgendwie raffte ich es immer noch nicht. Aber ich fand es schräg und auch ein bisschen witzig. Anstatt einem Lachen blieb mir nur wieder diese Gänsehaut am Kopf. Es war drei Uhr in der Nacht und die Junkies verputzten ein ganz normales Mittagessen. Die passten sich überhaupt nicht dem normalen Alltag an. Wenn sie Hunger hatten, dann aßen sie einfach. Keine Regeln. Nichts.

Als der Typ wieder im Wohnzimmer saß, konnte ich mir nicht verkneifen, die beiden über ihn auszufragen. Doch zuerst: *„Na dann mal guten Appetit."* Ich prustete über meinen eigenen Spruch und die zwei schauten mich nur verwundert an. So etwas sagte hier wohl keiner, auch wenn es doch echt schön wäre, wenn sie total nett zueinander wären und sich noch einen guten Hunger wünschen würden. So mitten in der Nacht. *„Wer ist eigentlich der Typ und wieso kocht der für euch?",* fragte ich neugierig. *„Na das ist doch mein Budenspanner! Das weißte doch",* schmatzte Noia. Budenspanner? Nie zuvor gehört. *„Ach so",* lächelte ich und schaute mich dabei im verwüsteten Zimmer um. Es war mir auch zu dumm gewesen, ihn zu fragen, was das nun wieder bedeutete. *„Und wieso kocht der?",* hakte ich noch einmal nach.

„Na hör mal! Wenn ich Meth dafür bekommen würde und eine Bude zum Pennen, dann würde ich auch kochen. Du etwa nicht?", sagte Jana und lachte mich an. Dann schlang sie ihr Essen in einem Satz weg und fummelte wenige Sekunden später schon wieder vor dem Spiegel an ihrer kurzen Jeanshose herum. Sie suchte nach einer Vene. Ich fand, dass alles irgendwie erheiternd, und es lenkte mich ab. Davon, dass ich keinen Freund mehr an meiner Seite hatte und ab jetzt allein sein würde, und auch davon, dass ich gerade selbst nicht mehr klarkam. Gegen sieben Uhr in der Früh kamen die beiden in ihre müde Phase, und ich nickte ab auf die Frage, ob wir uns hinlegen und eine Runde schlummern würden. Ich konnte tatsächlich schlafen, denn ich war noch immer krank und auch schon seit mehreren Tagen wach. Also lagen wir zu dritt nebeneinander in Noias Bett. Noia in der Ecke, in der Mitte Jana, außen ich und neben mir auf dem Boden Janas Hund. Als wir irgendwann wieder aufwachten, nahm ich sofort einen Schluck von meinem halb vollen Hugo und rauchte danach eine Zigarette und dann noch eine. Die beiden sahen total verpennt aus, als sie aufwachten und ihre Augen wirkten tot und leblos.

Jana und Noia waren überhaupt nicht fähig, mit mir zu kommunizieren. Erst als sie sich mehrere Knaller gemacht hatten, kamen sie wieder zurück ins „Leben". Ich konnte dann bei Jana mindestens zehn verschiedene Gesichter erkennen. Sie sah aus, als suchte sich die Droge gerade eine Persönlichkeit für den heutigen Tag in ihrem Kopf aus und blätterte in ihrem Gesicht nach dem passenden Gesicht.

Das klingt sehr verrückt und das war es auch. Auch bei Noia sah ich eine Veränderung. Seine Augen schimmerten leicht grün. *Im Nachhinein würde ich es als paranoiden, grünen Star beschreiben. Die Droge legt einen Schleier über seine Augen, und er wird blind, was die Realität angeht.* Das war nur so ein Gedanke, den ich später einmal hatte. Jana schminkte sich dann erst einmal und fragte mich nach einer Gesichtscreme. Ich hatte eine dabei, und sie schmierte sich damit ein. Sie schaute erst zu mir und dann zu Noia, dann schmiss sie sich ihren Rucksack über die Schulter und öffnete die Zimmertür. „Na gut. Ich bin weg. Mach's gut Kleine." Sie schaute mich vernebelt an und dann war sie weg. Goodbye! Ich sah sie nie mehr wieder.

Sie wurde wenige Tage später von ihrem Exfreund in eine Psychiatrie eingewiesen und nachdem sie es irgendwie geschafft hatte, dort auszubrechen, landete sie im Knast. So ging das Gerücht jedenfalls herum. Als sie weg war, laberte Noia los wie ein Wasserfall. Wie krank sie doch sei und was mit ihr falsch laufen würde. Er sagte, dass er froh war, sie los zu sein, und dass es eh schon lange kaputt war zwischen den beiden. Er beschrieb sie als echtes Teufelsweib. Das konnte ich mir gar nicht vorstellen.

„Hoffentlich bin ich nicht schuld. Ist Jana meinetwegen gegangen?", fragte ich. Ich mochte sie wirklich von Anfang an sehr gerne und wollte nicht, dass es ihr schlecht geht. *„Ne! Schuld biste nicht. Die ist nur noch dageblieben, weil du hier warst. Sonst wäre die schon viel früher abgehauen"*, sagte Noia. Okay. Gut. Dann konnte ich nichts mehr daran ändern. Dann war sie jetzt von allein gegangen, und ich hatte somit freie Bahn. Ich quatschte noch eine Ewigkeit mit Noia und verpasste zwei oder drei BlaBlaCars, die ich gebucht hatte. Ich kaufte ihm 0,1 Gramm von seinem Crystal ab und nahm dann irgendwann am Abend die Fahrt nach Hau-

se. Kurz bevor ich gegangen war, hatte er noch versucht, mich dazu zu bringen, mit ihm zu schlafen, aber ich hatte ihn nur abgewimmelt. Es war für mich erst einmal an der Zeit zu gehen.

Er brachte mich noch bis unten vor die Tür. Er gab mir einen Kuss auf die Stirn und dann verschwand er im Hinterhof. *„Ein Realist also"*, dachte ich. Damit hatte er mich bekommen. Ich eilte schnell zum Bahnhof und stieg in mein gebuchtes Auto ein. Ich würde in wenigen Stunden zurück in Berlin sein und wäre dann allein. Das sollte nicht passieren. Lausi wollte sich mit mir treffen, aber auf diesen Kautz hatte ich überhaupt keinen Bock. Ich rief stattdessen Marty an und verabredete mich mit ihm am Südende.

Völlig übermüdet, schleppte ich mich vom ZOB bis zur Ringbahn, stieg dann am Südkreuz um und dann unten in die S25 ein. Als ich am Südende ankam, stand Marty schon da. *„Joo! Ehm ... Boah, wie siehst denn du aus?"*, fragte er mich und war total drauf von dem Speed, dass ihm noch an seinem Nasenloch klebte. Ich plapperte dann eine halbe Stunde lang von Magdeburg, Noia und Jana, Geistern und Knallern, und wir liefen derweilen noch zur Tankstelle, um ein paar Dosen voll mit Eintopf, mehrere Biere und Zigaretten zu kaufen. Danach liefen wir durch das kleine Waldstück bis hin zu meinem Block. Ich schloss unten die Tür mit meinem Chip auf, und wir nahmen den Fahrstuhl. Bei mir angekommen, schoss er noch ein Foto von mir, wie ich den Eintopf direkt aus der Dose verschlinge. Nach diesem Foto, ein paar Bier und dem angebrochenen Doseneintopf, lümmelten wir uns beide in mein Bett und kamen in Schlaflaune. Wir lagen gerade noch dicht aneinander und hatten uns eine Gute Nacht gewünscht, als ich plötzlich wieder mitten im Raum stand.

Gina saß auf meinem Sofa in der Ecke und laberte mich verdammt noch mal voll. *„Nein! Ich besorge euch jetzt kein Peppen. Es ist drei Uhr in der Nacht. Alter"*, motzte ich. Ich war so fertig. Ich dachte wirklich, dass Gina dort auf dem Sofa saß, und ich sah sie nicht nur. Ich hörte nicht nur ihre Stimme. Nein! Ich fühlte ihre Anwesenheit. Ich fühlte, wie sie dort saß, und ich konnte mich fließend und reibungslos mit ihr unterhalten. Zwar wollte sie etwas von mir, das mich aufbrachte, und ich erhob die Stimme und meckerte sie an, aber sie war da – live und in echt. So kam es mir vor. Ich hatte eine richtige Halluzination. Marty stand rasch auf und schnappte sich meinen Arm. *„Alles ist gut. Kiki hier ist niemand."* Ich fokussierte die Ecke noch einmal. Dort hingen ein Schal und eine Jacke an der Sofalehne. Irgendwie deprimierte es mich, dass Gina nicht dort saß. Irgendwie vermisste ich sie. *„Komm, leg dich mal lieber hin. Außerdem macht es mir Angst, wie du bist."* Marty zog mich an meinem Handgelenk aufs Bett. Die ganze Situation wiederholte sich noch ein-, zweimal und dann blieb ich liegen. Ich verspürte dann wieder dieses Kratzen in meinem Hals und auf einmal sah ich an der Decke des Raumes eine ehemalige Kumpeline, die einen Eimer Wasser auf mich herabschüttete. Das ergab Sinn. Sie sorgte dafür, dass es in meinem Hals kratzte. Immer diese Dinger mit dem Hals.

Auf einmal machte es dann auch noch Sinn, wieso es so kratzte. Völlig von einem anderen Stern. Das kannte ich ja schon. Als dann gegenüber von mir, hinter der Glasscheibe meiner Zimmertür ein schwarzhaariges Mädchen auftauchte, dass mich irgendwie an „The Ring" erinnerte, da war's vorbei. Ich bat mich selbst, meine Augen zu schließen, und gehorchte mir. Zum Glück war ich in diesen Momenten nie allein. Niemals. Ich machte also einfach die Augen zu. Ich sah weiterhin Figuren herumtänzeln und Bäume wachsen. Ich sah Karos und Girlanden, während Marty mich heimlich beobachtete. Gute Nacht in Berlin!

Hier unten

Berlin, zwei Wochen später

Lausi wurde dann doch noch ein Mitglied unserer Truppe, und als eines Tages noch ein Kumpel von ihm aus Magdeburg mit in der Runde saß, der Meth mitgebracht hatte, passierte es. Ich nahm kein Meth. Mit Gina und Marty hatte mir Alkohol und Peppen völlig genügt. Ich kam gerade aus dem Bad, und da sah ich dann, wie Gina eine Linie zog. Ich kam Sekundenbruchteile zu spät aus dem Bad. Lausi stand vor Gina und grinste. Ich setzte meinen fiesesten, hasserfülltesten Blick auf. *„Lauswinter? Das kann nicht dein Ernst sein. Ich habe dir gesagt, dass du meinen Freunden kein Meth andrehen sollst. Willst du mich verarschen, Alter?"* Er zuckte nur mit den Achseln und guckte beschämt. Gina hatte innerhalb von Sekunden ihren ersten Meth-Flash und war total euphorisch. Ich rastete total aus, und während Gina im Bad vor dem Spiegel ihre Larve (sächsisches Wort für Gesicht) bewunderte, saß ich mit Lausi bei einer Kippe in der Küche und machte ihm heftige Vorwürfe. Ich schnauzte ihn an und diskutierte eine ganze Stunde lang mit ihm.

Er versprach mir dann hoch und heilig, dass er ihr nie mehr etwas geben würde und Marty natürlich auch nicht. Dass er Marty am letzten Wochenende auch schon eine Bahn C angedreht hatte, rutschte ihm nebenbei raus. Ich konnte nichts mehr rückgängig machen und ballerte mich dann einfach nur zu an diesem Abend. Ich kramte dafür das Meth aus meinem Portemonnaie, das mir Noia verkauft hatte. Jetzt war das Ding eh herum. Trotz der Bahn, die ich gerade gezogen hatte, war ich noch immer relativ klar und moralisch unterwegs. Als ich wieder aus der Küche kam, traute ich meinen Augen nicht. Lausi hatte Gina erneut etwas von dem Meth gegeben. Ich rastete total aus. *„Sorry. Ich hab's verrafft"*, sagte er daraufhin.

Mit solchen Typen hatte man es immer und immer wieder zu tun. Jetzt war alles egal. Meine beste Freundin war auf Meth. Keine Ahnung, was es dem Typen geben musste, andere darauf zu bringen. Ich denke, er erhoffte sich damit, dass wir ihn dafür anhimmeln würden und er so etwas wie unser Meister wäre. Wir zahlten es ihm jedoch schon bald heim, und zwar zusammen. Gina, Christina und ich. Ich hatte nie daran gedacht, die Polizei anzurufen. Viel lieber wollte ich seine Gefühle verletzen. Er stand nämlich auf mich. Er redete von ernsten Gefühlen, aber ich war nicht dumm. Ich wusste, dass er mich nur als Freundin wollte, weil ich immer frischen Wind mitbrachte. Außerdem stand er kurz vor seinem Dreißigsten und bei ihm ging sicherlich schon seit mehr als fünf Jahren nichts mehr, außer ödes Minimal-Geklimper und sein Nachbar, der ein- und ausging, um bei ihm seine Wäsche zu waschen.

Als Krönung lud er an diesem Tag auch noch ein Foto von sich und Gina in Facebook hoch. Seitdem hasste ich den Typen bis aufs Blut. Gina war einfach nur happy, denn sie hatte in letzter Zeit auch nicht mehr viel zu lachen gehabt. Killa, mit dem sie einige Jahre lang eine Beziehung geführt hatte, zerschnitt ihre Klamotten, verfolgte sie und hatte sie sogar abgezogen und geschlagen. Ich plante nun völlig abgedichtet, wie ich es Lausi heimzahlen konnte. Einige Male erlaubte ich dann den Leuten, die bei ihm herumlungerten, seine Sachen einzupacken. Das war mehr als dreist, aber es befriedigte mich kein bisschen. *„Nehmt euch einfach, was euch gefällt. Nehmt seine Shirts oder seine Technik. Der Alte hat es einfach nur nicht anders verdient"*, sagte ich zu den anderen. Ich war eiskalt und total angepisst. Aber glücklich machte mich das nicht, auch wenn ich es feierte, dass die Leute genauso auf ihn geschissen hatten wie ich. Das waren meine Leute! Ich plante irgendwann eine Fahrt nach Magdeburg, denn ich hatte mich wieder mit Noia verabredet.

Er hatte eben ziemlich gutes Meth am Start, und ich brauchte definitiv wieder etwas. Meine Gedankensprünge waren längst aufgebraucht, die ich eine Ewigkeit lang von dem Kram mitnahm.

Meth ist gut, um zu philosophieren – aber noch viel besser, um zu vergessen. Doch nur um zu vergessen, brauchte ich das Zeug. Ich brauchte es gerade wie die Luft zum Atmen. Ich stresste Noia ungemein ab und rief ihn Hunderte Male an. Ich schrieb ihm Dutzende Nachrichten und bettelte ihn sogar an. Ich bettelte um seine Aufmerksamkeit. Ich wollte bei ihm sein. Unbedingt! Ich nannte es „Liebe." Es fühlte sich an wie Liebe. Ich vermisste ihn, und es tat weh. Er war ziemlich ausgeplant und nahm oftmals nicht ab, wenn ich ihn anrief, doch ich gab niemals auf. Ich war noch immer krankgeschrieben und ging nicht auf meine Maßnahme. Meine wertvolle Zeit sollte ihm gehören. Von jetzt auf gleich war er mein Leben.

Die blaue Pille

Magdeburg, November 2014

Eine weitere Woche verging, indem wir weiter Party machten, und zwar Gina, Marty, ich und Lausi. Wir waren jeden Tag irgendwo anders. Mal hier, mal da, mal draußen und mal drinnen. Es kamen und gingen Fremde und Bekannte. Es war eine nie endende, von Drogen überflutete Partynacht. Irgendwann fuhr ich dann wie geplant vom ZOB mit meinem gebuchten BlaBlaCar zu Noia nach Magdeburg. Ich hatte wieder eine große Tasche mitgenommen, denn ich wusste nicht, wie lange ich bleiben würde. Geplant hatte ich eigentlich nur zwei oder drei Tage dort zu verweilen, aber wie das nun immer war, die Junkies verfriemelten tagelang und blieben hier und da dranhängen. Sie schafften es nicht einmal, in derselben Woche zu erscheinen, in der sie sich angekündigt hatten. Es sei denn, es ging um den Stoff. Hatte man wirklich nichts mehr auf Tasche, war man pünktlich wie ein Maurer.

„Das macht dann neun Euro, junges Fräulein", sagte der alte Sachse zu mir, der am Steuer des kleinen roten VWs saß. Oh ja, natürlich! Vor lauter Vorfreude auf Magdeburg hatte ich beinahe vergessen, meine Fahrt zu zahlen. *„Danke fürs Fahren. Bis dann!"* Ich zahlte ihm die Fahrt und gab ihm den einen Euro, der übrigblieb, als Trinkgeld. Es war das letzte Geld, das ich auf Tasche hatte und mein Konto war leer. Ich eilte zu Noia und klingelte Sturm.

Nach ein paar Zigaretten kramte Noia für uns eine Pille aus seinem Überraschungseiball. Blaue Supermänner. So hießen die Dinger. Gott sei Dank waren es keine pinkfarbenen Supermänner, denn ich hatte zu einem späteren Zeitpunkt die Drogenwarnungen auf Facebook gelesen. Pinke Supermänner standen auf der Liste der supergiftigen Pillen. Es waren schon einige

Menschen gestorben, die sie genommen hatten, denn sie enthielten kein MDMA, sondern PMMA und das haute die Konsumenten gleich ins Gras.

Zu dieser Zeit waren sie überall: die blauen Supermänner. Auch in Berlin, bei meinen Freunden, gingen sie umher. Trotzdem fand ich auch diese blaue Pille dann später im Internet. Sie wurde noch einmal gruppiert, in eine mit starker Bruchrille und eine mit schwacher. Sie war auch eine von den Pillen, vor denen gewarnt wurde, denn sie war überdosiert und somit gefährlicher als die etwas schwächeren. Außerdem waren die blauen Supermänner gesprenkelt. Wir schmissen uns also jeder so eine Pille und losing es. Ich fühlte augenblicklich den Rausch und genoss einfach nur diesen Turn. Mir ging es blendend und meine Probleme waren wie weggeblasen. Leider kann man den Rausch von XTC kaum wiedergeben, denn es entstehen große Erinnerungslücken. Man wandelt einfach in einer anderen Galaxie umher. Für den Moment aber ist der Rausch eine Erfüllung deiner Träume. Also warfen wir uns noch einen Supermann, und der haute mich so richtig weg.

Ich war augenblicklich total verwirrt und fühlte mich, als hätte ich Alzheimer. Ich schielte derbe. *„Irgendetwas verwirrt mich total. Ich weiß nur nicht, warum und was es ist. Ich bin so verwirrt. Ich checke es nicht."* Das waren meine einzigen Worte, an die ich mich noch erinnere. *„Das ist die Pille"*, sagte Noia, während er sehr weit weg von mir ein Glas mit lauwarmem Wasser füllte. Seine Worte hallten eine Ewigkeit in meinem Kopf nach, als würden sie ein Echo werfen. *„Das ist die Pille! Die Pille! Pille! Pille ..."* Ich fühlte, wie meine Gedanken nicht mehr eintreffen konnten und in der Mitte der Gedankenansammlung eine kleine blaue Tablette meine Gedanken nach außen wegstrahlte. Wie ein Schutzschild. Sie ließ nicht zu, dass ich einen klaren Gedanken fassen konnte. Als ich irgendwann wieder halbwegs klarkam, hob ich eine von Noias sauberen Spritzen vom Boden auf und hielt sie mir genau vors Gesicht. Ich fing an, sie zu studieren. Ich schaute sie mir bestimmt eine halbe Stunde lang ganz intensiv an. Ich schaute sie mir von allen Seiten an und ging mit meinem Blick vom Halter langsam nach oben. Als ich an der Spitze angekommen war, da sah ich es. Ich weiß, es klingt verrückt, aber man sagt auch, dass Drogen das Bewusstsein erweitern können. Ich sehe diesen einen Moment vor mir, als sei es gestern gewesen.

„Sie war wie eine Nähmaschine. Eine, die die geilsten Sachen näht, aber sie am Ende doch nur zerfetzt." So hatte ich es erst einmal auf einem Blatt notiert, denn falls die Polizei mal an den Zettel gelangen sollte, sollten sie nicht wissen, was ich meinte. Ich meinte die Nadel, die dich fliegen lässt, doch am Ende stirbst du am Fixen. Ich sah, wie die Nadel funktionierte. Ich fühlte die Power, den unglaublichen Reiz, das geile Feeling. Wie ein Knall in meinem Kopf explodierte das Bild der Spitze, der Nadel. Sie war so verdammt spitz. Sie war gefährlich. Ja, lebensgefährlich.

„In dieser Drogenwelt ... Das genauere Betrachten eines Gegenstandes oder einer Situation öffnet die Augen und den Horizont bis aufs Unermessliche. Die Sachen fangen damit an, einem Geschichten zu erzählen und einen mit auf eine Reise zu nehmen." Das hatte ich später zusammenfassend in meinen Schreibblock gekritzelt.

Ich war immer noch gut drauf von dem letzten Supermann, doch meine Augen pendelten sich langsam wieder ein. Noia hatte sich schon in die Ecke seines Bettes gekauert und sich seinen Druck verpasst, als ich von meiner Reise zurück in sein Zimmer kam. Er saß einfach nur da, mit einer Kippe im offenen Mund und sackte weg. Ich probierte, ihn wach zu machen, und versuchte, ihn irgendwie umzudrehen und hinzulegen, doch er reagierte nicht. Ich nahm ihm die Zigarette aus dem Mund und drückte sie in einem gläsernen Aschenbecher aus. Die Glut war schon wieder gute vier Zentimeter lang gewesen. Ich konnte ihn nicht bewegen, denn er war total steif. Seine Arme, auf denen er sein Kinn abstützte, konnte ich nicht einknicken, und deshalb ließ ich ihn dann einfach so sitzen. Dann beobachtete ich auch ihn ganz genau. Von allen Seiten und aus allen Perspektiven.

Er fuhr ganz langsam herunter, bis er offline war. Wie ein PC. Er war wie ein gottverdammter PC. Ich sah es genau. Es war nicht mehr normal. Er schlief so fest ein, als wäre sein System vollständig heruntergefahren. Ich beobachtete ihn über eine Stunde lang und suchte den Sinn. Ich raffte es nicht. Er schmollte vor sich hin, denn er hatte keine Zähne mehr. Das war mir vorher nie so wirklich bewusst gewesen. Es sah irgendwie lustig, aber auch nur extrem abstoßend aus. Als ich mit dem Inspizieren seines Geisteszustandes fertig war, kam ich langsam wieder richtig runter von dem Ecstasy. Plötzlich hörte ich die Schlüssel im Treppenflur klirren. Es war der Budenspanner. Ich schnappte mir zwei Zigaretten aus der Schachtel, die vor meinen Füßen auf dem Boden lag und ging ins Wohnzimmer. Ich wollte lediglich noch ein wenig plaudern und mit dem Kerl eine qualmen, da stand Noia hinter mir. *„Ich wusste es", sagte* er. *„Was wird das hier?"* Er war tierisch in Rage. Seit dieser Nacht war es wie hinter Gittern, wenn ich dort war. Ich durfte mit kaum jemandem mehr reden. Aber welche Ausmaße das annehmen würde, wusste ich damals noch nicht.

Alltag eines Junkies

In den darauffolgenden Tagen

Am nächsten Morgen wachte ich total zerstreut neben Noia auf. Das laute Klingeln seines Handys hatte mich aus dem Schlaf geholt. Es waren die Junkies. *„Guten Morgen. Wach auf. Die Leute wollen ihren Stoff"*, flüsterte ich mit einem breiten, ironischen Grinsen. Ich hielt es irgendwie für ziemlich lustig, ihn so zu wecken, und konnte mir mein Schmunzeln auch nicht verkneifen. Was für eine Art, geweckt zu werden. Er wachte auf, und es ging nur um den Stoff. Würde es den Stoff nicht geben, würde er nicht geweckt werden, sondern einfach weiterschlafen. Das Leben drehte sich hier wirklich nur um das Meth. Draußen vor Noias Haustür parkte irgendein großes, schwarzes Schiff. Vermutlich der Großdealer. Noia stand auf und lief zügig nach unten. Ich sah vom Fenster aus, wie der Boss ihm ein riesiges Paket in die Hand drückte, dann verabschiedeten sie sich auch schon wieder und das schwarze Auto zog von dannen. Als Noia wieder oben war, machte er schnell ein paar Gramm für den Verkauf fertig. Im Laufe des Tages standen ein paar Nutten, irgendwelche Fixer und hautkranke Junkies auf der Matte. Sie brachten frischen Wind rein, und ich hielt es für cool. Je mehr von den Leuten ich um mich hatte, umso abgelenkter war ich von allem. Abgelenkt von meinem Leben, von der Trauer wegen des Beziehungsaus und vom Einsamsein. Immer wieder schrieb Leon mir SMS, WhatsApp-Nachrichten und Facebook-Mails. Mein Messenger boomte, bis ich ihn überall blockiert hatte. Ich las seine Nachrichten nicht, denn hätte ich sie gelesen, hätte ich ihn bestimmt noch einmal rangeholt, weil er mir so leidtat. Weil es mir noch immer weh tat. Doch er wollte mir nur ein schlechtes Gewissen machen und manipulierte mich damit. Ich schrieb immer nur *„Nein"* und *„Ich liebe dich nicht"* zurück. Am Ende kniff ich die

Augen zusammen. Sie sammelten sich mit Tränen. Ich drückte auf „blockieren". Dann war Ruhe.

Ich zog eine Bahn Meth obendrauf mit irgendeiner Prostituierten. Alles war wieder in bester Ordnung. Ich hatte wieder alles unter Kontrolle. So fühlte es sich an. Eigentlich saß ich dann den ganzen Tag über in meinem Gammeloutfit, einem bauchfreien Top und einem Minirock mitten im Frühwinter mit Noia in seinem Schlafzimmer herum. Ich freute mich über all die Utensilien, die er dort herumliegen hatte. Mann war das alles interessant. Seine Spritzen, seine Filter, die er fürs Ballern benutzte, seine Alustückchen, die grelle Taschenlampe, die Baggys und vor allem natürlich **der Stoff**. Erst einmal bastelte er einen Flyer und streute die neue Ware, die am Morgen von dem Typ vor die Haustür gefahren kam, hinein. Das waren so knapp dreißig Gramm. Dann beleuchtete er das Crystal Meth mit seiner Lampe, und ich sah zu, wie es vor sich hin funkelte. Das war die Zeit, in der Noias Stoff noch astrein war. Es leuchtete in durchsichtig klarem Glanze.

Wie eine Galaxie kam es mir vor oder wie eine Milchstraße. Wie Sternenstaub. Glasklar. Und so knallte es auch. Es machte alles heller und klarer, einen schönen klaren Film und ein reines Feeling. Ich hatte mal eine Liste in meine Handynotizen geschrieben, in der ich spekulierte und dem unterschiedlichen Meth verschiedene Namen und Beschreibungen hinzufügte. Ich versuche mal zu zitieren:

Da gab es die „Tante". Sie war ordentlich hart und brachte einen vom System systematisch in den Ruin. Sie zog einem das Wasser aus dem Körper. Der Film war klar und powervoll. Dann gab es noch den „Hüttengaudi". Er bretterte auch ziemlich und man neigte dazu, paranoid zu sein. Alles fühlte sich schicksalhaft an. Man legte ein Puzzle. Jeder auf dem Stoff war wie der andere. Wir schauten zu denselben Zeiten auf die Uhr. 3:33 Uhr und so weiter.

Außerdem schrieb ich „Meffron" dazu. So nannte ich das eigenartigste Gelumpe. Man verwirrte sekündlich um Meilen, und alles wirkte blass und grau. So hatte ich es damals empfunden. Das Meth wurde sicherlich jedes Mal anders zubereitet. Je reiner das Meth, umso reiner das Gefühl. Ich verliebte mich jedenfalls sofort in die Menge und das Glitzer, das dort in Noias Wohnung einfach so vor mir lag und darauf wartete, dass ich davon ordentlich draufkommen würde. Noia gab mir einmal drei Gramm auf die Hand. Das war noch ganz am Anfang. Er wollte sehen, wie viel ich wirklich nahm, wenn ich die Chance hatte, den Stoff in seiner Wohnung am Mann hatte und selbst dosieren konnte. Ich nahm damals kaum davon. Höchstens 0,1 Gramm. Mehr wollte und brauchte ich überhaupt nicht. Mir ging es blendend, und ich war mit zwei mittelgroßen Bahnen am Tag in meiner perfekten Welt und hatte eine tolle Zeit.

Am besten hatte mir gefallen, die zweihundert blauen Pillen zu sortieren. Ein paar von ihnen knallten härter als die anderen. Mit bloßem Auge sah man keinen Unterschied. Erst als ich die Stofflampe darüber gleiten ließ und fokussiert sortierte, konnte ich die Pillen unterscheiden. Die Pillen, die so geil knallten, erkannte man ganz einfach daran, dass das Supermann-Logo hart hinaus gestochen war. Woran das lag, wussten wir nicht. Ich gehe davon aus, dass sie alle gut gesprenkelt waren, aber durch den Transport bei einigen die Oberfläche abgegessen war. Das war meine Vermutung. Auch beim Schmeißen fiel uns auf, dass sie unterschiedlich wirkten. Manche hauten einen einfach mal vom Sofa, andere von ihnen brachten es nicht wirklich. Wir sortierten mehrere Stunden, und Noia gab mir dann irgendwann zwanzig Stück von den guten ab. Ich freute mich und ließ sie in meiner Tasche versinken.

Leipzig und ein Déjà-vu

Magdeburg, Dezember 2014

Irgendwann bemerkte ich, dass Gina und Marty wieder angerufen hatten. Sie wollten wissen, wo ich blieb und machten sich schon Sorgen um mich. *„Ich nehme nachher den Opel vom Lufttor bis zur Messe. Gegen achtzehn Uhr mache ich mich los."* Das sagte ich schon seit mehreren Tagen, und irgendwann buchte ich tatsächlich eine Fahrt und ging aus der versifften Bude von Noia raus. *„Komm gut heim Kiki. Ich liebe dich"*, rief Noia aus dem Fenster. Als ich draußen am Lufttor wartete, war es schon längst wieder Abend. Der Fahrer hatte die Fahrt online abgesagt. Es war mir äußerst peinlich, und ich wollte auch nicht zurück zu Noia, denn dort saßen an diesem Abend sein Boss und irgendwelche Nutten herum.

Ich wollte die Heimfahrt also nicht so schnell aufgeben und rief Lausi an. Er durchforstete das gesamte Internet nach Fahrten, doch niemand fuhr mehr nach Berlin. Erst in der Früh um acht am nächsten Morgen würde wieder jemand fahren. Ich war total müde und kaputt von den letzten Tagen und wollte einfach nur nach Hause. *„Fahr schnell zum Hauptbahnhof und dann mit der Regio nach Leipzig. Dort fährt heute noch ein ICE nach Berlin. Das kannst du noch schaffen"*, sagte er während des Telefonats. Ich nahm ihn beim Wort und fuhr nach Leipzig. Ohne Ticket. Danach suchte ich den ICE am Bahnhof, der nach Berlin fahren würde. Er würde in vier Minuten fahren. Als ich ihn entdeckt hatte, sagte ich dem Schaffner, dass ich noch kurz Geld abheben müsse. *„Wir können den Zug ihretwegen nicht anhalten, junge Frau"*, sagte er und schaute mich grimmig an, während er von seinem Sandwich abbiss. *„Ich beeile mich. Bin gleich wieder da"*, antwortete ich, während mir die Pumpe ging. Als ich umkehrte, fiel mir auf dem Weg zum Geldautomaten wieder ein, dass ich pleite war. Ich wollte trotzdem in den Zug steigen, doch ich sah nur noch, wie er losrauschte. Wäre ich doch nur eingestiegen. Ich hätte das sicher irgendwie regeln können. Nun war es zu spät.

Ich stand also allein in Leipzig herum, mit fünfzehn Prozent Akku auf dem Smartphone und meiner fetten Erkältung. Ich war völlig übernächtigt, und zu gut allerletzt hatte ich auch noch einen Pokémonball gefüllt mit zwanzig Supermännern in der Tasche. Ich wollte sie eigentlich in meiner Runde in Berlin verhökern, um irgendwie an Geld zu kommen. Wenn mich damit auch noch die Bullen erwischten, sah ich alt aus. Aber darüber machte ich mir erst einmal keinen Kopf. Ich brauchte zunächst unbedingt einen Schlafplatz. Ich pendelte am Bahnhof herum und traf draußen auf ein paar Punks, die auf dem Boden relaxten. Ich setzte mich einfach dazu, plauderte mit ihnen und erzählte meine Geschichte. Sie waren total nett und gaben mir sogar ihr gesamtes Kleingeld, das sie sich erbettelt hatten, nur um mich irgendwie damit nach Hause zu bekommen. Aber es war ohnehin zu spät. Es fuhr kein ICE mehr und auch kein BlaBlaCar. Ich war am Arsch, und als ich mit den Punks schon mehrere Stunden lang in der Kälte herumsaß, schrieb ich schließlich Noia eine WhatsApp.

„Meine Mitfahrgelegenheit kam nicht. Kann ich zu dir kommen?" Er las die Nachricht sofort, aber schob sich darauf mächtige Filme, und dachte, ich hätte ihn belogen und mich in Leipzig mit jemandem getroffen. Trotzdem bat er mich, zurückzukommen. Einer der Punks schenkte mir seine weiße Wollmütze, und ich stecke sie ein. Er sagte: *„Ich hoffe, du kommst wieder. Besuch uns mal, ja? Du bist eine von den Guten."* Er war vielleicht gerade mal Ende zwanzig und die anderen waren auch nicht viel älter. Warum sie wohl dort saßen? Sie waren nicht hässlich oder heruntergefeiert, hätten sie anständige Klamotten angehabt, wären sie glatt als Bänker durchgegangen. Aber sie waren anders als die anderen. Sie wollten sich auch nicht anpassen.

Ich mochte solche Menschen. Sie waren lieb und taten niemandem weh, wenn sie dort herumlungerten und Musik machten oder ein paar gedrehte Kippen rauchten. Sie verbreiteten sogar gute Laune. Dort stand nämlich vor ein paar Minuten noch ein junger Typ, der total finster aussah. Er fuhr bestimmt einen mächtigen Film. Er hörte die ganze Zeit irgendwelche Liebeslieder auf seinem Handy. Er trat gegen Gegenstände und schrie wie ein Irrer herum. Die Punks und ich hatten ihn einfach versöhnlich angelächelt. Die meisten Leute, die auf der Straße so abgehen, wollen nur Aufmerksamkeit und Verständnis. Sie wollen, dass jemand ihr Elend sieht, weil sie niemanden haben, mit dem sie reden können. Die vier Punks holten sich im Bahnhofs-McDonalds noch etwas zum Knabbern und danach brachten sie mich wieder zum Bahngleis Richtung Magdeburg. Vom Magdeburger Hauptbahnhof lief ich durch die Nacht bis zu Noia. Ich wartete jeweils eine gefühlte Stunde an der Aral-Tankstelle, an der Haltestelle und vor Noias Tür.

Als ich an der Haltestelle saß, fiel mir das alte Haus gegenüber auf. Es war ein Backsteingemäuer. Ich liebte seit diesem Moment alte Häuser. Als ich gerade mein Lieblingslied, „Lovers on the Sun", über meine großen Basskopfhörer hörte, da bekam ich plötzlich ein wundervolles Déjà-vu. Möglicherweise ist das hier nicht mein erstes Leben. Möglicherweise gibt es viel mehr, als wir erahnen können.

Das mittlere, dunkle Fenster im zweiten Stock. (Mein Déjà-vu-Fenster) In meiner Erinnerung, bei Nacht. Kleine Augen, die ich darauf geworfen hatte ...

Ich konnte mich selbst wahrnehmen, wie ich in diesem Haus saß. Im zweiten Stock am Fenster. Es war überwältigend. Ich wurde zurückgeworfen, als mein Blick in die Scheibe traf. Ich fühlte mich wie zu Hause und als hätte ich das alles schon einmal erlebt. Es fühlte sich magisch und schicksalhaft an. Als wenn ich dort genau richtig war, und das etwas passiert, passieren sollte. Ich wartete in dieser Situation eingeschlossen auf Noia. Als er irgendwann mit einem Mädchen um die Ecke gelaufen kam, gingen wir zu ihm nach oben. Ich machte es mir erst einmal auf seinem Bett gemütlich und legte mich dann lang. Ich hörte zu, wie Noia und das Mädchen nebenan schimpften und mich hinter meinem Rücken beleidigten. Ihr Name war übrigens Lina. Irgendwann kam Lina dann noch einmal ins Zimmer, schmiss irgendeinen kleinen Brief aus dem Fenster hinunter zu einem der Junkie-Kunden, und ich fragte sie nach einer Schlaftablette. Sie gab mir eine, aber ich hob sie auf, denn ich musste einfach noch Lauschen und schlief dabei irgendwann ein. Seit dieser Nacht hörte ich immer alle über mich lästern, wenn ich irgendwo zur Toilette ging oder einfach in einem anderen Raum war. Es manifestierten sich im Laufe der Zeit verschiedene Paranoiazustände in meinem Kopf. Das Lästern blieb jedoch das Harmloseste von allem.

Am nächsten Morgen war ich erst einmal total down. Ich ärgerte mich darüber, dass ich immer noch hier war. Ich zog mir eine Bahn hinein und bretterte in Noias Wohnzimmer. Dort saßen Lina, Noia und sein Budenspanner mit irgendwelchen Junkies und knallten sich Meth, Subutex und Teile rein. Ich setzte mich dazu und irgendwann ging mir Noia dann gehörig auf die Nerven. *„Deine Aktion gestern war total rattig. Mit wem haste dich getroffen? Erzähl doch mal!"* Das war mein zweiter Strike bei Noia. Doch ich hatte nichts gemacht. Bis auf Lina grinste die Runde nur dreckig und witterte die freie Bahn, die sie hatten. Wäre ich erst einmal weg, dann hatten sie ihn ganz für sich. Ihn und seine Kristalle. Er stocherte die ganze Zeit in der Wunde herum und irgendwann peilte ich dann einfach die Tür.

Lästern und andere schlecht machen, das konnten die Leute dort. Es war nicht nur ein Gerücht. Die Leute aus der Meth-Szene waren alle falscher als Falschgeld. Sie machten sich über andere her, dabei waren sie selbst Ratten. Mir war das erst einmal egal. Ich wollte nur zurück nach Berlin. Ich wollte wieder zu Gina und Marty. Lausi machte für mich ein BlaBlaCar klar, und so ging ich wieder zum ausgemachten Treffpunkt am Lufttor. Ich nahm die Straßenbahn und wartete auf den Fahrer. Gegen zwölf Uhr am Mittag sollte er eintreffen. Das Dumme war nur, dass ich noch immer kein Geld bei mir hatte. Da kam mir spontan eine Blitzidee.

Ich hatte noch den Ball mit den Pillen dabei, die mir Noia mitgegeben hatte. Natürlich hatte ich darauf geachtet, bei Noia genügend Stoff für mich und meine Notbank zu erwerben. Ich ließ den Fahrer erst einmal abblitzen und legte mich auf eine Parkbank in dem kleinen Park gegenüber dem Tor. Dort lag ich nun allein in einer fremden Stadt mit übler Laune. Es kam mir teilweise schicksalhaft vor, oder eher so, als ob ich es hätte wissen müssen. Das hier stand mir nicht. Das war nicht meine Welt. Umgeben von Ratten und niemandem, den mein Leid interessierte. Ich lag einfach da und schloss die Augen. Die Eiseskälte, die der Dezember mit sich brachte, machte mir zu schaffen.

Nach etwa einer halben Stunde kamen dann ein paar ältere Männer auf den Park zugelaufen. Einer von ihnen schaute mich mit einem psychotischen Blick an. Doch statt abzuhauen und Angst zu schieben, dachte ich nur: Perfekt! Das waren potenzielle Kunden für meine Drogen. Ich winkte sie zu mir heran und haute gleich mit meinem ultimativen Angebot um mich. *„Ich habe hier ein paar Supermänner. Habt ihr Interesse?"* Ich reichte zwei Teile in die Runde und beobachtete die Typen dabei, wie sie darauf gierten. Den Ball kramte ich nicht aus meiner Tasche. Niemand sollte sehen, dass ich mehr von den Dingern auf Lager hatte. Schließlich war ich ganz allein unterwegs, und die waren eine Gruppe von vier Typen. Die hätten mich einfach abziehen können. Das sollten sie nicht wissen.

Der Psychotyp musterte die Pille ausgiebig, dann sagte er: „Was passiert denn von den Dingern? Ich habe so etwas noch nicht probiert." Ich war genervt. Ich wollte einfach nur noch nach Hause. „Die sind einfach geil. Du gehst fliegen. Glaube mir! Die hauen dich um! Ich habe kein Geld mehr und muss nach Berlin. Es wäre cool, wenn ich an euch ein paar Teile loswerde. Wisst ihr?" Auf diese Weise kamen wir schnell und pünktlich ins Geschäft. Ich verkaufte drei von den blauen Pillen an den Typen mit dem Psychoblick. Die anderen wollten nicht in den Genuss meiner „Ware" kommen und setzten sich ein Stück weit entfernt auf eine Parkbank. Sie blieben lieber bei ihrem Sternburger. Der neugierige Typ machte sich gleich meine Nummer klar, rief dann auch öfter mal wieder an und fragte nach den Dingern. Irgendwann hatte ich ihn dann an Noia vermittelt, und der Rubel kam ins Rollen. Mir war es jedoch erst einmal recht, so wie es nun mal war. Ich hatte innerhalb von fünf Minuten exakt dreißig Glocken verdient, und mir wurde augenblicklich wärmer. Mit ein bisschen Geld in der Tasche fühlte man sich einfach sicherer. Ich hatte noch nie das Gefühl gehabt, nichts mehr zu haben. Das kannte ich von zu Hause nicht, wollte aber aus irgendwelchen Gründen schon immer mal wissen, wie sich das anfühlt. Es war zum Kotzen!

Ich hatte längst vergessen, wo ich herkam und wer ich war. Ich habe mich nur noch selten gefragt, wie es zu all dem hier gekommen war. Ich biss mich einfach weiter durchs Leben.

Ich rauchte noch ein paar Zigaretten und später bekam ich doch noch ein BlaBlaCar und machte mich vom Acker. Der Psychotyp brachte mich bis zum Auto. Er hatte irgendwie das Bedürfnis, mich zu schützen. Vielleicht hatte er auch nur im Gefühl, das hinter mir noch weitere Adressen stehen, um seine Drogensucht zu befriedigen. Wer weiß das schon?

Während der Fahrt schlief ich, und als wir dann irgendwann an der Messe angekommen waren, wartete Lausi dort schon auf mich. Wir fuhren dann mit der S-Bahn zu ihm nach Hause und dort warteten dann auch die anderen. Gina und Marty freuten sich riesig darüber, mich zu sehen, auch wenn ich total fertig aussah. Gina hatte Marty gerade die Haare geschnitten. *„Jetzt siehst du aus wie ein richtiger Druffi",* rief ich freudestrahlend, und wir lachten. Ich umarmte die beiden und erzählte ihnen dann die ganze verdammte Story. Sie hörten total gespannt zu, dann zeigte ich ihnen die Supermänner, und wir freuten uns wie kleine Kinder über die ganze Aktion. Am Abend kamen dann noch Sprite, ein Kumpel von Gina, und sein Schwager Luca. Außerdem kam noch Hassan dazu. Es war echt eine angenehme Runde. Das hatte ich vermisst. Endlich wieder weg von der Meth-Szene.

Irgendwie fand mich Sprite gut. Ich hatte auf dem Sofa in der Ecke gelenzt und mich aufgeregt. *„Ich verstehe die Männer nicht."* Der Satz hatte ihm gefallen und so setzte er sich gleich neben mich. Irgendwann kramte ich den Ball aus meiner Jogginghose und verkaufte ein paar Pillen in die Runde. Wir hatten am Ende alle etwas davon genommen, außer Sprite und Luca, die eher so die Trinker waren, und natürlich Gina. Gina hatte noch nie geschmissen, und ich wollte nicht dafür verantwortlich sein, dass sie auch davon noch in den Genuss kam. Lange dauerte es nicht mehr, bis sie dann auch mit mir von den Dingern schmiss. Dazu komme ich aber später noch. Hassan war besonders angetan von dem Scheiß. Ich wollte einen Zehner pro Teil haben. Da kannte ich nichts. Ich wollte damit etwas verdienen, auch wenn wir eine korrekte Runde waren. Ich hatte die Macht mit diesem kleinen, durchsichtigen Ball. Zum ersten Mal hatte ich das Sagen in der gesamten Runde. Hassan verkaufte mir sogar seinen Rest an Peppen, damit ich ihm dafür noch einen Supermann vercheckte. Alle waren drauf und dran, und ich hatte mir immer wieder mal eine halbe Pille nebenbei geworfen und trank dabei total relaxt an meinem Hugo.

Kurz nach dem Einwurf musste ich immer tierisch kichern, und alles schien in der Bude von Lausi immer sinnloser und irrer zu werden. Dieser gierte langsam ganz besonders. Um ihn zu ärgern, warf ich mir vor seiner Nase immer wieder eine halbe Pille oder eine ganze, oder ich krümelte damit herum oder streute sie den anderen ins Bier. Ich verschenkte schließlich sogar ein paar von ihnen an Hassan. „Scheiß mal auf Lausi", dachte ich. Der Penner sollte bluten irgendwie.

Die Leute hockten eh nur bei ihm, weil er der Einzige war, der WLAN in seiner Wohnung hatte. Hassan war heute zum zweiten Mal in seinem Leben auf Pille und kam erst einmal überhaupt nicht mit dem Turn klar. Die Dinger brauchten eine knappe Stunde, ehe sie ihre Wirkung entfalteten, und so kam Hassan nach seinem ersten Einwurf alle zehn Minuten zu mir gelaufen und zappelte nervös vor meiner Nase herum. *„Wann geht's denn los? Ich glaube, bei mir wirken die Dinger nicht? Biste sicher, dass die gut sind?"*, harkte er immer wieder nach. „Warte einfach ab." Ich grinste nur. Er hatte eine blaue Pille mit starker Bruchrille genommen, und in ein paar Minuten würde er definitiv sein blaues Wunder erleben. Ich rauchte gerade eine Zigarette in der Küche mit Marty, als ich Gina rufen hörte.

„Kommt schnell rein. Hassan sitzt auf dem Boden. Er sitzt auf dem Boden. Guckt hin!" Gina lachte bereits Tränen, als ich ins Wohnzimmer kam. *„Der Himmel ist ja rosa. Du meine Güte? Ich bin in einem anderen Universum. Der Teppich ist so weich. Schiele ich? Es fühlt sich beinahe so an."* Diesen Typen hatte es voll erwischt, und er sah dabei wie ein ehrfürchtiger Junge aus, der geradewegs durch verschiedene Galaxien gebeamt wurde. Er faselte derart wirres, euphorisches Zeug, sodass ich mir gleich eine weitere Pille darauf warf und das Geschehen dann einfach nur beobachtete. Er war zum Schießen! Man hatte es ihn mitgenommen. Er verreiste auf anderen Ebenen und alle freuten sich mit ihm. Nachdem er den Turn überlebt hatte, bettelte er gleich nach mehr von diesem Sternenstaub und machte mich um mehrere Teile ärmer. So verlief der restliche Abend dann, bis wir irgendwann so fertig waren, dass die meisten nach Hause gingen.

Noia meldete sich nicht bei mir, und ich mich auch nicht bei ihm. Gegen frühen Morgen jedoch quatschte ich ihm dann aber noch eine total verballerte Sprachnachricht auf den Facebook-Messenger. Irgendwann rief er dann an, und ich erklärte ihm noch einmal in Ruhe und voll auf Pille die ganze Story aus Leipzig. Er hatte anscheinend auch geschmissen, denn er glaubte mir ausnahmsweise, und wir brachten alles wieder ins Reine. Vorerst. Wir verstanden uns ziemlich gut, während dieses Gesprächs. Es war eine ziemlich atzige Unterhaltung. Heute finde ich diese ganze Situation einfach nur sinnlos. Zwischenmenschliche Beziehungen auf Droge? Davon halte ich nichts mehr. Aber damals war mein Leben ebenso. Ich stand die halbe Nacht nur noch wie gebannt vor Lausis Küchenfenster herum und zeigte mit einem Finger auf die Straße. Dort war eine Riesendemo ausgebrochen. Unheimlich viele Leute mit riesigen Schildern und Fackeln in den Händen tobten dort umher. Sie waren so weit weg, dass ich nicht lesen konnte, wogegen sie demonstrierten, aber sie machten mir trotzdem eine Heidenangst. Es war so, als sei mitten in Marzahn in Nacht und Nebel der Krieg ausgebrochen. Die knapp eintausend Menschen auf der Straße schrien laut herum und pöbelten. Mir zerfetzte es das Hirn. War das real? Das fragte ich mich seit einem Jahr immer mal wieder. Ich wusste die ganze Zeit nicht, ob es wirklich passiert war oder ich einfach nur zu durch war. Es wirkte unheimlich verstörend auf mich.

Auf dich, du Ratte!

In derselben Woche

Der Tag war gekommen. Ich fuhr mit Lausi wieder nach Magdeburg. Die Nacht zuvor machte ich mit Gina und ihm in seiner Bude auf Speed durch. Ich hatte mich kurz nach Mitternacht vor seinen Spiegel gefläzt und mir einen geraden Pony verpasst. Gina belagerte derweilen Lausi. Sie überredete ihn dazu, ihr seine Bude zu sponsern, wenn wir in Magdeburg unterwegs waren. Als er ihr den Schlüssel gab, dachte ich nur. „Man ist der armselig." Ich zog Gina mit ins Bad, während Lausi abgelenkt war und an seinem Mischpult herumfummelte. Da ich seine Kopfhörer entwendet hatte, drohte das Ganze aufzufliegen, denn wir saßen während der Fahrt im Auto sicherlich nebeneinander auf der Rückbank. Ich liebe Musik! Ich brauche Musik. Ohne Musik würde ich nirgendwohin kommen. Deshalb schmiedeten Gina und ich am Morgen der Abfahrt einen Plan. Gina würde mir ihre Kopfhörer vor seinen Augen geben, damit er sicher war, dass ich seine nicht hatte. „*Scheiße! Ich habe doch keine Kopfhörer für die Fahrt. Gina? Leihst du mir deine?*", fragte ich und versuchte, ernst zu klingen. Dabei musste ich Gina ein wenig angrinsen. Ich stand mit dem Rücken zu Lausi. Ich biss mir auf die Unterlippe und grinste. „*Und welche nehme ich dann? Ich brauche auch Musik!*", sagte Gina mit fragendem Gesicht. Sie war eine gute Schauspielerin, stellte ich dabei fest. Das hatte ich gar nicht gewusst. „*Bitte Gina! Ich brauche unbedingt welche für die Fahrt*", bettelte ich sie an.

Da Lausi den freundlichen Gastgeber spielte, bot er Gina seine großen Hörer an. Sie war ja nun eh zu Hause bei ihm. Perfekt! Die Katze war im Sack und ich schnappte mir ihre Kopfhörer, dann verabschiedeten wir uns mit einem Kuss und einer fetten Umarmung. Wie Schwestern eben. Gina hatte mir noch ihre neue, ja fast riesige Handtasche mitgegeben, damit ich einige Sachen mit auf die Reise nehmen konnte. Wir zogen alle noch eine Bahn zusammen und auf ging's. Ich war aufgeregt, denn schon bald würde ich voll auf Meth in Noias Schlafzimmer hocken. Ja, wahrscheinlich würde ich gemütlich in Decken eingemummelt sein, mehr als genug Stoff haben und das Leben damit genießen können. Lausi dachte die ganze Zeit über, wir würden gemeinsam bei Noia hocken und dann ein paar Leute einladen, um seinen Geburtstag zu feiern. Diese Rechnung hatte er ohne mich gemacht.

Ich konnte Lausi nicht verzeihen, dass er Gina und mich draufgebracht hatte! Was bekam er wohl von mir zu seinem dreißigsten Geburtstag? Als wir nach einer gefühlten Ewigkeit in Magdeburg angekommen waren, weil auf der Autobahn sehr viel Glatteis lag und wir deshalb über die Landstraße fuhren, holten wir uns am Bahnhof ein Bier und rauchten eine Kippe. Ich kannte den Weg bis zu Noias Bude mittlerweile wie meinen Schulweg und lotste Lausi hinter mir her. Bei Noia angekommen, ging dann alles ruckzuck. Ich drückte ihm seine Kohle für die Teile in die Hand, die er mir beim letzten Mal gegeben hatte. Ich hatte sie aus meiner eigenen Tasche bezahlt, da ich mehr als die Hälfte der Pillen selbst geschmissen hatte. Ich war loyal und ehrlich gegenüber Noia. Das fuchste Lausi. Noia wusste nichts mehr von meinen Schulden und nahm das Geld einfach verdutzt an sich.

Dafür gab er mir gleich einen dicken Kristall. Ich zog ihn weg, als ob es das Normalste auf der Welt war. Lausi glotzte ziemlich dumm, denn hier war der Teufel los. Im Gegensatz zur ruhigen Atmosphäre in Lausis Wohnung ging hier die Post ab. Junkies von vierzehn bis vierzig – alles dabei.

Das musste doch Lausis Traum gewesen sein. Nur einmal alle arschkriechend am Rockzipfel zu haben und der Chef zu sein. Lausi musste seinen Stoff bei Noia bezahlen und holte gleich für achtzig Tacken ein Ganzes Gramm. Er zog sich eine und dann komplimentierte ich ihn auch schon raus. Er kam die nächsten Tage bei Andy unter. Wenn er mir auf WhatsApp schrieb, wie im Gange er sei und dass ich auch vorbeikommen müsste, antwortete ich einfach nur, drogenverherrlichend wie nichts: *„Ich liebe sie. Das ist das geilste Gefühl, dass ich je hatte. Danke dir dafür. Danke, dass du sie mir gezeigt hast."* Ich wusste, dass er das nicht hören konnte. Er war eben auch nur ein Mensch. Es zog ihn immer so richtig runter, wenn er dabei zusehen musste, wie sehr ich sie vergötterte und wie sehr sie mich veränderte. Diese Droge!

Ein paar Tage später rief Lausi an. *„Wie wollen wir's machen? Kommst du her oder soll ich herumkommen?"* Er hatte bereits in vierzig Minuten Geburtstag. *„Komm du her. Komm an die Bahnhaltestelle. Ich komme dann mit Mina zu dir runter"*, sagte ich gehetzt. Mina war sechsundzwanzig, voll auf Meth und ließ sich von Noia mit der Nadel penetrieren, weil sie es allein nicht konnte. Ich hatte sie einige Stunden zuvor in Noias Bruchbude kennengelernt. Sie war irgendwie so wie ich. Wir verstanden uns super. *„Okay. Meine Bahn kommt um dreiundzwanzig Uhr zweiundvierzig bei euch an"*, röchelte Lausi nervös in den Hörer. *„Jo, bis dann"*, sagte ich arrogant und legte ihn weg. Ich hielt diese Uhrzeit für seltsam. Dreiundzwanzig Uhr zweiundvierzig! Ich hatte ohnehin miese Zahlendreher und schaute genau wie Jana und die anderen immer dann auf die Uhr, wenn die Uhrzeit eine überaus auffällige Schnapszahl ergab. Das kam mir schon langsam wie verflucht vor. Ab diesem Abend wurde ich echt crazy. Ich nahm absolut alles anders wahr. Alles um mich herum kam mir nur noch verflucht, verhext und manchmal auch verzaubert vor. Ich war in dieser Woche voll auf „Hüttengaudi."

Mina und ich zogen uns an und Noia überreichte jeder von uns eine Pille für den Weg. Nachdem Mina und ich heruntergegangen waren, ich an der Tanke noch ein Bier geholt und an meinem sauren Apfel genippt hatte, stand sie plötzlich hinter mir und hielt mir die Augen zu.

„*Mund auf*", *sagte* sie und kicherte psychotisch. Ich wunderte mich und als ich dann ihre Hände von meinen Augen nahm und sah, dass sie mir ein Teil in den Hals schieben wollte, blockte ich erst einmal ab. „*Ne du. Ich bin gerade so in Fahrt. Ich gebe mir das später*", lachte ich. Ich fand es trotzdem extrem cool, dass sie so derartig vertraut mit mir umging und mich behandelte, als würden wir uns schon jahrelang kennen. So lief das halt in der Szene. Man plauderte über seine tiefsten Emotionen mit wildfremden Leuten.

Mina lachte und schmiss sich die Pille rein. Sie hatte anscheinend wieder Platz für eine Explosion in ihrem Gehirn. Als Lausi dann exakt um dreiundzwanzig Uhr zweiundvierzig an der Haltestelle stand, gingen wir von der Tanke zu ihm rüber und umarmten ihn kurz. Er freute sich wie ein Honigkuchenpferd darüber, dass noch ein anderes Mädchen mitgekommen war, nur um mit ihm zu feiern. Er hatte sicherlich bunte Fantasien, die er mit uns ausleben wollte. Er bettelte dann nach einem Teil, doch meins bekam er nicht. Nach wenigen Minuten fing er sich dann nur noch dumme Sprüche von uns ein. Mina hatte instinktiv ihren Frust an dem Typen ausgelassen. Wir zogen hinter seinem Rücken Grimassen und machten Äffchen. Als er sich sein Ticket für den Weg bis zu seiner Bleibe am Automaten zog, machten wir noch heimlich Fotos von ihm und mir, auf denen ich hinter ihm irgendwelche Mäxchen machte. Total kindisch und fies gingen Mina und ich ab. Ich kam mir vor wie ein bockiges kleines Kind. Ich glaube, das Kind in mir kam heraus, und Kinder können wie bekanntlich grausam sein. Ich hasste Lausi einfach. Doch so richtig ins Gesicht sagen, konnte ich ihm meine Meinung nicht. Irgendwas blockte mich da. Ich versuchte, anderweitig seine Gefühle zu verletzen. Lausi stieg in seine Straßenbahn. Mina und ich gingen wieder nach oben.

Am nächsten Morgen waren Mina und ich wieder auf dem Weg zur Tankstelle. Mina nahm ihre kleine Bulldogge mit, und wir tauschten die Stiefel. Es fühlte sich irgendwie magisch an, wenn wir zusammen waren. Da war eine Bindung. Als wäre sie eine Schwester. Wir liefen also zur Tanke, um uns mit Lausi zu treffen und ihm ein wenig Stoff von Noia zu verkaufen. *„Wir haben es eilig"*, *sagte* ich arrogant und wir ließen ihn wieder sitzen. Auf dem Rückweg lernte ich dann eine neue Leidenschaft kennen: *Treppenstufen steigen!*

*Noias verwahrloster,
gespenstischer Treppenflur*

Durch das Steigen, das in diesem Zustand wie Extremsport wirken musste, kam ich ordentlich ins Schwitzen. Ich bekam eine Gänsehaut und mein Herz raste wie verrückt. Während ich stieg, spürte ich haargenau wie von meinen Zehenspitzen aus Wellen aus warmem, euphorischem Feenstaub meinen Körper überfluteten. Von meinen Füßen glitt diese warmwohlige Welle dann durch meinen Körper und kroch langsam meinen Rücken hinauf. Stufe für Stufe laugte mein Körper mehr aus, und als ich dann oben vor Noias Tür stand und Calvin die Tür grinsend öffnete, da hatte ich meinen Höhepunkt erreicht.

Die Welle brach in meinem Kopf und ein paar galaktische Schmetterlinge stießen zusammen und explodierten. Ich wurde von Gänsehaut überflutet. Die Euphorie, das Ephedrin, alles explodierte. Die Droge hatte mich wieder auf einer neuen Ebene erreicht. So würde ich tagelang auf einer Stelle sitzen können und dieses Gefühl einfach nur erleben wollen.

Ich ging ins Schlafzimmer und legte mich auf die versiffte Matratze. Wieder kam eine Welle in mir hervor. Ungefähr so musste sich der Moment anfühlen, wenn man sich ballerte. Oder wie eine Reihe von Orgasmen, die man im ganzen Körper spürte. Nur besser. Ich dachte an meinen Trennungsschmerz zurück und drückte ihn in dem Moment heraus, als das wundervolle Gefühl durch meinen Körper strömte und mir der Ephedrin-Kloß den Hals hochkroch und platzte. Ich stieß den Schmerz von mir. Ich ließ ihn gehen. Ich schob ihn weg, indem ich tief ausatmete. Als die Welle aus Glücksgefühlen ausbrach, dachte ich nur daran und verzog das Gesicht, als würde ich weinen müssen. Dabei flogen alle Sorgen von mir und ich fühlte nur noch unendliches Glück. Es tat so weh, dass es sich gut anfühlte – es fühlte sich so gut an, dass es wehtat.

Nachdem Lausi an der Tür geklingelt hatte und kurz darauf direkt im Wohnzimmer stand, schob ich erst einmal einen Abturn. Er wollte wieder zurück nach Berlin fahren und hatte schon eine Fahrt für uns gebucht. Ich hatte auch tagelang verdrängt, dass Gina und Marty bei mir angerufen und Nachrichten hinterlassen hatten. *„Wann kommst du? Wir vermissen dich. Bitte bleib nicht in Magdeburg hängen."* Das hieß dann für mich also Sachen einpacken und weg hier. Lausi war ganz aufgeregt, denn er glaube fest daran, dass ihn von meiner Gina ein selbstgebackener Kuchen und eine Überraschungsparty zum Geburtstag erwarten würde. Ich rief sie heimlich aus Noias Badezimmer an und vergewisserte mich, dass sie ihm nicht gehörte und gehorchte nach seiner Anfix-Aktion. *„Wir haben einen billigen Kuchen für fünfzig Cent geholt. Marty hat Luftballons zu Penissen geformt und außerdem haben wir alte Pornos für ihn aufgetrieben, welche mit alten Frauen"*, lachte Gina am Telefon. Das waren meine Leute! Da war ich doch echt erleichtert. Ich warf mir schnell Schal und Jacke über, verabschiedete mich von den Magdeburgern und lief in Richtung Wohnungstür. Keiner gab Lausi die Hand, und wir verschwanden von der Bildfläche.

Der Biorhythmus

Magdeburg, Dezember 2014

Genau wie Gina es mir versprochen hatte, wurde Lausis Geburtstag ein etwas kleineres Desaster. Es waren viele Freunde von uns erschienen, die kamen, um ein wenig zu randalieren. Außerdem hatte jemand die Tür aufgerissen, als Lausi gerade duschte, um ihn zu peinigen. Trotz allem genügte es mir einfach nicht und Lausi hatte noch immer gewonnen, denn wir waren immer noch auf Meth. Ich wusste nicht mehr weiter. Ich hatte mir an diesem Abend so viel hineingescheppert, dass ich irgendwann nichts mehr fühlte. Wirklich nichts, außer einem Hauch von einem Drang, dem Typen etwas Böses zu wollen.

Ich schaute vor dem Spiegel an mir herunter, schaute meinen Bauch und meine Brust an. Der Teil, in dem ich eigentlich Trauer fühlte, die ich mit Glücksgefühlen übertüncht hatte, war nun leer. Angenehm leer. Ich nahm noch eine Linie Meth, dann war finite. Ich zappelte brutal hin und her, flog praktisch durch den Raum und fühlte mich wie eine Büchse Blech. Leicht wie eine leere Dose huschte ich durch Lausis Bude. Ich redete unheimlich schnell und nuschelte all meine bösen Gedanken vor mich hin. Marty und Gina waren total baff, als sie mich so sahen. Ich war nicht mehr ansprechbar. Ich war nicht mehr ich. Nicht einmal mehr mein Drogenich. Ich bewegte mich wie ein Roboter und fühlte mich auch so. Diese Leere in mir war so befreiend. Nach der Bretterschlaftablette, die ich zufällig in meiner Tasche gefunden hatte, schlief ich tief und fest ein.

Und wenn ihr denkt, das war schon schlimm, dann muss ich euch etwas sagen: JETZT GEHT DER SPAß ERST RICHTIG LOS.

Mein Biorhythmus war brutal aus dem Ruder gelaufen. Ich sah kein Licht mehr. Wortwörtlich. Alles, was ich sah, war die grelle Taschenlampe, die die Kristalle ableuchtete. Sie funkelten jeden Tag für mich. Mein Frühstück bestand aus einer mittelgroßen Linie Meth und danach rauchte ich direkt eine Zigarette. Hatte John damals in die Zukunft geschaut? Ich ging fast immer gegen acht Uhr am Morgen zu Bett und wachte dann gegen siebzehn Uhr, frühestens, wieder auf. Es war also durchgehend dunkel für mich. Das passte ganz außerordentlich zu meinem neuen Leben. Um mich herum liefen die Drogengeschäfte, und ich musste nichts weiter tun, als atmen und konsumieren.

Ich hatte den Stoff ab sofort um mich herum. Ich musste nirgendwo mehr hingehen, wenn ich etwas brauchte. Ich bekam einfach etwas ab. Das war selbstverständlich. Ich versuchte oft, wieder zurück nach Berlin zu fahren. In der Zeit, in der ich dann wach und bereit war, fuhren aber keine Mitfahrgelegenheiten mehr. Ich verpasste den Absprung und stürzte immer weiter hinunter. Ich bemerkte nicht, dass ich gerade am Untergehen war. Denn es liefen die Dinge wieder einmal parallel. Meine Gedanken waren positiv. Um mich herum blähte sich alles auf und zum Ende hin stürzte alles ein. Doch unten angekommen, würde es wieder bergauf gehen. Irgendwann und auch nur vielleicht. Erst einmal wollte ich jedoch an nichts denken. Ich vermisste Mama, die mir Schutz vor der großen Welt gegeben hatte. Ich wollte wieder Kind sein. Doch ich bin achtzehn und das Leben ...

Festtage

Berlin, Dezember 2014

Kurz vor Weihnachten hatten Gina und ich meine Drachenpflanze festlich geschmückt. Sie trug eine Sonnenbrille und wir hatten einen Kassenbon hineingehangen, einen Ziehhalm und eine Karte zum Knacken. Eben alle Ziehutensilien. Auf dem Rand des Blumentopfes lag ein orangefarbener Zettel auf dem „Weiße Weihnacht mit Wanja" draufgekritzelt war. Ein paar Tage zuvor waren Noia und Calvin von Magdeburg nach Berlin gefahren, und wir hatten eine riesige Sause bei mir in der Wohnung veranstaltet. Zum Schluss lagen überall Röhrchen herum, leere Baggys, unglaublich viel Müll, leere Flaschen und sogar eine dicke Tierspritze. Wo die herkam, wusste ich allerdings nicht. Ich denke, dass sie Noia aus der Tasche gefallen sein musste. Lausi war am Anfang der Party auch noch da gewesen, aber den hatte ich erfolgreich herausgeekelt. Gina und ich hatten ihn dazu geladen, nachdem Calvin uns mit Noia einen bunten Abend versprochen hatte.

Nun sollte der Tag gekommen sein, an dem ich Lausi aus unserem Leben verbannen würde. Noch hatte ich keinen idealen Plan, aber er sollte leiden. Als Lausi bei mir ankam, saßen wir schon zu viert auf der Couch und zogen uns lachend die Birne zu. Noia und Calvin hatten gutes Meth am Start, und dagegen konnte Lausi mit seinem mittelmäßigen Pepp einpacken. Er bot uns trotzdem allen eine Nase davon an, und als die Glasplatte mit dem Stoff bei Calvin ankam, pustete er die Linie einfach nur in den Raum. Ich musste tierisch darüber lachen. Vor allem aber bekam ich mich nicht mehr wegen des dummen Gesichtsausdruckes von Lausi ein, als er dann das Meth probierte. Er kniff die Augen zusammen und machte dicke Pausbacken, nachdem er gezogen hatte. So dumm hatte bis jetzt noch niemand ausgesehen, wenn er eine Bahn geruppt hatte.

Später nahmen wir alle noch eine Pille, und dann war Lausi mir wirklich ein unheimlich störender Dorn im Auge. Ich beschloss sofort, ihn rauszuwerfen, und fing an, ihn rundzumachen und zu provozieren. *„Deine billigen Kopfhörer, die habe ich geklaut! Du kannst also aufhören zu suchen. Du Sprallo."* Das ging immer weiter, bis er total eingeschüchtert auf der Ecke meines Bettes saß. *„Gib sie mir wieder. Jetzt sofort."* Er versuchte, ruhig zu bleiben. Ich wusste, dass er ein Psychopath war. *„Du wirst deine Kopfhörer nicht bekommen. Sei froh, wenn du heile davonkommst"*, fauchte ich. Ich dankte mir innerlich selbst, weil ich es endlich gebracht hatte, meinen Mund so richtig zu öffnen und ihm meine beschissene Meinung ins Gesicht zu feuern. Ich hätte mich sogar um die Kopfhörer geschlagen mit ihm, darauf war ich vorbereitet. *„Du hast nicht mal mehr all deine Zähne! Was willst du hier? Komm, verpiss dich einfach. Ich will einfach nur, dass der geht. Leute."* Langsam wurde die Diskussion anstrengend für mich. Ich hielt die Vibrations von Lausi kaum noch aus.

Noia schaute mich ein wenig misstrauisch an, denn er hatte selbst keinen einzigen Zahn mehr im Mund. *„Bei dir ist das egal. Du bist okay"*, sagte ich zu Noia und lächelte ihn an. *„Warum bist du denn so mies zu dem?"*, fragte Noia mich von seinem Platz auf dem Boden aus. Er hatte sich einfach in die Ecke meines Wohnzimmers gekauert, dort gefixt und sich überall ausgebreitet. *„Weißt du's nicht mehr? Der hat mich auf Meth gebracht. Als ob das nicht reicht, hat der auch noch Gina angefixt. Ich habe einen Grund, diesen Typen zu hassen."* Calvin laberte im Gegensatz zu Noia auch gegen Lausi. Er sah das genauso wie ich. Man fixt keine Leute mit Drogen an, und schon gar nicht, wenn die gerade mal sechzehn sind, so wie ich damals. *„Habe ich doch gar nicht"*, brüllte Lausi. Während die anderen zu mir schauten, schaute er mich mit großen Pupillen an und schüttelte den Kopf. Das brachte mich noch viel mehr in Rage. Es reichte mir mit diesem falschen Fuffziger endgültig.

„Willst du jetzt auch noch, dass ich meine eigenen Freunde verarsche und denen vormache, du seist nicht schuld? Willst du das echt

erreichen, mit deinem vertuschenden Gesichtsausdruck? Das kann nicht dein Ernst sein, und jetzt raus hier, aber zack zack. Ich vergesse mich gleich." Er verpisste sich einfach nicht, sondern blieb auf der Stelle sitzen und bot uns immer wieder Peppen oder seinen Schnaps an, damit er bleiben dürfte. Aber so lief das hier nicht. *"Was denkst du eigentlich, wer du bist? Und was denkst du, wer ich bin? Ich habe gesagt, verpiss dich Alter. Du kannst hier keinen kaufen mit deinem verdammten Dreckszeug. Hau endlich rein."*

Er blieb trotzdem sitzen und zündete sich noch frech eine Zigarette an. Ich lief fast schon rot an, dann schnappte ich mir seinen Rucksack und schüttete ihn auf meinem Bett aus. Anscheinend war ich ein Pazifist. Ich hätte ihn am liebsten geschlagen, aber war viel zu drauf dafür. *"Wer will davon was haben? Braucht das einer?"* Calvin schüttelte lachend den Kopf. *"Junge! Verpiss dich jetzt einfach. Du merkst doch, dass du gehen sollst"*, sagte er dann und kuschelte sich in die Ecke meines Sofas. Ich schob Lausi vor mir aus der Wohnung raus.

Wenige Minuten später hatte ich noch viel mehr den Drang entwickelt, ihm eine reinzuhauen, und rief ihn dann ganz spontan und widerlich an. Ich bat ihn darum, wieder zurückzukommen. Natürlich auf die nette Tour, so wie er es auch immer tat, und dann hinten herum ganz widerlich. Das war mein Plan und mein stärkster Wille in diesem Moment. Ich hätte ihm am liebsten eine Bande von Schlägertypen hinterhergejagt, so wie sie es früher mit mir gemacht hatten. Ich wollte ihn noch einmal sehen, um ihm eine zu verpassen. Ich hatte solch eine Wut in mir. *"Ich lasse mir so etwas nicht mehr gefallen"*, sagte ich zu den anderen. Wie ich später von einem Kumpel erfuhr, hatte er echt überlegt umzudrehen, aber ihm wurde davon abgeraten. Auf Nimmerwiedersehen. Seit diesem Tag an hatte ich auch Lausi nie mehr wiedergesehen. Lausi hatte uns heimlich gefilmt und das schon seit Wochen. Ich bekam es raus und hatte meine Leute, die ihm das Handy einfach abnahmen.

Party, Splitterjagd und Geisterbuden

In denselben Tagen

Die Party artete total aus. Gina hatte an diesem Abend zum ersten Mal Ecstasy konsumiert. Außerdem hatte sie wieder Meth gezogen. Es war egal, wie viel sie nun mit mir davon nehmen würde. So redeten wir uns die Sache schön. Schließlich war Lausi der Dumme, wegen dem sie in den Genuss gekommen war. Sie war total verblendet und berichtete später sogar davon, dass sie nebenbei Zombies vor meinem Balkon gesehen hatte. Sie hatte aber nicht weiter darauf reagiert, weil wir alle so viel Spaß hatten und sie nebenbei noch viele andere Dinge im Kopf hatte. Sie stand vor meinem Spiegel im Wohnzimmer und sagte: *„Daran sieht man ganz klar, dass der Mensch vom Affen abstammt"*, während sie sich betrachtete. Ich hatte mir in meinem Wahn den Ventilator vom Schrank heruntergeholt und mich dann in den Wind gesetzt. Ich fühlte mich wie auf Malle. Irgendwann war die Party vorbei und Calvin und Noia machten sich zurück auf den Weg nach Magdeburg.

Ich glaube, das muss der dritte Advent gewesen sein. Als sie weg waren, räumten wir ein wenig auf und bemerkten irgendwann, dass wir kein Meth mehr übrighatten. Wir verabredeten uns am Nachmittag mit einem Ticker am Alexanderplatz. Bis dahin waren aber mindestens acht Stunden totzuschlagen. Irgendwann waren Gina und ich ganz plötzlich wie ferngesteuert. Die eine von uns hatte die Handytaschenlampe angeknipst und die andere kroch auf dem Boden herum. Wir funktionierten perfekt. Ein spitzenmäßiges Team. Wir waren auf *„Splitterjagd"* in meinen eigenen vier Wänden. Bei so viel Stoff, wie hier umherging und herumflog, musste doch irgendwo noch etwas davon verstreut sein.

Wir stellten alles auf den Kopf und hoben jeden Krümel vom Boden auf. Wir waren in jeder Ecke und hinter der Couch. Sogar darunter. Wir schüttelten den kleinen schwarzen Teppich aus und suchten sogar in Küche, Bad und Flur weiter. Im Nachhinein habe ich erfahren, dass fast jeder, der auf Koks oder Meth war, so etwas schon mal in der Runde oder zu Hause abgezogen hatte. Wir waren also kein Einzelfall mit unserer Suchaktion.

Wir fanden allerhand kleine Krümel, die wir vorerst als Meth deklarierten. Wir leuchteten sie ab und tatsächlich! Sie funkelten alle. Als wir dann alles in eine kleine Schale legten und dann später genauer sortierten, bekamen wir einen totalen Lachanfall. Aus dem gesammelten hatte sich tatsächlich eine kleine Bahn Meth zusammengefunden. Dazu ein paar Klumpen Peppen und der Rest waren einfach nur Brotkrümel gewesen. Wir konnten nicht mehr atmen vor Lachen. Da waren wir knapp eine Stunde lang so fokussiert gewesen und hatten echt alles aufgehoben, sodass der Boden danach blitzte und wir nicht einmal mehr Staub saugen mussten.

Wir bunkerten das Peppen erst einmal in irgendeinem leeren Baggy und zerdrückten das Meth auf einer Glasplatte mit einem Kassenbon und einer alten Krankenkassenkarte. Es funkelte uns an und wir teilten uns die Linie schwesterlich. Der restliche Tag wurde märchenhaft. Erst einmal grübelten wir eine halbe Stunde lang darüber, wieso die Brotkrümel glitzerten. Nach zeitloser Zeit fiel uns beiden nahezu gleichzeitig ein, dass ich einen großen weißen Weihnachtsstern an meinem Fernsehregal zu hängen hatte, der mit Glitzer bedeckt war. Es musste sich in der gesamten Wohnung verteilt haben. Wir zogen uns im Rausch des erheiternden Crystals schnell an und fuhren dann nach Adlershof zu Ginas erster eigener Wohnung. Gina sollte nämlich heute den Leuten vom Sanitär erklären, wo sie ihre Spüle in der Küche anbringen sollten.

„Würden Sie denn mal kurz aufhören, zu lachen, und Ihre Zigaretten zur Seite legen? Schauen Sie mal her! Sollen wir die Spüle hier anbringen? Oder lieber dort drüben?" Die Handwerker waren abgefuckt.

„Joah! So machen wa ditte", rief Gina. Gina und ich krümmten uns vor Gelächter. Die Kerle bauten die Spüle einfach mitten im Raum an die Wand. Ihr war ganz egal gewesen, ob das nun für immer so bleiben würde. Es war ja schließlich nur ihre Wohnung. Kein Ort, an dem sie oft sein würde.

Wir dachten überhaupt nicht nach und schlenderten irgendwann über den Alex. Gina dachte, sie würde jeden zweiten Menschen kennen, der unseren Weg kreuzte. Dann trafen wir uns mit unserem Ticker, bekamen von ihm neuen Stoff und fuhren wieder zu mir nach Steglitz. Dort angekommen, lies langsam die Wirkung unserer letzten Bahn nach und ich wurde müde. Am frühen Abend kamen Marty und sein Kumpel Nelly vorbei und schauten sich unsere Macke an. Weil Gina sich irgendwann Filmchen auf mich schob, hauten sie und Marty ab. Sie fuhren nach Pankow in die Wohnung von Ginas Mom, die gerade nicht zu Hause war. So kam Gina zu ihrer persönlichen Horrornacht.

Es war genau ein Uhr, als sie mich total aufgescheucht anrief und in den Hörer heulte. *„Kiki?!"* Ihre Stimme zitterte. *„Hier sind überall so komische Gestalten. Eine von ihnen versucht durch die Balkontür hineinzugelangen und mein Kater spielt mit einem Geist. Ich habe Angst! Bitte hilf mir einfach! Bitte hilf mir."* Das Telefon schnarrte und auf einmal krachte es nur noch am anderen Ende der Leitung. Ich bekam tierische Panik um meine Gina und rief sie immer wieder an. Niemand nahm ab und ich machte mir mächtige Sorgen. Ich probierte es bei Marty. *„Bist du denn total krank? Wie kannst du sie allein lassen? Du weißt doch genau, was sie alles in den letzten Tagen genommen hat"*, jammerte ich in mein Smartphone. *„Ist mir doch egal? Die ist bescheuert. Sie labert die ganze Zeit von Geistern. Das gebe ich mir doch nicht"*, schimpfte Marty. Ich legte sofort auf und versuchte noch einige Male, Gina an den Hörer zu bekommen, aber es ging nur noch ihre Mailbox dran. Ich rief dann bei Noia an und schilderte ihm meine Situation. *„Na dann fahr zu ihr"*, sagte er.

Genau das hatte ich als Nächstes vorgehabt. Nur fuhr keine Bahn mehr, mit der ich bis zu ihr kommen würde, und Geld für ein Taxi hatte ich auch nicht. Ich versuchte, ruhig zu bleiben, doch irgendwie hatte ich große Angst vor dieser Situation. Ich schaute mich in meiner eigenen Wohnung um und bekam auf einmal Panik, dass sich auch in meiner eigenen Wohnung gleich alles selbstständig machen würde. Die ganze Atmosphäre und die Vibes waren einfach nur Furcht einflößend. Ich rief daraufhin Mama an. Sie war gerade auf dem Rückweg von der Arbeit. Sie holte mich mit ihrem VW ab und wir fuhren dann zusammen zu ihr nach Hause. Ich erzählte ihr erst einmal nichts davon, da sie noch einen Arbeitskollegen mit an Bord hatte, den wir auf dem Weg irgendwo absetzten. Noch während der Autofahrt fühlte ich dann plötzlich eine Art Erlösung. Ich hatte mir selbst eingeredet, dass mit Gina alles in Ordnung sein würde und sie sich sicherlich schon hingelegt hatte. Ich kannte Gina doch ziemlich gut und konnte mir denken, dass sie trotz dieses kranken Erlebnisses niemals auffliegen wollen würde. Da war ich mir sicher. Ich sagte Mama nichts.

Damit hatte ich mir auch ausgeredet, dass auch ich mich nicht mehr auf die vernebelten Straßen getraut hatte, um bei Gina nachzusehen. Ich dachte mit gemischten Gefühlen an meine beste Freundin. Im Bett sackte ich weg. Am frühen Morgen rief ich gleich bei Gina durch. Sie erzählt mir, dass ihr Handy abgestürzt war und sie sich in ihrem Zimmer eingeschlossen und eine Decke über ihren Kopf gezogen hatte, während es um sie herum überall zischte und polterte. Irgendwann kam dann ihre Mama nach Hause, streichelte sie und beruhigte sie, bis sie einschlief.

Gott sei Dank war sie rechtzeitig gekommen. Vielleicht wäre Gina in ihrem Wahn auf die Straße gerannt oder sogar aus dem Fenster gesprungen. Crystal Meth ist eine der härtesten Drogen der Welt. Als ich Gina später wiedersah, hatte sie ein großes Ekzem auf der rechten Wange, dass sich dort wegen ihres Stresses der letzten Nacht gezeichnet hatte. Sie sah total fertig aus.

Sie blieb dann die nächsten Tage zu Hause und ich fuhr wieder zurück in meine Wohnung und räumte noch einmal gründlich auf. Dann stand auch schon Weihnachten vor der Tür.

Gina hatte mich genau an Heiligabend hängen gelassen. Sie hatte sich Meth besorgt und sich anderswo herumgetrieben. Ich war enttäuscht und machte mich kurzerhand auf den Weg zu Noia. Auch er schob sich zu Hause Filmchen. Filmchen auf die Polizei.

Pumpenmuli und der Brand

Magdeburg, 26. Dezember 2014

Er war ein siebenunddreißigjähriger Fixer. Er schepperte sich alles hinein, was er in die Finger bekam. Sie nannten ihn Pumpenmuli. Noia und ich waren kurzerhand zu ihm gefahren, weil Noia in seiner Bude nur noch Schiss hatte. Im Treppenflur der hohen Platte, in der Pumpenmuli hauste, roch ich einen süßlich brenzlichen Geruch. Ich war total verwundert über diesen eigenartigen Gestank. So etwas hatte ich bisher noch nie gerochen. Es war verdammt außergewöhnlich. Das Meth veränderte einfach alles. Es veränderte scheinbar meinen Geruchssinn. „Was ist das ... für ein Geruch?", fragte ich verdutzt, während ich immer wieder die Luft einatmete. *„Hier sind 'n paar Leute abgefackelt ... Im zehnten Stock. Das war vor einem Monat oder so. Riecht noch ziemlich stark, oder?"*, sagte Pumpenmuli euphorisch, denn seine Drogen knallten. Echt jetzt? Es stimmte. Der Rauch war noch nicht komplett hinausgezogen und in der zehnten Etage standen schwarze Rußflecken an den Wänden, berichtete Noia. Wir mussten mit dem Fahrstuhl zwei Etagen höher bis zu Mulis Buchte. Es ging das Gerücht herum, dass es drei Leute gewesen waren, die alle auf ihren Meth-Turn irgendwann weggesackt waren und vorher noch ein Lagerfeuer gemacht hatten. Ich akzeptierte diese Situation völlig wertungsfrei.

In Pumpenmulis Wohnung saßen die gesamten Junkie-Kunden von Noia und warteten schon unruhig. *„Komm mit! Ich führe dich mal ein wenig herum!"*, sagte P. M., nachdem er sich ein dickes Blech hineingezogen hatte. Er wohnte in einer verwüsteten Fünfzimmerwohnung und zeigte mir zunächst jeden Raum einzeln. Danach zeigte er in das Zimmer nahe dem Fenster, aus dem man die anderen hohen Platten erkennen konnte. *„Und das hier weißte ja. Das ist mein Reich."* Schon saß er wieder auf seinem

Kinderbett und schnappte sich den veralteten Kontroller. Muli war total verrückt nach Drogen und spielte ein Computerspiel auf seinem Windows98, in dem er sich auf der anderen Seite des Existierens befand. In dem Spiel war es einsam, kalt und dunkel. Er war vom Tod fasziniert und faselte den lieben langen Tag nur von irgendwelchen Kicks. *„Na und was hast du schon alles genommen?"*, fragte er mich, während er sich eine Spritze aufzog. *„Ich? Bis jetzt nur Meth, Peppen, Koks, Gras und Teile."* Er grinste glückselig, als würde er sich tierisch für mich freuen.

„Dann hast du ja noch eine Menge vor dir", sagte er und zündete sich gleich noch ein Blech Shore an. Sicherlich hatte er geglaubt, er könne mich in so manche Droge einweihen und mir dabei zusehen, wie ich mich psychisch in ihrer Explosion wälzte. *„Darf ich mal riechen?"*, fragte ich und beugte mich über den Tisch. Er hielt mir das Blech unter die Nase, und ich fand, dass es ziemlich gut roch. Ich mochte das Außergewöhnliche. Es versprach jede Menge unberührtes Gebiet und unbekannte Erlebnisse. *„Du hast noch so viel vor dir. Es gibt noch sehr viel, was du ausprobieren kannst. Probiere am besten jede einzelne Droge aus, dann kombiniere sie verschieden und am allergeilsten ist es sowieso, wenn du dir alles zusammen reinschepperst."* Ich zog die Augenbrauen hoch und sagte nichts.

In seinem Wohnzimmer hingen überall Kabel und Tücher von der Decke herunter. Er sprang meistens nur im Handtuch über dem Arsch herum und hatte nasses etwas längeres Haar. Er erinnerte mich irgendwie an Tarzan, wenn er da so herumwirbelte. Alles wirkte irgendwie, als sei es nicht von dieser Welt oder aus dieser Zeit.

Es wirkte wie eine Szene aus einem Film oder Märchen. Ich sah die Bude als Kunstwerk an. Man kann sich nicht vorstellen, zu was es kommt, wenn einer so am Rad dreht und dann noch mehr oder weniger kreativ dabei wird. Der Typ konnte ein Abitur vorlegen und man merkte an der Art und Weise, wie er über die Welt sprach, dass er nicht auf den Kopf gefallen war. Trotzdem lebte auch er ein selbst überlassenes, flaches Leben und war längst gebrochen. *„Ja dann mach's dir einfach direkt gemütlich. Da hinten kannste gleich deinen Kram auspacken. Zum Ballern kannste ruhig immer ins Wohnzimmer kommen, dann machen wir das zusammen. Musst nichts allein machen, wenn du hier bei mir bist."* Schön zu wissen, dachte ich mir. Der Typ war extrem gastfreundlich, aber irgendwie war das doch alles falsch, oder? Jeder seiner Gastmitbewohner war ordentlich auf Droge, und wenn wir mal heruntergekommen wären, wären wahrscheinlich alle lieber allein und ganz weit weg von den anderen zur Ruhe gekommen. Sie machten hier einen auf heile Familie, aber sie zogen gewaltig hinter dem Rücken des anderen her und gierten nur nach dem Stoff.

Muli hatte mittlerweile allerhand Utensilien auf seinem Tisch ausgebreitet und erklärte mir dann jede Einzelne. Er stellte mir seine Trophäensammlung vor. Einmal hatte er irgendeine Zange gesucht und dann seinen kompletten Müll im Wohnzimmer verteilt, ihn sortiert und auseinander gefummelt. Dazu brauchte er vier Stunden. Davor hatte er sich Meth, Methadon, Heroin, Tramadol und Subutex hineingepfiffen. Irgendwann wurde er dann affig und machte allen die Hölle heiß.

Als Noia dann ein weiteres Mal mit frischem Crystal und Heroin bei sich auf der Matte stand, knallte er sich beides hintereinander in die Vene und fuhr mit seinem Rad zum Bistro und brachte jedem von uns einen XXL-Döner mit. So dankbar war er. Später habe ich dann auch jeden Abend mit ihm zusammen gekocht. Er war sehr offenherzig, wenn es ihm gerade mehr als gut ging. Das Verrückteste an allem aber war, dass im Flur auf der Ablage neben dem Kleiderständer seltsame Becher herumstanden. Becher voll mit benutzten und unbenutzten Spritzen. An denen durfte sich jeder seiner Gäste bedienen. Wie eine Schale gefüllt mit Bonbons. Für ihn war es das Normalste der Welt. Er erzählte immer euphorisch von dem ganzen Dreck und versuchte, mich in seinen Bann zu ziehen. Aber ich hatte damals nur Augen für das Meth.

Noia blieb eine Nacht über in dem Haus seines Bosses, und sie planten dann gemeinsam, dass dieser mit uns an Silvester nach Berlin kommen würde. Wir schrieben mittlerweile schon den 28. Dezember 2014. Im Verlauf dieser Nacht ging ich dann tatsächlich wieder auf meinen Turn zum Treppensteigen in den Treppenflur.

Ich hatte meine Mukke auf dem Handy und wollte dann die zweiunddreißigste Minute eines Hardtekksets, denn dort kam meine damalige Lieblingsstelle. Ich hatte sie gefunden, als ich hier in Magdeburg vor ein paar Tagen am Bahnhof angekommen war. Sie war göttlich und genau in der Sekunde, als ich den Bahnhof betreten hatte und in die große Halle hineinlief, spielte sie.

Ich bekam heftige Glücksgefühle und befand mich auf Wolke sieben. Genauso muss das sein, wenn man voll auf Droge ist und Hardtechno hört. Da kommt diese Stelle, wo alles perfekt ist. Dieses Feeling wollte ich definitiv wieder erreichen. Als ich im Treppenflur ankam und Pumpenmuli die Tür mit einem Grinsen hinter mir schloss, wurde mir ein bisschen mulmig. Der Geruch verbrannter Dinge stieg mir in die Nase, und ich wollte die Aktion nur schnell hinter mich bringen. Es machte mir irgendwie Angst. Ich überlegte dann, ob ich zuerst zwei Etagen nach oben, und dann wieder herunterlaufen würde. Man muss aber wissen, dass man den Kick eben nur beim Hinauflaufen bekommt. Ich entschied mich also dafür, erst hinunterzulaufen, denn dann würde ich beim Treppen wieder hinaufsteigen, den Kick erhalten und könne dann gleich wieder klingeln. Das Dumme daran war nur, dass ich vergessen hatte, in welchem Stock die Wohnung in Flammen aufgegangen war. Ich hoffte, dass ich nicht daran vorbeilaufen würde. Es war wirklich gruselig. Ich hatte Angst davor, etwas zu sehen. Vielleicht etwas Übernatürliches. Ich würde dann sicherlich vor Schreck erstarren.

Ich lief also nach unten und beeilte mich dabei. Somit war meine Aktion auch schon missglückt, denn ich konnte mich nicht voll und ganz auf die Glücksgefühle einlassen. Gerade als ich dann unten angekommen war und in meinem Handy die besagte Stelle abspielen wollte, kam mir ein eiskalter Schauer. Ich stand plötzlich direkt vor der Wohnungstür, hinter der das Grauen passiert war. Ich war wie gebannt, denn ich sah das riesige Brandloch in der Tür und die Absperrung vor der Wohnung. Ich rannte so schnell ich konnte wieder nach oben, und als ich vor der Tür von Pumpenmuli ankam, klingelte ich gehetzt Sturm.

Plötzlich ging das Licht im Stockwerk über mir an und jemand kam heruntergelaufen. Seine Schritte klangen tapsig und drauf. Das beruhigte mich. Nichts Übernatürliches also und allein würde ich gleich auch nicht mehr dort stehen. Als er mich sah, stellte er sich neben mich und drückte auch einmal auf die Klingel, dann sagte er zu mir: *„Hallo Berlin."*

Ich war so erleichtert, als ich dann endlich sein mir bekanntes Gesicht sah. Es war einer von Leons Jungs und er lächelte. *„Was machst denn du hier? Sage mal. Kamst du von unten? Da sind doch die ..." „Ja, ich weiß, was da passiert ist. Ich wollte da auch nicht hin. Ich wollte nur Treppensteigen. In Berlin macht man das so, wenn man geschmissen hat, dann kommt man noch geiler darauf, weißte?"*, sagte ich, während mir noch immer die Pumpe ging. *„Haste denn geschmissen?"* Er grinste. *„Ne habe ich nicht. Das geht aber auch, wenn man Crystal gezogen hat. Also bei mir geht das jedenfalls."* Ich war total aus der Puste und mir stand der Schock noch ins Gesicht geschrieben. *„Haste deinen Kick denn bekommen?"*, fragte der Typ neugierig. Ich wollte ihm gerade sagen, dass ich mir gerade vor Angst fast in die Leggings gepullert hätte, da riss Noia die Tür auf. *„Aha. Das ist ja interessant. Was machst du denn hier mit dem? Was soll denn das werden?"* Wir erklärten ihm dann, dass wir uns nur flüchtig kannten und dass ich Treppen gestiegen war und er dann von oben heruntergelaufen kam und wir zusammen gewartet hatten, bis uns jemand öffnete.

Er glaubte uns natürlich kein Wort, und weil er dachte, dass wir ihn belogen haben, hatte er das Gefühl, dass wir etwas Mieses geplant haben. Von diesem Tag an schob sich Noia noch mehr Filmchen auf mich. Pumpenmuli tat dann alles dafür, um diese Filmchen noch zu verschlimmern. Er tuschelte irgendwas vor sich hin, damit Noia dachte, er würde mit mir flüstern. Er lief nackt durch die Wohnung und schaute ständig zu mir rüber. Ihm gefiel es, wenn er Noia aufhetzen konnte. Der war jedoch den halben Tag nicht anwesend, da er viel Zeit unterwegs verbrachte. Er fuhr den Stoff direkt zu den Kunden, und ich vertrieb mir die Zeit mit dem ausgeflippten Muli. Mir blieb ja auch nichts anderes mehr übrig.

Wir laberten rund um die Uhr wirres Zeug und ohnehin machte der Typ nie einen Punkt. Er erzählte mir, dass er jede Nacht mit Geistern redete und dass das Wahrnehmen von Elektrizität und Gestalten zu seinem Alltag gehörte. Ich hörte ihm gespannt zu. Zudem hörte er den ganzen Tag ausschließlich lauten Frenchcore. Er erklärte mir jedes Medikament und jede Droge, die er dort herumliegen hatte. Was sie bewirkte, wie man sie am besten konsumierte und kombinierte und woher sie kam. Er hatte sich eindeutig auf das Thema „Drogen" spezialisiert. Irgendwann kam es mir dann vor, als sei ich bei ihm schon einmal gewesen, und ich dachte, hinter mir eine Tür gesehen zu haben.

Als ich mich umdrehte und gerade ins Bad gehen wollte, war dort aber nur eine Wand. P. M. sprang auf und zeigte mit dem einen Finger auf mich und hielt sich die andere Hand vor den Mund: *„Das ist mysteriös! Also vor zwanzig Jahren ... da war hier mal eine Tür. Wurde dann aber renoviert. Aber wie kannst du das bitte wissen?"* Ich zuckte nur grinsend mit den Achseln und lief dann wie gewollt zum Badezimmer. Als ich wiederkam, hatte Muli ein anderes Set eingeschaltet. Es erinnerte mich ungemein an eine Zeit mit Pflastersteinstraßen und alten Häusern. Ich bekam minutenlang heftige, aufeinanderfolgende Déjà-vus. Dann erzählte ich ihm davon, und wir freuten uns zusammen darüber, wie das Meth bei mir einschlug. Er war ein Fan von Drogen. Er beteuerte es immer und immer wieder. Als er mir dann weismachte, dass er seine eigene Mama dazu gebracht hatte, sich mit ihm zusammen zu fixen, da machte ich mich dann schnell auf den Weg in „mein Zimmer". Ich wollte erst einmal meine Ruhe und schlief dann direkt ein. Es war alles ein bisschen viel für mich, das merkte ich jedoch nur an meinem erschöpften Körper. Muli war leider ziemlich verärgert darüber, dass ich ihn dort so sitzen gelassen hatte, nach all den langen Gesprächen in den letzten Tagen und hetzte seitdem nur noch gegen mich. Es war mir aber egal, denn es war schon einen Tag vor Silvester, und ich plante, nach Hause zu fahren, um dort zu feiern. Von den Strangern, die auch bei Muli oder Noia mitwohnten, fange ich gar nicht erst an. Ich habe mich ferngehalten von ihnen. Ich war meist auf Abstand.

Mad New Year!

Berlin, Silvester 2014

Gina hatte sich bei mir gemeldet und sich dafür entschuldigt, dass sie mich an Heiligabend hatte sitzen lassen. *„Ich fühle mich allein. Du bist doch meine bessere Hälfte. Wann kommst du wieder zurück nach Berlin? Du gehörst doch hier her. Es tut mir leid wegen letztens."* Das hatte Gina mir über den Messenger geschrieben. Ich verzieh ihr sofort, und als ich hörte, dass sie sich mit Calvin gezofft hatte, war mir irgendwie auch bewusst, dass sie mich dahaben wollte, weil ich auf jeden Fall genug Crystal dabeihatte. Allein lassen wollte ich sie aber definitiv nicht. Schließlich hatte ich sie doch irgendwie dort mit hineingeritten. Noia und ich fuhren am nächsten Abend in seine Wohnung.

Dort saß sein Budenspanner im Wohnzimmer und hatte die ganze Höhle aufgeräumt und fein säuberlich geputzt. Dafür bekam er ein knappes Gramm Meth von Noia und verzog sich dann. Er ging einfach zu einem anderen Kumpel und schlief dort. Ich ging schnell nach hinten in das Schlafzimmer. Dort fingerte ich unter dem Bett ein halbes Gramm in einem Baggy hervor, dass ich Noia einmal abgekauft und dort gebunkert hatte, und steckte es in meine Tasche. Außerdem nahm ich noch ein paar von meinen Klamotten mit, die ich dort beim letzten Mal vergessen hatte. Wir zogen uns an und machten uns startklar. Draußen wartete schon Noias Quelle. Der Boss. Wir stiegen zügig in seinen Wagen ein und fuhren los. Wir fuhren durch die Nacht. Es war bereits vier Uhr in der Früh, als wir die Autobahn entlang pesten.

Noia war neben mir auf der Rückbank schon weggesackt. Aus seinen großen Kopfhörern dröhnte die Tekke. Ich versuchte, ihn zu wecken. Vergebens. Also schaute ich wieder auf die Straße und schaltete meine eigene Musik auf meinem MP3-Player ein.

Ich schaute ein wenig aus dem verdunkelten Rückfenster und dann rutschte ich auf den Mittelplatz rüber.

Ich starrte nur so nebenbei, während ich in meinem Kopf nach ein paar Gedanken suchte, durch die Windschutzscheibe. Auf einmal entdeckte ich etwas wirklich Faszinierendes auf der Autobahn. Ich schloss meine Augen und rollte sie unter meinem Augenlid einmal nach hinten. Dann schaute ich noch einmal hin. Tatsächlich!

Es waren Geister, die ich sah! Sie waren durchsichtig und charakteristisch. Zwei von ihnen schwebten unmittelbar vor der Autohaube umher. Er trug einen Hut und sie einen Stock. Sie gingen Hand in Hand. Genau vor unserem Auto verschwanden sie dann, als hätten wir sie überfahren. Sie lösten sich praktisch in Rauch auf. An den Seiten der Autobahn sah ich noch mehrere von ihnen. Große, kleine, dicke und dünne. Alles war dabei. Ich sah mir einfach nur das Geschehen an und war total baff. Damit hatte ich nicht gerechnet. Wahrscheinlich hatte ich meinen Mund aufgerissen und total psychotisch auf die Straße gestarrt. Ich meine, so etwas sah ich auch in diesen Zeiten nicht alle Tage. Ich hatte zum ersten Mal so etwas gesehen. Mich faszinierte das ungemein. Es machte mir auch keine Angst. Es überkam mich einfach, und es dauerte eine Weile, bis keine Geister mehr vor uns auf der Autobahn auftauchten. Noia hatte mich seit ein paar Minuten heimlich beobachtet. Ich schaute zum Großdealer in den Spiegel. *„Ehm."* Ich wollte gerade losplappern, da unterbrach mich Noia. *„Schlaf ein bisschen! Lehn dich doch an."* Ich drehte mich zu Noia, dann wurde er laut. *„Alter! Fahr ein bisschen schneller! Ich will, dass die erst einmal schläft."*

Ich schaute ihn verdutzt an. Er schüttelte angepisst den Kopf, dann kam er näher und flüsterte: *„Ich hab's dir ja gesagt. Ich bin klar im Kopf und DU spinnst. Da ist nix."* Ich schaute ihn nachdenklich an und auch ein wenig niedergeschlagen. *„Ich bin ein Realist. Vergiss das nicht"*, flüsterte er. *„Alles klar"*, flüsterte ich zurück. Ich hatte in diesem Moment total vergessen, dass Jana auch ständig etwas gesehen hatte und Pumpenmuli mir von seinen nächtlichen Gesprächen mit den Geistern erzählt hatte. Sogar Ginas Höllennacht kam mir nicht mehr in den Sinn. Als wir dann irgendwann anhielten, war es schon am frühen Morgen und noch immer stockduster. Wir schrieben den 31. Dezember. Obwohl wir so schnell lebten, hatte ich das Gefühl, dass die letzte Woche sich ewig lang gezogen hatte. Heute Abend würde also die gesamte Welt feiern. Ich freute mich ein wenig darüber. Wir stiegen aus dem Wagen, und ich wunderte mich, denn wir standen nicht vor meinem Block. „*Was machen wir denn hier? Was wollen wir hier?*" Ich wippte ein wenig zur Musik mit, die auf meinen Basskopfhörern spielte. Ohne Musik geht bei mir nichts. Ich höre immer auf mindestens einem Kopfhörer Musik, sobald ich die Wohnung verlasse. „*Bang Bang, You Shot me Down, Bang Bang ...*", summte ich vor mich hin und schaute mich ein wenig um. „*Wir warten jetzt auf Calvin. Der hat noch was dabei und dann verhandeln wir bei dir zu Hause*", posaunte der Boss aus seinem Auto heraus, und ich nickte einfach ab und zog an der Zigarette, die ich mir gerade angesteckt hatte.

Nach ein paar Minuten trudelte Calvin ein und gab mir einen Kuss auf die Wange. Er musterte mich kurz, dann setzte er sich neben den Boss auf den Beifahrersitz. Noia und ich stiegen dann auch wieder in den Wagen und ab ging's nach Steglitz. Wir fuhren kreuz und quer und wieder über die Autobahn bis zu mir nach Hause. Dort angekommen, fläzte sich der dicke Chef direkt auf mein Sofa und nickte ein paar Mal weg. Ich fragte ihn dann, wie das so lief mit seinen Geschäften. Einfach aus reiner Neugier. Er schmunzelte nur und wollte mir tatsächlich weiß machen, dass er nichts damit zu tun hatte und eigentlich nur ein Teppichverkäufer war. Er lieh den Jungs sein Auto oder fuhr sie von A nach B. Mehr nicht. Er traute mir nicht, deswegen log er. Er machte es sich trotzdem sehr bequem auf meinem braunen Sofa und checkte mich ein wenig ab. Während Calvin mit Noia im Bad über die Geschäfte plauderte, zog ich mir noch meine letzte Bahn hinein und kam danach auf einen Suchungs-Trip. Ich suchte meinen Opium-Duft. Ich hatte mir nämlich in den Kopf gesetzt, natürlich ganz auf die Schnelle, dass ich mein Duftlicht anmachen wollen würde, und dazu brauchte ich diese eine besondere Duftflasche. Ich fand sie nicht und tänzelte einfach nur vom Boden über die Couch bis hin zu meinem Fernsehregal und wieder zurück, während der Boss mich dabei schelmisch beobachtete. Zu seiner Frustration allerdings ergab sich derweilen im Badezimmer, dass sich nichts ergeben würde. So zogen sich Noia und sein Teppichverkäufer schnell die Schuhe an und machten die Biege. Noia wollte am Abend wieder nach Berlin fahren und Silvester mit Gina und mir feiern.

Es war nun schon hell geworden und Calvin hatte keine wirkliche Möglichkeit, um zurückzufahren. Er blieb also bei mir. Wir rauchten noch parallel zueinander eine Zigarette und plauderten kurz. Ich fing an, allerhand Stuss zusammen zu erzählen, und sackte weg. Wie immer. Man faselte während des Wegsackens, wirres, durcheinandergewürfeltes Zeug. Das kannte jeder. Als ich dann am Nachmittag aufwachte, war Calvin längst wieder abgehauen. Ich ging dann baden und genoss es ein wenig, mal allein in meiner ersten eigenen Wohnung zu sein. Ich legte mich im Bademantel auf meine Couch, kochte mir ein paar Nudeln und schaute den Musikrückblick der letzten zwanzig Jahre im Fernsehen. Außerdem fühlte ich mich irgendwie geheilt und hatte mir für das nächste Jahr vorgenommen, die Finger von Christina zu lassen.

Ich brachte es aber nicht übers Herz, den Stoff einfach in die Mülltonne zu donnern. Das hatte ich früher immer getan. Irgendwie war sie mir doch viel wichtiger geworden als damals. Damals hatte ich den restlichen Stoff öfter im Klo heruntergespült. Vor Wut und auch aus Trauer. Stattdessen nahm ich mir also einen Zeichenblock und schrieb auf einem Blatt „doof" nieder. Ich malte noch einen Pfeil und der zeigte auf das Baggy mit dem Crystal darin, dass ich darauf platziert hatte. Ich legte den

Block auf die Ecke meines Bettes und rührte ihn nicht mehr an. Vorerst. Die Ecke, in der dieser Block nun lag, wirkte irgendwie dunkel. Die Vibes, die von dort kamen, wirkten alles andere als positiv. So viel nahm ich schon mal wahr. Ich sagte mir: „*Solang du es nicht nimmst, ist es harmlos und ungefährlich für dich. Es kann dir nichts anhaben. Du bist die, die es konsumiert. Wenn du es nicht tust, ist es total machtlos.*" Ich verinnerlichte diese Sätze und ignorierte das Zeug dann. Später nickte ich dann noch einmal für eine ganze Weile weg. Mir fiel in letzter Sekunde ein, dass am nächsten Tag ein Feiertag war und ich noch etwas einkaufen musste. Außerdem sollte ich unbedingt noch meine Miete überweisen, damit sie noch pünktlich bei meiner Wohnungsverwaltung auf dem Konto erschien. Ich wartete auf Gina, damit wir die Wege zusammen erledigen konnten. Allein bekam ich meinen Arsch kaum hoch. Sie ließ auf sich warten. Schon war es wieder abends. Ich musste nun damit rechnen, dass sie nicht mehr erscheinen würde, und zog kurzerhand meine Stiefel an, warf mir meine Jacke darüber und kritzelte eine Einkaufsliste auf einen kleinen Schnipsel Papier. Danach ging ich schnell zum Lidl und dann zur Sparkasse und überwies meine Miete. Als ich wieder zu Hause war, war ich stolz auf mich.

Ich lenzte danach einfach nur so vor mich hin. Kurz vor zwölf stand dann Gina vor der Tür. Ich freute mich riesig, und wir zogen eine zusammen. Gina dachte überhaupt nicht ans Aufhören, und ich wusste, dass ich sie kaum überzeugen konnte. Sie war schließlich gerade erst draufgekommen. Ich hatte mir eigentlich schon ernsthaft in den Kopf gesetzt, kein Crystal Meth mehr zu konsumieren. Ich glaubte noch immer an das neue Glück im nächsten Jahr. Aber es sollte nicht so einfach zu Ende gehen. Ich verwarf diesen Gedanken wieder. Es klingt wie eine Endlosschleife.

Als die Uhr auf null stand, umarmten Gina und ich uns und dann rief Mama an. Wir plauderten kurz und wünschten uns ein frohes neues Jahr. Zum Glück wusste Mama nicht, was bei uns abging. Gina und ich fuhren in die oberste Etage des Hochhauses, um vom Balkon aus das Feuerwerk zu sehen.

0:51 Uhr in meinem Bett: *„Gina! Gina! Ich hatte einen Horrortrip. Oh mein Gott. Was für ein mieser Horrortrip. Verdammte Scheiße. So ein verfluchter … Horrortrip."* Ich flüchtete schnell zu Gina auf die Couch und kuschelte mich an sie. Ich hatte natürlich keinen Horrortrip, sondern eine verdammte Schlafparalyse. Frohes Neues!

Die Blech-Hymne

Berlin, Februar 2015

Es war plötzlich schon Ende Februar. Wir waren nach ein paar durchgezechten Nächten und etlichen Stunden im verwirrten Zustand wieder in meinem Apartment in Berlin angekommen, als wir uns alle drei auf die Couch sacken ließen und durchschnauften. Gina wechselte ihren Platz und lümmelte sich auf mein großes Bett in die Ecke. Ich ließ immer meine Freunde dort schlafen und schlief selbst auf der Couch, denn ich konnte in dieser Ecke nicht schlafen. Irgendwas engte mich dort ein. Irgendwas störte.

Noia machte sich erst einmal einen Knaller, das machte er immer, wenn er irgendwo ankam und sich niederließ. Die Utensilien auspacken und sich 'nen Druck setzen. Mir war das vollkommen gleich. Ich hatte ihn ja so kennengelernt. Nach seinem Druck kamen damit auch immer wieder diese nervigen Suchaktionen. Was er suchte, wusste er in seinem tiefsten Inneren selbst nicht. Mal war es Geld und mal Stoff. Mal laberte er einfach nur Dünnes. Irgendwie kam er auf die Idee, mich aufziehen zu wollen, einfach so aus der Laune heraus. Er machte Gina Komplimente und stichelte auf mir herum. Sie interessierte das Ganze überhaupt nicht, und sie interessierte auch nicht, dass mich das traurig machte. Vielleicht wusste sie aber auch einfach nicht, wie sie damit umgehen sollte. *„Texte mich nicht voll und such deine Scheiße allein. Ich habe dir deine Kippen nicht weggenommen. Wieso schiebst du immer alles auf mich? Außerdem bist du doch die ganze Zeit um mich herum. Wie soll ich dir da irgendetwas abziehen? Ehrlich man. Benutz dein Gehirn"*, fauchte ich ihn an. Er schüttelte daraufhin nur angewidert den Kopf. *„Was bist du nur für ein Mensch Kiki? Ich bin doch nicht blöd und weiß, was du für ein Spielchen treibst"*, sagte er dann. Gina grinste nur, während sie uns beobachtete. Noia stand auf und holte sich aus dem Küchenschubfach eine Rolle mit Alufolie. Daraus formte er sich ein Blech, dann ließ er den Kristall, den er stundenlang inspiziert hatte, über die Folie gleiten.

Daraufhin zog er den Rauch mit einem kleinen Metallrohr ein, an dem er mit schwarzem Klebeband die Mundseite markiert hatte. Er genoss den Rauch ganz offensichtlich. Ich war total abgenervt und zog mir eine Bahn rein. Er brachte eine Spitze nach der anderen und Gina drehte sich schließlich zur anderen Seite um. Sie würde bestimmt bald einschlafen, und er würde mich sicherlich noch ewig weiter nerven. *„Sei jetzt endlich leise Noia. Puste den Rauch mal in meine Richtung"*, sagte ich mit erhobener Stimme und kniff dabei meine Augen zusammen. Ich nuschelte noch: *„So ein Kloppi also wirklich."* Wie ich mit ihm redete, war ihm vollkommen egal. Im Gegenteil. Er wollte sogar, dass ich so asozial wie möglich mit ihm sprach. Das machte ihn an, oder er brauchte es. Ich wusste es nicht. Er grinste nur.

„Vergiss es. Dann fängste auch noch an mit dem Blechen und ich bin dran schuld. Den Schuh ziehe ich mir nicht an." Ich verdrehte die Augen. Was wollte der denn jetzt von mir? Erst bringt er mich auf einen Abturn und dann faselt er etwas von Schuld. Seine gesamte Art und Weise war mir gerade ein Dorn im Auge. Das war doch sowieso ein und dieselbe Hölle, nur unterschiedliche Teufel. Ein und dasselbe Spiel, nur unterschiedliche Level. So heißt es doch! Nicht wahr?

Ich beugte mich aus meiner Liegeposition ein wenig weiter nach oben, bis ich sehr nah an Noias Gesicht war. Ich schaute ihm tief in die Augen. *„Lausi ist daran schuld, dass ich konsumiere, und nicht du. Außerdem kann ich mir auch selbst so 'n Blech bauen. Das ist doch eh meine Bude und meine Alufolie."* Was sollte er da noch gegen sagen? Richtig. Dagegen konnte er absolut nichts mehr sagen. Ich lächelte hypnotisch. *„Und jetzt puste mich an. Eine ganze Ladung."*

Beim nächsten Zug, den er inhalierte, pustete er mir den dicken Rauch direkt ins Gesicht. Ich schloss die Augen und dachte an nichts. Ich fühlte mich, als würde ich direkt in einer Wolke aus Qualm sitzen, die aus einem ganzen Kilo Meth aufgestiegen war. Gina beobachtete wieder stillschweigend die Situation und rauchte ihre Zigarette, das sah ich im Augenwinkel. Ich freute mich sehr über den Geruch von diesem Qualm. Es roch irgendwie anders. Irgendwie besonders.

Als Noia mich ein paar Minuten später wieder nervte, reichte es mir endgültig. Ich belagerte ihn damit, mich auch einmal richtig an seinem Blech ziehen zu lassen und schwuppdiwupp hatte ich das Metallrohr im Mund und er trieb für mich einen kleinen Meth-Stein über die Folie. Ich inhalierte supergespannt den dicken, stumpfen Rauch ein. Kurze Zeit später war's komplett um mich geschehen. Innerhalb von ein paar Sekunden war ich in einer perfekten Welt.

Das alles glich einem Todesmärchen! Ich drehte die Boxen voll auf. In meiner Playlist auf meinem MP3-Player lief gerade das Lied „One Night in Bangkok". Ich liebte die Achtziger-Musik. Ich liebte und feierte diesen Moment unheimlich stark. Die Unbeschwertheit umarmte mich mit ihren Schmetterlingsflügeln, und ich betrat eine neue Welt, in der weder ich noch meine Gefühle existierten. Ein unbeschreiblicher Moment, der mich praktisch anhob. Ich kann ihn heute noch fühlen, wenn ich das Lied höre. Ich sprang auf und fing an, mitten auf der Couch zu tanzen und sogar zu hüpfen. Mir war alles egal. Ich hatte geniale Laune und fühlte mich wirklich leicht wie eine Feder. Es war perfekt. So verstrahlt, war ich nie zuvor. Nicht auf diese abgestumpfte, wegdrückende Weise. Das schönste erste Mal, dass man hätte haben können. Ich blühte so richtig auf. Es war verdammt geil. Nach einer kurzen Tanzeinlage legte ich mich dann wieder zurück in meine Position auf die Couch. Ich fühlte mich beinahe schläfrig, obwohl ich hellwach war. Es wirkte unheimlich beruhigend auf mich. Noia hörte dann auch mit dem Sticheln auf, glaube ich. Oder machte er weiter? Ich weiß es nicht mehr. Das Einzige, was ich noch weiß, ist, dass ich frei war.

Gina lächelte nur über diese Aktion. Sie sah das alles ja nie so eng. Sogar wenn ich mich geballert hätte, hätte sie sicherlich nur gegrinst und auch bei sich selbst machte sie sich absolut keinen Harten. Aber das hätten wir gebraucht. Jemand, der das alles schnell beendet. Doch jemanden, der gegen das alles war, hätten wir niemals in unsere Nähe gelassen. Wir hielten unsere Sünden zu diesem Zeitpunkt supergeheim. Ab diesem Tag gehörte das Blechen zu meinem Alltag, und ich hatte immer Alu und ein paar schöne Folienkristalle am Start. Ein paar Wochen später rauchte ich sogar im Parkdeck der Schönhauser-Allee-Arkaden mein Blech, als ich dort mit einer ehemaligen Freundin herumlungerte. *„Kiki? Wieso rauchst du Alufolie?"* Ihren verdutzten und abgenervten Gesichtsausdruck werde ich nie vergessen. In diesem Zustand war mir fast alles egal, und es ließ sich so etwas von leben. Wenn jemand mich nervte, dann zog ich am Blech und die Person konnte mir den Buckel herunterrutschen.

Holterdiepolter

Magdeburg, Februar 2015

Nachdem ich wieder in Magdeburg bei Noia angekommen war, blieb ich auch eine ganze Weile dort. Noia ging meistens in der Nacht zu einem Kollegen rüber. Er wohnte im Haus gegenüber. Dieser Typ hatte erst neulich versucht, den Bullen zu entkommen, und war dafür aus dem dritten Stock gesprungen. Er ging nun an Krücken. Das war hier gang und gäbe. Alle sagten immer, dass sie vollstes Verständnis mit ihm hatten und natürlich ganz genau so gehandelt hätten. Lieber wären sie gestorben, als ohne ihr heiß geliebtes Methamphetamin in den Knast zu wandern. Während Noia also meist gegen drei Uhr nachts nach drüben gegangen war, schob ich heftige Panik.

Auch wenn das die einzige Zeit war, in der ich mal durch die gesamte Wohnung wuseln durfte, graulte ich mich. Ich versteckte mich unter einer der vollgesauten Wolldecken, die auf der Couch im Wohnzimmer herumlagen. Ich wollte nichts sehen. Ich hatte die Musik auf die höchste Lautstärke gedreht, denn ich wollte auch nichts hören. Ich wollte auf keinen Fall irgendwelche gruseligen Dinge wahrnehmen. Doch einmal hatte Noia den Rechner heruntergefahren, und natürlich hatte er mir nie auch nur eines seiner Passwörter anvertraut. Ich saß also in der Stille. Mein Handy war ausgegangen und meinen MP3-Player fand ich im Chaos so schnell nicht mehr wieder, wie ich ihn nun gebraucht hätte. Auch zum Aufstehen und nach der Fernbedienung für den TV zu suchen, fehlte mir der Mut. Ich lauschte mit gespitzten Ohren in die Dunkelheit der Nacht. Im schummrigen Blaulicht von Noias Wohnwand saß ich nun. Wie immer mit angewinkelten Beinen, meinem Blech und dem Ziehröhrchen in der Hand. Ich rauchte schnell ein paar Kristalle auf und wurde trotzdem immer panischer. Die von mir bemalten Zeichenblätter mit kleinen Meth-Teufeln darauf, die von Kiki-ähnlichen Mädchen über eine Folie oder durch eine Pfeife gejagt wurden, machten mir Angst.

Meine Zeichnungen von Kiki, die kleine Meth-Teufelchen aus ihrer Wunderlampe raucht.

Ich wuselte irgendwie hektisch herum und traute mich auch nicht, zum Fenster zu gehen. Von dort aus hätte ich Noia sicherlich beobachten können – aber nein. Ich hatte nicht die Eier in der Hose, um aufzustehen und nachzusehen. Ich hörte mein eigenes Herz schlagen. Ich konzentrierte mich auf meinen Körper und spürte jeden Nerv zucken.

Ich erstarrte in der Situation und hielt immer wieder kurz die Luft an. Mein Gehirn befiel mir zu lauschen. Ich lauschte einige Sekunden in die Stille. Auf einmal erschrak ich ganz fürchterlich. Ich zuckte einmal mehr mit meinen ganzen Gliedern und haute mir mein noch vom Rauchen heißes Stück Alufolie dabei ins Gesicht. Ich drehte mich langsam um. In der Küche hatte es gescheppert. Die Teller und Tassen hatten sehr laut geklirrt. Irgendetwas Geschirrartiges war dabei zu Boden gefallen. Es war verdammt gruselig. Ich drehte mich nicht um und versuchte, mich nicht zu bewegen. Wieso passierten immer wieder solche Dinge? Ich war mir sicher, dass es Geister gewesen waren. Die Angst stand mir bis zum Halse. Ich zog mir schnell wieder die Decke über den Kopf und blieb wie versteinert darunter sitzen. Ich wartete dann nur noch darauf, dass Noia wieder zurückkommen würde und ich endlich aufstehen konnte.

Als er dann wieder da war, schauten wir gemeinsam in der Küche nach. Wir fanden beide keinen Grund dafür, dass es dort so gerumst hatte. Dass ich wieder von Geistern faselte, störte ihn gerade nicht an mir. Er schwor in diesem Moment auf Dämonen, doch ging er trotzdem sehr stark auf meine Vermutungen ein. Er belächelte sie auch nicht, doch das hing bei ihm vom Tag ab. Mal schnauzte er mich voll und unterstellte mir allerhand wirres Zeug und ein anderes Mal hörte er sich meine Schauergeschichten an und grübelte selbst darüber nach. Ich fing an zu glauben, dass auch er überhaupt nicht mehr wusste, was er wirklich dachte, oder wer er wirklich war. Die nächsten Nächte blieb das Licht an.

Ich stellte irgendwann fest, dass es meist die Unordnung war, die mich so verstörte. Unter diesen ganzen dreckigen Klamotten und dem Müll konnte niemand wissen, was sich dort noch alles angesammelt hatte. Es wirkte einfach so verkommen. Dort würden sich Geister wohlfühlen. Dass das alles die Geschenke von Christina waren, blendete ich aus. Viel eher glaubte ich daran, dass die Geister eben gern mit Drogensüchtigen abhängen würden oder dass man als Junkie eben eine Unordnung herrichten kann, bei der man bestimmte Handgriffe tätigt, die die Gegenstände und die Unterwelt vereinen, und deshalb die Geister dort wären. *(Es ist sehr eigenartig, diese Zeilen nach jahrelanger Abstinenz zu lesen!)*

Erste Ausbruchsversuche

Magdeburg, April 2015

Ich saß in dem völlig zugemüllten, versifften Schlafzimmer von Noia, als von draußen wieder einmal durch die dicken braunen Bettlaken am Fenster die Sonnenstrahlen hineinblitzten. Noia war gerade im Wohnzimmer mit Kollegen zugange, und ich wagte einen Blick durch die Fensterscheibe. Er würde sicher ausrasten und mich wahnsinnig machen, wenn er jetzt hereinplatzen würde. Er verstand mich einfach nicht. Egal! Draußen war längst der Frühling ausgebrochen. Die Sonnenstrahlen waren warm und der Himmel klar.

Die Türme bei Nacht in meiner Erinnerung. Etwas verzerrt, doch nicht unbedingt gemeint, wie eine psychedelische Wahrnehmung. Eher vom Gefühl her traumhaft, unbeweglich, vergangen, friedlich, besonders und märchenhaft.

Die großen Burgtürme, die einige Meter vor Noias Haus standen, waren beleuchtet, und das Gerichtsgebäude glänzte. Vögel flogen in alle Richtungen, und ich glotzte wie ein kleines Kind aus dem hohen Fenster. Nur zu gern hätte ich es aufgemacht und die Sommerluft geschnuppert, aber er konnte jeden Moment wieder ins Zimmer kommen. Ich zog also schnell das Bettlaken darüber und setzte mich wieder auf die versiffte Matratze. Um mich herum lagen leere Klorollen, Plastiktüten randvoll mit Müll, Dreckwäsche, leere Bäckertüten, volle Aschenbecher, tote Bleche und gebrauchte Spritzen, Kabel und allerhand anderer Ramsch. Ich baute mir eine Bahn auf meinem Handy und stopfte mir mit der einen Hand den zusammengerollten Geldschein in die Nase und mit der anderen Hand hielt ich das Handy mit der Linie obendrauf, dann zog ich. Wie ein Profi eben. Früher hatte ich immer eine Hand gebraucht, um meine Nase zuzuhalten, und jemand anderes musste mir dann die Linie auf dem Handy oder der Glasplatte reichen. Seit Langem aber konnte ich beides gleichzeitig. Ich drehte mich noch einmal nach hinten und spürte, wie die Wärme von draußen durch das Fenster hineinkam. Ich freute mich wie ein Kind an Weihnachten und rauchte darauf gleich noch eine Pfeife. Und noch eine. Dann hatte ich keinen Stoff mehr, da ich immer gleich alles wegrauchte und zog, was Noia mir daließ, bevor er sich draußen mit irgendwelchen Junkies traf oder im Wohnzimmer wartete, bis jemand klingelte. Mich durfte nach wie vor niemand sehen, und ich durfte das Schlafzimmer nicht verlassen. Ich nannte es auch, das tote Kämmerchen.

„Das tote Kämmerchen": verwüstet, undankbar, verloren und exakt so abgemalt, wie es war. Man sieht mich, wie ich male. Anstatt dieses Bildes habe ich auf dem Gemälde einen Kristall gemalt. Einen der Kristalle, der dieses Leben für uns lebte.

Im Schlafzimmer sah es im Februar noch wüster aus als zu späteren Zeitpunkten. Noias Bett war ramponiert und stand in Einzelteilen hochkant mitten im Raum. Überall lagen Stofffetzen herum, als hätte dort ein wildgewordenes Tier randaliert. Ich war nie sonderlich schnell in meinen Aktivitäten oder gehetzt, seit ich das Meth rauchte. Wahrscheinlich hatte der Bekloppte einfach nur irgendetwas gesucht. Sein Gehirn oder sein Herz, wer weiß. Gina war im Februar einmal mit mir nach Magdeburg gefahren, und wir drei saßen ganze zwei Wochen lang nur in Noias Wohnzimmer herum und schauten praktisch total unberührt dabei zu, wie sich auf unserem Mittagessen von den Vortagen dicker Schimmel bildete. Wir hatten wirklich nur im Wohnzimmer herumgelungert, weil wir die Kammer des Grauens vor lauter Unordnung nicht mehr betreten konnten.

Jedenfalls war das nun meine eigene kleine Welt da drin, in der Kammer des Schreckens, mit dem Teufel als Wächter. Ich wollte nur zu gern mal nach draußen auf die Straße und die Frühlingsluft einatmen. Nur fünf Minuten auf dem Hinterhof des alten Backsteinhauses hätten mich schon verdammt glücklich gemacht. Ich ließ mich auch nicht ganz und gar unterdrücken und versuchte immer wieder, raus auf die Straße zu kommen. Aber Noia ließ mich einfach nicht. Er spuckte eine Hasstriade nach der anderen auf mein Haupt, und ich hatte einfach nur Angst vor seiner Reaktion, wenn ich ihn fragen würde, ob ich nach draußen gehen könne. Trotzdem fragte ich ihn: *„Du? Lass uns doch nachher mal eine Runde spazieren gehen. Lass deinen Stoff hier und wir gehen raus, die Blumen blühen doch schon, oder?"* Ich hatte einfach nichts in dieser Welt verloren, in der ich zu dieser Zeit lebte. Ich war definitiv anders als die anderen. *„Wer ist denn da draußen? Ein Lutscher von dir? Mit wem bist du verabredet? Das kannst du schön vergessen, Fräulein!"*

Noia setzte sich auf die Matratze und holte seine Spritze raus. Vor ein paar Monaten war noch alles lustig gewesen, und ich habe mir eine der Spritzen in meinen Dutt geklemmt und damit ein paar Selfies geschossen. Jetzt bekam ich nur noch mehr Panik vor ihm, denn wenn er sich einen Druck setzte, wurde es schlimmer mit ihm. Die Droge hatte sein Gehirn längst zerfressen, und er merkte es nicht mehr. So viel Leben in seinen Venen hatte er bereits so sehr verschwendet. *„Bring mir mal mein Wasser. Sei nicht so faul! Und wehe, du machst da irgendwas rein, um mich zu vergiften. Im Wohnzimmer ist gerade keiner. Beeil dich und guck nicht so großkotzig!"*, forderte Noia mich auf, während er seine kaputten Venen abklopfte.

Ich hasste ihn dafür und maulte nur genervt: *„Du kannst mir auch erst einmal eine Bahn legen oder eine Pfeife klarmachen! Ein Päckchen will ich auch haben, bevor du nachher wieder losgehst. Vorher passiert hier gar nichts!"* Ein Päckchen war ein kleiner gefalteter Brief, in dem Noia ein wenig Stoff für mich abpackte. Wenn ich nicht reden durfte, weil er gerade seinen Hirnzombies lauschte, schrieb ich dann immer auf einen kleinen Zettel: *„C? Wo?"*

oder „Päckchen?" Noia schlich dann durch sein Zimmer und bastelte mir einen kleinen Flyer, in den er ein paar Kristalle hineinschüttete. Geizig war er nicht. Er war froh, mich zu haben. Jemanden, der immer da war. Ich schnaufte los und holte ihm sein dummes Wasser. Dann schaute ich ihm von hinten zu, wie er alles vorbereitete und sich fixte. Es kotzte mich an. Dieser Anblick. Ich zog mir darauf erst einmal eine Pipe und eine Bahn hinein und chillte ab.

Ich musste hier irgendwie herauskommen. So viel stand fest. Aber ich wusste nicht, wie ich das anstellen sollte. Er war echt der Teufel in Person. Er war zwar dünn und kaputt, aber dennoch machte er mir eine Heidenangst und war kräftiger als ich. Immer wenn ich zur Tür rannte, war er innerhalb von Sekunden bei mir und machte mich zur Sau, trieb mich in die Enge oder schubste mich durch die Wohnung. Einige Male hatte er mich auch geschlagen. Also konnte ich auf die einfachste Weise nicht hinauskommen. Wenn er hinausging, schloss er vorher zu, und wenn er sich einen Knaller machte, schaffte ich es nicht an ihm vorbei. Außerdem musste ich bei einer plötzlichen Flucht meinen ganzen Kram dort lassen, und wie sollte ich zu Hause dann erst einmal ohne Stoff auskommen? Es war wie im Knast. Bloß ohne Hofgang.

An irgendeinem Tag hatte ich es in den Treppenflur geschafft. Ohne meinen Kram, kein Akku auf dem Handy und war hundemüde. Er ist mir natürlich sofort hinterhergesprintet, und obwohl ich in seiner Wohnung lautstark schrie und weinte, öffneten keine Nachbarn ihre Wohnungstüren, um nachzusehen, ob dort jemand geschlagen oder misshandelt werden würde. Ich schrie trotzdem weiter. Schon allein vor Wut und Trauer. Ich fragte mich immer wieder, wie er mir so etwas antun konnte. Ich riss mich weg von seinen Klauen, und er knallte die Tür hinter mir zu. Ich hörte ihn sofort telefonieren. Er erzählte irgendeinem Junkie am Telefon, dass ich wieder einmal durchgedreht war. Dass ich krank im Kopf war und verrückt. Er bat ihn dann direkt, zu ihm zu kommen, denn er konnte nie allein sein. Ein paar Mal hatte er schon seinen Stoff in Reagenzgläsern aus dem Fenster gefeuert, weil er draußen Stimmen hörte und dachte, es seien die Bullen.

Mehrere Gramm flogen aus dem Fenster, ins Klo und wieder aus dem Fenster. Dabei waren es einmal nur ein paar Streuner gewesen, die sich den Stoff sofort gekrallt hatten und direkt damit abgerauscht waren. Die darauffolgenden Male hatte er sich dann einfach nur ein paar Filmchen geschoben. Diese Story kannte jeder, der ihn kannte.

An jenem Tag öffnete ich jedenfalls das Fenster im zweiten Stock. Ich kam unten nicht aus der Haustür, da sie über Nacht immer abgeschlossen war. Das hatte ich natürlich nicht bedacht, aber Noia wusste es. Nur deshalb hatte er mich losgelassen. Er wusste genau, dass ich sowieso nicht weit kommen würde. Ich setzte mich auf die Fensterbank. Ich saß kraftlos auf dem äußeren Sims herum und schaute über den Hof in die gegenüberliegenden Fenster des alten Hauses. Laken hingen vor den Fenstern, von innen schien blaues Licht hindurch. Hier wohnten viele Junkies. Es war früh am Morgen. Halb sechs. Es war hell draußen. Ich war so fertig mit der Welt. Ich saß da und kämpfte mit mir selbst. Am liebsten hätte ich irgendein langsames Lied gesungen. Es war wie in einem Film. Nicht wirklich real. Sogar nicht eigentlich. Nach ein paar Minuten sprang ich dann wieder zurück in den Treppenflur und stiefelte mit Tränen in den Augen zurück in den zweiten Stock. Ich klingelte an Noias Wohnungstür. Keiner öffnete. Ich klingelte noch einige Male und redete auf ihn ein. Es passierte lange Zeit nichts. Nach einer Weile kam er an die Tür. *„Komm mal klar mit dir. Bist du krank im Kopf? Was ist nur los mit dir? Jedes Mal tickst du so aus!"* Dieser Mensch war so vollkommen kaputt geschunden in seinem Kopf. Ich raffte es nicht. Er ist bis heute der schlimmste Mensch, den ich je getroffen habe. Vorher hatte ich Großes in ihn gesetzt. Ich war immer fasziniert von den Fixern. Ich dachte, sie seien in ihrer

Welt, wenn sie sich einen Schuss setzten, über eine Blumenwiese tanzend, glücklich, ruhig und fair. Ihnen geht es ja gut auf ihrem Turn. Wieso sollten sie jemandem also irgendetwas antun? Ich war unendlich naiv. Noia war wie der Teufel für mich, und zwar höchst persönlich.

Es ging weiter und weiter und nichts änderte sich. Wir fuhren nach Berlin und blieben ein paar Tage dort. Wir fuhren nach Magdeburg und verweilten. Wieder nach Berlin und wieder zurück. Manchmal sogar zweimal am Tag. In Berlin ließ mich Noia dann endlich allein.

Ein letzter mieser Blick von ihm und ab ging die Luzie. Als er weg war, bekam ich unerklärliche Sehnsüchte. Noia hatte die Macht, denn er hatte etwas, das ich brauchte. Es hat eine Ewigkeit gedauert, bis ich das kapierte.

Besuch in Berlin

Irgendwann mittendrin

Ich rief natürlich sofort bei Gina an. Sie stand, schneller als der Blitz, auf meiner Matte und hatte ihre Schlafsachen dabei. Sie stieg am Südende aus und schlenderte durch das kleine Waldstück bis zu mir nach Hause. Als sie ankam, legten wir uns erst einmal zwei Bahnen und machten es uns gemütlich. Dann rief Nelly an. Nelly war in der letzten Zeit unser Kumpel geworden. Er war genau so verrückt wie wir. Er konsumierte aber kein Crystal, und in seiner Gegenwart durfte auch keiner von uns blechen. Ich wollte mir einmal ein Blech anzünden, da ist er fast an die Decke gegangen. Da ich seine Gesellschaft aber genoss und wir uns mit ihm gut verstanden, er seinen eigenen Stoff mithatte und immer für uns da war, verzichtete ich selbstverständlich auf mein Blech. Mit Nelly hockten wir den ganzen Tag in meiner Bude. Wir lagen auf dem Rücken, als ob wir nur auf eine Thrombose warteten. Wir chillten auf meiner Couch, stofften uns die Birne zu, tranken und aßen im Liegen und quatschten über Gott und die Welt. Ich fertigte kleine Nano-Döschen für unsere Kristalle an und ordnete verschiedene Kisten. Ich teilte sie in Stoffkisten, Girly-Kisten und Kisten mit Ziehutensilien oder Stoffresten und halb ausgekratzten Baggys für die Notbank ein.

Meine Boxen und auch einen Mülleimer hatte ich neben mir auf der Couch platziert. Mein Ohr direkt am Lautsprecher. So ließ es sich leben. Das Einzige, was Gina und mich dazu bewegte, hinauszugehen, war der Stoff. Mama hatte mir gesagt, ich solle unbedingt in den Briefkasten schauen. Es war mehr als wichtig, denn es ging um das Geld, dass ich vom Amt bekommen sollte. Glaubt ihr, dass ich es geschafft habe? Eine Woche lang habe ich meinen Arsch nicht zum Briefkasten bekommen und irgendwann ging uns dann auch noch das Essen aus. Gina und ich waren von dem starken Meth heftig im System und ich hatte gerade jede Ecke und Kante in meinem Handy erforscht. Meine ganzen Apps hatte ich verschoben und war irgendwann in einer Art Bedienungsanleitung gelandet, die wie ein Buch auf Papierseiten erfasst und abfotografiert war. Keine Ahnung, wie ich das geschafft habe, aber ich bin jeder Funktion bis auf den Grund gegangen. Danach erschien mir alles in der gesamten Wohnung eckig und quadratisch. Ich hatte eigentlich nur ein Set von Bahre hören wollen.

Lange zuvor hatte ich es schon einmal auf YouTube gesucht und das stundenlang, ohne überhaupt den Namen des Titels und des DJs zu kennen. Waren die Drogen gut, dauerte eine Suche stundenlang. Ich war einfach nicht damit einverstanden, dass mein Datenvolumen aufgebraucht war, und versuchte, mich ungeniert in fremde WLANs hinein zu hacken. Ich gab als WLAN-Schlüssel ein: Drogen, Bahre, Meth und sonst was für einen Schwachsinn. Ich hatte die Hoffnung, es würde aus irgendwelchen Gründen genau passen. Das Zeug machte einen kaputt im Kopf, aber es machte enormen Spaß. Gina und ich hatten jeweils fünf Kilogramm von den Rippen verloren und in den letzten Stunden noch einmal zwei. Wir hatten kein Wasser mehr in unseren Körpern und waren total schwach, als ich dann aus dem Kühlschrank ein Stück Kastenkuchen fingerte und ihn in einen Becher mit flüssiger Schlagsahne tunkte. Das war alles, was ich noch zu Hause hatte. Ich fühlte mich wie kurz vor dem Verrecken. Ich war nicht wie Mikaela geworden. Ich war krasser.

The Nobodys

Damals hatte Crystal Meth bewirkt, dass ich mich fühlte, als würde ich nicht zu den anderen gehören. Als sei ich etwas ganz Besonderes. Als sei ich auserwählt und wäre kein Teil der Gesellschaft, in der ich lebte. Jetzt aber hatte es bewirkt, dass ich mich genau richtig fühlte, wie ich war. Es war ganz egal, ob meine Augen groß waren oder klein. Ob ich geschminkt war oder ungeschminkt. Ob ich geschlafen hatte oder nicht. Ich war einfach ein Teil. Ein Teil der Gesellschaft, in der ich mich befand. Ein Teil des Lebens, das ich lebte. Ohne mich zu verändern, gehörte ich dazu. Ohne mich anzustrengen, konnte ich alles akzeptieren. Die Bäume, die Sonne, den Himmel. Alles strahlte nur für mich. Im Winter nahm mich die Dunkelheit mit in ihr verborgenes Land. Ich musste nichts weiter tun, als zu sein, wer ich war, wenn ich die Droge nahm. Nicht nur ich allein war weggerudert. Auch durch Noias kranke Art fühlte ich mich immer durchgeknallter. Zeitweise kam ich mir vor wie Marilyn Manson in *„The Nobodys"*. Ich versuchte, wirklich gut zu sein. Gestern, heute, morgen. Doch ich war nur noch Dreck. Diese Zeilen hatten mich beruhigt.

Der Schornsteinfeger

Magdeburg, Juni 2015

Im Laufe der Zeit, die ich in dieser Stadt verbracht hatte, häuften sich ein paar Geschichten zusammen. Ich kann sie einfach nicht vergessen. Ich habe dieses Buch als Therapie betrachtet, und es soll zur Aufklärung dienen. Dennoch sind einige Geschichten einfach erzählenswert. Hier kommt eine.

Es war ein ganz normaler Morgen im Alltag eines Junkies. Der Zeiger stand auf zehn Uhr. Es nieselte draußen ein wenig, und es war relativ warm auf den Straßen. Ich lag mit Noia in seinem Wohnzimmer und schlief noch tief und fest. Noia hatte sich in eine Ecke gekauert und war wahrscheinlich irgendwann weggesackt. Plötzlich klingelte es ein paar Mal hintereinander an der Eingangstür. Das Klingeln wurde schnell zu einem härteren Klopfen, und bevor ich richtig zu mir kommen konnte, hämmerte dort schon jemand ordentlich gegen die alte Wohnungstür. *„Verdammt noch einmal. Das gibt's doch nicht! Ihr verfluchten Junkies. Macht endlich auf! Der Termin stand fest. Unten hing ein Zettel. Verdammt! Was soll das hier? Macht die Tür auf, ihr Spinner!"*

Als ich meine Augen öffnete, sah ich, wie Noia über die Couch durch den Flur flitzte und die Tür aufriss: *„Spinnst du? Was geht bei dir? Alter. Du nervst mich. Ich habe gepennt Alter. Was soll der Lärm?"* Ich schmulte durch den zugemüllten Flur, direkt zur Eingangstür und konnte einen großen Mann erkennen. Bestimmt zwei Meter groß, dick und er trug eine große Brille und schwarze Klamotten. Er hatte einen Koffer dabei und trug außerdem einen Zylinder. Es war ein waschechter Schornsteinfeger. Ich glotzte voll neugierig aus dem Zimmer und zündete mir erst einmal eine Zigarette an. *„Lass mich rein du Idiot!"*, schrie er mit tiefer Stimme. Er stampfte stinksauer durch den Flur, über die

Müllberge und wedelte mit einem kleinen Heftchen vor seinem Gesicht herum. Er schimpfte gewaltig über den Rauch und die Müllansammlung und den Gestank. Er wütete durch die halbe Wohnung und schmiss dabei einige Plastiktüten, prall gefüllt mit leeren Bierflaschen, angefangenen Joghurts und haufenweise Zigarettenstummeln um und stolperte über Klamotten und Möbelstücke. Er fluchte, was das Zeug hielt, und ich schaute ihn einfach nur verdutzt an. Ich bemerkte dann, dass auf dem Tisch noch tote Bleche, benutzte Spritzen von Noia und jede Menge Strohhalme lagen, und sogar eine Bahn Meth lungerte dort noch auf einer kleinen Scherbe vom Spiegel im Bad herum.

Ich schaute vom Tisch hinauf zu dem Schorni, aber ihn schien es nicht sonderlich zu schockieren. Er drängelte sich einfach an mir vorbei in die Küche und brabbelte irgendetwas von: *„Das ist so asozial. Gibt's nicht. Ne! Schon wieder so eine Bude."* Er war total angepisst. Er stellte seinen großen, schwarzen Koffer auf den Herd und fummelte irgendwas am Abzug herum. Dabei kritzelte er mit der anderen Hand in sein Heft. Noia stand währenddessen im Wohnzimmer und schimpfte ebenso vor sich hin. Auch wenn ich es asozial fand, wie er sich gegenüber einem Dienstmann verhielt, der nur seinen Job erledigte, musste ich einfach schmunzeln.

Wie lange war es her gewesen, dass ich einen Schornsteinfeger gesehen hatte? Zehn oder doch fünfzehn Jahre? Ich erinnerte mich daran, wie damals bei uns in der Wohnung immer ein Schornsteinfeger aufkreuzte und ich es immer total spannend fand, wenn er da war und den Schornstein abcheckte. Während ich so in Erinnerungen schwelgte, stieg mir auf einmal ein starker Geruch in die Nase. Es roch nach verbranntem Plastik oder Kunststoff. Irgendwas schmorte hier. *„So eine Scheiße. Ihr Scheiß-Junkies. Gibt's nicht. Ne. Kann nicht wahr sein."* Ich stand auf und ging zur Küche und tatsächlich. Da hatte der Schornsteinfeger doch geradewegs seinen Koffer an gefackelt. Der Kunststoff tropfte auf den PVC-Boden und es qualmte heftig. Ich sah die kleine Flamme auf dem Gasherd. Wie heftig war das denn? Ich hatte wohl vergessen, die Flamme auszuschalten, und der Herd brannte wahrscheinlich schon die gesamte Nacht lang. Verdammt! Wir hatten also ein riesengroßes Glück mit unserem Schorni. Wir hätten es sicher nicht bemerkt, und wenn ein Windzug aus dem geklappten Küchenfenster die Flamme ausgelöscht hätte und das Gas weiter ausgeströmt wäre, oh mein Gott, dann wären wir vielleicht in die Luft gegangen. Er war unser Held!

Ich war verblüfft und erleichtert zur gleichen Zeit. Also ist es wirklich wahr. Schornsteinfeger bringen Glück.

Normalerweise hätte ich mich sofort entschuldigt und dann bedankt, und aus reinem Respekt hätte ich ihm Geld für seine nun fast komplett zerschmolzene Tasche angeboten. Aber es war nichts normal, und so kam es dann dazu, dass der Mann ziemlich angefressen über die Müllberge stieg und schnurstracks die Biege machte. *„Ihr Spinner. Das gibts doch nicht."* Er meckerte im Treppenflur weiter, bis er unten angekommen war, und man hörte ihn auch noch draußen durch das offene Fenster im Schlafzimmer über *„diese unzähligen Junkies"* fluchen. Nun saß ich einfach nur da und musste über die ganze Aktion lachen. Noia hatte durch das große Ganze auch gute Laune bekommen, und so freuten wir uns erst einmal über unser Glück. Jedoch hielt die Freude nicht lange an. Nur in etwa solange, bis Noia sich für heute seinen ersten Druck gesetzt hatte. Es dauerte keine fünf Minuten, da hörte er wieder die üblichen Stimmen im Treppenflur. *„Shhh. Hörst du das nicht? Willst du mir weismachen, dass du nichts hörst? Ich weiß doch, dass du es hörst. Also steckst du mit drin. Ich wusste es."* Und so kam das eine zum anderen.

Hier war der Teufel wieder auf Droge. Er machte mir eine Riesenangst, und ich schaffte es irgendwie nach draußen auf die Straße. Dort flitzte ich nur total aufgescheucht hin und her die Straße auf und ab, ums Haus herum bis zur Tankstelle und auf den Platz vor dem Haus von Noia. Zwischendurch schrie er dann aus dem Fenster, beleidigte mich, regte sich auf und – um dies nicht zu vergessen – schob sich heftige Filmchen auf meine Aktion. Er redete sich selbst ein, dass ich das geplant hatte, um die Passanten von der Straße, die sich null für unseren Scheiß interessierten, anzuheizen und irgendwen auf ihn zu hetzen. Immer dasselbe. Doch nie passierte etwas. Wie konnte er das übersehen? Wie konnte er nichts daraus schließen? Wie konnte er nicht sehen, dass seine Vorahnungen nie aufgingen, und wie konnte er mir verdammt noch einmal wegen seiner bescheuerten Wahnvorstellungen die Hölle heiß machen? Erst als Pumpenmuli an mir vorbeieierte und zu Noia hinaufging, um Stoff zu kaufen, verschwand er endlich vom Fenster und die Sonne ging auf. Meistens liefen alle Dinge parallel.

Die Taube

Eine andere Geschichte

Ich ließ mich auf diesem kleinen Platz, auf dem eine winzige Autowerkstatt stand, einfach so ins Gras fallen. Dann setzte ich mich in den Schneidersitz und qualmte eine Zigarette. Um mich herum flogen die Schmetterlinge und die Sonnenstrahlen beleuchteten meinen Charakterkörper. Ich hatte den Moment irgendwie schon genossen und wurde dann plötzlich in meinem Frieden gestört. Ich konnte nämlich beobachten, wie sich zwei Raben in der Luft, knapp fünf Meter von meinem Plätzchen auf der Wiese entfernt, mit einer kleinen Taube stritten.

Sie krähten um die Wette und fetzten sich miteinander, bis die Federn flogen. Nach ein paar Sekunden sprang ich ins Geschehen ein und wedelte mit den Armen in die Luft. Sie stritten nun knapp einen Meter über mir. Wie unfair das war! Die Raben waren riesig im Gegensatz zu der kleinen Taube, und sie tat mir ziemlich leid. Erst als ich laut *„Weg mit euch. Weg ... mit euch!"*, schrie, flogen sie weg und die kleine graue Taube stürzte langsam auf den Grund hinab. Sie flatterte einfach nur so im Sturzflug quer auf den Steinboden zu und schaffte es gerade noch, sich unter einem Auto niederzulassen. Dann lag sie einfach nur da.

Ich ging auf sie zu und bückte mich zu ihr, schaute unter das Auto und hockte mich hin. Sie sah ohnehin schon krank aus und war total zerrupft. *„Du armes Ding. Was haben die mit dir gemacht? Und was mache ich jetzt mit dir?"*, sagte ich zu ihr und überlegte, was ich tun könnte, damit es ihr wieder bessergehen würde. Dass ich mich hier gerade mit einer Straßentaube anfreundete, war nicht ein Prozent so verrückt, wie dass, was die anderen Junkies wahrscheinlich gerade fabrizierten. Sicher klauten sie gradewegs in irgendwelchen Geschäften oder saßen womöglich bei irgendeinem Freier in der Bude und ließen sich aushalten. Ich hatte hilfsbereite Gedanken gegenüber einem fremden Wesen. Trotz allem wusste ich einfach nicht, wie ich ihr helfen konnte. Ich dachte darüber nach, einen Tierschützer oder einen Tierarzt anzurufen. Aber wer hätte sich denn schon für eine Straßentaube interessiert? Ich hatte ja keine Ahnung. Außerdem war es mir total peinlich, wie ich aussah. Sie hätten sicher gedacht, ich sei verrückt und würden mir nicht helfen.

Ich hatte Angst davor, enttäuscht zu werden. Ich zündete mir eine Zigarette nach der anderen an und grübelte noch ein wenig, dann schoss ich den Gedanken in den Wind. Ich schaute dann nur noch traurig dabei zu, wie die kleine Taube versuchte, unter dem Auto hervorzukommen. Ich fing an zu weinen und ließ mich ins Gras fallen. Ihre Flügel schlugen anstatt zur Seite nur noch nach hinten aus. Sie waren komplett umgeknickt, und ich ging stark davon aus, dass sie gebrochen waren. Es machte mich einfach fertig, wie sehr sie litt. Ich traute mich aber auch nicht, sie anzufassen, denn sie sah ohnehin ziemlich krank aus. Irgendwann versprach ich ihr noch, wiederzukommen und ihr irgendwie zu helfen. Sie blickte nur unter dem silbernen, alten VW-Polo hervor und behielt mich im Auge. Irgendwie kam es mir vor, als ob sie mich verstehen würde. Nicht buchstäblich, aber seelisch.

Wie auch immer. Ich ging frustriert auf die andere Straßenseite zu bis zu Noias Haustür und klingelte dann wieder bei ihm. Er machte mir auf und oben gingen dann wieder seine dummen Bemerkungen bis hin zu kleinen Wutausbrüchen und fiesen Schimpfwörtern los. Ich war total genickt und sprach nur von meiner Taube, bis er sich irgendwann beruhigte, da irgendwelche Junkies ihn aus seinem Film direkt auf den nächsten spulten, und irgendwann schlief ich ein.

An diesem Tag weckte er mich nach ein paar Stunden wieder mit üblen Verdächtigungen auf und schließlich platzte die Bombe und wir endeten in einem ordentlichen Faustkampf. Irgendwann riss ich die Tür im Beisein irgendwelcher Junkies auf, was ihn zwar noch saurer machte, aber er konnte nichts tun, denn die anderen würden sicher herumerzählen, dass er bei mir Hand anlegte. Das wollte er nicht, denn dann würde ihm niemand mehr glauben, dass er im Recht war. Ich denke, dass ihm sowieso niemand etwas glaubte, denn jeder kannte ihn. Aber es interessierte auch niemanden so wirklich. Trotzdem versuchte er immer, jeden umzustimmen und gegen mich zu hetzen. Ich fuhr dann mit dem FlixBus und meinen letzten zehn Euro zurück nach Berlin und verbrachte die Nacht bei meiner Mama.

Am späten Abend rief Noia auf meinem Handy an und berichtete mir irgendwie erheitert: *„Deine Taube ist tot. Die liegt hier auf der Straße. Da ist voll einer drübergefahren. Die ist zerfetzt und ..."* *„Jaja Noia! Ist schon gut. Lass mich bloß in Frieden und ruf ja nicht mehr an. Ich hasse dich ..."* Ich legte auf und ärgerte mich mächtig über seinen beschissenen Anruf. Ich hatte meine Taube im Stich gelassen, und es machte mich traurig, nun zu erfahren, dass sie tot war. Aber ich hatte kein schlechtes Gewissen. Dieses Gefühl kannte ich nicht mehr. Um ein Gewissen zu haben, musste man erst einmal ausgeschlafen haben, und man brauchte mindestens drei bis vier Wochen, um wieder richtig klar denken zu können.

Brauner Zucker

Magdeburg, Ende Juni 2015

Es war ein Tag wie jeder andere, den ich hier verbrachte, nur irgendwie war Noia seit ein paar Stunden seltsam entspannt und ruhig. Er schob sich kaum Filmchen und war die ganze Zeit nur am Bleche rauchen. Es brachte mich irgendwie zum Grübeln, was seinen Geisteszustand anging. Irgendwann stand ich dann von meinem Sitzplatz auf und stolperte durch das Chaos zu ihm ins Wohnzimmer. Genau dann, als ich mich neben ihn setzte, wollte er gerade ein wenig Stoff aus einer kleinen Alukugel hervorholen. Er streckte die Kugel mit zittrigen Händen nach oben und schaute mich verträumt an. Ich checkte ihn ab und inspizierte dann den Stoff ein wenig. *„Was haste denn da?"*, fragte ich. *„Das ist ja voll braun."* Sofort – noch während ich es aussprach, dämmerte mir, dass der Typ die ganze Zeit am Shore schnurren war. *„Ist das dein Ernst? Du bist auf Hero und sagst keinen Mucks?"*, fragte ich total zornig. *„Ist doch völlig egal!"*, stotterte Noia. *„Du bekommst davon eh nichts ab. Wenn das einer erfährt, heißt es nachher noch, ich habe dich angefixt."* Wie kam der Idiot denn darauf, dass ich etwas von seinem Heroin abhaben wollte? Sah ich so aus, als würde ich mir so etwas geben? Sah ich so aus, als würde ich mir alles geben? Ich hatte mir in den letzten Tagen knapp zwanzig Teile und eine halbe Flasche GBL hereingeschoben, aber Heroin? Ich wollte nichts davon. Oder doch? Ich dachte nicht lange nach und bat ihn dann einfach nur darum, mich mal eben anzupusten, wenn er am Blech gezogen hatte. Das hatten wir ja alles schon mal. Die Situation kam mir sehr bekannt vor.

Er pustete mir den dicken Qualm ins Gesicht. *„Das riecht ja fast genauso wie das Meth. Nur ein bisschen anders"*, sagte ich und rückte ein Stück näher zu ihm. Ich zog meine Augenbrauen zusammen und bekam eine dicke Zornesfalte, während ich ihn mit zugekniffenen Augen beobachtete. So sah ich immer aus, wenn ich grübelte. *„Da ist ja auch Meth mit dabei. Ich habe bei meinem jetzigen Blech beides zusammengemischt. Ich hatte nur noch ein bisschen H"*, sagte Noia, während seine toten Augen aufblitzten. Er rauchte also eine Mischung aus Heroin und Crystal. Interessant. Ich bin dämlich gewesen. Ich belagerte ihn kurz, mir das Blech mal zu reichen, und schon lötete ich dann den Rest von dem Zeug in mich hinein.

Auf der Überholspur

Magdeburg 2015

Wir hatten keinen Cent mehr für eine Fahrt gehabt, und deshalb rief Noia dann seinen Kumpel Till an. Er bot ihm an, ihn mit Meth zu bezahlen, sobald wir dort angekommen waren, wenn er uns mit dem Auto abholen würde. Till rief seine Freundin an und klärte mit ihr ab, dass sie uns alle fahren würden. Das Ding war abgemacht, und ich packte wieder eine Tasche für ein paar Tage dort unten. Die beiden Frankfurter holten uns dann, wie abgemacht, um ein Uhr in der Nacht ab. Als wir unten standen und ich das Auto sah, wurde mir ganz anders. Es war eine total tiefgelegte, getunte Karre. Wir stiegen ein und ich fühlte mich, als säße ich direkt auf der Straße. Dass Tills Freundin eine Raserin war, wusste ich natürlich nicht.

Das Auto hatte dann erst einmal kurz Rast auf einem Parkplatz hinter Chemie-Berlin gemacht und die anderen hatten ein paar Bahnen geruppt. Ich zog auch eine davon, allein schon, um mich zu beruhigen. Die Frau am Steuer haute sich mächtig weg. Sie zog gleich drei oder vier Bahnen hintereinander. Sie war total drauf und jede ihrer Bewegungen wurde immer hektischer und schneller. Sie parkte rasant im Rückwärtsgang aus und schleuderte die Karre mit einem dicken Rutscher auf die Autobahn. Dann ging die kranke Fahrt los. Sie drehte das schnellste Set von A.D.H.S. so laut auf, dass man nur noch den Bass im Bauch fühlte und seine eigenen Gedanken nicht mehr hören konnte. Sie raste so blitzschnell los, dass ich nicht mehr auf die Straße schauen konnte. Es war stockduster, und wir waren die einzigen weit und breit auf der Autobahn. Sie saß dort am Steuer und es sah aus wie eine Szene aus einem Autorennenspiel auf der Playstation. Sie war total im „Game". Das hier allerdings war das echte Leben. Ich riss meine Augen weit auf und lehnte mich nach hinten, dabei biss ich mir die gesamte Zeit auf die Zähne und schaute immer wieder ängstlich zu Noia rüber, der neben mir saß und ebenfalls Panik schob.

„Willste nicht mal ein bisschen langsamer fahren?", brüllte er durch das Auto, denn die Musik war immer noch wahnsinnig laut. Till drehte sich zu uns um und grinste: *„Mensch Noia, mach dir nicht in deine Buchsen. Da passiert doch nichts. Da kann doch nichts passieren. Die passt doch auf."* Der Tacho stand auf 260 km/h. Ich traute meinen Augen nicht. Das Einzige, was ich sah, waren immer wieder die Kurven, die sie halb mitnahm. Jedes Mal standen wir kurz vor dem Aufprall, bevor sie schließlich abbog. Es war beängstigend. Ich presste meine Lippen zusammen. *„Alter. Jetzt fahr doch mal ein wenig langsamer. Wir sind doch eh bald da. Alter",* brüllte Noia durch den Wagen. Wir brauchten keine Stunde. Als wir irgendwann von der Autobahn abbogen und auf die Stadt zufuhren, kamen wir auf eine Einbahnstraße. Dort standen einige Kreuze und Blumen am Straßenrand. *„Hier sind schon voll viele gestorben. Fahr doch mal ein bisschen langsamer. Bitte! Kein Bock hier auch noch zu liegen",* wiederholte Noia noch einmal. Wir sahen nun schon das Haus, in dem er wohnte und die Fahrerin bremste endlich ein wenig ab. Als wir ankamen, fühlte ich mich derart wachgerüttelt und angeschoben, dass ich stundenlang auf einem Stuhl saß und immer wieder vor mich hin nuschelte: *„Nie mehr wieder. Das war so schnell. Da kann ich auch morgen zum Zahnarzt gehen, davor habe ich jetzt keine Angst mehr."* Danke an meinen Schutzengel.

Flakka

Magdeburg, ein paar Tage später

Am nächsten Morgen kam endlich der Boss mit dem neuen Stoff vorgefahren und Noia lud ihn in seine Buchte ein. Er hatte alles mit Tüchern ausgeschmückt und ihm sozusagen einen kleinen Thorn gebastelt. Das sah zum Schießen aus. Ich musste echt lachen, als der Typ auf dem Holzstuhl Platz nahm, von dem ein paar meiner bunten Schals herunterhingen. Er schaute sich gar nicht erst um. Ich fand das immer total seltsam. Wäre ich der Boss und das wäre mein Läufer, dann würde ich doch mal fragen, wieso der so im Chaos lebt.

Den Typen interessierte es aber nicht die Bohne und das war auch gut so. Deshalb bin ich kein Ticker geworden. Da muss man eine gewisse Distanz zum Kunden haben. Das hatte Noia ja auch nie kapiert. Der Boss hockte in seinem Stuhl und baggerte mich ein wenig von der Seite an, während ich ein paar Zigaretten quarzte und ein paar Süßigkeiten vom Bäcker verdrückte. Er faselte etwas vom Notstand und anderer Qualität. Ich hörte kaum mit einem halben Ohr richtig hin. Es dauerte auch nicht lange, da hatte er einen kleinen Sack voller Steinchen auf dem Tisch liegen gelassen und war wieder verschwunden. Noia begutachtete das Zeug und brachte es anschließend wieder unter die Leute.

Er war den halben Tag unterwegs, und ich hatte ein wenig Zeit für mich. Ich schaute viel aus dem Fenster, über den Hinterhof und rüber zum anderen Haus. Ich beobachtete die Elstern auf den Bäumen und hörte die Tekke aus einem der angeklappten Fenster vom Haus gegenüber, die über den gesamten Hof dudelte. Hier war anscheinend jeder drauf. So kam es mir fast vor. Wie im Getto. Ich beobachtete die Situation und den „*Stino*". So hatten Gina und ich den Messi getauft, der im Haus gegenüber lebte. Man sah vom Fenster aus, wie er alles zugemüllt hatte. Ich beobachtete ihn manchmal aus reiner Langeweile auf Drogen mit einem Fernglas. Er saß meistens nur dort herum, aß Pizza oder suchte etwas in seinen Müllbergen. Oftmals war es sein Kater, den er suchte. Der versteckte sich immer hinter dem Kühlschrank, der mitten im Raum stand.

Von Noias Wohnzimmer aus konnte man genau sehen, wohin er sich verkrümelt hatte. Der Stino schlief meistens im Sitzen ein und eher selten hatte er sogar Besuch von irgendwelchen Punks bekommen. Es beruhigte mich in meinem abgefahrenen Geisteszustand irgendwie, ihn zu beobachten. Als würde ich ein Aquarium anstarren. Irgendwann, als er dann eingeschlafen war, wurde es aber ziemlich langweilig, und ich schaute dann einfach nur rüber zum Haus und horchte weiter der Tekke. Es war Sonntagvormittag und die Sonne schien ein wenig durch die dicken weißen Wolken. Ich hörte ein paar Kriposirenen, und dann stoppte die Musik auch schlagartig. Die Laken fielen vor die Fenster und sie schlossen sich. Jemand blinzelte noch schnell am Laken vorbei nach draußen, dann war Ruhe, und er verschwand von der Bildfläche. Dort war nun alles ruhig.

Ich ging wieder zu meinem Platz auf der Couch zurück und schnappte mir einen Stein aus dem Baggy, dass für mich bestimmt war. Ich roch kurz an dem Zeug, so wie ich es immer tat. Irgendwie roch es komisch. Ich hielt den Kristall ins Licht und er funkelte nicht. Komisch. Ich sammelte dann die Strecke heraus, bis nur noch ein paar kleinere Kristalle übrig blieben.

Dann machte ich ihn mit einer Karte klein und zog ihn mir hinein. Nach ein paar Minuten kam ich dann endlich darauf. Es fühlte sich fast an wie immer, nur irgendwie anders. Ich fühlte mich so plastisch. Irgendwie war die Druffnis so hart und ich kam auf keinen klaren Film. Ich versuchte zu malen, aber ich hatte null Kreativität gezogen. Ich versuchte, irgendwas zu machen, doch ich war total planlos und konnte an nichts mehr hängen bleiben. Ich schaltete schließlich die Glotze an und hörte ein wenig zu, während ich in der Küche nach ein paar Dingen suchte, die ich essen oder trinken könnte. Ich fand nichts Essbares und setzte mich dann wieder vor den TV. Ich schnappte mir eine Nagelpfeile und feilte ein wenig an meinen bunten Fingernägeln herum.

„... *Als vor kurzer Zeit in Amerika die neue Droge auf den Markt kam. Jetzt geht sie auch im Osten Deutschlands umher* ..." Ich schnappte ein paar Fetzen auf und schaute dann zum Bildschirm, während ich die Lautstärke ein wenig erhöhte. Drogenreporte fand ich immer interessant. „... *Flakka, heißt das neue Zeug* ...", erzählte ein schwarzhaariger Sachse im TV, der voll benebelt war. „... *Es ist im Grunde genommen nur Badesalz ... Ersatz für Crystal Meth ... Macht noch schneller abhängig und ist noch schädlicher als Crystal*", erklärte die Reporterin anschließend. Mir dämmerte es. Ich schaute mir die Kristalle im Fernsehen an und verglich sie mit denen in meinem Flyer. Sie sahen identisch aus. Ich roch noch einmal an dem Zeug, zog mir noch eine Bahn rein und dann wurde mir klar, dass es Flakka war.

Mir ging dann auch die Unterhaltung von Noia und seinem Boss durch den Schädel. Ich erinnerte mich wieder daran, obwohl ich nur mit einem halben Ohr hingehört hatte. Davon hatte also der Boss geredet, als er vom Notstand und anderer Qualität gefaselt hatte. Als irgendwann am Abend Noia wieder eintraf, erzählte ich ihm erst einmal davon, was ich im TV gesehen hatte. „*Ja ich weiß. Das haben die anderen auch schon festgestellt.*"

Was sollten wir tun? Wir waren nun mal süchtig. Also konsumierten wir wochenlang das Flakka. Das Gelumpe konnte man nicht rauchen. Es war viel zu hart und man bekam es auch kaum klein. Noia hatte sich die Scheiße trotz allem in den Arm geballert. Er machte sich gerade einen Knaller, als eines seiner Handys klingelte. Till war am anderen Ende, und Noia schaltete den Lautsprecher seines Handys ein, um sich nebenbei einen Druck zu verpassen. Völlig aufgebracht schrie Till in den Hörer: *„Sie ist tot. Sie ist tot. So ein Scheiß. So ein verdammter Scheiß."* Ich hörte ihm dabei zu, was er dort erzählte und wusste gleich Bescheid. Ich zog nur die Augenbrauen hoch und hielt mir die Hand vor den Mund. Sie war wieder gerast. Es zog mich ziemlich runter, obwohl ich sie nicht kannte. Wieder ein Tod, den man auf die Droge schob. So schnell konnte es gehen. *„Alter, ist das dein Ernst?", flüsterte* ich. *„So ein Scheiß", sagte* Noia.

Ich ging erst einmal ins Bad. Stillschweigend kämmte ich mein Haar und dachte nach. Das hätte auch ich sein können. Was machte ich hier überhaupt in dieser Stadt? Ich hatte meine Freunde und meine Familie doch zu Hause. Ich wollte einfach nur weg.

Kiba

Magdeburg, Sommeranfang 2015

Der lauwarme Kiba floss über die alten Dielen des Schlafzimmerbodens, und die Zigarette im überfüllten Aschenbecher rauchte sich von selbst auf. Währenddessen tupfte ich meine frischen Narben am rechten Unterarm mit einem nassen Lappen ab. So tief, wie der Schmerz sitzt, kannst du dich niemals schneiden. Ich war mehr als gebrochen. Es hatte einfach nur noch weh getan, was er gesagt hat. Was ich getan habe. Mein Herz blutete, und ich wusste einfach nicht mehr wohin mit mir. Jede Scherbe, die in dieser Crackhöhle herumlag, war aus einem Spiegel gesplittert, den ich zerschlagen hatte.

Meine Freunde hatte ich verloren. Alles Gute wirkte weit weg. Ich spürte den Sonnenschein, der durch das Laken am Fenster auf meine blasse knöchrige Schulter traf. Ich hörte schon wieder die Sirenen der Krankenwagen, nonstop waren sie in meinem Kopf. Ich malte dunkle Bilder und schrieb noch dunklere Texte. Als ich es dann geschafft hatte, raus aus dem verfluchten Haus, hielt ich auf der Wiese im Park inne. Die Sonne prallte auf mich herab, und meine Narben blitzten im Licht auf. Ich musste schmunzeln. Ist sie nicht wundervoll, die Natur? Wie schnell sie einen zum Lächeln bringen kann. Ihre Liebe ist unendlich. Ich schoss ein paar Fotos, teilte diese auf Facebook. Niemand kannte meine Geschichte und meine tatsächliche Situation. Niemand hatte diesen Schmerz gefühlt, der mich begleitete.

Ich hatte Angst davor, dass er wieder hier auftauchen und ich auf die Straße rennen würde, wenn er mich triezen würde. Ich kannte mich nicht mehr, wenn er auf mich einredete. Ich strich mit meiner dürren Hand durch die Sommergräser und berührte ein paar Gänseblümchen. Ein kleiner Marienkäfer kletterte über meine Stoffschuhe und ließ sich auf einem Grashalm nieder. Da war dieser Moment, in dem ich aufgefangen wurde. In meinem linken Kopfhörer ertönte die Stimme von Xavier, die mir sagte: *"Dieser Weg wird kein leichter sein."* Ich empfand ein wenig Euphorie. Dieses Lied hörte ich seit ein paar Tagen als Dauerschleife. Zuvor hatte es mich nie sonderlich interessiert. Dieser Weg war nicht leicht, das wusste ich. Wenn ich das nicht gedacht hätte, wenn ich diesen Weg nicht gegangen wäre, dann hätte ich aufgegeben.

Ich wollte nicht aufgeben. Ich versteinerte in diesem Moment und sammelte dabei neue Energie. Ich lief durch den Park. Ich war eine einsame Wanderin, die sich in dieser Stadt umschaute. Trotzdem war dieser Moment wunderbar. Wann geht man schon mal hinaus und weiß nicht, wo man hingehen wird? Wann hat man schon einmal keinen Plan und kein Ziel am helllichten Tage? Ich war frei. Ich merkte gar nicht mehr, wie sehr ich in meiner eigenen Welt lebte. Das war mein Leben. Als ob es eine Geschichte aus einem Buch wäre, so fühlte es sich an. Wie ein endlos langer Film. Ich war total in Gedanken vertieft und atmete die frische Luft tief in meine von Chemie benommene Lunge ein. Auf einmal hörte ich einen Fahrradreifen quietschen. Ich war jedoch zu müde, um mich direkt zu erschrecken.

Doch dann drehte sich mein Magen um. Er stand wieder vor mir. Noia. Er saß auf seinem Bike und grinste dreckig. Seine schwarzen Augen funkelten voller Dunkelheit und Hass. *"Na, wo warst du?"*, raunte er mit einer gewaltbereiten Stimme. *"Hast du dich wieder mit einem Ficker getroffen?"* Ich war zu traurig, um zu antworten. Ich war erleichtert, dass es mir genügte, selbst zu wissen, dass ich gut bin. Was interessierte es mich, was er dachte. Schön weiter so. Immer ruhig bleiben, dachte ich. *"Hallo! Ich rede mit dir."* Er fuhr einen Bogen um mich herum und stand wieder genau vor meinen Füßen, nachdem ich mich weggedreht hatte. Ich blieb stark. Keine Antwort. Ich werde mich nicht hochfahren. Ich spürte, wie sie brannte, die Narbe an meinem Arm.

Ich blickte herunter zu meinem Bein. Auch diese Narbe war geblieben. Durch die Narben bekam ich eine Art Halt. Immer wenn ich mich ritzte, hatte ich das Gefühl, einen Schlussstrich gezogen zu haben. Ich hatte die Gewalt, den Angriff von der anderen Seite, abgewehrt und beendet. Ich drehte einfach wieder um und schwieg. Ich lief langsam weiter geradeaus. Den Kopf nach unten. Die Krone war gefallen. *„Warum redest du nicht? Hast du ein schlechtes Gewissen, ja?"* Er machte weiter. Ich hätte nur schweigen müssen. So viel Kraft hatte ich nicht mehr. Es hatte gerade für zwei Anläufe von ihm gereicht. Meine Augen füllten sich mit Tränen, vor Wut. Ich schaute ihm voller Hass in die Augen und damit hatte ich verloren. Ich war darauf eingegangen. Mein Gesicht verzog sich schmerzlich. Seine Anschuldigungen tobten wie ein Hurrikan durch mein Gehirn. Es dauerte nicht lange, ehe ich ihm antwortete. Ich rastete wieder aus. Ich schlug auf mich selbst ein, dann auf ihn. Ich hasste ihn bis auf den Tod und gleichzeitig hasste ich mich selbst, weil ich es wieder einmal nicht geschafft hatte, ihn zu ignorieren. Was war nur los mit mir? Das alles passierte mitten im Park. Er fand selbstverständlich wieder einen Grund, weshalb genau das mein Ziel gewesen war. Für ihn war ich nur eine wertlose Puppe. Er sah immer dabei zu, wie sehr ich litt und hörte niemals auf.

Es war vorbei. Ich ging mit ihm mit. Ich weiß nicht wieso. Ich rauchte mich dann bei ihm zu Hause dicht. Die klebrige Masse auf dem Boden, der ausgelaufene Kiba, verdreckte meine Kleidung. Ich ging innerlich erfroren in die Küche, in der es spukte, und schmiss meine Kleidung in die Waschmaschine. Ich vergaß, sie anzuschalten, und durfte eine Woche lang nicht mehr ins Wohnzimmer gehen, denn Noia hatte durchgängigen Junkie-Besuch. Ich fühlte mich vergessen, dort in der Kammer. Nachts heulte der Wind durch die morschen Dielen und tagsüber rotierten die Sirenen der Krankenwagen in meinem Kopf. In welch einem Gefängnis hielt mich die Droge gefangen? Eine Perversion meiner selbst hatte mir versagt, mich aus dem Staub zu machen. Ich wollte mein Leben doch nur leben, doch verlor die Übersicht. *"Wie komme ich nur jemals lebend raus hier?"*, *bibberte* die Stimme in meinem Kopf. Was ist Sucht? Was ist Liebe? Was ist Abhängigkeit? Das ist, das sind die Fragen.

Düstere Tage

Mittendrin

Es vergingen weitere Wochen, in denen sich mein Kurzzeitgedächtnis komplett verabschiedete. Meine Träume vom friedlichen Miteinander mit Noia, einer nach dem anderen, zerplatzten wie Seifenblasen, und diese seltsame Geschichte nahm einfach und willkürlich ihren Lauf. Das Schicksal mischte die Karten, und wir spielten das Spiel. Eher gesagt, spielte er ohne mich, und ich spielte einfach nur verrückt. Das Jahr schritt in Eile fort. Mittlerweile war die Morgensonne schon wärmer als fünfundzwanzig Grad Celsius, und es schien sich zu einem tollen Sommer zu entfalten. Ich liebte den Sommer. Ich liebte die Blumenwiesen, die Vögel. Selbst dort, in meiner Gefängniswelt auf Droge, spürte ich das Leben um mich herum.

Wenn ich das Fenster öffnen konnte, atmete ich die Sommerluft tief ein und konnte die Bienen und Vögel summen und singen hören. Ich spürte die Leichtigkeit, die diese Jahreszeit wie einen Schleier auch über jene von uns legte, die im Winter abgestürzt waren. Ich sammelte mich normalerweise seit Jahren im Frühling und lebte dann ruhiger im Sommer. Ich genoss jede einzelne Schönheit, die er zu bieten hatte. Das Baden, im Garten grillen, draußen Bierball oder Federball spielen. Einfach diesen warmen Schleier zu fühlen, in der Sonne zu brutzeln und am Abend auf dem Balkon zu sitzen und mit meinen Liebsten zu quatschen. Jeden Tag Melone und andere Sommerfrüchte zu essen und einfach zu leben, unbeschwert und zufrieden. Davon war ich in diesem Moment jedoch weiter entfernt, als ich jemals realisiert hatte.

Ich erinnere mich nur an wenige Tage aus dieser Zeit, wahrscheinlich deswegen, weil jeder Tag doch irgendwie so gleich war wie die anderen. Aufstehen und darauf warten, dass Noia seine morgendliche Runde mit dem Fahrrad gedreht und mit jeweils zwei belegten Brötchen und einem süßen Kuchenstück vom Bäcker zurückgekommen war. Für mich begann der Tag mit Essen, dann erst Bleche rauchen, philosophieren, übel streiten, heulen, ziehen und Pfeifen rauchen und abends wieder essen. Selten mal zum Supermarkt radeln und irgendwelche seltsamen, beeindruckenden Dinge erleben.

Natürlich erlebte ich diese immer nur allein. Mit Gina hätte ich sicher alles teilen können, jeden außergewöhnlichen Moment. Aber sie war weg von mir und das war auch gut. Ich hoffte, dass auch sie noch genug Geld hatte, um ausgiebig zu essen. Ich aß jeden Tag mehr als genug. Jetzt stand der Sommer in voller Pracht vor der Tür und mit ihm gingen auch endlich meine fiesen Geister Paranoia. Die Bäume waren grün und alles wirkte gleich viel freundlicher, sodass ich wieder von besseren Vibes umgeben war. Das fühlte ich.

Verhandelbar

Magdeburg, Juni 2015

Vor ein paar Wochen bekam Noia einen gelben Brief. Er war vom Amtsgericht Magdeburg. Seine Gerichtsverhandlung stand bevor, und ich weiß bis heute nicht, wie wir es tatsächlich schafften, am Morgen den Wecker zu hören und pünktlich dort aufzukreuzen. Sicher bin ich es gewesen, die den Wecker stellte und aufstand, um dann Noia zu wecken, der ein gottverdammter Ausschalter war. Daran hatte sich nichts geändert. Das Einzige, was ihn aufwachen ließ, war seine Paranoia. Sie war so fest in seinem seit mehreren Jahren von den verschiedensten Drogen misshandelten Gehirn verankert, dass sie ihn immer hart quälte und mit den unterschiedlichsten Vorahnungen weckte. Sie war gnadenlos, aber er war derjenige, der die Drogen zu sich nahm und damit diesen Wahn von Hand unterzeichnete. Wir rauchten also schnell ein paar Pfeifen weg. Ich zog mir ein paar Bahnen hinein, und er machte sich seinen bescheuerten Knaller. Wenn er dann von dem Nervengift der verlorenen Träume überströmt wurde, dann schob er seinen Kiefer nach vorn, schaute nach links und rechts: „*Mhhhhh.*" Er war wieder Herr seiner Situation und voll im Game.

Total bescheuert eigentlich. Vor allem, wenn man zum Gericht geht. Er hätte auch einfach ziehen oder es bei ein paar Pfeifen oder Blechen belassen können. Ein wenig später hatte er mal eine ganze Woche zusammen mit Mina nicht gedrückt. Sie hatten versucht, ohne dem klarzukommen. Ging nicht lange. Wir kamen in der prallen Mittagssonne am großen Gerichtsgebäude an. Praktischerweise stand es ja direkt vor der Tür. Ungefähr zweihundert Meter Fußweg entfernt. Wir mussten quasi nur eine Straße überqueren und dann abbiegen. Das hatten selbst wir hinbekommen.

Im Gericht angekommen, kam auch schon mit großen Schritten Noias Rechtsanwalt auf uns zu. Er war hektisch und kam er mir total kriminell vor. Dieser Typ hätte sicherlich, ohne mit der Wimper zu zucken, einen Mörder gedeckt. Das war dem mit Sicherheit total schnuppe. Die beiden plauderten kurz und schlossen mich dann mit in ihr Gespräch ein, aber ich war in Gedanken bei der Sonne, und ohnehin war das ja glücklicherweise nicht unbedingt meine Kanne Bier. Ich ging nur mit zur Verhandlung, damit die Leute dort glaubten, dass Noia ein Guter war, eine Freundin hatte und sich eine Zukunft aufbaute. Deswegen war ich dort, um ihm zu helfen.

Während der Verhandlung saß ich in der Ecke, erzählte kurz, wer ich war und dass Noia sich schon gebessert habe und wir uns gefunden hatten. Das ist mein Part gewesen. Ich stotterte total nervös herum und war sehr unsicher, während ich mit dem hohen Gericht sprach. Das war überhaupt nicht meine Welt, wie das meiste Kriminelle. Ich schaute immer wieder rüber zu Noia und dann zum Richter, zum Anwalt, zu den Zeugen, auf meine Finger. Mir war total heiß.

Ich hatte endlos Maulpappen und räusperte mich leise vor Aufregung, während ich mein eigenes Herz schlagen hörte. Nun saßen er und ich einfach so da. In einem sterilen Raum, mit Richtern und Anwälten, die Roben trugen und immer wieder kamen die Cops zusammen mit Leuten in Handschellen hinein, die als Zeugen aussagten. Noias Anklage hieß übrigens Verstoß gegen das BTMG in achtundfünfzig Fällen. Achtundfünfzigmal hatte er, so viel wussten sie, Meth an irgendwelche Leute verkauft.

Ich beobachtete genau, wie er sich während der Verhandlung benahm. Er konnte sich doch zusammenreißen, nun, wo er mit einem halben Bein im Knast stand. Trotzdem sprach sein Äußeres Bände. Er sah aus wie ein richtiger Crack-Head. Er hatte sich seine schwarze Mütze aufgesetzt und trug eine fette Edelstahlkette und ein dickes Armband. So wäre ich niemals dort hingegangen, wäre ich er gewesen. Er trug ein Sweatshirt mit irgendeinem THUG-LIFE-Spruch darauf. So hielt er wenigstens seine Ruinen, die er Arme nannte, darunter verdeckt, und der Richter konnte seine ausgebeulten Venen nicht erkennen. Er zeigte sich dann sehr einsichtig und moralisch. Von Minute zu Minute veränderte sich die Mimik des Richters. Aus einem strengen *„Dich bringe ich in den Bau, das schwöre ich dir bei meiner Stadt"* wurde ein abschweifender *„Ich will langsam zur Mittagspause und am besten gleich danach mit den Kindern ins Freibad."*-Gesichtsausdruck. Die Verhandlung ging länger als drei Stunden, und man merkte, dass jeder Einzelne der Beamten keinen Bock mehr auf diese „Scheiße" hatte.

Das Wetter war wundervoll und irgendwie hatten die Vorsitzenden auch langsam den Faden und den Überblick verloren, was das ganze Ding mit Noia anging. Mein Körper entspannte sich langsam und entkrampfte. Er war so gut wie aus dem Schneider. Keiner wusste davon, dass er immer noch jeden Tag Stoff vertickte und dass er hier und da mal die eine oder andere Straftat beging. Keiner wusste, dass er ein Psychopath war und sich fixte oder dass er eine Scheinehe führte, um irgendwelche Ämter zu hintergehen, und sich damit einen schmalen Taler verdiente. Im letzten Winter wollte er auch mich verheiraten lassen. Ich war schon so gut wie einverstanden. Ich hatte eine Scream-Maske aufgehabt, während ein Typ mir am Telefon zwanzigtausend Euro versprach und mir den genauen Plan und Vorgang verklickerte. Er wirkte sehr seriös. Wie auch immer. Am Ende war ich dann doch viel zu raus. Ich hätte doch keinen geheiratet für ein paar Taler. Oder doch? Ne! Manchmal war ich so raus, dass ich schon wieder irgendwo vernünftig war.

Noia kam also mit einer kleinen Bewährungsstrafe davon. Es war viel mehr eine Verhandlung als gerecht. Alle richteten sich dann auf. Der Richter ratterte seinen Text runter. Alle setzten sich wieder, und dann machten die Geschworenen sich auf den Weg in den Pausenraum und fielen über ihren Kaffee und Kuchen her. „Was für eine Szene!", dachte ich mir. *„Das alles ist Deutschland. Das gibt es nirgendwo anders ... nur hier"*, trällerte ich ganz Leise vor mich hin, als wir den Gerichtssaal verlassen hatten und ich nun zwischen Noia und seinem Anwalt die Treppe hinunterlief. *„Die haben wir gefickt"*, sagte Noias Rechtsanwalt und freute sich mit uns darüber, wie es ausgegangen war. Das war vielleicht ein Typ.

„Geh doch heute mit deiner Freundin essen und lade sie ein! Ohne sie hätte es für dich alt ausgesehen, Junge!", sagte er und grinste. Er sprang auf seinen Drahtesel und verschwand hinter dem wellenden Schleier am Ende der Straße, den die Nachmittagssonne zeichnete. Anstatt auch nur eine Sekunde an den Gedanken zu verschwenden, sich bei mir zu bedanken, belagerte Noia mich sofort wieder mit seinen Kunden. Er hatte schon wieder komplett ausgeblendet, dass er auch hätte in den Knast wandern können. Während der Verhandlung sah er wie ein kleiner, reumütiger Junge aus. Richtig nett sogar. Das war anscheinend alles nur Show, und der Teufel wollte schnellstmöglich zurück in seine zersplitterte Hütte.

Ich holte mir schnell an irgendeinem sonnigen Stand mit abgewrackter Location eine Bratwurst und dann eierten wir wieder zurück zu Noias Buchtung. Er machte bereits noch auf dem Campus des Gerichts Telefonate mit potenziellen Junkie-Kunden und verabredete sich schon mit ihnen für später. An diesem Tag legte er einen riesigen Zahn zu und vertickte so viel wie schon seit Ewigkeiten nicht mehr. Einer nach dem anderen tauchten sie in seiner heruntergekommenen Höhle von Wohnung auf und blechten und zogen das ganze Wohnzimmer dicht.

Wirklich große Scheine hatte er trotz allem nie gemacht. Er wurde mehr abgezogen als alles andere. Er kaufte Handys, Klamotten, allerhand Schrott und Unbrauchbares bis hin zu Unbenutzbarem von seinen Kunden ab. Er behielt am Anfang des Jahres eine kleine Pistole bei sich, denn er hatte sie als Pfand gegen ein wenig Meth an sich genommen. Er ritt sich immer tiefer in die

Scheiße. Ich hatte die Knarre voller Verblüffung unter der verdreckten Matratze gefunden. Er erklärte mir, dass er nicht vorhabe, sie zu benutzen. Er bewahrte sie nur für einen Kunden auf, bis dieser sie wieder zurückkaufen würde. An jenem Tag, als der Kunde sie wieder brauchte, war sie allerdings verschwunden.

Einmal schoss Noia den Vogel dann gänzlich ab und verhandelte mit einem Typen, dass er ihm 0,1 Gramm Meth geben würde, wenn er ihm dafür ein paar Einweghandschuhe und einen Pudding bezahlen würde. Das war der absolute Kracher. Ich habe damals darüber gelacht und lache heute noch darüber. Er kaufte unechten Silberschmuck, der sich schwarz verfärbte, wenn er damit badete. Er war ein richtig mieser Dealer. Aber es interessierte mich auch nicht sonderlich, wie er den Stoff loswurde. Es war mir egal. Das Wichtigste war für mich, dass ich immer etwas am Mädchen hatte. Irgendwann wurde ihm jedoch der Strom abgeklemmt, und wir saßen im Dunklen. Er musste erst einmal einige überfällige Rechnungen bezahlen, bevor er wieder in den Genuss von Licht und funktionierenden Steckdosen kommen konnte. Deswegen machten wir uns dann über mein Konto her. Wir hatten in den letzten Wochen meinen Dispositionskredit komplett leer gemacht, was ich zu diesem Zeitpunkt selbst nicht einmal bemerkt hatte. Ich hatte das Minus erst entdeckt, als es viel zu spät war. Wie immer eigentlich war es schon zu spät und es gab dann auch kein Zurück mehr. Knapp vierhundert Euro drückte ich ab, um ihn aus seinen Schulden herauszuholen.

Er zahlte ja immerhin allen anderen Scheiß und unseren Stoff, daran musste ich mich seit Monaten nicht mehr beteiligen und davon war auch nie die Rede. Es war gerade Monatsanfang, und somit hatte ich wieder etwas Geld auf meinem Konto. Ich war mittlerweile Harz-IV-„Kunde". Ich hatte den gesamten Tag Zeit, um mich sonst was für Dingen zu widmen. Ganz nach dem Motto: Harz IV, der Tag gehört dir! Kaum einer meiner Kumpel aus Berlin ging arbeiten, und hier in Magdeburg kannte ich auch niemanden, der einen Job hatte.

Aber man bekommt nie etwas umsonst! Das sage ich euch! Ihr könnt euch ja sicherlich vorstellen, dass zwischen uns mehr ging, als nur das „Zusammenlöten", aber das hatte ich nicht gänzlich bewusst für die Droge getan. Ich hatte Noia anfangs sehr gemocht, doch mit seinem ganzen Gehabe und Getue hat er meine Seele fast gebrochen. Ich hatte total einen weg und die Fantasie ging übel mit mir durch. Waren wir schon einmal zusammen gewesen? In einem früheren Leben? Ich war mir über einen längeren Zeitraum sicher, dass wir uns noch einmal über den Weg laufen sollten. Selbst wenn es so gewesen war, diesmal hatte es wieder ein grauenhaftes Ende genommen. Auch er sprach oft davon, dass unsere Seelen verwandt gewesen seien.

Aus dem Fenster starren

Noch immer in Magdeburg

Apropos Schicksal! Es tönte aus dem schwarzen Weckerradio irgendeine Musik so vor sich hin, als einmal der gesamte Stoff, also achtzig Gramm Meth, in einem Reagenzglas in meiner Jackentasche steckte. Noia hatte Angst. Er glaubte, die Cops würden tagsüber einreiten, weil angeblich irgendwer von irgendwem etwas gehört hatte, der bei der Polizei arbeitete. Ein Spitzel, der auch hin und wieder bei ihm Stoff kaufte. *„Du musst das heute an dich nehmen. Wenn sie kommen, dann war ich es nicht. Tust du das für mich? Bitte! Du wirst keine große Strafe bekommen. Du hast eine weiße Weste Kiki. Ich sage dann meinem Boss Bescheid. Falls du abgehst, kauft er dich frei."*

Ich sah mich schon vor mir, wie ich tatsächlich in den Knast wanderte. Ich sah auch ihn am anderen Ende, wie er mich herauskaufte. Also nahm ich den Stoff erst einmal an mich, um ihn zu entlasten. Leute ich war nicht dumm! Im Ernstfall hätte ich ihn einfach in die Ecke geschmissen. Ich renne doch nicht wirklich so bewusst ins offene Messer. Ich trug Handschuhe, und außerdem hatte der Idiot nicht bedacht, dass die Bullen einem Verdacht folgen würden. Die Rede wäre dann logischerweise von einem Typen gewesen, der hier wohnte und den Stoff an den Mann brachte. Er dachte echt nicht weiter, als seine Paranoia ihn in die Gedankensuppe einwiesen. Trotzdem hatte ich Bammel und schaute den ganzen Tag aus dem Fenster auf die vollbefahrene Straße. Auf einmal tönte aus dem Radio das Lied *„I find you here"* von Wolfsheim. Ich drehte gleich auf. Ich hatte das Lied nie zuvor gehört. *„It's Destiny, Destiny."* Ja, verdammt! Das war ein Zeichen! Das hier war eindeutig Schicksal!

Ich lebte ein Leben, dass ich nicht mehr bestimmte. Alles lief vor sich hin und aus dem Ruder. Deshalb war ich mir sicher darüber, dass irgendjemand anderes das alles geplant hatte mit mir. Ich starrte ganze sieben Stunden lang aus dem offenen Fenster. Ich ging nicht zur Toilette. Ich aß und trank nichts. Ich war derartig fokussiert auf die Straße, dass ich beinahe in ihr versunken war. Ich fühlte mich fast so, als säße ich selbst in den Autos und würde die Straße entlangfahren. Ich beobachtete die Situation haargenau. Mir entging nichts. Ich rauchte zwischendurch ein paar Zigaretten. Zum Löten oder Ziehen war keine Zeit. Ich musste aufpassen, damit mich niemand überraschen konnte. Ich las jedes Kennzeichen. Das „SK" auf den Nummernschildern kam mir sehr spanisch vor. Ich dachte ans SEK und merkte mir mehrere Schilder.

Noia hatte den ganzen Tag geschlafen. In dieser Hinsicht schien er mir scheinbar zu vertrauen. Ich stierte weiter auf die Straße. Wenn ich richtig darüber nachdenke, fuhr jedes zweite Auto langsam, und ich dachte mir sekündlich: Das ist es. Das ist das Auto, aus dem gleich die Polizisten herausklettern und bei uns die Bude stürmen würden. Doch es passierte nichts. Nun schob ich mir also selbst schon Bullenbuden. War ich etwa kriminell geworden? Ich kam erst am Abend wieder runter von meinem Film. Noia wachte irgendwann sehr unsanft und verschlafen auf, setzte sich sofort einen Druck und dann kamen wieder die üblichen Verdächtigen und kauften ihm sein Gelumpe ab. Ganz plötzlich machte ihm die Situation keine Angst mehr, und er zog sich schnell an, schnallte sich seine Bauchtasche um und verkaufte seine Kristalle.

Meine Zeichnung von Noia, die ich in einem Meth-Kokain-Rausch zeichnete. Auf den ersten Blick sieht man den Meth-süchtigen Noia, der gehorsam die Befehle des schwarzen Kristalls befolgt. Er trägt eine Krone und ist der König seines dunklen, verlorenen Königreichs. Wenn man das Bild auf den Kopf stellt, erkennt man mich dabei, wie ich geradewegs die Autos auf der Straße aus Noias Schlafzimmer beobachte, das Auto auf der Straße und die Türme.

Tinnitus und eine Schnecke

Magdeburg, zwei Wochen später

Ich sah das Leben nur noch an mir vorbeirauschen. Das durfte nicht mein Ende sein. Dafür war ich mir eindeutig zu schade. Und auch wenn jeder immer fragt: *„Kiki? Was hast du die ganzen letzten Jahre gemacht?"*, weiß ich, dass ich nie wirklich von der Bildfläche weg war. Ich habe immer nachgedacht über irgendwas. Mal über den Sinn, dann über die Menschheit, dann wieder über den Sinn. Mal hab ich's am Ende gerafft und mal nicht.

Meine Mission: jetzt weitermachen mit meinem Leben. Zurück ins Leben finden und raus hier. Endlich raus! Der Sommer stand noch immer bereitwillig vor der Tür, als sich ein Tinnitus in meinem linken Ohr manifestierte. Da ein Krankenhaus ganz in der Nähe stand, hörte ich Tag und Nacht die Sirenen der Krankentransporter. Diese Sirenen hörte ich nun 24/7. Wenn der Wasserhahn lief oder die Tekke pausiert war, rotierten sie in meinem Gehirn.

Heute würde ich ausbrechen! Ich war ready. Noia und ich hatten uns gerade einmal mehr die Köpfe eingeschlagen und beleidigt. Ich war am Ende mit den Nerven. Es war ein ganz normaler Tag eigentlich. Als gerade irgendein Junkie von draußen durch Noias Wohnungstür eierte, rauschte ich an ihm vorbei in den Treppenflur. Ich sprang die Stufen nach unten, so schnell ich konnte.

„Das war ich nicht! Die Alte spinnt total", kreischte Noia. Der Junkie hatte nämlich mein blaues Auge gemustert. Ich hatte den Spiegel gradewegs über meinem Kopf zerschlagen, und so fühlte ich mich auch, als ich dann draußen die Straße auf und ab lief und vor Schmerz kaum atmen konnte. Auf Meth zu sein und sich mit dem Partner zu streiten oder auszurasten, war ein

unbeschreiblich grauenvolles Gefühl für mich. Ich fühlte alles zehnmal stärker durch das Meth. Ich zerriss innerlich. Es war, als würde ich auf psychischer Ebene sterben. Ich fühlte nur noch mein eigenes Herz, wie es blutete. Ich schrie und kreischte wie eine Furie, wackelte mit meinen Händen und zitterte. Es tat so grausam weh. Wie konnte er mich so verletzen? Wie konnte er mich hassen? Ich hasste ihn. Warum wurde ich so sehr bestraft? Ich schaute immer wieder auf zum Fenster seines Schlafzimmers. Ich erinnerte mich an die Situation, in der ich im Winter bei ihm geklingelt hatte. Wie ein Blitz schlug der Gedanke in mein Gehirn ein. Das waren jetzt beinahe dieselben Bilder, die ich mir damals vorgestellt hatte. Genau das hatte ich befürchtet.

Jeder meiner Schritte verwandelte sich in ein willkürliches Taumeln und mein Herz raste wie verrückt. Ich sah zu einhundert Prozent wie ein gestörter Junkie aus. Ich bekam kaum noch Luft durch den Schmerz. Ich hielt die Luft an, ganz aus Reflex. Am liebsten hätte ich um Hilfe geschrien. Er sollte sofort herkommen und mir sagen, dass es ihm leidtut. Er sollte mich retten. Er kam aber nicht.

Ich hörte seine Stimme in meinem Kopf, wie sie mich beleidigte. Ich hörte, wie er sagte: *„Du bist ein schlechter Mensch. Du hast das alles so gewollt."* Seine Manipulation war so stark, und ich glaubte seinen Worten. Ich ließ mich dann direkt vor einer Gaststätte, die gleich um die Ecke stand, wie einen nassen Sack auf den Boden fallen und prallte auf meine dünnen Knie. Ich blieb dort einfach liegen und krümmte mich. Ich hielt das Gefühl nicht mehr aus. *„Ich kann nicht mehr!",* schrie ich. Irgendwann kamen von der anderen Straßenseite drei Kinder auf mich zu gerannt. Ich sah sie sehr verschwommen und sammelte mich dann, so schnell es ging. *„Geht es dir gut? Sollen wir einen Krankenwagen holen? Wie können wir dir helfen?"* Sie waren vielleicht gerade mal sieben Jahre alt.

Augenblicklich kam ich herunter von meinem Horrortrip, dass mich niemand retten würde. Dass ich wahrscheinlich hier auf der Straße vor den Augen aller Fußgänger tausendmal auf die

Schnauze fallen und schließlich zusammengekräuselt auf dem Boden liegen würde, bis ich sterben würde, ohne dass jemand mich auch nur eines Blickes würdigte. Die Stimmen in meinem Kopf verschwanden, und ich lenkte meine gesamte Konzentration auf die Kids. *"Nein, keinen Krankenwagen. Bitte. Ich habe nur Streit mit meinem Freund"*, sagte ich und wischte mir so gut es ging die Tränen aus dem Gesicht und strich mir meinen Pony über die große Beule an meiner Stirn. *"Sollen wir die Polizei holen?"*, fragte eines der Mädchen. *"Nein, keine Polizei. Es geht schon wieder. Ich will nur nach Hause"*, sagte ich dankend. Ich hätte niemals die Polizei gerufen. *"Wie können wir dir denn dann helfen? Brauchst du Geld?"* Die Kids musste der Himmel geschickt haben. *"Nein, ich brauche kein Geld! Danke. Ich danke euch von ganzem Herzen"*, sagte ich und war mittlerweile aufgestanden. Ich versuchte, sie nicht zu beunruhigen. So etwas sollten sie nicht sehen. Sie sollten nicht von mir träumen. Von dem kaputten Junkie-Mädchen, das verloren war. Nein. Sie sollten an das Mädchen denken, das wieder aufgestanden war. Ich spürte meinen Schmerz kaum noch. Ich wollte wieder zurück zu Noia. Nach ein paar Minuten kam eine Frau auf uns zu. Sie hatte uns ein wenig belauscht. *"Nun kommt mal mit. Geht mal weg von ihr. Wo sind denn eure Eltern?"* Ich lächelte nur, als sie die Kinder von mir wegschob. Sie drehten sich alle noch einige Male um und winkten mir zu. Ich winkte auch und schnappte mir meine Tasche, damit sie sahen, dass ich weitergehen würde. Ich wollte nicht, dass sie sich Sorgen machten. Es ist ein Wunder, wie einen die Kinder sehen. Sie hatten keine Angst vor mir. Ich sah zwar fertig aus und die Droge stand mir praktisch ins Gesicht geschrieben, aber sie wollten helfen. Sie hatten die richtigen Augen, und ich wusste wieder, wer ich war.

Irgendwann sah ich sie nicht mehr und lief dann anschließend in Richtung Krankenhaus. Ich war pleite und hatte ein ordentliches Pappmaul. Ich brauchte sofort etwas Wasser, sonst würde ich wahrscheinlich in der nächsten halben Stunde zusammenbrechen. Als ich im Krankenhaus angekommen war, wollten sie mich dort erst einmal untersuchen. Ich wich ihnen aus und fragte, ob ich mal zur Toilette dürfte. Sie lotsten mich mit einem skeptischen Blick zum WC. Ich hatte beinahe das Gefühl, dass sie glauben würden, dass ich mir dort einen Schuss geben wollte. Ich ging trotzdem zur Toilette im Untergeschoss, denn es wurde langsam echt kritisch. Ich hatte wahnsinnigen Durst bekommen. Sicherlich hatte ich an diesem Tag noch nicht einen Schluck getrunken. Ich kam völlig erschöpft im Keller des Krankenhauses an. Dort trank ich dann aus dem Hahn am Waschbecken ein paar Schlucke Wasser, bis ich plötzlich Angst davor bekam, mich mit irgendwelchen Keimen zu infizieren. Ich ging schnell wieder an der Pforte vorbei bis zur Straße und schaute noch einmal zurück auf das Krankenhaus. Ich spiegelte mich in meinem Handy und sah dann, wie groß die Beule tatsächlich geworden war und entdeckte die ganzen blauen Stellen in meinem Gesicht. Ich sah aus, als hätte ich eine Prügelei verloren. Das hatte ich auch. Oder doch nicht?

Immerhin hatte ich es nach draußen geschafft und bin noch einmal mit einem blauen Auge davongekommen. Wie irre dieses Leben war.

Als ich irgendwann in einer Seitenstraße vor einem Autohaus stand, fing es plötzlich an zu regnen. Ich schwöre euch, dass diese Tropfen nur über meinen Kopf herabfielen. Neben mir standen noch zwei Passanten. Sie lächelten mich nur an. Auch sie sahen, dass die Wolke mich verfolgte. Ich wurde heftig nass und alle Leute, die mich sahen, schauten zu mir rüber. Die Natur weinte mit mir. Ich genoss die frische Brise und freute mich über dieses Naturereignis. Immerhin hatte mich wieder irgendwer entdeckt. Auch wenn es nur der liebe Petrus war. Ich ging in Gedanken vertieft den Weg zurück und fühlte mich ganz nebenbei ein wenig observiert und verfolgt. Irgendjemand musste meinen Wahnsinn doch beobachtet haben.

Meine Reise, in der ich anfangs vor Schmerz beinahe gestorben wäre, dann wieder aufgestanden war, um kurz ins Krankenhaus abzubiegen und dann über einen Umweg wieder zurückzulaufen, während ich nach oben zum Himmel schaute und mich über den Regen freute. Vielleicht war jemand hinter mir her, um mich augenblicklich einweisen zu lassen. Irgendwann kam ich total zerstreut im Park an. Mittlerweile war ein heftiges Gewitter ausgebrochen und ich war pitschenass. Das störte mich aber nicht. Im Gegenteil. Ich ließ meinen Frust raus und schrie ganz laut, während es vor sich hin blitzte und donnerte. Es harmonierte plötzlich sogar. Ich konnte fühlen, wie meine Trauer in die Natur überging. Ich fühlte eine seltsame Verbundenheit. Wir waren doch schließlich alle miteinander verbunden. Wir waren alle eins. Ich kam immer und immer mehr runter und sammelte neue Kraft. Ich streunte im Park auf und ab, berührte die Gräser. Nebenbei entdeckte ich eine Schnecke.

Sie kroch gerade einen Strommast hinauf. Ich nahm sie mit und lief ein paar hunderte von Metern quer über den großen, mit Wiese bedeckten Platz. Die Schnecke kroch nicht in ihr Häuschen, als ich sie nahm. Auf meiner Hand hatte sie keine Angst. Ich schaute sie an und fing an zu lächeln. Ich erzählte ihr meine Probleme. Sie hörte zu. Sie glaubte mir. Sie war eine treue kleine Seele. Ich sagte immer wieder zu ihr, dass wir uns gegenseitig helfen und stärken müssten. Die Welt war kaputtgegangen. Ich machte ihr klar, dass man kaum einen Freund hatte, in diesen grauen Zeiten. Ich kam mir tatsächlich vor, als würde sie sich mit meinen Worten vollsaugen. Es half mir. Einige Stunden verbrachte ich zusammen mit meiner besonderen Schnecke. *„Mach's gut und pass auf dich auf. Ich werde dich vermissen"*, sagte ich zu der kleinen Schnecke, während ich ganz nah mit meinem Gesicht an sie dranging. Ich setzte sie am Rand des Parks im Gebüsch ab und verabschiedete mich. Sie landete sanft zwischen den grünen Blättern. Ich lächelte noch einmal, dann setzte ich mich auf einen großen flachen Stein und schaute in den Himmel, in dem plötzlich die Sonne die Wolken durchbrach. Nach wenigen Sekunden war der Himmel wieder hell, und es roch überall nach nassem Gras und Blumen. Die Sonne strahlte auf den Park hinab, und die Vögel und Schmetterlinge kamen wieder aus ihren Schlupflöchern hervor.

Caritas

Berlin, Ende August 2015

Kaum hatte ich die erste Bahn, Pfeife oder ein Blech intus ging es los. *"Tatütata Tatütata."* Es war nicht das Einzige. Ich hatte ständig das Gefühl, Geister seien in der Nähe und durch die verzerrte Optik, die verschwommenen Bilder und die verschleierten Gedanken sah und hörte ich immer und immer wieder seltsame Dinge. Die Nerven lagen blank. Christina beschenkte mich reich. Wir fuhren für ein paar Tage später nach Berlin in mein Appartement.

Wir hatten uns bei der Caritas angemeldet und wollten, also eher ich war es, die es wollte, einen Entzug machen. Es war mal wieder an der Zeit, dass ich eine andere Richtung anschlagen wollte. So konnte es nicht mehr weitergehen. Es gab nichts Neues mehr zu sehen, und es ging mir auch um meine Zukunft. Was würde meine Familie dazu sagen? Wenn sie auch nur einen Hauch von dem hier wüssten? Diese Gedanken machten mich traurig, und ich fühlte mich einsam. Mama wusste nicht, wie es um mich stand. Ich hatte mir immer eingeredet, dass es okay für sie war. Ich dachte, wenn sie es nicht weiß, dann ist es praktisch nicht real. Es war Zeit, in die Realität zurückzukehren.

Ich hatte für Noia und mich mit der Caritas telefonisch einen Termin vereinbart. Wir sollten uns dort vorstellen und dann würde entschieden werden, wie es von dort aus für uns weitergehen könnte. Ich hatte es zu meiner Verwunderung geschafft, Noia davon zu überzeugen, mit mir diesen Termin wahrzunehmen. Ich war total aufgeregt. Wir zogen und löteten ein paar große Kristalle weg und dann waren wir auf dem Weg. Noia kaufte sich währenddessen irgendwo etwas zu essen und schmiss in einigen Dönerläden ein paar Taler in die Spielautomaten. Ich war genervt. *"Komm jetzt endlich. Du kannst nachher essen. Das ist wichtig"*, schnauzte ich ihn an und zog ihn am Arm aus den Geschäften hinaus.

Mit seiner Sonnenbrille sah Noia noch viel abgecrackter aus. Das mochte ich damals an ihm, auch wenn ich wusste, dass ich ihn innerlich schon hasste. „*Noia! Nun beeil dich endlich. Ich will mal etwas schaffen. Wir können einen Entzug machen, wenn wir pünktlich sind. Wir kommen dann bestimmt für immer weg vom Meth. Das ist unsere Chance.*" Noia zog sich eine Zigarette aus meiner Jackentasche und zündete sie mit seinem Sturmfeuer an. „*Ich will liebend gern vorher noch eine Bahn ziehen*", sagte er und wackelte hastig von seinem Barhocker im Dönerladen herunter. Er saß nämlich geradewegs vor dem nächsten Automaten. „*Du kannst nachher eine Line ziehen. Wir gehen vor dem Gespräch zur Toilette und dann ziehen wir uns eine. Okay?*", sagte ich und schob ihn vor mir durch die Straßen her.

Ich schaute auf meine Handyuhr und stellte fest, dass wir schon eine halbe Stunde zu spät waren. Wir waren noch immer auf dem Weg. Während wir durch die grünen Ecken der Steglitzer Straßen liefen, faltete Noia ein kleines Päckchen und machte darin einige Kristalle klein. Als er damit fertig war, blieb er stehen. Er kramte in seinen Hosen und Jackentaschen herum. „*Willst du mich verarschen? Wir müssen weitergehen. Wir sind ohnehin schon zu spät*", schrie ich nach hinten, während ich rückwärts weiterlief. Ich blieb dann aber doch stehen und lief zu ihm zurück. Auf die Minute würde es nun auch nicht mehr ankommen. „*Mensch Noia. Wenn du ein beschissenes Ziehrohr brauchst, dann sag halt was.*" Ich kramte aus meinem Jutesack einen kleinen durchsichtigen Strohhalm hervor und hielt ihn direkt in mein Nasenloch. Noia hielt mir das Päckchen unter die Nase und ich zog den gesamten Inhalt heraus. Es war mir versehentlich passiert.

„*Jetzt muss ich mir einen neuen Kristall kleinmachen*", lachte Noia, nachdem er seine Sonnenbrille auf die Stirn geschoben und in das Päckchen hineingeschaut hatte.

„Wir müssen jetzt los. Friss den Kristall doch einfach! Wir müssen jetzt weitergehen", hetzte ich. Noia bastelte sich, während er ganz langsam vorwärtslief und sich immer wieder umschaute, ein neues Päckchen und machte sich ein paar große Kristalle darin klein. Irgendwann kamen wir dann endlich bei der Stelle der Caritas an und wurden nach ein wenig Rumgezeter der Angestellten hinauf zu einer Beraterin gebeten. Sie war mir direkt sympathisch, denn sie hatte eine total lockere Art und sah aus wie Nina Hagen in jungen Jahren. Sie fragte uns dann genau über die Droge aus, die wir konsumierten, und darüber, wie lang wir schon damit zu tun hatten. Sie machte mir Mut, während Noia nur weghörte. Er war auch nur mitgekommen, weil ich es wollte.

Trotzdem war ich glücklich, dass wir hingegangen waren. Wir hatten dann mehrere Papiere zum Ausfüllen und einen Bogen leere Blätter für einen selbstverfassten Suchtlebenslauf mitbekommen. Wir fuhren am nächsten Morgen wieder zurück nach Magdeburg, um neuen Stoff aufzutreiben, und dann versackten wir wieder in unserer eigenen Welt. Bis zum nächsten Termin sollten wir die Papiere fertig haben und außerdem war es unsere Aufgabe, uns in einer Entzugsklinik anzumelden. Wir hatten natürlich nichts von alledem erledigt. Als wir genügend Stoff am Mann hatten, fuhren wir mit der Mitfahrgelegenheit wieder zurück nach Berlin. Schon waren es wieder „wir". Nicht mehr er und ich, sondern wir. Anscheinend beide total kaputt im Kopf. Noia schlug mich und sagte mir währenddessen, dass ich bei ihm bleiben sollte. Ich hasste ihn zutiefst und konnte ihn einfach nicht hassen!

Alles mein Plan!

Magdeburg, am nächsten Tag

In Berlin machte ich Noia die Hölle heiß, denn ich wollte nicht mehr mit nach Magdeburg. Ich war ja nicht lebensmüde. Ich hatte tierische Panik vor dieser Stadt und seiner Wohnung, denn wenn ich dort war, war ich ihm gänzlich ausgeliefert. Er versprach mir hoch und heilig, mich von da an gut zu behandeln und seine Wahnvorstellungen zu verdrängen, bevor es eskalieren würde. Er beteuerte, wie sehr er sich wünschte, dass wir uns zusammen eine Wohnung nehmen würden und dass er mich nicht mehr leiden lassen würde. Er war zu diesem Zeitpunkt auf ein paar Bahnen reduziert, denn sein restlicher Stoff reichte nicht mehr für mehrere Knaller aus.

Ich traute ihm ein letztes Mal und ging mit ihm mit. Bereits auf der Hinfahrt fing er an, mich zu demütigen und seine verdammte Paranoia auf mich zu drücken. Selbst die Mitfahrer in dem engen BlaBlacar ignorierten mein ängstliches Wimmern, mein halbes Durchdrehen und meine halb unterdrückten Wutausbrüche. Willkommen in einer Gesellschaft, die wegsieht. Ich musste nun die ganze Fahrt allein da durch. Ich rief sogar bei Mama an und ließ sie mit Noia reden, doch es half alles nichts. In Magdeburg angekommen, drehte ich erst einmal frei, bis ich schließlich nachgab. Wieso ich immer wieder zurück zu Noia ging? Ich verstehe es heute nicht mehr. Ich denke, es war das Leben, das ich lebte. Ich hatte keines mehr, wenn ich nicht bei ihm und seinen Drogen war. So hatte es sich angefühlt.

Ich hätte mich zu Hause bei Mama zwar wieder erholt und wäre wieder bei klarem Verstand gewesen, doch dann wären alte Narben eventuell aufgerissen, und ich hätte mich erst einmal überall erklären oder rechtfertigen müssen. Ich hätte ständig Nachrichten von

Noia erhalten und hätte diesen widerstehen müssen. Ich hätte mir eingestehen müssen, dass ich alles nur noch schlimmer gemacht hatte. Und was hätte ich dann gehabt? Ich hätte möglicherweise vorerst eine Gruppentherapie besuchen können. Einmal in der Woche hätte ich mich dort blicken lassen können. Und die restliche Zeit, die ich gehabt hätte? Wie hätte ich diese verbracht? Das war für mich keine Option, nun einfach auszubrechen und irgendwo mitten in meinem Leben wieder zu mir zu finden. Ich bin da in etwas hineingeraten und steckte auch ziemlich schnell, ziemlich tief darin fest. Ich denke, dass es viele junge Menschen in meinem Alter gibt, die genau dasselbe gerade durchmachen. Es gab viele Mädchen, die mir irgendwie ähnlich waren, und viele Kerle, die irgendwann so wurden wie Noia.

Wir waren geradewegs in Noias Bude angekommen, da klingelten die Junkies auch schon wieder Sturm. Ich saß in meiner Kammer der verlorenen Träume und fummelte am Handy, malte, fummelte in meinem Gesicht oder räumte um, auf, rauchte und zog, was das Zeug hielt. Ich hatte mittlerweile einen Tagesbedarf von drei bis vier Gramm Crystal Meth am Tag. Vor einem knappen halben Jahr brauchte ich 0,1 Gramm, um vier Nächte durchweg zu feiern.

Ich bekam hier meinen Stoff umsonst. Oder besser gesagt, verkaufte ich irgendwie meine Seele. Jedoch hatte ich tief in mir drin immer die Zuversicht, dass ich sie zurückbekommen würde, wenn ich hier endlich raus war. Ich nahm vom Meth praktisch immer so viel, wie hineinging. Bis ich von oben bis unten zu war. Das hätte jeder so gemacht, der in meiner Situation diese Möglichkeit gehabt hätte.

Ich hatte sogar ein paar Male eine Spritze von Noia gemopst und sie in einer meiner Taschen verstaut. Nur so. Ich fühlte mich manchmal stark mit dem Ding. Als absolute Notlösung sollte die Nadel herhalten. Noia hatte mir geschworen, dass er mich niemals fixen würde. Er sagte: „*Ich würde dir das niemals antun. Ich würde es dir noch nicht einmal zum Spaß anbieten*"

In der folgenden Nacht schob sich Noia heftige Filme. Er glaubte wieder einmal, dass einige Leute bei ihm die Bude rocken wollten. Er sprach immer wieder von: „*Heute Nacht! Das hat der Breite von der Nutte und die aus sicherer Quelle. Heute Nacht kommen sie. Ich werde bereit sein.*" Er riss dann immer seine grün schimmernden Augen auf und grinste unwillkürlich, während sein Kiefer ihm fast davonflog. „*Ach, und du glaubst, was der Breite erzählt?*", fragte ich genervt. „*Du etwa nicht?*", antwortete er und tat so, als ob er den totalen Durchblick hatte und ich mich noch umschauen würde.

Ich glaubte hier niemandem. Hier konnte man nicht einmal mehr seinen eigenen Ohren oder Augen trauen. „*Nee! Bestimmt labern die alle nur herum, um dich verrückt zu machen*", sagte ich, während ich meine Augenbrauen hochzog und den Kopf schüttelte. Irgendwann hatte er es dann trotz allem wieder einmal geschafft, mich mit auf seinen Film zu holen. Doch auch in dieser Nacht hielt der Geheimdienst die Füße still.

Wir saßen die gesamte Nacht in seinem Hinterstübchen. Er hatte die Tekke ausgeschaltet, denn er lauschte jedem winzigen wahren oder eingebildeten Geräusch. Als es am frühen Morgen wieder hell wurde und einer der Junkies an der Tür klingelte, um Stoff zu kaufen, kam Noia augenblicklich von seinem Film herunter. An diesem Tag platzte dann die Noia-Atom-Bombe, als er sich dann zusätzlich zum Crystal auch noch Tilidin hineindonnerte. Da war der Teufel gänzlich in ihm ausgebrochen. Er schlug mich. Er unterstellte mir immer wieder, ich würde mich heimlich mit Leuten unterhalten und zur Tür schauen, und dass ich „das Alles", was auch immer „*das Alles*" war, geplant hatte. „*Dieses Mal hast du es übertrieben, Kiki. Du bist zu weit gegangen*", sagte er. In diesem Moment wusste ich, dass ich ernsthafte Angst haben musste. Er sah mich einfach anders, als ich war, und das gab ihm die Macht, dagegen zu handeln. Er sah mich als eine Schauspielerin, die immer wieder versuchte, ihn zu linken, die ihn betrügen und belügen würde und die irgendwelche

Hintermänner hatte, um ihm sein Geschäft zu rauben und ihn hinterrücks in den Knast zu bringen. Das ist, was ich in seinen Augen war. Ich verstand einfach nicht, wieso er mich dennoch bei sich haben wollte. Was glaubte er denn nun? Egal. Ich hatte keine Zeit mehr, darüber nachzudenken, denn jede Sekunde seines Drogenrausch zählte.

Ich heulte Rotz und Wasser, flehte ihn an, sich zu beruhigen, und als er mir dann auch noch damit drohte, einen Kumpel auf mich loszulassen, verbarrikadierte ich die Schlafzimmertür und schmiss mir eine Schlaftablette. Ich wollte schlafen. Ich wollte einfach knockout sein. Wenn ich schlafen würde, dann könne er mich nicht fertig machen. Dann wäre ich ihm vorerst kein Dorn mehr in seinen verblendeten Augen gewesen. Ich hatte einen Plan. Ich wollte schlafen, bis Noia von dem Tilidin heruntergekommen war. Ich wollte dann heimlich meine Sachen packen, und wenn er wegsacken würde, dann würde ich an ihm vorbeischleichen. Ich würde es schaffen. Es brauchte nur einen winzig kleinen Plan.

Ich hatte mir selbst geschworen, dass ich die Chance nutzen und ihm den Laufpass geben würde, um mich selbst zu schützen. Aber es sollte nicht so sein. Noch ehe die starke Schlaftablette ihre Wirkung entfalten konnte, war er hinter mir her und schubste mich durch die Wohnung auf den Boden, schrie mich an, schlug zu und zog an meinem Haaren. Es war wie in einem Psychothriller. Er drängte mich in seinem Flur bis an die Wand. Ich schrie natürlich um Hilfe, aber er wurde immer aggressiver. Jede Träne, die ich vergoss, stärkte ihn in seinem Wahn, dass ich das nur tuen würde, um irgendwelche Leute bei ihm hineinzulassen, wenn er die Tür öffnen würde.

Ich wollte nur hinaus in den Treppenflur, um schließlich um mein Leben zu rennen. Ich wollte weg von ihm, auch wenn er mich verfolgen würde. Auch wenn ich ihn überall sehen würde, egal wo ich war. Genauso wie Jana es damals getan hatte, als sie vor ihm weggerannt war. *Er sagte, dass sie herumspinnt. Sie sagte, er war ein Psychopath. Er sagte, er war ein Realist.* Der Pullover, den Jana mir damals geschenkt hatte, klebte zusammen mit dem Blut an meinem Oberkörper. Ich riss ihn auseinander und schmiss ihn auf den Boden. Das war's dann. Ich wollte wirklich nur eins: aus dieser Wohnung fliehen.

Ich schaffte es, Noias Schlüssel, den er nach mir schwang, zu greifen und die Tür aufzuschließen. Ich hatte so viel Angst. So viel Adrenalin. Ich tritt und schlug nach Noia, sodass er nichts mehr sehen konnte. Als ich draußen war, rannte ich um mein Leben. Als ich in weiter Entfernung zum Stehen kam, atmete ich durch. Ich war dann plötzlich kurz davor wegzusacken, denn die Tablette wirkte. Jetzt musste alles schnell gehen. Ich hatte noch zehn Euro in meiner Tasche entdeckt und dankte meinem Schutzengel dafür. Ich rannte bis zum Bahnhof und dort stand wirklich, wie aus Zauberhand, der FlixBus nach Berlin. Ich schaute zweimal hin und war erleichtert. Ich überlegte nicht lang. Es waren noch zwei Plätze frei. Ich schnappte mir einen der freien Plätze und rauschte in den Bus, nachdem ich bezahlt hatte. Ich hatte so ein Schwein gehabt. Wie immer.

Der Bus fuhr pünktlich um zwanzig Uhr los. Wahnsinn! Es ging ein ganzer Tag vorbei, an dem der Alte den Rausch seines Lebens erlebte und ich meine persönliche Hölle auf Erden. Gegen Vormittag hatte der Terror bereits angefangen. Ich kniff die Augen zusammen und hielt meinen Kopf fest. Ich sah nur noch, wie die Stadt hinter mir immer kleiner wurde, bis sie verschwand. Als wir auf der Autobahn waren, sackte ich endgültig weg. Ich saß auf einem Fensterplatz in der letzten Reihe. Ich schlief wie ein Baby und spürte doch gleichzeitig im Unterbewusstsein die Wärme der goldenen Abendsonne auf meinem Rücken. Ich merkte noch, wie es draußen langsam schummerig wurde, und wachte wie immer an der gleichen Stelle auf. Kurz bevor der Bus über die große Brücke fuhr und zeitnah am ZOB-Messe-Nord eintraf. Ich schnappte meine Tasche und schnaufte bis zur Ringbahn, mit der ich dann bis zur Mama nach Hause fuhr. Ich lief die letzte Busstation bis zu ihr, und da stand sie auf ihrem Balkon. „Kiki? Kiki, du bist hier!", sagte meine liebe Mama.

Sie öffnete mir die Tür und drückte mich ganz fest an sich. Ich erzählte ihr, was passiert war, und sie freute sich umso mehr, dass ich nun wieder in Sicherheit war.

Ich ging dann auch recht bald schlafen und träumte von diesem Teufel. Minutenlang konnte ich mich nicht bewegen und nicht sprechen. Ich wollte immer wieder nach Mama rufen, aber ich war gelähmt.

Die Paralyse begleitete mich wahnsinnig oft. Meine Träume wurden von Mal zu Mal gruseliger und die Starre hielt immer länger an. Auch meine Augen waren mit jedem Mal weiter geöffnet. Ich sah die Umgebung deutlich, in der ich mich befand. Ich sah am Eingang des Zimmers einen Typen stehen. Er trug ein Gewand. Wie ein Sensenmann sah er aus. Er forderte mich auf, zu ihm zu kommen und auf dem Boden zu kriechen. Es war Noia. Das hörte ich an seiner Stimme. Ich hörte sie wirklich. Zusammen mit dem Ton des Fernsehprogramms verschmolz sie. Er kam näher und schrie mich an. Um mich herum saßen dann plötzlich noch andere Sensenmänner. Dann war er ganz nah an mir dran und berührte meine Wange. Ich spürte seine kalte aufgerissene Hand, wie sie meine Wange streichelte. Dann holte er aus.

Ich wollte ihn anflehen, mich in Ruhe zu lassen, aber ich konnte nichts an meinem Körper bewegen. Ich versuchte krampfhaft, meinen Arm ein wenig zur Seite zu schieben, doch es klappte nicht. Ich versuchte aufzuwachen, aber ich konnte nicht. Meine Augen waren weit geöffnet, als ich endlich von den Halluzinationen verlassen wurde und schweißgebadet hochschreckte. Ich schaute erst einmal in der gesamten Wohnung nach Mama und ihrem Freund, aber sie waren wie vom Erdboden verschluckt. Ich gruselte mich. Einen kurzen Moment lang dachte ich, dass das alles möglicherweise die Wirklichkeit gewesen war. Ich irrte mich zum Glück. Mein Stiefvater saß im Kerzenschein auf dem Balkon zusammen mit Mama und sie tranken ein Glas Wein. Ich sah durch die Balkontür, dass alles gut war. Ich winkte den beiden nur zu, sodass sie wussten, bei mir war auch alles in Ordnung. Ich kroch zurück unter die dicke Decke, die auf der Couch lag, dann schlief ich wieder ein.

Ich hing dann auch kurze Zeit später mit Noia wieder in meiner Wohnung fest und rannte ihm in sämtliche Merkur-Spielotheken nach. Bei dem Versuch, eine Woche lang clean zu bleiben, kotzte Noia sein Essen in die Toilette und sämtliche Eimer, als würde er einen eiskalten Heroin-Entzug durchziehen. Wir konsumierten also fleißig weiter und ließen uns von der Sucht leiten. Wir stritten heftig und von der Caritas ignorierte ich jegliche Anrufe, bis es wieder komplett vom Tisch war, das Thema „Aufhören".

Noia

Berlin, 1. September 2015

Ihr erinnert euch an die Geschichte, als Gina zu Hause bei ihrer Mama die Geister und Gestalten sah. Das wollte ich unter keinen Umständen auch erleben. Dann doch lieber Noia, dachte ich. Vielleicht hatte er dieses Mal keine Paranoia. Vielleicht schlief er einfach ein, hoffte ich innerlich. Zurzeit hauste Noia in meiner Bude, und ich wohnte bei Mama. Sie war mit meinem Stiefvater in den Urlaub gefahren. Nun hatte ich mich dort verschanzt.

Ich rief Noia gegen Abend an. *„Komm einfach her. Ich habe echt Angst"*, bibberte ich und bereute es schon fast. *„Willst du das wirklich?"*, fragte Noia. *Ich habe es natürlich wieder bereut. Leute, was soll ich euch sagen? Ich verstehe das heute selbst nicht mehr. Seht es als Geschenk von Christina.* Ich rannte am Ende aus der Wohnung von Mama. Ich drohte Noia in ein paar Sprachnachrichten. Ich ließ ihn in dem Glauben, dass ich nicht allein zurückkommen würde. Das funktionierte und ich sah dann aus sicherer Entfernung von der anderen Straßenseite, wie er sich umschauend vom Acker machte. Er fuhr direkt zu mir nach Hause. Er hatte noch meinen Zweitschlüssel. Das hatte ich nicht bedacht. Ich rief Nelly an. Nun musste er mir helfen. Nelly und ich tüftelten nicht lang und hatten schnell einen Plan. Noia würde für Geld sicher die Hütte verlassen. Ich lockte ihn also mit Geld. Ich wusste, dass er kein Bargeld mehr auf Tasche hatte. Er brauchte sicher Zigaretten und ein Getränk. Nelly hatte ihm vor einigen Wochen schon mal eine verpasst, als wir ihm draußen über den Weg liefen, und so hatte Noia immer noch Angst vor ihm. Er hatte zwar seinen Schocker dabei, aber wir wussten alle, dass er damit null umgehen konnte. Er schockte sich ungeniert selbst dabei.

Die ganze Aktion lief wie geschmiert, und später bekam ich dann eine Nachricht von Nelly. *„Es hat geklappt. Der Wichser ist aus dem Haus und hat seinen Kram mitgenommen. Ich habe ihn natürlich begleitet, damit er alles einpackt."* Ich machte einen kleinen Freudentanz. Plötzlich bekam ich eine WhatsApp. *„Toll gemacht, Kiki. Was ist dein Problem? Ich stehe hier allein am Bahnhof ohne Kohle und mir ist schlecht. Wie kannst du mir das antun? Mir geht es wirklich schlecht. Ich liebe dich, dein Noia."* Während ich diese Worte las, wurde ich traurig. Es tat mir irgendwo wieder leid, dass er es jetzt auf die harte Tour erleben musste. Aber es war nun nicht mehr mein Problem und was hatte ich gelernt? Das war alles wieder nur eine versuchte Manipulation. *Damals kannte ich die Worte „toxisch" und „Narzisst" noch nicht.*

Er war weg. Ich würde ihn nie wieder zu mir lassen. Ich hatte es mir ein für alle Male geschworen. Mich würde er nie mehr kaputt machen. Ich verbrachte die Nacht bei meiner Freundin Isy und schlief so gut wie lange nicht mehr. Ein alter Klassenkamerad von uns war auch dort hingekommen. Wir spielten zusammen ein Spiel, tranken einen Sekt und ein paar Flaschen Bier. Ein normaler Abend mit Freunden eben. Ohne Crystal. Ohne Geister und ohne den Teufel. Zu Hause bei Isy und nicht in der Hölle. Wir hatten an diesem Abend viel zusammen gelacht. Isy sagte in einer ruhigen Minute zu mir, dass sie verdammt froh darüber war, dass der Schrecken nun endlich ein Ende genommen hatte. Sie hoffte, dass es nun dabeibleiben würde und dass ich ihn nie wieder in mein Leben zurückholen würde. Sie beichtete mir, dass sie verdammt oft von ihm geträumt hatte. In einem ihrer Träume hatte er mich mit Crystal angelockt und es an mich verfüttert, wie an ein Tier im Zoo. Dieser Spuk sollte nun endlich zu Ende sein.

Ich hatte mich in der nächsten Zeit auch wieder häufiger mit Gina getroffen. Wir hatten dann bei ihr oder bei mir ein wenig gestofft, denn auch Gina war immer noch hoch dosiert. Sie ist jedoch bei den Amphetaminen geblieben. Eines hatte ich richtiggemacht. Ich hatte sie nicht länger nach Magdeburg entführt und ihr kein Crystal mehr angeboten. So entschuldigte ich mir selbst gegenüber, dass ich sie allein gelassen hatte, während ich in dieser Stadt umhergeirrt war. Nelly hatte uns in diesen Tagen mit Peppenpaste eingedeckt, und wir kamen davon ganz gut drauf. Parallel zu dieser neuen Gesamtsituation brach dann der Herbst ein. Draußen war noch alles grün, doch die Nächte wurden dunkler. Der Wind wehte wieder und die Sonnenstrahlen waren wieder früher zum Horizont gewandert. Die Dunkelheit spielte wieder eine Rolle und das Jahr neigte sich bald dem Ende zu. Die Zeit der Dämonen und Geister rückte einen Schritt näher auf uns zu. Wer weiß? Vielleicht würden wir bald eine eigenartige Entdeckung machen.

Gestalten der Nacht

Berlin, 5. September 2015

"Schemen, Glanz, Ver- und Zuteiler des Schicksals. Geist der Abgeschiedenen oder abgeschiedener Geist der Verstorbenen. Wesen zwischen Menschen und Göttern sowie die mahnende und warnende Stimme des Gewissens." Diese Beschreibung hat mir damals am besten gefallen, als ich das Wort „Dämonen" googelte.

Ich traf mich an einem verregneten Abend am Anfang des Septembers mit Gina in der Stadtmitte, und wir hingen dann die Nacht über bei mir zu Hause ab. Nelly hatte übrigens für kurze Zeit eine Bleibe in meiner Wohnung gefunden. Also tranken wir zu dritt ein bisschen Sekt, zogen Peppen, hörten Hardtechno und Achtziger und quatschten über alte Zeiten und verrückte Erlebnisse. Wir machten alle drei in meiner Steglitzer Einraumwohnung die Nacht durch und lachten sehr viel. Vor allem aber waren wir total glücklich über meine zurückgewonnene Freiheit. Am nächsten Morgen fuhren Gina und ich zu der Wohnung von Ginas Mama. Es war niemand zu Hause, da ihre Mama zu der Zeit in einer geschlossenen Psychiatrie wohnte. Es hatte auch mir schrecklich doll leidgetan, was ihr passiert war.

Sie hatte mir die ganze Sache dann später, als sie wieder frei war, geschildert, und ich glaubte ihr jedes Wort. Sie war immer eine liebevolle Person gewesen und hatte dort drinnen nichts verloren. Ich mochte sie immer genau wie Gina total gern. *„Ich habe so viel durchgemacht. Das hier überstehe ich auch noch"*, sagte ihre Mama damals. Sie hatte es auch tatsächlich geschafft, wieder zu sich zu finden. Sie wurde dort drinnen mit Tabletten gefüttert. Sie versteckte schachtelweise Tabletten, anstatt sie zu nehmen. Meistens kontrollierten die Psychiater, ob alle Patienten einen leeren Mund hatten, nachdem ihnen die Pillen verabreicht wurden. Ginas Mom war gerissen und versteckte die Pille einfach unter ihrem Madonna-Piercing. Sie war in der Psychiatrie gelandet, weil sie ihre Wohnung nicht hergeben wollte. Diese scheiß Privatvermieter. Jemand hatte das ganze Haus gekauft, in dem sie gewohnt hatte, und wollte nun alle Mieter loswerden und es für den Eigenbedarf nutzen.

Sie war damit natürlich nicht einverstanden, denn abgesehen von den vielen Wertsachen auf dem Dachboden, hatte sie auch eine Beziehung zu dieser Wohnung aufgebaut. Seit ich mich erinnern kann, wohnte sie dort mit Gina und ihrem Bruder. Der Vermieter hat sie dann angezeigt und behauptet, sie habe ihm eine Ohrfeige verpasst. Daraufhin wurde sie in eine Psychiatrie eingewiesen und bei ihr wurde eine Schizophrenie und eine Psychose diagnostiziert. Erst als sie keine Tabletten mehr schluckte und Gina heimlich während der Besuchszeiten ihre Pillen zusteckte, wurde sie wieder ganz die alte und jegliche Symptome verschwanden. Daran sah ich wieder, dass es stimmte, was mir der Michel damals gesagt hatte. Es geht dort nicht mit rechten Dingen zu. So viel stand für mich schon fest, seitdem ich ihn damals getroffen und stundenlang mit ihm geredet hatte.

Wir waren also bei Ginas Mama in der Wohnung, hatten dort unsere Wäsche gewaschen und später fuhren wir dann zu Gina nach Adlershof. Es war schon dunkel, als wir ankamen. Wir hatten stundenlang in Mitte verrissen und waren erst spät losgefahren.

Die Dunkelheit lud uns zu ihrer Zauberstunde ein, und wir hatten uns irgendwie in den Kopf gesetzt, in der Nacht nach einem ultimativen Kick zu suchen. Wir gingen dafür extra durch die dunkelsten Gassen in Adlershof und suchten uns schöne verlassene Häuser, die mit Moos bewachsen waren und eingeschlagene Fensterscheiben besaßen. Es kribbelte in meinem gesamten Körper, und ich hatte das Gefühl, dass jederzeit etwas Gruseliges passieren würde. Zusammen mit Gina war ich auf der Lauer nach Geschöpfen der Nacht. Wir schlichen umher und machten während unsrer Geisterwanderung noch ein paar Selfies von uns. Um uns herum passierte rein gar nichts. Trotzdem war es nicht langweilig, denn wir waren gerade erst losgelaufen. Es würde sicherlich noch etwas passieren. Die dunkle Gasse wies noch einige verlassene Häuser auf, und ich schaute durch jeden Fensterrahmen hinein.

Auf einmal knackte es in irgendeiner Ecke ziemlich laut. Wir sprinteten daraufhin wie ein paar Irre die Straße hinab, bis wir an einer Kreuzung ankamen. Es war überall stockduster und mir reichte das Knacken schon total als Kick aus. Ich hatte Panik bekommen und wollte einfach nur schnell zu Gina in die Wohnung. Auch Gina hatte keine Lust mehr weiterzusuchen. Eigentlich war es ja auch von Anfang an eher meine Idee. Wie immer eigentlich, nahm ich in unserer Freundschaft die Führung, denn mir fielen immer coole Dinge ein, die wir machen könnten. Wir verirrten uns auf dem Rückweg ein wenig und standen auf einmal direkt vor „Chemie Berlin" mit dem Slogan *„Wir für das Leben"*. Gina zeigte mit ihrem rechten Zeigefinger darauf, und wir schmunzelten. Da war er wieder, der schwarze Humor. Wir hielten rein gar nichts von Medikamenten, denn es wurde viel zu leichtsinnig damit umgegangen. Es machte keinen wirklichen Unterschied, nahm man diese pharmazeutischen Pillen oder synthetische Drogen so wie wir. Das verstand nur keiner.

Gina war ohnehin vor einer ganzen Weile auf einen Bio-Trip gekommen. So ganz nach dem Motto: *„Wenn ich mir schon chemische Drogen reinpfeife, dann muss ich mich wenigstens gesund ernähren und meinen Körper mit naturbelassenen Produkten pflegen."* Ja klar, Gina. Das ist besser als nichts. Ich war gut dabei und dachte mir nur: *„Das ist gar nicht mal so schlecht."* Ich war sehr stolz auf Ginas ausgereifte Gedanken. Irgendwie gab es uns einen weiteren Kick, voll drauf und mitten in der Nacht, ins Gebäude der „Chemie Berlin" hinein zu tänzeln. Als man uns mit einem breiten Grinsen die Tür öffnete, sahen wir den hübschen Flur und einen großen Aufenthalts- und Pausenraum. Man hielt uns anscheinend für Mitarbeiter, und so hatten wir sogar Zutritt in den Konferenzraum bekommen. Wir schauten uns ein wenig um und überflogen kurz einige Prospekte, voll gedruckt mit neuen medikamentösen Behandlungen von Depressionen, Borderline und all solchem Zeug. Ich wäre nie auf die Idee gekommen, eine dieser Pillen zu nehmen, nur weil ich bei den Psychologen als Borderliner durchging.

Einer der Mitarbeiter gesellte sich dann zu uns und plauderte mit uns, erzählte ein wenig über seinen Job, und erst als Gina anfing nachzuhaken, schmiss er uns direkt wieder raus in die verzerrte Dunkelheit der Spätsommernacht. *„Entschuldigen Sie, lieber Herr. Gibt es nicht für jede dieser Krankheiten ein natürliches Heilmittel?"* Genau dieser Satz hatte den Mitarbeiter sichtlich verärgert und auch verblüfft. Er schob uns sofort vor sich hinaus und sagte fix und grimmig: *„Ich muss sie doch bitten, jetzt unverzüglich zu gehen."* Und Schwups war die Tür hinter uns geschlossen, und er war weg. Er wollte anscheinend nichts mit einem natürlichen Heilmittel zu tun haben und entriss sich einfach der Konfrontation. Seltsamerweise waren auch viele Heilmittel im Internet auf dem Index gelandet. So etwas sollte jeder hinterfragen. An der Pforte schaute man uns noch skeptisch hinterher, bis wir von der Bildfläche verschwunden waren. Gina und ich lachten uns halb tot über diese Aktion. Wie ironisch das Ganze gewesen war. Da gingen zwei „kaputte Junkies" in einen angesehenen Laden und dort schmiss man sie einfach raus.

Nicht etwa wegen unseres Aussehens oder unserer Art, sondern bei der einfachen Frage nach einem pflanzlichen Mittel gegen Krankheiten. Das wirkte sehr unseriös und vor allem sehr unsicher auf uns. Trotzdem lachten wir auf dem Nachhauseweg durch die Nacht noch immer über diese gestörte Aktion. Als wir in Ginas Hütte ankamen, schoben wir die zwei großen Einkaufswagen, die sie als Kleiderschrank nutzte, zur Seite und ruhten uns auf ihrem großen Sitzsack aus. Ich schlug dann vor, für uns eine Bolognese aus dem Glas und dazu ein paar Spaghetti zu kochen, die ich nach einer kurzen Suche in Ginas Schrank entdeckt hatte. Sie willigte ein, und so saßen wir dann mitten in der Nacht bei ihr auf dem Boden und aßen unsere Nudeln.

Natürlich hatten wir uns gegenseitig einen guten Appetit gewünscht. Das ist ja wohl klar. Nach knapp zwei Stunden, die wir damit verbracht hatten, herumzusitzen, zu konsumieren und zu plaudern, ging uns der Stoff aus. Deshalb machten wir uns noch einmal auf den Weg zum Bahnhof, um von dort aus mit der S-Bahn bis nach Lankwitz zu fahren und dort Nelly zu treffen. Er wollte uns etwas von seinem Zeug verkaufen. Doch bevor wir uns mit ihm treffen konnten, mussten wir den ellenlangen Weg bis zum Bahnhof laufen. Es fuhren nun keine Busse mehr, und auch die letzte Straßenbahn war schon abgefahren. Wir hatten uns um fünf Uhr in der Früh mit Nelly verabredet und machten uns deshalb schon langsam auf den Weg. Wir brauchten jedes Mal Ewigkeiten, um uns fertig zu machen, denn wir blieben ständig hängen.

Ich fummelte meistens in meinem Gesicht herum und schminkte mich dann immer wieder und immer wieder ab. Dann schminkte ich mich wieder von Neuem und kämmte mein Haar eine halbe Stunde lang in jede Richtung und danach drückte ich wieder in meinem Gesicht herum, bis ich überall offene Stellen darin hatte und diese dann erst einmal desinfizieren und danach wieder von Neuem mit Make-up abdecken musste. So lief das tagtäglich. Je besser der Stoff war, umso mehr fummelte ich mich fest und umso schlimmer sah meine Haut im Gesicht nach ein paar Stunden aus. Als ich später den Tannenhof besichtigte, um dort zu therapieren, sah ich viele Junkies mit solchen Narben im Gesicht, wie ich sie hatte. Sie waren auch darauf hängen geblieben und verbrachten sicher genauso viele Stunden bis ganze Tage nur vor dem Spiegel kauernd, sich selbst halb auseinandernehmend und dabei zustoffend in irgendwelchen Wohnungen. Wenigstens hockte ich nicht vor dem Automaten und verzockte mein gesamtes Hab und Gut. So hatte ich es mir damals schöngeredet und mich damit beruhigt. Aber um ehrlich zu sein, seinen Körper halb auseinanderzunehmen war auch nicht die feine englische Art. Ich hatte mich endlos lang damit beschäftigt, als ich mich während eines Streites geritzt hatte, in meiner Wunde mit einer Pinzette herumzustochern. Danach hatte ich sie mit warmem Wasser abgegossen und immer wieder das Blut und den Eiter, der dann entstanden war, eingeweicht und dann wieder herausgefummelt.

Schlimm war das gewesen. Ich spielte Doktor an mir selbst, und es blieben nichts als Narben. Der Kopf schien einfach fertig mit der Welt zu sein und brauchte irgendetwas, das er lenken kann. Das ist dasselbe Ding wie mit dem Spielen. Du sitzt vor dem Automaten und gewinnst nicht, aber du wartest darauf, dass du eben doch noch gewinnst. Du kannst nicht aufhören, weil du einfach nicht aufgeben kannst. Du willst es so lange probieren, bis es dir gelingt. Genauso gut kannst du dich vor den Spiegel stellen und an einem winzigen Pickel so lange herumbasteln, bis du ein Kontaktekzem bekommst. Oder du bearbeitest einfach dein Auge so wie Gina. Sie nahm sich so manches Mal eine ganze Schachtel Ohrenstäbchen und versuchte irgendeinen Schleim aus ihrem Auge zu bekommen, der sich aber nur bildete, als Schutzflüssigkeit so zu sagen, weil sie darin herumstocherte. Sie probierte es so lange, bis ihr Auge extrem rot war und schmerzte. Sie hörte auch nur auf, wenn jemand frischen Wind brachte oder sie gleich in eine andere Sache übergehen konnte, auf der sie sich festfuhr. Ich hatte mal eine Speicherkarte gesucht und konnte wirklich nicht damit aufhören, sie zu suchen. Ich hätte am liebsten den PVG-Boden abgerissen und darunter nachgesehen.

Ich wusste nicht einmal genau, ob diese Speicherkarte überhaupt existierte, aber ich musste einfach an die darauf erhaltenen Daten gelangen. Wenn du etwas willst, dann kannst du nicht damit aufhören, es zu versuchen, auf diesem Zeug. Irgendwann weißt du nicht mehr, was du da eigentlich tust, und fühlst dich dann einfach nur verdammt durch. Die meisten Leute, die ich kannte, hatten jedoch das Problem mit dem Automaten. Eine Spielsucht auf Stoff. Sie streichelten die Maschinen. Sie glaubten, dass es Zeichen gäbe, die irgendwo auftauchten, um sie dort hin zu lotsen, weil angeblich ein guter Tag für sie war und die Automaten auswerfen würden. Das restliche Drittel der Leute, die die Droge konsumierten, ging sich ins Gesicht oder räusperte sich stundenlang, weil ihre Schleimhäute gereizt waren und sie das Gefühl hatten, sie müssen irgendeinen Schleim aus dem Hals heraus husten, der sie die ganze Zeit über kratzte. Dieses Problem hatte ich auch am Anfang. Wenn dein Gehirn sich einfach richtig eingeklickt hatte, dann passierte dir das mit jedem Rausch.

Nachdem wir also fertig damit waren, unsere Körper zu bestrafen, und uns der Suchtdruck nach draußen auf den Weg durch den Großstadtdschungel trieb, liefen wir an den S-Bahnschienen entlang bis zur Straßenbahnhaltestelle. Hier erwartete uns auch schon das für uns Unvorstellbare. Es kam verdammt ungeahnt und finster. Wir plauderten noch ganz friedlich vor uns hin und hörten jeder mit einem Kopfhörer unsere gemeinsame Playlist, die ich auf meinem HTC erstellt hatte. Dort lief alles rauf und runter. Herbert Grönemeyer über Marilyn Manson, die Achtziger und Neunziger bis hin zur Tekke aus Sachsen. Wir hatten längst vergessen, dass wir noch vor ein paar Stunden fast in einem Chemielabor standen und davor nach einem Kick suchten, als würden wir in eine Geisterbahn steigen wollen. Dass alles war praktisch schon Schnee von gestern, und so hatten wir es einfach nur eilig. Nelly liebte es nicht, wenn wir zu spät zum Treffpunkt erschienen. Er war definitiv pünktlich, und deshalb mussten wir es schaffen und zu Fuß bis zum Adlershofer Bahnhof eiern, um unsere Bahn zu bekommen.

Wir steuerten also die Straßenbahnhaltestelle an, während wir Musik hörten. Wir hatten nur noch eines im Sinn und das war der nächste Rausch und die frische Paste von Nelly. Wir haben an nichts Böses gedacht. Die Straßen waren leer und keine

Menschenseele trieb sich hier noch herum. Ich schaute mich ein wenig in der Gegend um. Ich musste sogar mit meiner Handytaschenlampe den Boden ableuchten, um den Gehweg und die kleinen Wurzeln darauf zu erkennen.

Während wir bei unserer Musik mitsummten, entdeckte ich plötzlich ein paar Menschen. Ich war auch nicht sonderlich verdutzt, denn es war trotz der verlassenen Straßen keine Seltenheit, wenn sich dort doch noch ein paar berauschte Jugendliche herumtrieben. Wir waren schließlich auch noch draußen. Da stehen drei Leute und unterhalten sich miteinander. Das war mein erster Gedanke. Beim näheren Herangehen konnte ich dann nur noch zwei Menschen erkennen. Es war ein totales Gewusel. Sie waren sehr in Bewegung, obwohl sie auf der Stelle blieben. Ich sah nicht ganz deutlich, denn dort, wo sie sich befanden, leuchtete nur eine dumpfe Straßenlaterne. Die Nacht war schwarz. Es war urdunkel. Wir gingen dann einfach weiter, und ich fragte mich auch vorerst nicht mehr, was die Leute am Ende der Haltestelle machten und wieso sie umherwuselten. In Adlershof war sonst wirklich nichts los um diese Uhrzeit. Ein bisschen ungewöhnlich war das eben doch. Wir liefen so zügig auf das Gewusel zu, dass ich so schnell gar nicht denken konnte. Auch zum Umdrehen war keine Zeit mehr. Als wir unmittelbar parallel zur Straßenseite standen, auf der ich die Menschen vermutet hatte, sah ich keine Menschen mehr.

Es waren keine Menschen! Es ratterte in meinem Schädel. Auf die Sekunde sträubten sich alle kleinen Härchen an meinem Körper und ich bekam einen Schub voller eiskalter Gänsehaut. Da standen wirklich keine Menschen! Dort wuchs nur ein Busch. Ein großer, grüner Sommerstrauch ragte in die Dunkelheit. Und dahinter ...

Ich traute meinen Augen nicht. Hinter dem Busch war etwas.

Irgendetwas, das ungefähr zweieinhalb Meter in die Höhe ragte und riesige Augen hatte. Schwarz umrandete Augen. Eine

Nase und einen Mund hatte es auch. Es sah ein wenig aus wie ein Mann, aber irgendwie kam es mir doch weder männlich noch weiblich vor. Seit dem Moment, in dem ich diese Gestalt entdeckt hatte, stand ich nur noch wie angewurzelt auf dem Bürgersteig und war mehr als geflasht von diesem abgefahrenen Anblick. Es kam mir so verdammt real vor. Besser gesagt – nicht real, sondern echt. Es war echt. Die Gestalt bewegte sich nicht. Sie blinzelte auch nicht. Trotzdem strahlte sie haufenweise Energien auf mich aus. Als ich an ihr heruntersah, bemerkte ich, dass sie keine Füße besaß. Ich war verdutzt. Mein Mund öffnete sich leicht. Alles in meinem Gesicht fühlte sich plötzlich ganz weich an. Es war faszinierend, aber auch einfach nur verdammt gruselig und haarsträubend zugleich.

Dieses Ding schwebte also dort und starrte einfach nur in unsere Richtung. Ich stand schon eine Weile dort und glotzte es mit weit aufgerissenen Augen und offenstehendem Mund an. *„AAAAAALTEER!!!!!!!!!!!!!!!"*, ertönte es plötzlich zu meiner linken Seite und ich erschrak. Es war natürlich Gina gewesen. Sie setzte ihre Raver-Sonnenbrille ab und starrte auf die andere Straßenseite. Genau dorthin, wo das Wesen an dem Busch anlehnte. Gina war genauso schockiert wie ich, von dem, was sich dort vor ihren Augen abspielte. Das Wesen schaute uns in die Augen, und ich hatte das Gefühl, dass es uns irgendwie wahrnahm. Es wusste sicherlich genau, wer wir waren. Es war möglicherweise nur wegen uns beiden hier. Das waren die Gedanken, die mich in dieser Situation begleiteten. Das Wesen rückte keinen Millimeter und doch spürten wir die Echtheit, die es ausstrahlte. Eine Faszination überkam uns, und wir waren Momente lang wie versteinert. Mir war auf eine schräge Art und Weise bewusst, dass wir dort etwas entdeckt hatten, was uns niemand erklären konnte.

Niemand wusste in diesem Moment, dass wir dort waren. Vielleicht hatte es sich deshalb diese Nacht ausgesucht. Vielleicht war dieses Leben nicht normal und vielleicht gab es eben noch andere Wesen, die man mit bloßem Auge nicht erkennen konnte. Noch bevor wir uns diesem Ding irgendwie nähern konnten, machte ich einen Satz und rannte um mein Leben davon. Gina sauste ebenfalls los. Als ich mich während des Rennens noch einmal umdrehte, sah ich das Wesen noch immer dort anlehnen. Es war einfach nur da und hatte auf nichts reagiert. Es hatte sich nicht bewegt, und es kam mir vor, als sei es nur in diese Situation eingestanzt gewesen. Als wenn es an einem ganz anderen Ort gewesen war und wir diesen Ort betreten hatten, weil unsere Wahrnehmung in mehreren Welten spielte. Vielleicht überlappte unsere Welt eine andere oder gar mehrere Unterwelten?

Nach knapp dreihundert Metern legten wir einen Halt ein und atmeten erst einmal durch. Wir konnten nicht fassen, was gerade geschehen war, und liefen zügig weiter bis zum Bahnhof. Wir liefen an all den dunklen Gartenanlagen vorbei, und auch wenn wir in die kleinen Lauben blinzelten und unabsichtlich tief in die Nacht spionierten, sahen und hörten wir nichts mehr, was diesem Teil ähnelte. Alles war wieder normal, nur stockdunkel. Ein leichter, warmer Spätsommerwind hauchte uns in die Ohren. Noch am Bahnhof tauschten wir uns dann beide über dieses irre Erlebnis aus. Als wir dann Nelly in Lankwitz trafen, hatten wir erst einmal nur den neuen Stoff im Kopf. Er erzählte uns dann, dass er auf seinem Weg bis zu uns schon einen kleinen Fahrradunfall in der Fußgängerzone gehabt hatte. Man war das ein komisches Zeug. Ich hatte ja schon viele verschieden wirkende und auch verdammt gute Peppen konsumiert, aber dieses war auf jeden Fall verrückt. Auch die ganze Außenwelt spielte natürlich irgendwie mit.

Die Laternen flackerten in dieser Nacht besonders stark, und überall, wo wir entlangliefen, kam es mir so vor, als seien Unterwelten aufgereiht. Als Gina und ich in meinem Block ankamen und ich meine Wohnungstür aufschloss, griffen wir das seltsame Thema noch einmal auf und stocherten dann ein wenig in der Suchmaschine Google herum. Ich googelte das Wort

„Dämonen". Ich war fasziniert davon, was eine Seite darüber zu sagen hatte. In jeder Religion und in jedem Mythos gäbe es Dämonen. Ich entschied mich dafür, zu glauben, dass sie nichts Böses bedeuteten. Ich fand den Gedanken gut, dass sie Schicksal bedeuteten.

Heute glaube ich etwas ganz anderes. Ich glaube, dass jeder einen Dämon sehen könnte, vorausgesetzt man hilft ein wenig mit bewusstseinserweiternden Drogen nach. Dass dieser sogenannte Dämon nichts weiter ist als eine Gestalt, vielleicht dein Gewissen, vielleicht auch einfach du selbst. Vielleicht hatten wir uns gesehen. Das denke ich, weil es uns angeschaut hatte. Es hatte seinen Blick nicht von einem zum anderen geswitcht. Jeder von uns hatte es für sich gesehen und umgekehrt. Es war wie ein Spiegel. So ehrlich kam es mir vor. Es ist nicht leicht zu begreifen, und ich werde wahrscheinlich auch nie herausfinden, was es damit auf sich hatte. Aber fürs Erste ist meine Meinung, dass es so gewesen sein könnte. Das klingt mir als einziges plausibel. Weil wir auch dort waren. Es war etwas, dass nur wir sehen konnten, und deshalb gehörte es zu uns. Es kam von uns. Ja! Das ergibt irgendwie Sinn. Alles Übernatürliche, das du siehst, kommt von dir selbst, und weil Gina und ich uns so ähnlich waren und eine tiefe Verbindung lebten, sahen wir es beide. Wir machten später noch einige Witze darüber und blieben die ganze darauffolgende Nacht wach. Gina sagte: *„Wozu in den Urlaub fahren? Hier gibt es doch noch eine Menge zu sehen!"* Es ist irgendwie lustig gewesen. Als sie es ausgesprochen hatte, lachten wir viel darüber, und ich denke gerne an diesen Satz.

Auf einer Mission

Berlin, in den nächsten Tagen

Es vergingen die Wochen wie im Fluge, und das seltsame Jahr 2015 raste auf sein Ende zu. Mit den Zeilen „*We will stay there and never look back. We will stay there and see how it ends*" aus dem alten Lied „Summer moved on" überkam mich eine Welle reifer Gedanken, aus denen ich schließen konnte, dass ich nun keinen Schritt mehr zurückgehen würde. Ich spürte einfach, dass sich bald etwas ändern würde, und damit meine ich nicht die Jahreszeit. Ich traf mich zuvor noch einige Male mit Gina, und wir versuchten, durch eine Stadtrundreise zu Fuß Dämonen zu sehen und düstere Staats- und Stadtgeheimnisse zu lüften. Außerdem brannte ich tierisch darauf, den alten Führerbunker aufzusuchen. Gina hatte sich an diesem Tag in den Kopf gesetzt, mehr über die Geschichte unserer Stadt erfahren zu wollen. Sie wollte Dinge herausfinden, die niemand freiwillig hergeben würde. Wir hatten außerdem ein paar alte Reichsmark auf ihrem Dachboden gefunden und wollten diese an den Mann bringen oder eintauschen. Wie auch immer. Wir waren jedenfalls wieder auf einer Mission und landeten am Potsdamer Platz.

Die Idee unserer Mission entkeimte ganz plötzlich und spontan noch auf dem Bahnhofsgelände. Von dort aus marschierten wir dann einfach quer durch die Straßen über die Friedrichstraße, vorbei an alten Häusern, die mit Statuen geschmückt waren, und ich wartete darauf, dass sie sich bewegen würden. Das passierte nicht, aber ich gab nicht so schnell auf und hoffte, dass sich hinter den Figuren, die Pferde und Menschen oder Götter darstellten, doch noch Dämonen verstecken würden. Dämonen, die nur darauf warteten, dass ich sie entdecken würde. Wie das so ist mit den Drogen, wenn sie einen einfach zu etwas antreiben.

Es war wie in Serien oder Filmen, in denen die Leute auf Geisterjagd gingen. Eine Art Fantasy oder Science-Fiction. Ganz so einfach war das dann aber doch nicht. Für Außenstehende irrten wir nur total verpeilt und planlos durch Berlins Straßen. Wir spionierten herum, quatschten Leute an und waren dann irgendwann total ausgelutscht von dieser Reise ohne Ziel.

Zum Schluss landeten wir dann bei Ginas Mama in der Wohnung und ruhten uns ein wenig aus. Wir kratzten noch eine kleine Bahn für jeden zusammen und irgendwie gruselte ich mich. Draußen war es bereits dunkel, und ich hatte mich für später mit Calvin verabredet. Zum ersten Mal wollten wir uns allein treffen. Ich hatte seit einer Weile Augen für Calvin bekommen, denn er war irgendwie anders als die anderen. Er war korrekt und außerdem war er lustig, und auch sein Aussehen sprach mich an. Ich fand ihn gut und wieso sollte ich etwas anbrennen lassen. Ich war schließlich Single und dachte oft an ihn. Ich hielt es nie lange aus, einen Traum ungeträumt zu lassen und ihn nicht sofort zu jagen. Jetzt war Calvin mein Traum. Mein Ziel.

Ich hatte ihn also einfach nach einem Treffen gefragt. Er sagte mir zu und schon stand die Sache fest. Mama war noch immer im Urlaub und wollte am übernächsten Abend wieder zurück sein, also hatte ich bei ihr sturmfreie Bude. Ich ging dann gleichzeitig mit Gina aus dem Haus. Ihr Bruder hatte sie damals abgeholt, und sie gingen zusammen ihre Mutter in der Geschlossenen besuchen. Ich wünschte noch alles Gute, und wir kauften im Blumenladen eine kleine Pflanze für ihre Mama. Die Kakteen hatten eine sehr lange Lebensdauer, und wir fanden sie daher ganz passend als Botschaft. Wir streuten noch ein paar Sonnenblumenkerne dazu, denn sie waren besonders gesund. Ich nahm sie auch immer gegen die Krämpfe, die ich während des Meth-Konsums bekam. Eine Handvoll davon und meine Krämpfe lockerten sich schnell auf.

Als ich bei meiner Mama in der Wohnung eintraf, packte ich erst einmal meine Klamotten aus und ging ausgiebig duschen. Ich rauchte ein paar Zigaretten auf ihrem Balkon und schloss die Augen, während ich auf einem der Liegestühle saß. Ich wollte wirklich nicht sehen, was ich dort draußen vermutet hatte. Ich relaxte also einfach ein bisschen und wartete auf Calvin.

Zuneigung

Berlin, Mitte September 2015

Seit diesem Abend, an dem wir miteinander mein altes Bett teilten und zusammengekuschelt einschliefen, ging es mir einfach besser. Ich hatte wieder neue Energie bekommen, und das schob ich auf Calvin. Er war irgendwie perfekt für mich. Mit ihm konnte man gut reden und lachen, und es veränderte sich schlagartig alles. Außerdem hatte er selbst nicht mehr an das Gute geglaubt, und es schien auch ihn zu verändern. Das mit uns. Nachdem wir die Nacht schlafend verbracht hatten, frühstückten wir zusammen und hauten uns gegen Mittag noch einmal auf die große Couch im Wohnzimmer. Calvin war am Abend zur Hochzeit seines Kumpels eingeladen worden, und ich ging mit Isy auf eine Party. Wir ruhten uns also vorher noch einmal aus, und später drehte ich mir dann ein paar Locken, klebte die Kunstwimpern auf meine eigenen, zog einen Lidstrich und deckte mich mit Make-up ein, da meine Haut wegen des Methkonsums noch immer ziemlich schlimm aussah. Unter der dicken, matten Paste und dem Puder war davon allerdings nichts mehr zu sehen. Calvin und ich gingen zusammen aus dem Haus und verabredeten uns draußen für ein weiteres „Sleep Over".

Auf der Party von Isys Betrieb fühlte ich mich wohl. Endlich gab es auch mal wieder neue Themen. Nicht nur die alte Crystal-Leier. Isy versprühte immer Energien auf mich. Ich fühlte mich mit ihr oben und nicht unten. Sie hatte eine Art von Glamour, und ich war wirklich froh darüber, dass sie mich eingeladen hatte, um sie dorthin zu begleiten, egal, wie es um mich gestanden hatte. Wir hatten eine Menge Spaß und einen rundum tollen Abend. „*Ich bin froh, dass du langsam wieder zu dir findest Kiki! Ich hoffe, du kannst mir verzeihen, dass ich unseren Kontakt beendet hatte. Ich habe es aus Selbstschutz getan. Ich konnte nicht mehr mit ansehen, was aus dir geworden war"*, sagte Isy mir auf dem Campus, als ich sie gefragt hatte, ob sie mich auf eine Zigarette begleiten könne. Vor einigen Wochen hatte sie mir eine Nachricht hinterlassen, in der sie unseren Kontakt auf Eis gelegt hatte. Ich konnte das nachvollziehen. Isy war eine sehr gute Schulfreundin von mir, die ihren Weg gegangen war. Sie hatte nun ihre Lehre angefangen und sogar aufgehört zu rauchen. Ich wollte auch sie nicht belasten und hatte deshalb einfach nichts auf diese Nachricht geantwortet. Ich war nun heilfroh, dass sie mich wieder in ihr Leben gelassen hatte.

Ich lief den dunklen Weg von der Party ein wenig betrunken zurück zur Bahn und verlief mich. Ich stand dann plötzlich gegenüber einem Friedhof und hatte vorher schon Panik geschoben, denn ich dachte wieder an die Dämonen und hatte Angst. Wenn ich allein war, wollte ich wirklich nie etwas sehen. Es passierte aber nichts und als mein Handy-Akku leer war und ich meine Bahn verpasste, hatte ich ein ungutes Gefühl und hoffte, dass Calvin vor Mamas Haustür warten würde. Ich schaute mich ein paar Mal nach ihm um, aber ich sah ihn nirgendwo, und so schloss ich dann total geknickt die Haustür auf. Noch bevor ich das Licht im Treppenflur eingeschaltet hatte, stupste mich jemand von der Seite an. *„Buuuuh."* Ich erkannte seine Stimme sofort und war erleichtert, als ich das Licht einschaltete und Calvin mich anlächelte. *„Du hast ja gewartet?"*, strahlte ich. *„Na klar. Du hast doch gesagt, dass du hierherkommst,"* grinste er und zwickte mich in die Seite. Wir gingen zusammen hoch und legten uns gleich schlafen. Ich schlief auch in dieser Nacht mit einem Lächeln im Gesicht ein. Calvin und ich trafen uns dann noch einige Male, kamen uns immer nähe und schauten DVDs und quatschten.

Die Wand

Die Tage, der Tage

Calvin hatte „Steene" vom Feinsten dabei. Natürlich hatte ich keinen blassen Schimmer, wie viel Spaß wir damit noch in den nächsten Tagen haben würden. Er breitete das Crystal kurz auf meinem weißen Holztisch aus, leuchtete es dann mit einer kleinen, grellen Lampe ab und ließ es kurz funkeln. Ich liebte den Anblick, und wir freuten uns zusammen. Dann legte er uns zwei stattliche Bahnen aus einem etwas größeren Kristall, und während er ihn sachte mit einer Karte über der Folie berührte, fiel er gleich in sich zusammen und war innerhalb einer Millisekunde komplett zu Sternenstaub zersprungen. Daran erkannte man sofort den wahren Stoff. Er knackte einmal hell und zerfiel dann in klaren, schneeweißen Staub. Calvin ging noch einmal mit der Karte darüber, um die Linien zu formen, und wir schauten sie an, während sie uns an glitzerte. Unsere Christina.

Wir waren beide total vernarrt in sie. Wie vor drei Jahren schon, als wir beide uns kennengelernt hatten. Mir ging auch hin und wieder kurz der Gedanke durch den Kopf: „*Zwei Süchtige versuchen, eine Beziehung zu führen? Das endet im Gras.*" Aber es war mir egal, denn ich konnte mir bei Weitem nicht vorstellen, dass ich mit ihm noch tiefer stürzen würde, als ich es schon getan hatte. Nachdem ich den ersten Halm inhaliert hatte, ging die Nacht nur noch steil. Wir hörten die ganze Nacht Tekke, laberten nur Dünnes und lachten unheimlich viel. Wir rauchten schachtelweise Zigaretten und machten uns überhaupt keinen Kopf um irgendwelchen Scheiß. Alles war perfekt. Wir waren frei, und es wurde die beste „Hocke" meines Lebens. Ich hatte meinen Partner definitiv gefunden, was das Eskalieren anging, soviel stand in diesem Augenblick fest. Wir hatten uns die Spitznamen Fratzen-Frankie und Baller-Dörte gegeben, und am Ende nannten wir uns gegenseitig nur noch „Vanilla Thunder." Warum auch immer. Das kam ganz einfach mit dem Rausch, und wir fanden es extrem lustig. Nachdem wir alles vernichtet hatten, fuhr Calvin zu seinem Kumpel und holte neuen Stoff. Ich saß derweilen die gesamte Zeit zappelnd in meiner Wohnung. Als er dann wieder vor meiner Wohnungstür stand, und ich ihm öffnete, sagte er nur: *„Jo Vanilla Thunder! Alles klar?"* Und schon ging die Eskalation weiter.

Wir missachteten den Sonnenaufgang und den am Morgen danach und auch an dem Tag darauf interessierten wir uns nicht für den Einbruch des Tages, und an dem Tag, der darauf folgte, genauso wenig. Wir saßen insgesamt fünf Tage und Nächte lang in meiner Steglitzer Bude und lachten Tränen, musterten uns im Wahn, kleckerten mit Eistee herum, da wir kaum stillhalten konnten. Am Ende saß ich auf dem Boden mit meinen Sonnenblumenkernen und einer Schiene für die Hand herum, die mir beinahe vor lauter Zittern abhauen wollte. Außerdem trug ich mein Korsett, das ich damals wegen meiner schiefen Wirbelsäule bekommen hatte. Ich brauchte diese ganzen Hilfen, denn ich hatte das Gefühl, mein Körper wäre sonst auseinander gesprungen und alle Glieder wären einzeln durch die Wohnung getanzt.

Calvin und ich hatten so laut gelacht, dass wir die Musik übertönten. Wir ignorierten gekonnt die Klingelversuche der Nachbarn. Irgendwann suchten wir die Folie mit dem Stoff, total aufgewühlt und unter Strom, kurze Zeit später fand ich sie dann im Bad wieder. Calvin hatte sie beinahe in der Toilette versenkt.

Es war die perfekte Party, und wir konnten beide nicht glauben, als wir dann nach einer ganzen Weile, erfüllt vom Dauerrausch und des Durchmachens, die Party Revue passieren ließen und uns dabei „auffiel", dass wir die ganze Zeit über nur zu zweit gewesen waren. Uns kam es vor, als seien wir mindestens zehn Mann gewesen, aber es stimmte zu unserer Verwunderung wirklich. Nur wir zwei hatten das Ding extrem gerockt. Irgendwann schliefen wir erschöpft, aber auch mit einem Grinsen im Gesicht ein.

Es kam an den nächsten Tagen dann tatsächlich noch dicker. Calvin hatte sich noch einmal mit seinem Ticker getroffen und wieder astreinen Stoff bekommen. Auch Calvin besaß eine Pfeife, und da ich meine damals mit Judy beabsichtigt unbenutzbar gestaltet hatte, hielt er mir immer wieder seinen glühenden Ball vors Gesicht. Ich griff ihn mir und er zündete, dann inhalierte ich, bis ich schwebte. Es war mir ein Fest und ein Vergnügen. So viel Spaß hatte ich das letzte Mal in Kindertagen erlebt. Es artete derart aus, dass ich irgendwann auf dem Boden herumlag, zappelnd wie an einer Steckdose mit Kurzschluss, kichernd, feiernd und schreiend.

Nach ein paar Stunden lagen wir dann auf meiner Couch und zappelten beide ab, dabei ziehend und rauchend. Ich legte mich mit dem Kopf auf die Sitzfläche, streckte meine Beine in die Höhe und fing an, an der Wand hinaufzulaufen. Ich lief wirklich die Wände hoch. Zwar auf einer Stelle, aber ich wurde jeder Vorstellung gerecht, wie es auszusehen hatte, wenn jemand komplett „Out of Order" war. Calvin gesellte sich zu mir und wischte ebenfalls mit seiner Hose die Wand ab. Nebenbei entstand ein Bild an der Wand durch die Farbe unserer Hosen und Socken. Es sah ein bisschen wie ein Auge aus. Ich nannte es *„das geistige Auge."*

Es war Kunst, soviel steht fest. Gefühle, die Bilder malen.

Am Tag danach, als wir wieder heruntergekommen waren, schliefen wir stundenlang und gingen dann total geplättet einkaufen. Wir hatten tierischen Hunger bekommen und kauften die Regale im Lidl nebenan fast auf. Süßigkeiten, Pizza, Nudeln, Chips und allerhand zum Trinken. Auf Alkohol hatten wir keinen Bock. Wir kauften außerdem ein paar Büchsen Krümeltee. Diesen verschlangen wir ganz ungestüm direkt aus der Packung. Man brauchte die Mengen an Zucker. Das war einfach genau das, was dem Körper in diesem Moment fehlte. Nichts haute den Kater vom Methen so gut runter, wie der Genuss von purem Krümeltee. Hätte ich es früher gewusst, wäre ich viel schneller wieder fit gewesen. Auch nach den endlosen Partywochenenden in meiner Schulzeit.

Nachdem wir uns also die Bäuche mit Fast Food, Obst und süßem Instanttee vollgehauen hatten und einen Tag lang nur geschlafen hatten, machte sich Calvin wieder auf den Weg zu seinem Kumpel, von dem er, auf meinen Wunsch hin, wieder Meth mitbrachte. Die extreme Party wurde somit weiter fortgesetzt.

„Mein Herz. Damit stimmt etwas nicht. Ich wäre fast zusammengeklappt! Hast du das gemerkt?"

Die Endlosschleife

Drei Tage später im Block

Am nächsten Tag waren wir schon wieder total geplättet. Im Nachhinein kann ich unsere Sucht erkennen. Damals hatten wir die vorherigen Partys längst ausgeblendet. Ich ging also wieder schnell zum Lidl und besorgte ein wenig Essen und ein paar Energydrinks, um uns aufzupäppeln. Es brachte kaum etwas. Das Einzige, das wir brauchten, war jede Menge Schlaf. Nachdem Calvin den grünen Monster Energy vor lauter Brand geext hatte, brach er ziemlich zeitig in Schweiß aus. Wieder so eine Attacke, wie am Tag zuvor am Bahnhof.

Ich streichelte ihn ein bisschen am Rücken und sprach ihm Mut zu. *„Das liegt sicher am Stoff. Ist von dem harten Konsum die letzten Tage. Bleib ruhig. Das wird wieder."* Calvin schaute mich total dehydriert an und hauchte nur leise: *„Ich raffe es nicht. All die Jahre hatte ich nie so einen Scheiß. Und jetzt? Was ist nur los mit meinem Körper."* Ich kraulte seinen Rücken, bis er sich beruhigte und sorgte dafür, dass er daraufhin einen halben Liter stilles Wasser trank. Nachdem er so weit wieder stabil war, machte ich mich noch einmal auf den Weg nach Mitte und füllte dort mehrere Waschmaschinen mit unserer Wäsche und fuhr anschließend wieder nach Hause.

Als ich ankam, legte ich mich gleich neben Calvin auf meine kleine Couch und wir schliefen die Nacht durch. Genauso wie am nächsten Tag. Es dauerte drei Tage und Nächte, bis wir wieder halbwegs fit waren und uns der Suchtdruck wieder gehörig zu plagen anfing. Wir redeten uns total schnell gegenseitig heiß, dann war Calvin auch schon auf dem Weg zu seinem Kumpel und besorgte neuen Stoff. Als er wieder bei mir eintraf, hatte er genügend Stoff für die nächsten Wochen dabei. Wir wohnten also bei mir und waren wieder jeden Tag drauf. *„Ich fühle mich* *schlecht, weil ich den Stoff mit in deine Wohnung nehme, aber ich denke, das ist genau das, was du von mir willst"*, sagte Calvin deprimiert. „Nein, das stimmt nicht und das weißt du", erwiderte ich. Trotzdem wussten wir beide, dass wir nun mal süchtig waren.

Jeden Tag drauf sein, hieß auch, stundenlang zu verreißen. Ich stand wieder vor dem Spiegel und spielte den großen Chirurgen, und er ging täglich los und verspielte so ziemlich jeden Euro, den wir in die Finger bekamen. Ich weiß noch immer nicht, was schlimmer ist von beidem. Das eine ging uns gehörig ins Geld und mit dem anderen versaute ich meine schöne Haut. Heute habe ich keine Narben mehr, da sich die Hautschichten immer wieder erneuern. Während ich manchmal Ewigkeiten vor dem viereckigen, auf Augenhöhe angebrachten Spiegel herumtänzelte, der im Bad hing und mir dabei einfach im Gesicht herumfummelte, kratzte und drückte, befreite sich mein Kopf von dem Gift. Mein Körper aber gehorchte mir nicht mehr. Ich dachte noch währenddessen: *„Hör endlich auf damit Kiki! Geh aus dem Bad raus. Es bringt nichts. Du verunstaltest dich!"* Aber ich konnte nicht aufhören. Es lag nicht mehr in meiner Macht. Calvin ging es vor den Automaten arg genauso wie mir im Badezimmer. Er brauchte auch stundenlang, bis er wieder zu Hause ankam.

Er kam mit Sicherheit auch nur deshalb zurück, weil er jeden Cent verspielt hatte. Wir waren zu der Zeit noch ein kleines Horror-Pärchen. Das bestreite ich gar nicht.

Es ging dann für uns auch ziemlich holprig in Richtung Untergrund. Wir konsumierten schnell wieder so viel, dass wir einen Tagesbedarf von zwei Gramm erreicht hatten und kaum noch etwas davon merkten. Der Stoff, der uns vor kurzer Zeit so umgehauen hatte, fühlte sich jetzt mäßig an. Es reichte genau, um die müde Person wachzuhalten, die man geworden war. Man entwickelte tausende von kleinen Macken. Dazu gehören unterschiedliche Paranoia, Essstörungen, Panikattacken und Schlafstörungen.

Schlafparalysen

Berlin, Anfang Oktober 2015

Diese Schlafstörungen! Eine hat mir damals ganz besonders zugesagt. Die gute alte Schlafparalyse. Viele Konsumenten haben sie schon einmal mitgenommen, wissen aber nichts davon. Es passiert meistens, wenn man nach vielen durchzechten Nächten total fertig und dann die Tage danach total müde ist. Eigentlich erleben wir die Schlafparalyse jede Nacht, wenn wir schlafen. Nur setzt sie hierbei viel zu früh ein. Wenn man also gradewegs am Einschlafen ist, fällt man schon in eine Schlafstarre.

Man steckt zwischen Traum und Realität fest und kann nicht aufwachen. Die Augen sind meist geöffnet. Man nimmt seine Umgebung wahr und sieht sogar, wo man sich befindet. Man träumt währenddessen beängstigende Dinge und so verbindet sich das Denken auch noch mit den Träumen. Man träumt, dass man festgehalten wird oder dass einen eine Art schwarze Energie einsaugt. Das geht auch denen so, die nicht an übernatürlichen Schnickschnack glauben. Man wird also eingesogen, bis man nicht mehr kann. Man wird immer schwächer, und erst kurz bevor man denkt, dass man daran stirbt, wacht man dann schweißgebadet auf, hat große Angst und ist beunruhigt. So waren meine ersten Erfahrungen mit der Schlafstarre. Erst später hatte ich herausgefunden, worum sich dieses psychotische Erlebnis handelte, und es stellte sich auch heraus, dass fast all meine Freunde, die konsumierten, so etwas schon erlebt hatten.

Jeder träumte etwas anderes und doch hatten sie alle tierisch Angst davor. Dieses Gefühl war so fremd. Normalerweise ist die Schlafstarre dazu da, dass wir uns nicht bewegen, wenn wir träumen. Damit wir nicht aus dem Bett fallen, wenn wir denken, wir seien Surfer in Kalifornien oder könnten fliegen wie

Vögel. Etwas ganz Natürliches also und auch total ungefährlich. Da wir aber geradewegs am Eindösen sind und währenddessen diese Tiefschlafphase schon über das Wachsein überlappt, geraten wir in psychische Turbulenzen. Was man in diesem Moment dagegen tun kann? Nichts. Einfach abwarten, dass man aufwacht und ruhig bleiben. Das funktioniert auch. Ich versuchte natürlich immer, mich zu bewegen, aber das konnte ich erst wieder, als ich aufwachte. Man kann natürlich vorbeugen, indem man keine Aufputschmittel konsumiert, keinen Kaffee trinkt und regelmäßig schläft. Aber wer auch aus der Szene kommt, weiß, dass man dafür nicht so leicht sein Leben umkrempeln würde, wenn man es schon nicht für seine geliebte Familie, bessere Aussichten oder ein schöneres Leben schafft.

Schlafstörung (von Panic)

Berlin, Oktober 2015

Inzwischen waren wir also wieder jeden Tag auf Crystal Meth. Tagein, tagaus das gleiche Spiel. Aufwachen, konsumieren, Unordnung schaffen, hängen bleiben, malen, aufräumen, konsumieren, malen, konsumieren, hängen bleiben, Sex haben, schlafen gehen. Und das jeden Tag und jede Nacht. Wir standen meist am Mittag auf und gingen dann gegen fünf Uhr in der Früh wieder ins Bett. Ich malte auch in dieser Zeit wieder einige krasse Bilder und lasse euch wissen, wie ich mich zu diesen Momenten fühlte.

*Eine ganz normale „Gute-Laune-Drogen-Kritzelei"
von mir. Ich nehme an, ich bin die mit der Pfeife.*

Aber trotz allem war es ganz anders als das mit Noia. Natürlich war es anders, denn Calvin war einfach ein ganz anderer Mensch als Noia. Er hatte das nötige Einfühlungsvermögen und schob sich keine Filmchen auf mich. Zum Glück, denn noch einmal hätte ich das Ganze sicherlich nicht verkraftet. Calvin hatte seit Langem den Glauben an das Gute verloren, aber anders als die anderen konnte er schätzen, wenn etwas Gutes passierte. Wir waren etwas Gutes, dass spürte ich. Wir liebten uns eben, ehrlich und echt, auch wenn die Droge uns auf ihre bittere Art und Weise veränderte und auch verletzte. Es wurde auch hier und da mal brenzlich, jedoch nicht zwischen uns. Einmal hatte ich sogar wieder eine Nahtoderfahrung erlebt. Diesmal fand ich sie aber ganz und gar nicht so wundervoll wie damals. Wieder war Calvin dabei, und er machte mir Mut, das Ganze zu überleben. Wir hatten am besagten Tag einen ganz frischen Stoff besorgt. Ich bemerkte zunächst keinen Unterschied zu dem vorigen. Erst als ich plötzlich nicht mehr aufstehen konnte, wunderte ich mich. Am Anfang war das immer so gewesen, dass ich nur noch wie ein nasser Sack auf der Couch hing.

Diesmal wurde ich aber echt stutzig. Zu meiner Linken bemerkte ich einen grauen Schleier, der langsam immer mehr die Bildfläche einnahm, die ich sah. Ich sah natürlich wieder mit meinem geistigen Auge, dass konnte ich schon immer gut unterscheiden. Ich beschreibe das Ganze deshalb auch nicht als Halluzination, denn ich hatte auch das normale Bild noch wahrgenommen. *„Hey, hör mal her Calvin! Ich sehe da so etwas. Es schleicht sozusagen langsam auf mich zu"*, flüsterte ich mit einer verruchten Stimme zu Calvin rüber, der gerade in der Küche ein wenig geputzt hatte. *„Was meinst du? Was siehst du denn?"* Er setzte sich sofort zu mir aufs Bett und fasste mir an den Rücken. *„Na ja, so eine Art Schleier, der langsam alles bedeckt. Er ist aber noch nicht nah genug, um mich zu bedecken. Ich spüre, wie er sich nähert. Weißt du, was ich meine?"* Immer dieser Spruch, ob der andere wüsste, was man meinte. Ich konnte ihn mir nicht verkneifen.

Das Calvin so etwas auch schon gesehen hatte, wagte ich zu bezweifeln, trotzdem reagierte er gekonnt. Er brachte mir etwas zum Trinken, dann hielt er meine Hand, streichelte mich und bat mich, mich hinzulegen. Ich folgte all seinen Anweisungen. Es dauerte beinahe eine halbe Stunde, bis ich nicht mehr dieses stark reelle Gefühl verspürte, das der Tod in der Atmosphäre lag.

Überdosierungen waren bei uns an der Tagesordnung. Das ist bei jedem „Mether" so. Erst wenn man überdosiert ist, wird's richtig geil. Wir waren also immer total drauf. Nur diesmal, war's irgendwie komisch. Als das Gefühl dann aber verflogen war, hatten wir einfach weiter konsumiert. Ein wenig langsamer, aber im Endeffekt waren wir die drei darauffolgenden Tage wach geblieben.

Calvin entwickelte mit der Zeit eine manifestierte Spielsucht in Casinos und irgendwann häuften sich damit auch seine selbst diagnostizierten Herzattacken. Er erzählte des Öfteren, dass er während seiner Besuche in der Spielhalle fast zusammengebrochen wäre. Er musste sich ständig an irgendeinem Gegenstand festhalten, und es machte ihm tierische Panik. *„Ich dachte ich verrecke", sagte* er. Immer wenn er solche Attacken bekam, machte er sich schnell auf den Weg zu dem Block, in dem ich wohnte und als er den großen sechzehnstöckigen Wolkenkratzer von Weitem sah, bekam er ein heimisches Gefühl. Seine Angst löste sich mit jedem Meter, den er mir näher kam, in Luft auf. *„Wenn ich vorn an der Ecke gestorben wäre, hättest du mich vom Balkon gesehen und du hättest mir geholfen", sagte* er dann immer wieder. Das Komische an seinen Herzattacken war aber, dass sie meistens auftraten, wenn er allein unterwegs war und in große Menschenmengen geriet oder sich in der Spielothek beobachtet vorkam. Das passierte ihm wirklich immer und immer wieder. Ein paar dutzende Tage vergingen auf diese Art und Weise. Irgendwann machte er sich nicht mehr auf den Weg und blieb nur noch zu Hause mit mir.

An irgendeiner Mittwochnacht fuhr er mit seinem Kumpel nach Leipzig, um neuen Stoff aufzutreiben. Berlin war tot, was das anging. In dieser Nacht wartete ich eine Ewigkeit auf ihn. Als er mir dann über den Messenger mitteilte, dass es noch lange dauern und er erst am nächsten Abend wiederkommen würde, fing ich kurzerhand an, meine Wohnung auf Vordermann zu bringen. Ich schmiss allerhand Kram einfach in eine riesige, blaue Plastiktüte. Dabei fand ich ziemlich viel Unbenutzbares und einen Haufen Müll. Da mein Handy noch immer kaputt war und ich mit einer etwas älteren Version meines Smartphones klarkommen musste, hatte ich nur drei Lieder auf meinem MP3-Player, die ich währenddessen hören konnte. Eines von ihnen hieß „Schlafstörung" von Panic. Ich hörte es die ganze Nacht in einer Dauerschleife. Es wurde später zu Calvins und meinem Lieblingsset, und wir hörten es auf und ab. Es erinnert mich auch heute noch stark an diese Zeit und triggert in meinem Gehirn.

Draußen war alles bunt geworden, denn der Herbst brach ein. Es war das erste Mal seit einer Ewigkeit, dass ich die schönen Seiten des Herbsts entdeckt hatte. Er war prächtig. Einfach wahnsinnig farbenfroh. So hatte ich ihn nicht einmal gesehen, in den letzten Jahren. Ein riesiges Blättermeer aus roten, orangefarbenen und gelben Blättern hatte sich innerhalb von ein paar Tagen vor meinem Fenster ausgebreitet. Draußen spielten die Kids mit einem Fußball, während es langsam schummerig wurde. Es war einfach schön. Irgendwann wurde ich müde. Ich legte mich in mein Bett, während der Sandmann auf ZDF lief und ich mich darüber freute. Was mussten die Kinder nur für Augen und Ohren haben, wenn sie mit Leichtigkeit glaubten, was der Sandmann ihnen jeden Tag erzählte. Er war so einschläfernd. Ich konnte ihm in meinem Zustand einfach alles abnehmen. Wie ein Kind fühlte ich mich. Ich vermisste die Zeit, in der ich eines gewesen war. Ich hatte diesen Moment einfach nur genossen. Der Moment, in dem ich nichts mehr tun musste. Einfach nur fühlen, was ich fühlte. Erschöpft, drauf und glücklich. Niemand hatte mir erlaubt, dass ich mich so geborgen fühlte. Es war vollkommen egal, denn ich tat es einfach. In meiner kleinen Welt. Wir leben viel zu sehr eingeschränkt. Das war nicht einfach nur ein Gedanke. Es ist wirklich so. Wir lassen uns so viel nehmen. Solche Momente erlebst du nicht ohne Drogen. Leider. Zu dieser Zeit waren mir solche Momente so viel Wert, dass ich dafür gelebt habe. Als ich gerade wegnickte, klingelte es an der Tür.

Calvin war wieder zurück. Wir hatten uns einen Kuss gegeben, dann legte ich mich auch schnell wieder ins Bett und hörte mir erst einmal an, was er so in der Zwischenzeit erlebt hatte. Später legte er sich zu mir und wir schliefen bis zum nächsten Morgen. Er fing dann auch eines Nachts urplötzlich damit an, die Wohnung umzuräumen und überall zu putzen. Nach und nach wurde diese heruntergefeierte Höhle zu einer schicken Einraumwohnung, die sich sehen lassen konnte. Die Laken an den Fenstern kamen als Erstes runter. Dafür kauften wir mit meinen Eltern tünche Rollos. Sie waren von außen silbern, damit sie die Wärme im Sommer wegleiten konnten. Als Nächstes kam der Einkaufswagen hinaus, den ich damals mit Gina angeschleppt hatte. Ihn hatte ich als Kleiderständer oder Wäschekorb benutzt, meine Taschen und Gürtel angehangen und Bücher hineingelegt.

Er war eben allgegenwärtig. Ein richtiger Alleskönner. Dass das ziemlich „punkisch" war, sah ich nicht ein. Ich fand ihn damals todschick und genial. Jetzt aber war die Zeit gekommen, in der die Dinge sich änderten und das war auch gut so. Calvin und ich fühlten uns immer wohler zusammen, und so kam es dann dazu, dass er auch seine restlichen Sachen zu mir holte. Von da an teilten wir uns meinen Kleiderschrank, und er wohnte bei mir. Bis dahin hatte er die Wohnung total im Griff. Wir teilten uns an jedem Tag den Abwasch, sodass nie mehr etwas vor sich hin schimmeln konnte.

Wir waren Junkies mit Stil geworden und irgendwie war dieser Alltag auch gar nicht mehr unser Ding. Ich wartete noch immer auf die Zusage von meiner Krankenkasse, damit ich zur Therapie im Tannenhof aufgenommen werden konnte. Wir hatten geplant, dass Calvin solange in meiner Wohnung wohnen würde. Das halbe Jahr würde er auf mich warten und Arbeit finden. Wenn ich wieder zurück sein würde, dann würden wir komplett neu anfangen mit unserem Leben. Ich ging jeden Montag zur Gruppentherapie am Ku'damm, zumindest sollte ich. Ich bin insgesamt nur drei Mal dort gewesen.

Ich freute mich darüber, dass Calvin ständig etwas Gutes tat. Er strich die Wohnung neu. Er räumte um oder machte sauber, anstatt Geld zu verspielen. An dem Tag, an dem unser Harz-IV-Geld auf meinem Konto erschien, gingen Calvin und ich für hunderte von Euros shoppen und kauften frische Lebensmittel. Das hatten wir lange nicht gemacht. Wir hatten meist am Limit gelebt, was das Essen und Trinken oder Klamotten anging. Die Zigaretten, der Alkohol, die Drogen und Spielsucht fraßen unsere Scheine im Nu auf.

Wir verstofften jedoch in den nächsten Wochen unseren neuen Crystal-Beutel arg schnell und waren wieder hoch dosiert. Einer schlimmer als der andere. Wir hatten viel Spaß und haben viel gelacht. Trotz allem aber es war zu wahr, um schön zu sein. Wir kamen kaum noch richtig in Fahrt, denn wir brauchten den Stoff, um normal zu sein. Um wach zu sein. Wir haben dann an einem grauen Vormittag den gesamten Kram vernichtet und sind schließlich heruntergekommen. Zum Glück aber war das Herunterkommen nicht mehr eklig. Kein bisschen. Man nickte einfach weg und dann schlief man. Keine Depressionen oder so etwas. Nur unendliche Müdigkeit. Eines zerrte trotzdem am Gemüt. Die Schlafparalysen! Nicht nur eine. Nein, gefühlte hundert Stück hintereinander.

Während die Müdigkeit einen ganz und gar ummantelt hatte, starrten die Augen noch immer an die Decke. Von dort rangelten sich kleine schwarze Teufel herunter und eine Art schwarze Energie saugte einem die Kraft aus den Knochen bis sie porös waren und schmerzten. Satan aus der Unterwelt leckte das Salz von deinem Fuß. So etwas spann sich das Hirn zusammen, während man dort lag. Starr. Unbeweglich. Entzügig. Der Wahnsinn. Schweißgebadet wachte man dann nach wenigen Minuten wieder auf. Noch bevor man dem anderen davon berichten konnte, schlief man wieder tief oder steckte in der nächsten Reihe von Schlafparalysen fest. Das kannten wir ja. Es war nichts Neues. Doch nach ein paar Tagen Bettruhe kam dann der nervigste Teil. Im Kopf noch total müde und tot, versuchte man weiterzuschlafen. Man war wirklich total fertig. Keine klaren Gedanken. Nur der Gedanke ans Bett. Keine Toilettengänge, kein Snack für zwischendurch. Nur schlafen. Irgendwann aber fingen die Beine wieder an, sich zu bewegen. Sie klopften total willkürlich auf die Matratze. Man konnte sie nicht steuern. Sie schwangen in alle Richtungen und man wälzte sich hin und her. Der Körper hatte wieder Power. Das war nur der Anfang. Ich fing so sehr an zu zappeln und zu stottern, dass ich mir vorkam, als hätte ich eine ernsthafte Behinderung mitgenommen. Ich wies jedes Symptom eines ADHS-Patienten auf.

Steine und Gänge

Berlin, Dezember 2015

Ich bekam oftmals seltsame Schmerzen im Bauch und redete mir irgendwann ein, dass ich ein Magengeschwür haben musste. Ich konnte in der Nacht kaum liegen bleiben. Ich stand ständig mitten im Zimmer und lief von Schmerzen gequält durch die Wohnung. Sie kamen urplötzlich. Es war nicht auszuhalten, und ich kräuselte mich vor Schmerz. Ich wusste mir nicht zu helfen und trank daraufhin heißen Kräutertee oder aß etwas. Aber nichts half dagegen. Calvin streichelte meinen Bauch, bis ich einschlief. Es dauerte meistens eine Ewigkeit. Nach einigen Wochen beschlossen wir, zum Arzt zu gehen und unsere beiden Leiden untersuchen zu lassen. Diese glorreiche Idee kam uns allerdings an einem Sonntag, sodass wir ein Krankenhaus aufsuchen mussten.

Nach einer Ewigkeit, die wir dort warteten, kam Calvin endlich dran und wurde ins Untersuchungszimmer gebeten. Er wurde abgehorcht und später wurde bei ihm ein EKG angeschlossen. *„Sie sind kerngesund! Herzlichen Glückwunsch. Wir wissen nicht, was ihnen fehlt! Das Geschilderte muss andere Ursachen haben. Ihr Herz jedenfalls ist vollkommen gesund."* Mit dieser Diagnose kam er grinsend aus dem Behandlungszimmer und setzte sich neben mich auf einen Lederstuhl im Warteraum. *„Kerngesund. Und das bei dem ganzen Konsum"*, sagte Calvin. Wir freuten uns zusammen darüber, dass mit seinem Herzen alles in bester Ordnung war, und doch war es eigenartig. Irgendwas hatte er definitiv. Es stellte sich aber noch heraus, worum es sich bei seinen Attacken wirklich handelte.

Ich hingegen wurde nach einer weiteren halben Stunde des verunsicherten Wartens hineingebeten und man legte mir eine Nadel in die Vene meiner Hand. Die Schwestern waren ziemlich ruppig, und es war rappelvoll in der Notaufnahme, als man mir sagte, ich sollte mit der Nadel noch einmal herausgehen und wieder Platz nehmen. Da reifte der Gedanke in meinem Kopf aus, die Biege zu machen und mir das doofe Teil dann später zu Hause einfach selbst hinauszuziehen. Und so kam es dann auch.

Ohne Diagnose machte ich mich mit Calvin auf den Weg nach Hause und alles lief weiter so vor sich hin. Meine Schmerzen kamen beinahe jede Nacht zurück. Calvin bekam ständig seine Attacken, wenn wir zusammen draußen waren. Während er schon auf der Couch eingeschlafen war, das war so gegen ein Uhr in der Nacht, als die Wiederholung von Stern-TV im Fernsehen lief, fand ich die Erklärung für Calvins Problem. Ich hatte zunächst überhaupt nicht mitgeschnitten, dass die Glotze vor sich hin dudelte und war auch gerade mit anderen Dingen im Badezimmer beschäftigt. Doch plötzlich wurde ich aus meinem Spiegeldilemma gerissen. *„Neunzig Prozent der Menschen, die Panikattacken haben, wissen davon nichts"*, tönte es aus dem Wohnzimmer, und ich sah das Fernsehlicht hell aufflackern. Calvins Kopf warf einen Schatten an die bemalte Wand. Ich spitzte die Ohren.

„Ich bekam dann immer ganz weiche Knie. Ich dachte, ich müsse sterben. Mein Herz drohte auszusetzen. Heute kann ich damit umgehen, denn ich weiß, dass es sich ausschließlich in meinem Kopf abspielt", erklärte eine Frauenstimme im Fernsehen. Ich schlich aus dem Bad bis zum Fernseher und zog mir dann die komplette Folge Stern-TV rein. Am nächsten Morgen weckte ich Calvin mit diesen Neuigkeiten. Er schaute sich die Folge im Internet an und erkannte sich sofort wieder. Es war ein verdammt guter Zufall, das ausgerechnet dieser Sender eingeschaltet war, als wir gerade zu Hause waren und ich noch wach geblieben war. Nachdem er also begriffen hatte, dass das Crystal ihm diese Macke zugeschrieben hatte, schmissen wir seine Pfeife in den Müll und zogen seit diesem Moment an nur noch Linien.

Wir waren nun für unsere Verhältnisse nicht mehr allzu verschallert und fühlten uns auch gleich viel gesünder. Da war nur noch ein Problem. Meine Schmerzen. Jede Nacht plagten mich diese Krämpfe, und ich fragte mich allmählich, ob ich mich nicht doch noch einmal ernsthaft untersuchen lassen müsste. Ich wollte zum Arzt fahren, stieg eine Station früher aus und besuchte stattdessen meine Oma. Wir aßen Kuchen und tranken einen Cappuccino. Kurz danach setzten die Schmerzen wieder ein und Oma machte mir daraufhin ein heißes Kirschkernkissen klar. Ich platzierte es auf meinem Bauch und machte mich lang. Es half leider nur für kurze Zeit. Als es abkühlte, lief ich quer durchs Wohnzimmer. *„Mensch Kiki. Das sieht ja aus, als hättest du Gallensteine. Du bist noch zu jung dafür. Trotzdem würde ich damit zum Arzt gehen"*, grübelte sie. Sie gab mir den Rat, mit dieser Information sofort zu meiner Hausärztin zu gehen, und eine Woche später hatte ich einen Termin bekommen. Meine Hausärztin schickte mich dann zur Sonografie, damit sie meinen Bauch nach Steinen untersuchen konnten.

„Sie haben ganz viele kleine Steinchen. So um die vierzehn Stück." Ich musste mir mein Lachen verkneifen. Hatte der Typ gerade Steine gesagt? Sind das nicht vielleicht die Steine, die bei mir zu Hause auf dem Tisch lagen? Jetzt hatte ich also meine eigenen Steine entwickelt. Er riet mir, die Steine operativ entfernen und am besten gleich die komplette Gallenblase mit herausnehmen zu lassen. So würde ich nie mehr diese Schmerzen bekommen, die ich bekommen hatte, weil die Steine im Gallengang auf Wanderschaft gingen. Ich war froh, dass es nichts Schlimmeres war und hatte dann auch schon bald den Termin für den Eingriff.

Die Tage waren kalt und die Nacht meldete sich schon am Nachmittag, um das Tageslicht abzulösen. Wir machten hin und wieder mal eine Woche Pause mit dem Konsum und waren beide stolz wie Oskar, als wir dann sogar zwei Wochen am Stück ohne unsere Christina schafften. Der Anfang war getan und es kehrte immer mehr Normalität ein. Ich ging mit Mama auf ein

Konzert von Chris. Es wurde ein perfekter Abend, und ich war ihr unendlich dankbar, dass sie immer noch stolz war, mich als Tochter zu haben, und mit mir dieses schöne Erlebnis teilte. Ich ging mit einem Shirt und einem Feuerzeug von Chris nach Hause, und Mama kaufte sich seine neue CD. Wir mussten beide weinen, als er in die Halle des Tempodroms gelaufen kam, und ich freute mich riesig für Mama. Sie fand ihn nämlich als Vierzehnjährige schon total toll. Für sie ging ein Traum in Erfüllung, und ich war stolz, dass ich ein Teil dieses Abends sein durfte. Sie fuhr mich nach dem Konzert nach Hause zu Calvin, und ich erzählte ihm davon und zeigte ihm meine selbst aufgenommenen Videos. Wir wurden von da an noch ruhiger und alles wurde auch direkt immer besser. Wir waren nur noch unregelmäßig verstrahlt.

Wie im Traum

Berlin, zeitlos

Kalt war es. Wir hatten dicke Sachen auf der Straße an, da kam er sich noch einmal verabschieden: der Sommer zweitausendundfünfzehn. So hatten wir es jedenfalls wahrgenommen. Als Calvin und ich draußen vor meinem Haus durch das Tümpel-Gestrüpp liefen, passierte es. Die Luft veränderte sich urplötzlich. Es wurde stark windig. Es roch nach Sommer. Der Wind war warm, und beleuchtet vom blassen Mondlicht flogen die braunen Blätter durch die Nacht. Wir konnten es kaum glauben, doch es passierte wirklich.

Direkt vor unseren Augen baute sich ein winziger Tornado auf und wirbelte alles Hin und Her. Die Zeit blieb gefühlt stehen. Ein Hauch Glitzer mischte sich unter die welken Blätter. Wir spürten den warmen Sommerwind, der immer stärker wurde. Es war wie in einem Traum. Es fühlte sich so sanft an. Die Gedanken wurden von dem Zusammenhalt, der Natur, umarmt. Es war spektakulär. Beinahe wie der Sommer an sich, nur mitten im Winteranfang. Wir zogen unsere Jacken und Sweater aus und stellten uns in die Mitte des kleinen Waldstückes. Wir atmeten tief ein und wir lachten. Ich breitete meine Arme aus. Wir genossen die Brise sichtlich. Niemand außer uns hatte etwas davon mitbekommen, denn es war mitten in der Nacht und wir hatten Woche. Ich konnte nicht glauben, wie die Natur uns zuspielte. Es wirkte alles so unreal. Es war verdammt noch einmal wie in einem Sommernachtstraum.

Irgendwie hatte ich dann aber das Gefühl, die Welt würde gleich untergehen. Es war einfach nicht normal und passte überhaupt nicht zu den letzten Tagen und dem Wetter, das wir gehabt hatten. Ich dachte, sie sei nun vollkommen kaputt, die Welt. Sie kommt nicht mehr klar.

Liebe rettet den Tag

Berlin, Januar 2016

Am nächsten Tag ging es dann aber tatsächlich mit der Normalität und der Realität los. Meine Gallensteine machten sich wieder auf Wanderschaft. Stundenlang. Auch Calvin ging es beschissen. Er kam überhaupt nicht mehr aus dem Bett. Er hatte ganze zwei Wochen gebraucht, ehe er wieder aufgestanden war. Er war ohnehin nur aufgestanden, weil seine Beine ausschlugen, wie die eines wütenden Pferdes.

Wir hörten dann also wirklich auf, meldeten uns nicht mehr bei seinem Dealer und kamen runter. Es dauerte einige Wochen, bis wir wieder einen ganzen Tag schafften, ohne zwischendurch zu schlafen. Ich ging wieder zur Gruppentherapie. Völlig ausgepowert schleppte ich mich dorthin. Calvin war mittlerweile am Überlegen, sich auch wieder um einen Therapieplatz zu bemühen. Leider dauert es immer ewig, bis man aufgenommen wird. Man muss halt dranbleiben, aber das war nie so einfach. Bis Silvester schafften wir es dann aber doch, clean zu bleiben und hatten darum auch ein wundervolles Weihnachtsfest. Kurz nachdem das neue Jahr angebrochen war, hatte ich dann auch schon meinen OP-Termin wegen der Steine. Ich war tierisch nervös.

Ich machte mir fast in mein bescheuertes Hemd. Es war nicht auszuhalten. Dann wurde der Termin auch noch um ein paar Stunden verschoben, denn es kam ein Notfall rein. Ich hatte während der weiteren Wartezeit einfach geschlafen. Als ich in den OP gefahren wurde, war ich kreidebleich. Ich hatte solche Angst. Ich hatte Panik vor der Narkose. Wenn ich zwischendurch aufwache! Nicht auszumalen. Aber es ging alles gut. Nachdem ich die LMAA-Tablette geschluckt hatte, waren die Chirurgen für mich die nettesten und lustigsten Menschen gewesen. Ich durfte nach zwei Tagen Krankenhausaufenthalt wieder nach Hause gehen und eine Woche später war ich wieder drauf. Ja, richtig. Calvin und ich hatten uns wieder etwas besorgt. Wir waren so in Fahrt davon, dass ich anstatt meinen eigenen seinen Körper auseinandernahm. Er hatte alles dafür getan, dass ich mich nicht auf meine frischen Narben festfahre. Das Herunterkommen war sehr eklig, denn wir waren noch nicht müde genug. Calvin hatte das Crystal dann einfach ins Wohnzimmer gestreut. Wir wollten wirklich aufhören.

Die Sonnenseite

Berlin, Sommer 2016

Bei diesem letzten Rückfall, nachdem ich beim Herunterkommen bitterlich geweint hatte, war es dann also wirklich vorbei. Keine Rückfälle mehr. Keine Tränen mehr. Ein gutes Gewissen bahnte sich allmählich an. Calvin und Kiki verbanden sich zu einem starken Kampf-Duo, und wir traten den Kampf an. Egal, wie hart es sein würde. Ich dachte mir: *„Wir werden es schaffen. Wir werden gewinnen."* Wie oft hatte ich völlig drauf irgendwo gesessen und kam dann runter. Ich hatte immer wieder an die andere Kiki gedacht. Die Kiki, die es **auch** verdient hatte zu leben. Ich hatte mein normales Ich in meinem Kopf gesehen, und es war enttäuscht. Ich wollte ihr nun gewähren, endlich zu leben.

Als nüchterne Kiki hatte ich mich dann immer wieder gezwungen, mich an diese Momente zu erinnern. Ich rief sie wieder zurück aus der letzten Ecke meines Gehirns und dachte daran. Wenn ich mir also auf „Druffnis" wünschte, dass ich normal sein kann, dann brauchte ich nicht mehr auf Droge zu sein. Das ergibt doch Sinn, oder? Das war ein gutes Zeichen. Vielleicht war es nun endlich vorbei. Ich bastelte in meinem letzten Wahn eine riesige Kiste und dort schmiss ich dann jedes einzelne Gemälde hinein. Ich füllte sie zudem mit Drogenutensilien und Fotos von mir aus der Szene. Ich schloss die Kiste. Ich drehte mich zu Calvin um und sagte: *„Die Kiste ist zu. Nun gibt es kein Zurück mehr."*

Es sollte kein Zurück mehr geben, und es gibt eben nie ein Zurück, wenn man das mal genauer bedenkt. Auch für die bitteren Zeiten im Leben gibt es keins. Nichts ist für immer, aber eben auch nicht die Dunkelheit. Damit sollte es nun wirklich beendet sein. Mit größer werdenden Träumen und guten Vorsätzen kamen Calvin und ich dann zu einem neuen Herzenswunsch.

Wir hatten uns ein Kind gewünscht. Es war wirklich so! Es war eine fixe Idee, das muss ich zugeben. Wir hatten kein bisschen darüber nachgedacht, was das wirklich bedeuten würde. Wir hatten einfach nur gewollt, dass alles besser wird. Ich wusste es genau. Durch ein Kind würde ich mich für immer ändern. Mein Kind sollte eine Mama haben, die nicht süchtig ist.

Ich war schnell schwanger. Wir hatten uns riesig gefreut. Mama hatte mich und Calvin zum Frauenarzt begleitet. Ich kam aus dem Untersuchungszimmer mit einem dicken Stapel an „Mami-Heften". *„Weißte Bescheid!"* Das hatte ich gesagt und drückte Calvin die dicken Hefte in die Hand. Nun war es also offiziell. Wir würden ein Baby bekommen. Das etwas bei der Geburt oder während der Schwangerschaft schiefgehen könnte, blendete ich komplett aus. Ich freute mich einfach nur riesig, und die anderen taten es auch. Ich rief dann sofort meine Oma und meinen Opa an. Sie freuten sich zu meiner Überraschung auch für uns. Ich hatte nicht damit gerechnet, dass sie immer noch an mich glaubten. Es bestärkte mich ungemein. Sie hatten mich nie aufgegeben.

Ich war verwundert darüber, denn ich hatte lange Zeit selbst nicht mehr an mich geglaubt. Sie hatten seit langer Zeit keine positiven Nachrichten von mir bekommen. Es ging eben in den letzten Jahren immer nur weiter runter. Die ganze Familie feierte und kam dadurch wieder näher zusammen. Auch Calvins Eltern konnten es nicht mehr erwarten, bis unser Kleines auf der Welt sein würde.

Von diesem Moment an hörte ich sofort mit dem Rauchen auf. Das Konsumieren jeglicher Drogen war tabu, auch für Calvin. Wir hatten anfangs noch wöchentlich einen „Dirty-Meth-Talk". So nannten wir ihn immer. Normalerweise quatschten wir uns mit dummen und lustigen Sprüchen über Gänge und Kristalle heiß und wurden dann rückfällig. Jetzt aber legten wir uns gemeinsam auf die Couch und grübelten nach Namen für unser Kind.

Es hatte sich schlagartig alles geändert. Wir hatten eben ein Herz, das merkte jeder. Wir hatten einen Willen, und wo ein Wille ist, ist ja bekanntlich auch ein Weg. Dieser Weg war, nun ja, ein wenig außergewöhnlich, doch jeder findet seinen perfekten Weg für sich. Ich hatte mir natürlich keine Gedanken über die gesamte Schwangerschaftszeit gemacht, und auch nicht darüber, was noch so anstand. Die ersten Monate verliefen für mich wie folgt: Ich war tierisch müde, hatte kaum Appetit und behielt einen Tag in der Woche, an dem ich ein wenig Power hatte. Drei Monate lang schlief ich den halben Tag lang. Bevor ich es vergesse, der gute Calvin hatte sich um einen Job bemüht. Beim zweiten Vorstellungsgespräch hatte er dann den Job in der Tasche.

Die Schwangerschaft wurde die schönste Zeit meines bisherigen Lebens, gleichgestellt mit meiner Kindheit. Kein Stress, gute Vibes und ihre Tritte in meinem Bauch fühlten sich an wie Schmetterlingsflügel, die ausschlugen. Ich bin sportlich geblieben und viel mit der Bahn umhergefahren. Ich besuchte meine Großeltern häufig. Ich aß alles, worauf ich Lust hatte, ohne mich vollzustopfen, und genoss jede Phase meiner Schwangerschaft. Natürlich hatte ich auch ein paar unangenehme Dinge mitgenommen, wie zum Beispiel Sodbrennen, niedrigen Blutdruck, Wassereinlagerungen und Hitzewallungen. In der Nacht stand ich dutzende Male auf und ging zur Toilette. Trotzdem ging es mir blendend. Ich meisterte das Ganze und fühlte mich richtig wohl mit meiner Murmel. Ich hatte einen Schwangerschafts-Glow und mein Lächeln zurück.

Dein Geburtstag

Berlin, Oktober 2016

Gegen zwanzig Uhr bekam ich ziemlich starke Schmerzen. Ich war mir sicher, dass es die Chili con Carne gewesen sein musste, die wir ein paar Stunden zuvor gegessen hatten und dass ich einfach nur mal auf die Toilette musste. Doch dem war nicht so. Obwohl ich schon fünf Tage über dem errechneten Entbindungstermin war, glaubten wir alle nicht daran, dass es nun tatsächlich Wehen seien. Calvin und ich legten uns also wieder auf die Couch, denn am nächsten Tag war Montag und er musste wieder um fünf Uhr aufstehen. Calvin war schon halb eingeschlafen, als ich ihn dann an der Schulter packte.

„*Es geht nicht mehr. Wir müssen ins Krankenhaus. Jetzt sofort!*" Die Schmerzen kamen in dreiminütigen Abständen, und wir konnten uns einfach nicht vorstellen, dass die Wehen so stark und häufig einsetzten. Wir zogen uns an, Calvin rief uns ein Taxi und wir stiegen ein. Im Kreißsaal angekommen, schnaufte ich zum Bett. Ich bekam erst einmal einen CTG und nach knappen zwanzig Minuten kam die Hebamme in den Saal und tastete mich ab. „*Ihr Muttermund ist vier Zentimeter geöffnet*", sagte sie mit einer ruhigen Stimme zu mir. Sie wirkte positiv auf mich. Ich sah leider alles ein wenig verschwommen und fühlte mich leicht benebelt von dem starken Ziehen in meinem Unterleib. „*Okay. Ist das gut oder schlecht?*", fragte ich sie, in der Hoffnung, dass die Geburt bald eröffnet wäre. „*Es geht bald los. Sie können gerne noch mal für zwei Stunden nach draußen gehen. Am besten gehen sie ein wenig spazieren, das lockert alles noch ein bisschen auf.*" Alles klar. Ich nickte nur. Ich war schon aufgeregt. Ich konnte noch nicht glauben, dass ich ganz bald meine eigene Tochter in den Armen halten durfte.

Ab diesem Moment konnte ich wirklich vor Schmerzen nicht mehr sprechen. Wir gingen also nach draußen. Es war eisig kalt geworden, und ich hatte zudem auch noch Schüttelfrost. Mit jeder Wehe wurde mir speiübel, und ich hielt mir die Pappschale aus dem Krankenhaus unters Kinn. Gebrochen habe ich allerdings nicht, auch wenn ich unzählige Male kurz davor war. Ich konnte kaum laufen und setzte mich auf den Boden, um kurz zu verschnaufen. *„So mein Schatz, sollen wir noch einmal nach Hause fahren für zwei Stunden?"* Ich nickte Calvin nur zu. Dann holte er uns ein Taxi und wir fuhren wieder zurück zum Block, unserem Zuhause.

Ich lag die gesamten zwei Stunden in einer starren Position in unserem Bett. Calvin schrieb über WhatsApp mit meiner Mama und meiner Oma und informierte die beiden genauestens über meinen Zustand. Ich hätte mich selbst gerne gesehen. Ich sah bestimmt furchtbar aus. Mein Körper kam nicht mit den Schmerzen zurecht. Mental hingegen nahm ich es leicht und zeigte mal wieder Stärke. Nach exakt zwei Stunden rief Calvin das Taxi wieder zu uns und wir sausten durch die Nacht in Richtung Schöneberg.

Vor dem Kreißsaal, wir wollten gerade aussteigen, sagte der Taxifahrer noch zu mir: *„Viel Glück, Sie schaffen das. Ich segne Sie und Ihre Familie."*, Nein, das war nur ein Scherz! Er sagte tatsächlich: *„Halt! Warten Sie! Der Gurt klemmt noch in der Tür. Können Sie ihn bitte richten? Danke."*, Der war vielleicht krass drauf. Ich hatte gerade eine Wehenpause und tat ihm diesen Gefallen. Was für ein Typ! Knallhart! Ich hatte die gesamte Zeit über kein Wort geredet und nur mit meiner Schale dort gesessen, gezittert und heftig geatmet.

Wie auch immer. Es war eine sehr seltsame Nacht. Ich erinnerte mich ein wenig später daran, dass ich unseren Taxifahrer kurzzeitig für unseren verrückten Nachbarn gehalten hatte. Ich war echt fertig. Als wir wieder im Krankenhaus eintrafen, mussten wir vor dem Kreißsaal darauf warten, dass uns jemand öffnete. Ich presste meine Arme gegen die Wand. Ich atmete heftig und versuchte den Schmerz ein wenig auszublenden. Inzwischen war auch Mama eingetroffen. Sie schaute mich irgendwie misstrauisch an. Ich sah ihr sofort an, dass sie sich Sorgen machte. Sie wusste nicht, wohin mit sich und streichelte kurz meinen Arm, dann setzte sie sich auf einen Stuhl. Ich glaube, sie war aufgeregter als ich. Ich war trotzdem froh, sie zu sehen. Endlich ging es weiter. Im Zimmer angekommen, nahm dann alles seinen Lauf. Calvin und Mama wichen mir nicht von der Seite und schon waren wir zusammen auf dem Zimmer.

Calvin schaute mir ganz tief in die Augen und wiederholte immer wieder diesen Satz: *„Durch die Nase einatmen. Durch den Mund ausatmen."* So ging das ganze fünf Stunden. Er hielt wacker durch. Ich dachte überhaupt nicht mehr darüber nach, wie er diesen Anblick wohl finden würde, wenn es losgehen würde. Er war mir einfach ein richtiger Freund, und ich war stolz darauf, ihn zu haben. Ich wich seinen intensiven Blicken nicht aus. Sobald ich ihn verlor, wurden die Schmerzen wieder stärker und ich kam mit der Atmung aus dem Takt. Zwischendurch schaute immer mal wieder eine der zwei Hebammen nach uns. Sie fanden, dass wir es zusammen sehr gut hinbekamen und verschwanden schnell wieder. Als es dann tatsächlich richtig losgehen sollte, hockte ich mich aufs Bett. Ich drückte meine Arme gegen die Bettkante und dann ging es auch zeitnah los. Die Hebammen waren sofort zur Stelle und auch ein Arzt war dabei.

Ich presste wie ein Ochse, bis ihr Köpfchen draußen war. Es kam mir vor, als würde ich ewig brauchen, und ich fühlte mich, als würde ich alles falsch machen. Trotzdem waren alle begeistert von mir. Ich atmete immer weiter im Takt. Nun auf Anweisung der Hebammen. *„Durch die Nase ein. Durch den Mund aus."* Ich fing dann auch irgendwann an zu schreien. Das sollte ich auch. Nur nicht kreischen, damit der Muttermund nicht verkrampfen würde. Durch das ruhige ein- und ausatmen wird er wiederum weich. Ich machte alles richtig. Ich presste wirklich erst dann, wenn die Wehe richtig durchkam, auch wenn ich das Gefühl hatte, es würde mir gleich den Damm sprengen. Ich blieb ruhig und hörte auf den Arzt und die Hebammen. Mit der letzten Wehe war unsere kleine Prinzessin geboren.

Sie war da! Ich konnte es nicht fassen. Ich starrte sie einen Moment lang an und machte eine lange Pause. Da lag sie nun. Mama und Calvin schauten sie überwältigt an. Irgendwie hatte ich mir von diesem Moment etwas anderes erhofft. Sie hatten alle immer erzählt, man sei voller Euphorie und hätte wahnsinnige Glücksgefühle gehabt. Man sei erleichtert und habe all seine Schmerzen vergessen. Dem war nicht so. Alles wirkte wie auf einer Leinwand. Ich hatte, um ehrlich zu sein, gar keine Gefühle. Ich spürte ein Brennen in meinem Unterleib und war einfach nur fertig. Es wirkte wirklich alles wie auf Papier. Wie in einem Film. Ich war ein wenig enttäuscht. Ich schaute immer noch auf dieses kleine Wesen. Es war so winzig. Dieses kleine Baby hatte ich neun Monate mit mir herumgetragen. Dank dieses Wunders der Natur hatte ich es geschafft, clean zu bleiben. Ich hatte es sofort geschafft. Ich wollte nichts sehnlicher, als ein gesundes Kind in die Welt setzen zu dürfen.

„So. Und nun nehmen Sie sich Ihr Kind", sagte eine der Hebammen. Was? Ich? Ich dachte, man würde sie mir reichen und behutsam auf meinen Bauch legen. *„Na los. Trauen Sie sich. Das ist gut für die Bindung zu Ihrer Tochter."* Ich fühlte mich irgendwie unwohl. Da lag dieses winzige, blau angelaufene süße Wesen, und ich sollte es mir einfach greifen. *„Na los. Nun trauen Sie sich."* Puh, dachte ich mir. Ich hoffte, dass ich nichts an ihr kaputt machen würde.

Ich beugte mich leicht nach vorn, dann griff ich sie mir. Sie war innerhalb kürzester Zeit, ein wenig kalt geworden. Ich hatte sie sicher in meinen Händen und legte sie mithilfe der Hebamme auf meinem Bauch ab. Dann kamen auch Calvin und Mama wieder näher und schauten sie sich genauer an. Sie freuten sich. Wir alle waren erleichtert, dass sie nun da war und alles gut verlaufen war. Trotzdem fehlte mir einfach dieser Moment, von dem alle Mütter immer geschwärmt hatten.

Ich hatte ziemlich Angst davor gehabt, mein Baby irgendwie zu verletzen. Denn sie war wirklich noch verdammt klein. Deshalb legte ich sie direkt an. Es tat zunächst furchtbar weh. Es brannte und es schlauchte ungemein. Aber es musste sein. Calvin wollte, dass ich länger stillte. Ich hatte ja auch vorher großmütig davon erzählt, dass ich mindestens ein halbes Jahr voll stillen würde. Was hatte ich mir da nur eingebrockt? Ich hatte dann also unsere Tochter an der Brust und währenddessen wurde ich dann untenrum genäht.

Der Arzt machte eine Punktanästhesie, und ich schwöre euch, ich spürte trotzdem alles. Ich war schockiert von dem, was dort in dieser Nacht passiert war. Ich war schockiert über die Schmerzen, die ich gefühlt hatte. Als ich dann im Nebenraum eine Frau kreischen hörte, die sich wie eine wildgewordene Hyäne anhörte, war ich nur noch mehr schockiert. Während der Geburt hatte ich das Kreischen schon irgendwie wahrgenommen. Ich hatte aber gedacht, es sei ein Baby gewesen. Irgendwie war ich total geplättet. Als ich bemerkte, dass der Arzt irgendetwas zu den Hebammen rüber tuschelte, wurde ich skeptisch. *„Ist was?",* fragte ich frech. Der Arzt fuhr sich mit der Hand durch den Bart. *„Was ist los?"* Ich wollte sofort wissen, was es da noch zu grübeln gab. *„Ihre Plazenta. Die kommt scheinbar nicht von allein hinaus."* Ah ja! Das ist ja eine tolle Aussage, dachte ich mir. Was kommt nun noch? Ich hatte schon die ganze Zeit über das Gefühl, dass es noch nicht vorbei war. Ich behielt damit recht. *„Sie bekommen eine kleine Spritze. Dann bekommen sie eine letzte Wehe und die Plazenta findet ihren Weg nach draußen."* Ich nickte einfach nur. Ich hätte am liebsten geheult oder wäre ausgerastet. Die Hormone spielten mir nicht gut bei. Nach der Spritze atmete ich also noch einmal heftig und drückte nochmals. Der Arzt versuchte dann zu puzzeln. An seinem Stirnrunzeln sah ich, dass es noch immer nicht vorbei war. Super. Irgendwie wurde ich beinahe depressiv. Es war wieder an der Zeit, die Brüste rauszuholen. Ich war ein bisschen gestresst.

Ich hätte mein Baby viel lieber im Arm gehalten und ihr behutsam ein Fläschchen gegeben. Ich kam mir irgendwie total bescheuert vor. Es lag wahrscheinlich daran, dass meine Brüste während der Schwangerschaft in Nullkommanix um vier Größen gewachsen waren. Ich trug nun eine Körbchengröße G und fühlte mich wie eine einzige „Titte." Ich wollte natürlich auch das Beste für das kleine Wesen. Es sollte die meiste Kraft bekommen, die es nur bekommen konnte, und das war nun mal die Muttermilch. Wie gerne wäre ich stolz gewesen, meinen eigenen Nachwuchs mit meiner eigenen Zauberkraft ernähren zu können, aber meine Gefühle spielten verrückt.

Calvin und Mama fuhren dann erst einmal nach Hause. Sie mussten unbedingt Schlaf nachholen. Am Nachmittag wurde ich noch einmal gebeten, zur Sonografie zu gehen.

Der Gynäkologe schallte sofort meinen Bauch ab. Zu meiner Verzweiflung beitragend, musste er dann feststellen, dass sich ein weiterer Verdacht des Arztes bestätigt hatte.

„Was ist denn jetzt noch?", fragte ich. Mir standen die Tränen in den Augen. Ich wollte einfach nur nach Hause. Ich wollte mit meinem Baby in unserem warmen Bett kuscheln. „Es sieht so aus, als sei ihre Plazenta nicht vollständig hinausgekommen." Er zoomte das Ultraschallbild näher ran und misste dann auf dem Computer ein kleines pulsierendes Stück aus. *„Wie meinen Sie das? Was passiert denn jetzt?"* Ich versuchte, mich zusammenzureißen, denn ich wollte nicht, dass er merkte, wie nah ich gerade am Wasser gebaut war. Ich hasse mich gerade. Ich fühlte mich wie ein Weichei. Ich kam mir vor, als sei ich noch immer schwanger und hätte Stimmungsschwankungen.

„Ja. Definitiv. Das muss raus", murmelte er. Ich presste die Lippen zusammen. *„Also, jetzt passiert Folgendes. Sie gehen zur Anästhesiesprechstunde und lassen sich aufklären. Heute Abend werden Sie dann in den OP gehen. Es wird eine kleine Kürettage vorgenommen."*

Ich fasste mich vorerst wieder. „*Eine Kürettage? Was ist das?*" Ich fürchtete mich immer so sehr vor der Narkose. Es war mir einfach schleierhaft gewesen, wie sie das machten. Sie hauten mir etwas in die Vene und dann schlief ich ein? Einfach so? Wie sollte das funktionieren? Ich fand es immer mysteriös.

Als ich dann wieder auf meinem Zimmer saß, heulte ich mir ein wenig die Augen aus. Ich hatte wirklich ein Gefühlschaos. Ich bat dann oben im OP um die doppelte Dosis, damit ich auch wirklich schlafen würde. Man glaubte mir vorerst nicht, dass ich es echt so hart brauchte. Erst als ich immer noch irgendetwas vor mich hin nuschelte und jammerte, donnerten sie mir eine zweite Ladung in die Vene. Heute habe ich keine große Angst mehr vor einer Narkose. Das liegt daran, dass Isy mir erklärt hatte, dass sie einem nur Propofol geben. Es ist „nur" eine Droge, die einen weghaut. Damit kannte ich mich ja bestens aus. Also halb so wild. Jetzt, wo ich weiß, was es ist, ist es echt nicht mehr so schlimm für mich. Ich verstand nur immer nicht, wie das ginge. Wie es funktionierte. Nach der OP ging ich sofort zurück in mein Zimmer und legte mein kleines Mäuschen wieder an. Ich konnte keine Minute entspannen und war noch halb benommen. Ich fühlte mich überfordert. Aber ich konnte nicht weg. Nun war ich eine Mama. Ich konnte einmal in meinem Leben nicht wegrennen. Ich setzte mich selbst unter Druck, denn ich machte mir Vorwürfe, weil meine mütterlichen Gefühle nicht mein ganzes Leid überdeckten. Ich biss mich an den Worten der anderen Mütter fest. Sie hatten immer gesagt, dass alles so wunderbar gewesen war. Wieso fühlte ich mich alles andere als wunderbar?

Die graue Jahreszeit gab mir dann noch den Rest. Ich weinte viel. Trotzdem ging ich mit meiner Tochter raus in den Park. Ich sang ihr abends Lieder vor. Ich stillte monatelang. Irgendwie war ich kraftlos. Als sie nach dem Stillen eingeschlafen war, fing ich an, ein Buch zu schreiben. Meine Biografie. Es war meine Therapie, denn ich dachte ständig an die alten Zeiten und kämpfte nebenbei gegen meinen Suchtdruck. Wenn der Suchtdruck kam, musste ich heftig gegendrücken. Das passiert alles im Kopf, aber es ist viel härter, als man es sich vorstellt.

Es wurde wieder besser. Ich hatte eine Wochenbettdepression und die Spätfolgen meiner Sucht überstanden. Ich liebte meine Tochter, wie eine Mama ihre Tochter liebt. Ich freute mich über jede Entwicklung, die sie machte. Das kam von ganz allein. Ganz normal eben. Ich war auch keine Ausnahme, denn auch Mama berichtete, dass sie nie nachvollzogen hatte, dass manche so sehr von diesem Moment nach der Geburt geschwärmt hatten. Das beruhigte mich.

Calvin und ich brauchten eine gewisse Zeit, um unser neues Leben kennen sowie lieben zu lernen. Das schönste sind die kleinen Momente, die wir mit unserem Mädchen hatten und haben werden. Die Momente, in denen sie uns zum Lachen bringt und dann selbst zu lachen anfängt. So ein kleines Wesen. So viel Wärme. So viel Energie. Von uns geschaffen und an uns gebunden. Ohne sie wäre nun ein Loch in unserem Leben. Alles passte wieder. Alles war auf eine neue Weise perfekt. Wir verbrachten die Wochenenden als kleine, glückliche Familie zusammen. Ich fühlte mich richtig in meiner Mama-Rolle und egal was passieren wird, ich werde immer ihre Mama sein. Sie ist mein erster Job und eine wunderbare Aufgabe. Sie wird das Wesen sein, das ich zu beschützen versuche und aufkläre. Sie ist der Mensch, dem ich etwas Wertvolles beizubringen versuche. Ich möchte ihr etwas mitgeben. Sie ist der Mensch, der mein Leben regelt. Alles haut wieder hin. Ich habe mich gefangen, das sieht mir jeder an. Es war keine Schnapsidee. Es war ein Herzenswunsch, der in Erfüllung gegangen ist. Die Zukunft war oft ungewiss, doch nun halte ich unsere Zukunft auf meinem Arm, und sie lächelt mich an.

Mein Leben ist eine Reise und diese hat gerade erst begonnen.

Nachwort

Die letzten Jahre meines bisherigen Lebens, durchwachsen von Drogenproblemen, wie der Himmel so manches Mal, von grauen Regenwolken.

Als ich mit Calvin die Straßen entlanglief, um ein paar Fotos von einem der Orte meiner erschütterndsten Erlebnisse zu knipsen, fühlte ich Sonderbares. Eine Art von Angst. So nach dem Motto: Schnell weg von hier! Aber auch eine Faszination. Ich bin fasziniert von mir selbst. In diesem Moment, als ich in das besagte Fenster hinaufsah, wurde es mir bewusst. Hier bin ich stark geworden. Jetzt bin ich stärker als je zuvor.

Ich war dort immer auf mich allein gestellt. Ich hatte niemanden, der mich in dieser Zeit beschützt hat. Ich bin oft weggerannt. Ich habe oft geheult und bin ausgetickt. Ich habe oft ans Aufgeben gedacht und bin nur für ein paar Steine aufgestanden. Das Gelumpe und der Todfreund haben versucht, meine Seele zu brechen. Sie haben mir einen realistisch-trippigen Gefühlstot beschert. Tag für Tag. Ich hab's überlebt.

Ich spüre die Schwärze in dieser Straße, die an meine Erinnerung gebunden ist. Ich kann es nicht in richtige Worte fassen.

Wenn du genau aufgepasst hast, was du hier gelesen hast, dann ist dir bewusstgeworden, wie normal mein Leben angefangen hat. Teenagerprobleme, falsche Freunde und beinahe der ganz normale Wahnsinn einer Heranwachsenden. Doch mit der Zeit glich mein Leben eher einem Film, statt einem Leben. Mein Leben wurde zu einer leibhaftigen Drogengeschichte, die sich praktisch von sich selbst ernährt hat.

Warum ich denke, dass viele Menschen Drogen konsumieren? Weil wir uns damit richtig fühlen! Wir erlauben uns in der reellen Welt nun mal nicht mehr, dass wir uns gut fühlen, so wie wir sind. Weil andere schöner sind als wir oder bessere Klamotten tragen. Weil wir dem Schönheitsideal nicht entsprechen können. Weil wir begrenzte Fähigkeiten haben. Weil wir eben Menschen sind. Vielleicht ist es das System, das so manch einen Freigeist zu sehr einzuengen scheint. Vielleicht ist es wegen der Zeit, die wir nicht haben. Die Zeit, die wir uns nehmen könnten, wenn wir frei wären. Nicht weil wir zu dumm dafür sind, um ein normales Leben zu leben. Wir regen uns über die neue Generation auf, dabei sind wir selbst vor einem Jahr noch ein Teil der Jugend gewesen. Heute sind wir die Jugend von gestern und gehören nirgendwo dazu. Es fehlt der Halt. Es fehlt der Zusammenhalt.

Die Vorschrift nimmt uns unsere Eigenart.
Der Fortschritt nimmt uns unsere Zeit.

Kiki

Ich bin heute clean. Schon seit acht Jahren habe ich die Tante nicht mehr angerührt und mir geht's gut. Ich kann mir nicht vorstellen, dass ich wieder draufkommen würde. Ich brauche das nicht mehr! Ich liebe das nicht mehr. Ich bin dankbar dafür, hier sein zu dürfen, auf dieser wilden, weiten Welt.

Das Leben hält für jeden von uns viele Überraschungen bereit. Wir haben die Möglichkeit, uns selbst immer wieder neu zu erschaffen, wenn wir uns nicht mehr wohl fühlen. Ich habe meine Erfahrungen gesammelt. Doch am Ende ist mein Leben genau das, was ich daraus mache. Ich werde meiner Tochter ein Vorbild sein. Mittlerweile stehe ich mitten im Leben und habe der Abhängigkeit den Rücken gekehrt. Ich habe eine abgeschlossene Berufsausbildung und bewege mich geistig nahezu auf spirituellen Wegen, wann immer es mir beliebt. Ich habe das positive Denken durch jahrelange Übung in mir manifestiert und fühle mich lebendig. Ich habe mich selbst von Neuem erschaffen. Ich bin die Person, die ich heute bin, weil ich mich dazu entschieden habe, diese Person zu sein.

Die Autorin

Die Autorin Sofie Maria wurde 1996 in Berlin geboren, wo sie auch in der zehnten Klasse erfolgreich ihre mittlere Reife ablegte und eine Ausbildung zur Einzelhandelskauffrau bei Edeka abschloss. Sie ist ledig und Mutter einer Tochter. Von ihrem 16. bis zu ihrem 19. Lebensjahr litt sie unter einer massiven Drogenabhängigkeit, die sie erst nach der Geburt ihres Kindes im Alter von 20 Jahren endgültig hinter sich lassen konnte. Ihre erschütternden Erfahrungen mit den Höhen, Tiefen und Gefahren der Drogensucht in so jungen Jahren verarbeitete sie in ihrer im Novum-Verlag publizierten Biografie „18 & das Leben (Crystal-Meth-Diary)", die nach einem zuvor erschienen Science-Fiction-Roman bereits ihre zweite Veröffentlichung darstellt. Neben ihrer schriftstellerischen Tätigkeit widmet sie sich in ihrer Freizeit dem Zeichnen und Musizieren.

Der Verlag

novum — VERLAG FÜR NEUAUTOREN

„ *Wer aufhört
besser zu werden,
hat aufgehört
gut zu sein!*

Basierend auf diesem Motto ist es dem novum Verlag ein Anliegen, neue Manuskripte aufzuspüren, zu veröffentlichen und deren Autoren langfristig zu fördern. Mittlerweile gilt der 1997 gegründete und mehrfach prämierte Verlag als Spezialist für Neuautoren in Deutschland, Österreich und der Schweiz.

Für jedes neue Manuskript wird innerhalb weniger Wochen eine kostenfreie, unverbindliche Lektorats-Prüfung erstellt.

Weitere Informationen zum Verlag und
seinen Büchern finden Sie im Internet unter:

w w w . n o v u m v e r l a g . c o m